❖ ❖ ❖ ❖ ❖ ❖ ❖ ❖

DE LA
SECONDE SALLE FAVART
DEUXIÈME PARTIE
CHAPITRE PREMIER
DEUX ANNÉES CRITIQUES (1860-1861)

Nous nous sommes arrêtés, en terminant la première partie de notre ouvrage, au seuil de l'année 1860. Alors, disions-nous, l'Opéra-Comique venait d'obtenir avec le Pardon de Ploërmel un grand succès, mais plus artistique en somme que lucratif. Un malheureux changement de direction allait compromettre, encore une fois, la fortune de ce théâtre; en outre, de nombreuses mutations dans le personnel tendaient à désorganiser la troupe et ne pouvaient manquer d'en altérer l'homogénéité.

De tous ces déplacements et départs d'artistes, le.: n. 1 plus fâcheux fut assurément celui qui marqua les premiers mois de la nouvelle année. Après sept ans et demi d'un séjour glorieux à l'Opéra-Comique, Faure s'éloignait, attiré provisoirement par la carrière italienne, au-delà de laquelle il prévoyait à brève échéance cette entrée à l'Opéra que, dès 1858, après Quentin Durward, Alphonse Royer lui avait offerte. Le directeur Roqueplan semblait presque aller au-devant des désirs de son pensionnaire quand il avait songé en 1859 à remonter Don Juan pour lui. C'est M. Perrin qui devait réaliser ce rêve, rue Le Peletier, sept années plus tard; en effet, Don Juan ne fut pas plus joué à l'Opéra-Comique qn'Armide à l'Opéra, Armide dont on parlait à cette époque et qu'on attend encore. L'ambition de Faure était légitime, car peu de serviteurs auront plus "honoré par leur talent la maison à laquelle ils appartenaient; aussi croyons-nous devoir publier ici la liste complète des rôles qu'il a tenus, et tous, on peut l'ajouter, avec une réelle autorité; c'est presque résumer sous cette forme l'histoire de la seconde salle Favart et

de ses succès pendant pres de huit années: 20 octobre 1852. Galathée, rôle de Pygmalion (début).

12 novembre 1852. Le Caïd, rôle du tambour-major (2 début). 30 mars 1853. La Tonelli, rôle de Pietro Manelli (création). 5 juillet 1853. Haydée, rôle de Malipieri (3" début). 2 septembre 1853. Marco Spada, rôle de frère Borromée. 25 octobre 1853. Le Chalet, rôle de Max. 24 avril 1854. Le Songe d'une nuit d'été, rôle de
Falstaff.

26 août 1854. Marco Spada, rôle du baron de
Torrida.

4 novembre 1854. L'Étoile du Nord, rôle de Peters. 16 janvier 1855 Le Chien du jardinier, rôle de
Justin (création). 2 juin 1855. Jenny Bell, rôle du duc de Green wich (création). 23 février 1856. Manon Lescaut, rôle du marquis d'Erigny (création).

27 novembre 1856. Le Sylphe, rôle du marquis de
Valbreuse (création).

25 avril 1857. Joconde, rôle de Joconde. 25 mars 1858. Quentin Durward, rôle de Crèvecœur (création). 4 avril 1859. Le Pardon de Ploërmel, rôle d'Hoël (création).

En tout, seize rôles dont sept créations, auxquelles on pourrait ajouter la cantate d'Adolphe Adam, Victoire, chantée le 13 septembre 1855 à l'occasion de la prise de Sébastopol, et le Cousin de Marivaux, opéracomique en deux actes, paroles de L. Battu et L. Halévy, musique de V. Massé, pièce écrite spécialement pour lui et représentée à Bade le 15 août 1857.

De tels états de services justifiaient des appointements élevés; Faure, en effet, gagnait alors 40,000 fr. pour dix mois. Roqueplan, qui songeait à céder sa direction, trouva-t-il cette charge trop lourde? Le fait est qu'en mars 1860, il offrit à son pensionnaire de résilier. Celui-ci accepta d'autant plus volontiers qu'il avait en poche un engagement à

Covent-Gardenpour la saison italienne, dans le cas où il recouvrerait sa liberté, et c'est ainsi que le 10 avril 1860 il chantait, pour la première fois, à Londres, le rôle d'Hoël en italien. Ce succès ne fut que le prélude de ceux qui l'attendaient sur notre première scène, puisqu'il a réuni à peu près tous les geDres de mérite qui font le chanteur et le comédien, charme de la voix, élégance de la personne, distinction du jeu, et qu'aux dons de la nature il a su joindre tout ce qui s'acquiert par le travail.

Par une coïncidence digne de remarque, l'éminent chanteur quittait l'Opéra-Comique au moment où reparaissait le compositeur qui devait, quelques années plus tard, lui écrire pour l'Opéra l'un de ses rôles les plus célèbres. Ambroise Thomas, en effet, avait donné, le 4 février 1860, une pièce en trois actes intitulée le Roman d'Elvire. La fable bizarre imaginée par les librettistes, Alexandre Dumas et de Leuven, ressemblait fort à la pièce qu'ils avaient précédemment écrite pour Lafont et M" Déjazet, un Conte de Fées. Certaine marquise amoureuse courai après un jeune libertin et ne trouvait rien de mieux pour le conquérir que de simuler une vieille de soixante ans, de le circonvenir, de le pousser au jeu, de l'y faire se ruiner, et de le sauver en lui offrant sa main. L'amour conjugal terminait honnêtement ce Roman d'Elvire, ainsi baptisé à cause d'un livre qui portait ce titre, et dont on lisait un fragment au cours de la pièce, alors qu'aux répétitions on l'annonçait sous un nom plus en rapport avec l'action, Fantaisie de Marquise. Au lendemain de la première, Gustave Bertrand écrivait: « C'est un ouvrage qui ne quittera jamais le répertoire. » Paroles imprudentes sous la plume d'un critique! Dès le début, une indisposition de Montaubry d'abord, puis de M" Monrose, mit de longs intervalles entre les premières représentations, et, quand l'ouvrage reprit son cours régulier, il alla jusqu'au chiffre de 33 et ne put le dépasser.

Château-Trompette eut un sort analogue, puisqu'il s'arrêta au chiffre de 25, en dépit des prédictions du même Gustave Bertrand, qui écrivait bravement: « Je ne veux pas assigner de bornes, si éloignées qu'elles soient, au succès de Château-Trompette; c'est une pièce de répertoire. » Ce titre, simple enseigne d'un cabaret à Bordeaux, comme celui des Porcherons à Paris, n'expliquait pas l'ouvrage, où l'on voyait le gouverneur de la Guyenne, le maréchal duc de Richelieu, mystifié par une simple grisette qui, prenant la défense de la morale et usant de stratagème, finissait par faire confesser publiquement au vieux libertin la vertu pure et sans tache d'une honnête femme dont le nom passait pour être inscrit sur ses tablettes amoureuses. Cormon et Michel Carré avaient écrit cette agréable comédie en trois actes, dont le principal rôle d'homme, destiné à Couderc, échut finalement à Mocker par suite de la maladie de son camarade à l'époque de la première représentation, '23 avril 1860. On critiqua bien un peu le sujet, sous prétexte que le maréchal en son temps jouait des tours aux autres plus souvent que les autres ne lui en jouaient; mais sur ce point les auteurs se rencontraient avec Octave Feuillet et Bocage, lesquels, en 1848, avaient donné à la Comédie-Française une comédie fort oubliée aujourd'hui, assez inégale, mais spirituelle en somme, où le même personnage éprouvait une disgrâce du même ordre. Quant au compositeur de Château-Trompette, M. Gevaeit, il avait montré non seulement de la science et du goût, comme toujours, mais aussi de la finesse et de la légèreté, et l'on comprend que plus d'une fois il ait été question de reprendre cet ouvrage sur une scène de genre. Un tel projet attend encore sa réalisation.

L'attente est, du reste, un mal ordinaire et traditionnel au théâtre; Rita ou le mari battu en fournirait un exemple, puisque ce petit acte avait été reçu par Crosnier quelque seize ans auparavant. Basset avait succédé à Crosnier, Perrin à Basset; entre temps, l'auteur était mort, et ce fut, en quelque sorte, une exhumation dont s'avisa Roqueplan, lorsqu'il monta cet ouvrage qui semblait oublié. La légende voulait que Donizetti l'eût improvisé en une semaine, tour de force que sa facilité naturelle rendait bien possible, et qu'il accomplissait après tant d'autres émules, Rossini, Halévy, Adam, etc. Des nécessités de combinaisons de spectacles en avaient d'abord retardé la mise à l'étude; puis la maladie était venue; Donizetti. avait quitté la France, et, à sa mort, ses papiers se trouvèrent mis sous scellés. Les héritiers consentirent, non sans peine, à livrer le manuscrit à M. Perrin; enfin, Roqueplan fit sonner l'heure de l'exécution, après avoir constitué un véritable jury qui eut mission de constater l'authenticité de la partition. Muni de son certificat, Rita parut le 7 mai 1860 et fit applaudir un livret que son auteur, Gustave Vaëz (de son vrai nom Van Nieuwenhuisen), avait établi assez gaiement. Rita, l'aubergiste, avait un premier mari qui la battait; elle en prend un second, qu'elle bat; mais le premier qu'on croyait mort en un lointain voyage, reparaît, et la malheureuse se trouve entre deux époux, dont ni l'un ni l'autre ne se soucie plus de mariage. Il faut qu'elle s'engage à ne plus frapper, et le second consent à demeurer, tandis que le premier s'éloigne pour offrir son cœur et sa main à certaine étrangère qu'il a rencontrée au cours de ses pérégrinations. Le principal rôle était confié à M Faure-Lefebvre, charmante et parfaite une fois de plus, si l'on en juge d'après ce compliment que lui adressa, au lendemain de la première, un journaliste influent: « Nous n'avons remarqué qu'une grosse invraisemblance dans cette pièce: c'est que deux hommes, assez heureux pour avoir épousé M Faure-Lefebvre, veuillent tous deux la quitter: ce n'est pas admissible. » La partition 'fut, comme l'interprète, l'objet d'un enthousiasme. feint ou réel parmi quelques critiques; Scudo, en. particulier, la proclamait un chef-d'œuvre. Sans aller jusqu'à ce mot, on pourrait supposer qu'elle contenait une certaine dose de vitalité, puisqu'elle fut l'objet d'une reprise, après dix-neuf ans d'interruption, lorsqu'en 1879, sous la direction Martinet et Husson, la Gaîté avait pris le nom d'Opéra-Populaire; ses interprètes s'appelaient alors Raoult, Reynold et Ml Angèle Legault. Rita n'avait eu que dixhuit représentations à sa naissance;

elle en eut vingtsix à sa réapparition. La différence n'était pas assez sensible pour faire admettre qu'elle eût beaucoup gagné en vieillissant.

A l'œuvre posthume d'un maître succédait, le 16 mai 1860, le premier ouvrage dramatique d'un amateur, Paul Lagarde. Sous ce titre, *l'Habit de Mylord,* les librettistes Sauvage et de Léris avaient imaginé une intrigue dont le plus grand mérite n'était pas la nouveauté; savoir: l'échange de vêtements entre deux personnes de condition différente, un noble poursuivi par raison d'Etat, et un garçon coiffeur. La musique n'offrait rien de plus rare que le libretto; c'était celle d'un agent de change qui a des loisirs, et pourtant l'ouvrage se maintint au répertoire avec un total de trente-six représentations.

A côté de ces premières représentations, quelques soirées méritent d'être rappelées: deux débuts, le 6 mars, dans Zerline de *Fra Diavolo,* M Tuai, élève de Masset et de Moreau-Sainti, sortie du Conservatoire en 1859, avec un deuxième accessit de chant et un premier accessit d'opéra-comique, agréable et accorte chanteuse, mais qui demeura au second plan à la salle Favart, et le 31 mars, dans Betly du *Chalet,* M Breschon, qui joua trois fois son rôle et disparut sans retour; un bal, le 10 mars, au profit de l'Association des artistes dramatiques; une matinée, le 3 mars, au profit de M. Mayer, contrôleur du théâtre, retraité après trente années de service; une cantate, *France et Savoie,* interprétée, les 14 et 17 juin, par Jourdan et les chœurs; le territoire venait de s'augmenter de deux départements, et M. Matton avait cru devoir composer la musique d'un morceau de circonstance dont le poète ne s'était pas nommé. Cette production fut la dernière à laquelle présida Nestor Roqueplan. Le 18 juin, un arrêté du ministre d'Etat annonçait sa démission volontaire et son remplacement par Alfred Beaumont.

La raison nous en est donnée par Malliot, dans son curieux livre *la Musique au Théâtre.* La commandite était en perte et, dès le 10 mai, les commanditaires Gustave Delahante, de Salamanca et le duc de Morny avaient décidé de se retirer, subissant de bonne grâce les pertes et obligations de Roqueplan, et demandant seulement, en échange, pendant la durée du privilège nouveau, de Salamanca, la baignoire d'avantscène de droite, Delahaute, les baignoires d'avantscène de gauche, n 2 et 3. Cet échange réglé par acte du 28 mai, le ministre n'eut plus qu'à agréer Beaumont, secondé par un commanditaire espagnol, M. de Guadra. La nouvelle commandite, comme la précédente, comportait 500,000 francs, représentés pour 300,000 francs par le théâtre, les décors, les costumes, etc., et, pour le surplus, par un capital dont plus de 60,000 francs étaient mis tout d'abord à la disposition du nouveau directeur.

M. Beaumont s'empressa d'affirmer son autorité en modifiant son personnel administratif. Il garda bien Achille Denis, chargé des rapports avec la presse, mais il lui adjoignit comme secrétaire général Dutertre, auteur dramatique et ancien secrétaire de la Porte-Saint-Martin. Mocker remplaça M. Leroy comme régisseur en chef; il est vrai qu'au mois de novembre Mocker donna sa démission pour se consacrer plus complètement à sa classe du Conservatoire, et le même M. Leroy reparut; seulement, l'année suivante, ce fut Mocker à son tour qui revint pour lui succéder. En outre, Beaumont suspendit les entrées de faveur et décida que les amendes versées alimenteraient pour deux tiers la caisse de secours des employés du théâtre et pour un tiers celle de l'Association des artistes dramatiques. Il ordonna même l'emploi de la *carteronie* ou procédé Carteron, invention nouvelle qui devait rendre ininflammables les décors et les costumes, diminuant ainsi les risques d'incendie. Il entendait tout réglementer, et exigea notamment que les musiciens de l'orchestre fussent, comme à l'Opéra, soumis au régime de la cravate blanche. Un peu moins de fantaisie et plus de prudence aurait mieux valu, car, à peine installé, il commençait à recevoir nombre d'ouvrages que, pour une cause ou pour une autre, il ne devait pas monter, et qui sont du reste demeurés complètement inconnus, par exemple: trois actes de Sardou et de Roqueplan, musique de Duprato et d'Offenbach, *la Villa Mèdicis,* qui valut au public une lettre de M. Battu, demandant s'il ne s'agissait pas là d'une pièce que son fils, Léon Battu, mort depuis, avait jadis confiée au directeur, et une réponse de Sardou, affirmant par la voie du *Figaro* que les deux pièces n'avaient rien de commun... que le titre; puis trois actes de Dumanoir, musique de Victor Massé, *le Lutrin;* enfin un opéra-comique de Paul Dupuech, *la Belle Chocolatière.*

Lescbangements de direction amènent des ouvrages nouveaux, comme aussi de nouveaux interprètes. Voilà ce qui explique à un jour de distance, les 5 et 6 juillet 1860, la rentrée momentanée de deux artistes qui semblaient perdus pour la salle Favart, Roger et M Ugalde: le premier dans *Haydée,* avec M" Dupuy, une revenante elle aussi; la seconde dans *Galathée.* Déjà, le 26 juin, Roger avait prêté son concours à une représentation donnée au bénéfice d'un artiste que l'on ne nommait pas, en réalité pour racheter du service militaire le fils de Duvernoy, ce qui fut d'autant plus facile que la recette atteignit 6,963 fr. 50. Au programme figuraient *les Désespérés,* joués par la troupe de l'Opéra-Comique, *un Caprice,* joué par la troupe des Français, *Monsieur Prudhomme,* joué par Henri Monnier, Nathan, M Revilly et Geoffroy, plus un *fragment de comédie,* disait l'affiche, récité par Samson; ajoutons que cette comédie, alors iné 1860 dite, s'appelait *le Veuvage.* Deux noms surtout méritaient de fixer l'attention: M Trebelli, dont on connaissait les succès 'en Espagne, mais qui n'avait jamais encore paru en public à Paris; elle chanta seule le brindisi de *Lucrèce Borgia,* et avec M. Crosti une scène du *Barbier de Séville,* épreuve qui confirma sa jeune renommée; puis Roger, qui chanta le duo de *la Reine de Chypre,* avec Bonnehée et le premier acte de *la Dame blanche.* Il y avait onze mois, presque jour pour jour (27 juillet 1859), qu'il avait perdu son bras lors de cette chasse fatale dont il a raconté l'issue en termes émouvants dans son *Carnet d'un ténor.* Entouré des sympathies de tous, il fut acclamé, et son succès détermina la direction à l'engager pour un certain nombre de re-présentations en attendant qu'il partît pour Bade, où il devait créer *la Colombe,* de Gounod. C'est ainsi qu'on put l'applaudir en 1860 dans *Haydée, la Dame blanche, le Domino noir,* et l'année suivante, à. son retour d'Allemagne, dans les mêmes ouvrages et, en outre, dans *les Mousquetaires de la Reine.* Il touchait alors à la fin de sa carrière dramatique et devait désormais se consacrer presque exclusivement à l'enseignement.

A côté de ces rentrées il faut rappeler deux débuts: le 8 juillet 1860, dans Tra-colin du *Toréador,* celui de Laget, un té-nor qui comptait déjà de notables suc-cès en province; le 30 juillet, dans Cata-rina des *Diamants de la Couronne,* ce-lui de Mᵐᵉ Marimon, une élève de Du-prez, une cantatrice à la voix souple et brillante et qu'on avait applaudie pré-cédemment au Théâtre-Lyrique; le rôle prêtait aux. vocalises et la débutante en ajouta de sa façon pour montrer qu'elle atteignait sans peine le contre-fa dièse, point culminant qui n'a été, croyons-nous, dépassé depuis qu'une seule fois dans *l'Esclarmonde* de M. Massenet. Ce début avait dû s'effectuer plus tôt, dans une reprise du *Petit Chaperon rou-ge,* où Mᵐᵉ Marimon aurait pris la place de madame Faure-Lefebvre, qui parlait alors de quitter le théâtre. Il n'en fut rien, heureusement, et celle-ci tint le 2 août le rôle qui lui revenait de droit, car c'est en partie pour elle qu'on re-prenait ce vieil ouvrage de Boieldieu, oublié depuis 1842; elle s'y montra ra-vissante de finesse et de grâce, à côté de Crosti (Rodolphe), remplacé un mois après par Montaubry (Warot (Roger), Barrielle (l'Ermite), Lemaire (Job), M Z. Belia (Mariette), M Casimir (Berthe). Avec M Faure-Lefebvre, et plus tard Mlᵉ Marimon, *le Petit Chaperon rouge* se maintint deux années et obtint 36 re-présentations: depuis lors il a définitive-ment disparu.

Cependant, le directeur Beaumont, au lieu de monter des pièces nouvelles, se livrait aux douceurs de la poésie offi-cielle, et produisait sur son théâtre, le 15 août, une cantate avec chœurs, *Vive l'empereur,* dont M. Jules Cohen avait écrit la musique. Le succès fut tel qu'on en donna *six* auditions, les deux pre-mières avec Montaubry (15 et 16), la troisième avec Carré (17), la quatrième avec Montaubry (18), les dernières avec Warot (19 août et 17 septembre). Cette cantate valut même une petite réclame au jeune ténor Carré, appelé à suppléer Montaubry indisposé. On raconta qu'il avait retenu la musique de M. Jules Co-hen après une seule audition, et un jour-nal ajouta gravement: « Ce tour de force fait honneur au talent du musicien, mais il prouve également en faveur du talent de M. Cohen. Il n'y a que les mélodies franches et nettes que l'on puisse retenir si facilement. » Que de compositeurs aujourd'hui se refuseraient à prendre cette phrase pour un compliment!

Elle n'aurait pas déplu à Ernest Gau-tier, qui ne haïssait pas les flonflons, et en avait parsemé le petit acte donné le 28 août sous ce titre *le Docteur Mirobo-lan,* la ComédierFrançaise ayant fait des difficultés pour lui laisser celui de *Cris-pin médecin,* alors que par une étrange contradiction elle laissait jouer quatre jours plus tard au Théâtre-Lyrique un *Crispin rival de son maître,* dont nous avons déjà parlé. C'est la fameuse pièce de Hauteroche que Cormou et Trianon avaient amputée de deux actes et adroi-tement disposée pour l'agrément du compositeur, on peut ajouter et du pu-blic, car *le Docteur Mirobolan* eut un succès de gaieté. Tous les interprètes s'y montraient désopilants, entre autres Couderc et Berthelier, qui disait de si plaisante façon les couplets: « J'aimions un'fille d'ia campagne. »

Un autre acte réussit encore, quoique moins bruyamment, le 17 septembre. A dire vrai, la salle Favart n'en avait pas la primeur, puisque *Ma tante dort* avai-ent été représentée au Théâtre-Lyrique le 21 janvier précédent. Coïncidence cu-rieuse, un mois après (18 février), une grande pièce venait au monde qui devait plus tard être pareillement transplantée, mais avec bien plus d'éclat, *Philémon et Baucis.* En jetant les yeux sur les deux distributions, on devine quelle raison avait valu cet honneur au lever de rideau dont H. Crémieux avait écrit les paroles et H. Caspers la musique.

C'était Mᵐᵉ Ugalde qui, changeant de théâtre, n'avait pas voulu perdre tout le bénéfice d'un de ses grands succès, et, dans son nouveau domicile, ce petit ou-vrage obtint trente-deux représentations en trois ans. La lecture de la partition ré-vèle deux particularités: la première est très flatteuse pour une artiste, puisque l'emploi de M C. Vadé est désigné sous le nom de « Révilly », comme celui de Meillet sous le nom de « Martin »; la se-conde est flatteuse pour le compositeur, puisque l'ouvrage contient une valse as-sez analogue à celle que Gounod devait un jour écrire pour *Roméo et Juliette.*

Ajoutons que la représentation où pa-rut *Ma Tante dort* était donnée au bé-néfice des chrétiens de Syrie, et que le programme comportait notamment *les Chaises à porteurs,* le deuxième acte de *Fra Diavolo,* la cantate de *Vive l'empereur* (celle qu'on « retenait » si aisément), des intermèdes par M Mon-rose et. Lemercier, MM. Barrielle et Berthelier, enfin le premier acte de *l'Étoile du Nord,* dont le public réclama vainement l'ouverture.

La fin de l'année approchait sans que la direction se mît en frais de nouveau-tés. On avait préparé avec Barrielle, Ponchard, Carré, M Faure-Lefebvre et Marimon, une reprise du *Val d'Andorre* qui n'aboutit pas. Le Théâtre-Lyrique s'étant livré dans le même temps au mê-me travail, l'Opéra-Comique ne voulut plus renouveler la concurrence qui s'était produite jadis avec *Richard Cœur de Lion,* et s'abstint, lorsque son rival fut arrivé bon premier le 14 octobre. Alors on se rejeta sur d'anciennes piè-ces, dont on se contenta de changer quelque interprète; c'est ainsi qu'on vit Mᵐᵉ Monrose dans *la Part du Diable,* M Ugalde dans le *Caïd,* Mᵐᵉ Cabel dans *la Part du Diable, l'Étoile du Nord* et *Galathée,* enfin M Wertheimber dans *le Pardon de Plocrmel,* où elle tint le per-sonnage d'Hoël, le 24 octobre. Cette soirée mérite d'autant plus d'être notée que, pour la première fois, on y intro-duisit une modification, importée d'Angleterre, avec l'assentiment de l'auteur. Au deuxième acte, après le chœur « Qu'il est bon, le vin du bon-homme Yvon!», un dialogue s'échangeait entre deux buveurs attardés; la scène fut remplacée par une *canzonetta* composée pour M Nantier-Didiée, chargée, à Londres, du rôle épisodique d'un des pâtres. Ce fut, à Paris, M' Zoé Bélia qui eut mission de produire cette addition musicale.

Le mois de décembre vint enfin secouer la torpeur directoriale. Un ouvrage nouveau parut le 4, bien simple et bien modeste; c'était un petit acte de MM. Jules Barbier et Michel Carré pour les paroles, de M. Ernest Boulanger pour la musique, intitulé *l'Éventail,* sorte de proverbe musical, dont l'absence d'intérêt n'avait pu être sauvée par l'esprit du compositeur, puisqu'il s'arrêta au chiffre de dix-huit représentations. Le même soir on avait repris *la Perruche* avec Ambroise (le marquis), Laget (Bagnolet), M" Tuai (Coraline) et M Pannetrat (M"" de Marneuf). Cet opéra-comique, dont nous avons parlé à sa naissance, en 1850, obtint alors un regain de vingt-quatre représentations qui, ajoutées aux cent cinquante-deux du passé, donnèrent un total de cent soixante-seize. Mais *la Perruche* marqua cette fois le terme des succès de Clapisson à la salle Favart: nulle œuvre de lui n'y a paru depuis. En 1864, il fut bien question de monter un de ses ouvrages, *On ne meurt pas d'amour,* paroles de Leuven et J. Moinaux; mais les choses traînèrent en longueur, le compositeur mourut en 1866, et la pièce projetée disparut avec lui.

A peine le directeur prit-il le temps de faire débuter, le 15 décembre, dans Virginie du *Caïd,* une jeune cantatrice habituée aux succès de province, M Numa, femme de Numa Blanc, le photographe bien connu, et d'un bond il passait de *la Perruche* à *Barkouf;* c'était se maintenir en pleine ménagerie, puisque *Barkouf* était un chien; on ne le voyait pas, mais on l'entendait aboyer contre ses sujets, car il avait des sujets et gouvernait Lahore. Aux grenouilles qui lui demandaient un roi, Jupiter envoyait une grue; aux Romains qu'il dédaignait, Caligula donnait son cheval pour consul; à ses sujets révoltés le Grand Mogol impose comme seigneur et maître un simple chien; la femme qui le soig-

ne devient aussi puissante que le grand vizir, et profite de la situation pour se faire octroyer, aux frais du gouvernement, le double trésor auquel aspirent tous les héros du vieil opéracomique, un cœur et une dot. Scribe et H. Boisseaux avaient eu raison d'appeler leur pièce en trois actes, *opéra-bouffe;* l'excentricité même du sujet avait dû conseiller aux auteurs de confier leur livret au compositeur que l'immense succès *d'Orphée aux Enfers* venait de rendre populaire, Jacques Offenbach. Ce dernier avait alors la vogue, et la foule se pressait aux portes de son petit théâtre des Bouffes-Parisiens; on applaudissait à sa gaieté, voire même à sa grâce et à son charme, comme l'avait prouvé un mois auparavant, avec ses quarante-deux représentations à l'Opéra, le ballet du *Papillon,* comme devait le prouver un mois plus tard, avec ses centaines de représentations un peu partout, ce petit chef-d'œuvre en son genre qui s'appelle *la Chanson de Fortunio.* Plus tard, Hervé a poussé la bouffonnerie jusqu'à la caricature; Lecocq a tâché de relever l'opérette au niveau de l'ancien opéra-comique, et dans cette voie toute une troupe de soldats s'est engagée après lui, Audran, Vasseur, Serpette, Messager, Lacome, etc. Offenbach seul n'a pas eu de maître et n'a pas laissé de successeur. Il a donné sa note dans le concert de son temps; il occupe donc une place à part, sa personnalité existe. C'est de la charge et de la fantaisie si l'on veut, mais souvent musicales et toujours scéniques.

De telles qualités ne paraissaient pas suffisantes aux aristarques d'alors pour justifier leur bienveillance, et l'ouvrage qu'on avait d'abord appelé *une Révolte dans l'Inde,* puis *le roi Barkouf,* déchaîna toutes les colères des journaux. Scudo le qualifia brutalement de «chiennerie» et *la Presse* ajoutait: « Ce n'est pas le chant du cygne, c'est le chant de l'oie! » Dès le début la malchance s'était acharnée sur cette œuvre, dont le principal rôle avait été écrit pour M Ugalde; il lui fallut décliner cet honneur pour cause d'un mal « aussi légitime que flatteur » disait un M. Prudhomme de l'époque. M" Saint-Urbain apprit le

rôle pour y faire ses débuts, et le joua même à la répétition générale, le 27 novembre; une indisposition la força d'y renoncer, et ce fut M" Marimon qui le créa finalement, presque un mois après, le 24 décembre. A la seconde représentation, Laget avait dû « lire » le rôle de Warot, tombé malade à son tour. Pour comble de disgrâce, les auteurs s'avisèrent de défendre avec une maladresse rare leur pauvre pièce, Offenbach dans *le Figaro,* Henry Boisseaux dans *la Revue et Gazette des Théâtres.* Ce dernier écrivait, par exemple: « Le reproche le plus grave qu'on nous ait adressé, c'est d'avoir commis un libretto où l'esprit ne brillait guère que par son absence. S'il fallait m'excuser, je dirais que j'ai fait quant à moi tous mes efforts pour en mettre: on me croirait sans peine. *Mais la vérité c'est que j'ai craint constamment d'en mettre trop;* cette nuance expliquera l'erreur où je suis tombé. »

La pièce tomba, elle aussi, et lourdement. Scudo, déjà nommé, put donc s'écrier avec ironie: « Je ne serais pas étonné qu'il se trouvât un éditeur assez hardi pour faire graver la partition de *Barkouf.* » Il se trouva, en effet, cet éditeur, mais beaucoup plus tard, lorsque *Barkouf,* remanié par MM. Nuitter et Tréfeu, reparut aux Bouffes sous le titre de *Boule de neige.* Livret et musique demeuraient les mêmes, à quelques variantes près, dont la principale était le changement de cadre. L'action fut transportée du midi au nord, de l'équateur aux environs du pôle, ce qui le rendait plus conforme à son origine, puisque cette bizarre histoire était tirée d'une légende norvégienne, rapportée par Xavier Marmier, dans ses *Lettres sur le Nord.* Sous cette nouvelle forme l'œuvre fut accueillie sans protestations, sinon avec faveur. C'était une première satisfaction; mais la véritable revanche de *Barkouf* ne fut prise à l'Opéra-Comique qu'en 1881 avec *les Contes d'Hoffmann,* la première pièce qui eût atteint alors la centième à ce théâtre, depuis la guerre de 1870. Seulement le compositeur ne vivait plus pour assister à son triomphe, et une main étrangère avait prêté à la partition un secours que ses devancières ne connurent jamais.

Le hasard fit se succéder à peu d'intervalle le maître de l'opérette et le maître de l'opéra-comique; après Offenbach, Auber; après *Barkouf, la Circassienne* (2 février), qu'on avait eu grand'peine à baptiser, puisque tour à tour elle s'était appelée *Morte d'amour, la Révolte au Sérail, Alexis* et même *Faublas.* On y voyait un jeune officier russe revêtir le costume d'une Circassienne avec une aisance qui, précédemment, lui avait valu d'inspirer, comme femme, une passion à un vieux général. Fait prisonnier au Caucase, il séjournait dans un harem jusqu'au moment où, délivré par ses soldats, il revenait à Moscou et épousait la sœur de ce général, que l'on mystifiait en lui présentant le galant comme le frère de celle qu'il aimait et qui était, soi-disant, morte loin de lui. Quelques critiques goûtèrent peu le livret, en trois actes de Scribe; mais presque tous rendirent hommage à la partition qui doit compter parmi les plus aimables productions de la vieillesse d'Auber. Les costumes et les décors brillaient par leur élégance, et, à part M" Monrose, les interprètes se montraient remarquables, depuis Couderc et Laget, fort amusants tous deux, jusqu'à Montaubry, qui faisait belle figure sous le travesti et se servait fort à propos de sa voix de fausset. L'ouvrage n'eut pourtant que quarante-neuf représentations, malgré l'enthousiasme des journaux, de Paul de Saint-Victor dans *la Presse,* dte Fiorentino dans *le Moniteur,* lesquels chantèrent leurs éloges sur le mode lyrique. *Le Constitutionnel* écrivait: « La pièce est très originale, trè3 hardie, et très adroite; la musique est ravissante de fraîcheur, de finesse, de grâce et d'esprit. Décidément, ceux qui prétendent que M. Auber est octogénaire en ont menti: il a quatre fois vingt ans I » — « Un chef-d'œuvre nous est né! » s'écriait *l'Entr'acte,* et un autre ajoutait que cet opéra ferait « le tour de l'Europe ». Il le fit en effet, mais avec un autre titre et une autre musique. *La Circassienne* est devenue *Fatinitza,* et l'on a évité alors cet écueil que signalait un jour et très justement M. Francisque Sarcey à propos d'une pièce analogue: « Le

rôle de l'homme pris pour une femme a été joué par une véritable femme, et nos spectateurs n'ont plus été choqués. Pourquoi? Simple convention; mais sur la scène il faut compter avec les préjugés; le mensonge y a ses charmes, et souvent c'est la vérité qui déplaît. »

L'année 1861 commençait médiocrement pour la fortune du théâtre; la suite, sauf pour une pièce ou deux, devint franchement désastreuse, et nous ne pouvons résister à la tentation de présenter en un groupe toutes ces nouveautés; les voici par ordre de date: 4 mars. *Le Jardinier galant,* 2 actes, paroles de Leuven et Siraudin, musique de Poise. 21 représentations.

18 mars. *Maître Claude,* 1 acte, paroles de SaintGeorges et de Leuven, musique de Jules Cohen. 56 représentations. 12 avril. *Royal-Cravate,* 2 actes, paroles du comte de Mesgrigny, musique du duc de Massa. 8 représentations. 30 avril. *Salvator Rosa,* 3 actes, paroles de Grangé et Trianon, musique de Duprato. 11 représentations. 15 mai. *Silvio-Silvia,* 1 acte, paroles de J. Bré sil, musique de Paul d'Estribaud. 11 représentations. 18 mai. *La Beauté du Diable,* 1 acte, paroles de Scribe et Emile de Najac, musique. de Giulio Alary. 13 représentations. 17 juin. *Marianne,* 1 acte, paroles de Jules Prével, musique de Théodore Ritter. 42 représentations. 11 décembre. *Les Recruteurs,* 3 actes, paroles de Jallais et Vulpian, musique de Lefébure-Wély. 10 représentations.

Que d'ouvrages oubliés dont on pourrait redire:

Si j'en connais pas un, je veux être pendu!

Le Jardinier galant, répété sous le nom *d'André,* gardait quelque analogie avec une pièce de Clapisson, *Madame Grégoire,* qu'on jouait dans le même temps au Théâtre-Lyrique. Le titre n'était point celui d'un personnage, mais celui d'un recueil de chansons que le poète Collé venait de publier contre la Pompadour. Celle-ci, bien vite, chargeait la police de saisir les exemplaires qu'on finissait par retrouver, après quelques péripéties, au fond d'une hotte de fleurs où le coupable les avait cachés, tandis qu'il tâchait d'échapperaux mains des

exempts. Avec sa touche fine, sa manière discrète et simple, Poise était le compositeur tout indiqué pour un tel livret; il excellait déjà dans ce genre tout spécial de la musique rétrospective; depuis il s'y est maintenu et sa constance a fini par rencontrer le succès.

Plus jeune que lui, M. Jules Cohen débutait au théâtre avec *Maître Claude,* un des plus curieux exemples d'anachronisme (et d'anachronisme inutile) qu'on puisse citer. La mise en scène se rapportait en effet au dix-huitième siècle, et l'on constatait d'ailleurs la présence du Royal-Lorraine, régiment créé à la fin du dix-septième. Or, l'action se passait en réalité au commencement du dix-septième siècle, et maître Claude n'était en réalité que le grand paysagiste Claude Lorrain. Présenté comme un mari jaloux, il était forcé de recevoir en passant certain colonel dangereux qui, s'il dédaignait les jeunes filles, poursuivait volontiers les jeunes femmes. Remarquons en passant que ce médiocre livret de *Maître Claude* avait été jadis accepté, comme celui de *la Pagode,* par le directeur de l'Opéra, M. Crosnier, et que la musique en avait été alors écrite par Wilfrid d'Indy, l'oncle de M. Vincent d'Indy, l'auteur applaudi de *Wallenstein* et du *Chant de la Cloche.*

M.Jules Cohen, qu'avait déjà signalé à l'attention du public la musique des chœurs *d'Athalie,* vit trois des morceaux de sa partition bissés le soir de la première; aussi la critique ne manqua-t-ellepas d'écrire: « C'est une musique fleurie d'idées, demotifs.de mélodies. » La pièce eut dureste une carrière assez honorable pour justifier ce satisfecit qu'on accorda plus chaleureusement encore en cette même soirée à un autre débutant, Gourdin, élève de Fontana, Mocker et Duvernoy. Ce baryton, doué d'une jolie voix et de rares aptitudes scéniques, avait obtenu un premier accessit de chant, le premier prix d'opéra-comique et le second d'opéra, au concours de 1860.

Sortir avec *Maître Claude* du Royal-Lorraine pour 'entrer dans le *Royal-Cravate,* c'était ne pas quitter l'armée. En quête d'aventures, un officier et son

brosseur font invasion chez un aubergiste dont ils prennent momentanément
la place afin de recevoir deux voyageurs, un oncle et une nièce dont il
s'agit de toucher le cœur. La ruse est découverte; mais il se trouve que l'officier
est l'enfant naturel du voyageur, ce qui
lui permettra sans trop de peine
d'épouser à la fin sa cousine de la main
gauche. Pièce et musique se valaient par
la simplicité, sinon par l'intérêt; du
moins on vit rarement ouvrage enfanté
par de plus nobles parents, MM. de
Mesgrigny et de Massa; un comte pour
librettiste, un duc pour compositeur.

Il était écrit qu'au cours de cette année 1861, les peintres deviendraient des
héros d'opéra. Après *Maître Claude* Ge-
lée, dit le Lorrain, voici venir « l'épée
en main et la plume au chapeau » *Salvator Rosa*. Les auteurs, Grangé et Trianon, s'étaient dit qu'une aventure de
plus ou de moins n'étonnerait pas chez
un personnage qui en eut tant; ils
l'avaient donc montré s'affublant
d'oripeaux de bateleur pour jouer la pa-
rade et provoquer une bagarre dans laquelle il enlevait une jeune fille, moyen
ingénieux de servir les amours d'un sien
élève dont jadis il avait tué le père en
duel. Mais au cours de l'équipée, il devient amoureux pour son propre compte, et cette volte-face amènerait un second duel si le souvenir du premier ne
l'arrêtait à temps sur la pente de la passion. Alors, pour inspirer à celle dont
il a conquis le cœur, non seulement le
dédain, mais même le dégoût, il finit
par se griser abominablement, situation
bien souvent reproduite depuis Méles-
ville qui, pour son *Sullivan*, en avait fait
usage. La partition ne put sauver le poème. Il semblait que Duprato, si habile à
esquisser un lever de rideau, trouvât le
poids d'un long ouvrage trop lourd pour
sa muse. Le fait est qu'il écrivit seulement deux pièces en trois actes, *Salvator Rosa,* et plus tard, aux Folies-Dramatiques, la légendaire *Tour du Chien
vert;* l'une et l'autre sombrèrent.

Ajoutons que le rôle de Lorenza fut la
première et unique création à l'Opéra-
Comique de M SaintUrbain, une belle
et agréable chanteuse qui avait étudié
en Italie, et s'était produite avec succès
aux Italiens en 1858 où, le 11 février,
elle avait joué, la première en France,
le principal rôle de *Martha,* l'opéra de
Flotow, importé d'Autriche. A la salle
Favart, elle avait débuté brillamment, le
24 janvier, dans *la Fille du Régiment,*
et ce fut alors qu'on vit disparaître, non
sans regret, un simple figurant qui pouvait se vanter d'avoir longtemps tenu sa
place et fait du bruit dans l'ouvrage de
Donizetti. Jusqu'au dernier jour il avait
égayé, le public non seulement par sa
taille exiguë, mais par l'ardeur et la con-
viction avec lesquels il battait de la caisse dans son rôle modeste de tambour. Il
est de ces « utilités » qu'on ne remplace
pas: notre petit homme fut du nombre.

Que dire des amours d'un voyageur
déguisé en femme avec la fille adoptive
d'un brigand entre les mains duquel il
est tombé? C'était le sujet imaginé par
J. Brésil pour le petit acte *Silvio-Silvia,*
sujet scabreux mais acceptable à la condition d'être traité sérieusement, et que
rendit ridicule la fantaisie du directeur
qui lui donna les allures d'une pochade
de carnaval. Comme le compositeur de
l'Habit de Mylord, le compositeur de
Silvio-Silvia, M. d'Estribaud, appartenait au monde de la bourse: ce qui fit
dire à certain journal que la musique et
les chiffres ne sont pas absolument in-
compatibles, et il ajoutait plaisamment:
« La méthode Chevé le prouve à sa façon! ». Mal encouragé par ce second essai (M. d'Estribaud avait donné auparavant une opérette aux Bouffes), le débutant fit bon marché de son talent, qui
était réel; il n'insista pas et dit adieu au
théâtre.

Treize jours après *Silvio-Silvia* parut
la Beauté du Diable. Le soir dela première, Palianti, le régisseur, parut devant le public, suivant un usage qui tendait à persister, et dit: « Mesdames et
Messieurs, la pièce qu'on vient d'avoir
l'honneur de représenter devant vous
est de M. de Najac pour les paroles, et
de M. Alary pour la musique. » A la
troisième représentation, l'affiche modifia cette déclaration en désignant par
XXX un second librettiste. Ce collaborateur masqué n'était rien moins que
Scribe, feu Scribe, qui venait de mourir
le 20 février précédent, encensé par les

uns, bafoué par les autres, mais laissant,
du moins dans les théâtres de musique,
le souvenir d'un incomparable inven-
teur, plein d'esprit, habile à trouver une
situation, à conduire une action, à dénouer une intrigue, en outre, doué d'une
fécondité sans pareille, et se pliant, avec
une étonnante souplesse, aux caprices
de chaque compositeur. On se disputait
l'honneur et les profits assurés de sa
collaboration. La mort n'arrêta pas cet
élan, et l'on vit surgir, depuis, maintes
pièces dont on ne saurait charger sa mémoire, car il ne les aurait jamais laissé
arriver jusqu'à la rampe sans retouches.
A Bruxelles, par exemple, on donnait
pour la première fois, le 27 février 1878,
aux Fantaisies-Parisiennes, un opéra-
comique en trois actes, *la Fée des Bruy-
ères,* musique de Samuel David, paroles
de J. Adenis et... Scribe. Le même ouvrage était joué à Paris, au Château-
d'Eau, le 7 juillet 1880: il y avait donc
alors *dix-neuf ans* que l'un des auteurs
n'était plus.

Nestor Roqueplan écrivait jadis: «
Une loi mystérieuse de la nature veut
que la femme, même la moins belle, à
un jour, à une heure de sa jeunesse, illu-
mine tout à coup son visage d'un charme qui la fait aimer: cette transfigurati-
on fugitive, cette beauté d'un moment,
s'appelle la beauté du diable. » Ce n'est
point de celle-là qu'il s'agissait dans la
pièce de Scribe. Son diable est un riche
forgeron du Hartz, venu dans la vallée
pour acheter certain château, hanté, dit-
on, par les esprits. Son air inculte le
rend fort déplaisant, jusqu'au jour où,
prenant un peu peu plus de soin de sa
personne, il se fait rechercher par une riche héritière.

Mais l'histoire de l'ouvrage est bien
plus curieuse que l'ouvrage lui-même.
Quelque douze ans auparavant, dans les
premiers temps de la direction Perrin,
Scribe vint un jour au comité de lecture,
composé alors des principaux artistes
du théâtre, et leur tint à peu près ce
langage: « Messieurs, l'ouvrage que je
vous apporte et que je vais avoir
l'honneur de vous lire, c'est la dot d'un
jeune compositeur qui va bientôt se marier. Compositeur! s'est d'abord écrié le
futur beau-père. Qu'est-ce que cela sig-

nifie? Qu'estce que cela représente? Un magnifique revenu quand on s'appelle Auber et qu'on a beaucoup de pièces au répertoire; mais quand on n'en a pas une et qu'on n'a pas même débuté, mieux vaudrait la plus petite dot!... Messieurs, j'ai compris l'objection et je me suis engagé à y répondre autant qu'il dépendait de moi. Vous connaissez tous *M*" Damoreau; c'est son fils qui se marie et qui écrira la musique de mon poème si vous le recevez. »

Le poème fut reçu; le jeune homme se maria; mais il n'écrivit point sa partition, parce que la mort l'arrêta en route. Alors *la Beauté du Diable,* qui s'appelait primitivement *la Chaîne d'acier,* passa aux mains de Giulio Alary, compositeur formé à l'école italienne, auteur de la symphonie-mystère *Rédemption* et de l'opéra *le Tre nozze,* et qui, après une attente de *neuf* ans, n'eut la satisfaction de voir jouer sa pièce que *treize* fois.

Marianne eut un sort moins désastreux; quoique assez mal accueillie le premier soir, elle atteignit le chiffre de quarante-deux représentations, et c'était tout ce que méritait cet imbroglio renouvelé du dernier acte du *Mariage de Figaro.* Jules Prével, le librettiste, n'avait rien inventé de bien inédit en écrivant ce petit acte, son début au théâtre, croyons-nous. Le musicien en était aussi à ses débuts dramatiques, et devait trouver la célébrité ailleurs que sur la scène; son ouvrage représenté à Florence en 1865, *la Dea Risorta,* marque le second et dernier pas dans cette voie peu favorable à son talent: c'était Théodore Ritter, le pianiste remarquable, applaudi, fêté jusqu'au jour où le découragement le prit; car il se dégoûta de la vie et la quitta misérablement, alors qu'elle pouvait encore lui sourire. Si faible que fût sa partition de *Marianne,* elle contenait un « Chant du braconnier » qui devait lui survivre; Ritter en fit un morceau de piano, et la vogue s'en empara; c'est tout ce qui reste aujourd'hui de cet ouvrage oublié.

Par une coïncidence curieuse, il arriva que *les Recruteurs* suivirent *Marianne;* après le premier ouvrage dramatique d'un pianiste, le premier ouvrage dramatique d'un organiste; après Ritter, l'auteur populaire des *Courriers,* Lefébure-Wély, l'auteur non moins populaire des *Cloches du Monastère.* Cette fois, l'essai fut franchement malheureux. La pièce, qui avait failli porter le titre depuis fameux de *Manon,* était tirée d'un vaudeville joué jadis aux Folies-Dramatiques; elle ne valait pas grand'chose et avait même le tort de mettre en scène un « Royal » régiment, ce qui faisait le troisième de l'année, savoir: RoyalLorraine, Royal-Cravate, Royal-Provence. On y voyait deux recruteurs: le sergent La Rancune, qui recrutait pour son régiment, et Vestris, qui recrutait pour l'Opéra; et l'on entendait des chansons aux paroles burlesques comme cellesci:

Vous n'serez pas mon nez... mon nez. .. mon épouse... Je n'veux plus êtr' vot' dos... vot' dos... vot' domestique.

Ce genre convenait médiocrement à LefébureWély. Un des rôles des *Recruteurs,* le paysan Renaud, fut la première création à l'Opéra-Comique de Capoul. Sorti du Conservatoire avec un premier prix d'opéra-comique et un second prix d'opéra, il avait débuté, le 26 août 1861, dans le rôle de Daniel du *Chalet.* Le même soir s'était produite, mais avec un succès modeste, dans le rôle de Virginie du *Caïd,* une de ses camarades du Conservatoire, M Balbi, qui avait obtenu également un premier prix d'opéracomique.

D'autres débuts avaient eu lieu, vers le même temps. Rappelons: au 1 juin, M. Simon qui, trois fois seulement, chanta dans *le Chalet* le rôle de Max; au 5 juin, M" Litschner, qui arrivait de Marseille, après avoir remporté en 1859 au Conservatoire de Paris les premiers prix de chant et d'opéra-comique, et qui, elle aussi, trois fois seulement, chanta dans *les Mousquetaires de la Reine* le rôle d'Athénaïs; au 27 août, M" Roziès, venue du Théâtre-Lyrique et originaire d'une petite ville du Midi, Beaumont-deLomagne; elle ne chanta qu'un seul soir, dans *VÉtoile du Nord,* le rôle de Catherine, apparemment trop lourd pour elle. Dès la seconde fois, elle fut remplacée par M Ugalde, récemment échappée à un grand danger; car

au. mois de février précédent, jouant à Caen dans *le Caïd,* elle avait failli, pour s'être trop approchée de la rampe, devenir victime du même accident qui, peu de temps après, coûta la vie sur la scène de l'Opéra à la pauvre Emma Livry. A côté d'elle reparut, sous les traits du czar Pierre le Grand, Battaille, mais fatigué, vieilli; c'était l'avant-dernière étape; la dernière eut lieu au Théâtre-Lyrique, le 7 janvier 1863, dans *l'Ondine,* de Semet. Alors il se retira définitivement, et l'on ne le revit plus que sur le théâtre... de la guerre, en 1870. Nommé sous-préfet d'Ancenis, par le gouvernement de la Défense nationale, il soignait bravement les malades atteints de la petite vérole, les soignant non pas en infirmier mais en médecin, car cet éminent artiste avait reçu une instruction des plus solides et possédait notamment son diplôme de docteur.

Outre cette reprise de *l'Étoile du Nord,* on ne citerait guère, dans l'année 1861, que celles du *Postillon de Lonjumeau,* le 5 octobre, et de *la Sirène,* le 4 novembre: la première, très brillante, avec Montaubry, un remarquable Chapelou, et M" Faure-Lefebvre, remplacée à la treizième représentation par M Bélia: les douze premières avaient produit 52,000 fr.; la seconde, honorable puisqu'elle valut à l'œuvre d'Auber un regain de dix-sept soirées en quatre ans, et contribua à maintenir au répertoire cette pièce oubliée depuis 1852, lorsque M" Carvalho en avait donné alors une seule et unique représentation. Parmi les reprises on pourrait presque compter un ouvrage de Saint-Georges pour les paroles et du prince Poniatowski pour la musique, *Au traoers du mur,* un acte transplanté du Théâtre-Lyrique, où il avait été joué le 8 mai 1861, à la salle Favart, où il parut le 29 octobre suivant. Battaille l'avait pris avec lui, en passant d'une scène à l'autre, et comptait sans doute s'y produire; mais une indisposition retarda sa rentrée: *l'influenza* régnait alors à Paris, et le personnel des théâtres en était plus ou moins éprouvé, depuis M Ugalde à l'Opéra-Comique jusqu'à M. Faure à l'Opéra; bref, le rôle de Battaille fut confié à Crosti, qui sut en tirer un bon parti et pour lui et pour les auteurs.

Comme on le voit, c'était la série des revenants, des artistes qui rentraient momentanément sur le théâtre de leurs anciens succès: tels, M Ugalde, Jourdan, M Faure-Lefebvre, Baltaille, M Cabel qui, deux fois seulement, les 8 et 10 juin, joua *l'Étoile du Nord,* Roger enfin qui, le 17 septembre, dans une représentation extraordinaire, s'était donné le luxe d'étaler ses connaissances polyglottes; il chanta en quatre langues, français, italien, anglais, allemand, et ne craignit pas de servir au public le grand récit du troisième acte de *Tannhâuser,* sifflé à l'Opéra, quelques mois auparavant, dans les mémorables soirées des 13, 18 et 24 mars 1861. C'est à ses côtés que débuta, le 30 septembre, sous les traits d'Athénaïs, dans *les Mousquetaires de la Reine,* une jeune cantatrice que déjà signalaient à l'attention les trois premiers prix de chant, opéra et opéra-comique obtenus par elle aux récents concours du Conservatoire, M Cico. La venue de cette artiste distinguée ne pouvait suffire à conjurer la mauvaise fortune qui s'acharnait contre la direction. Lorsqu'un théâtre commence à recruter des pensionnaires intermittents et à monter des ouvrages d'amateurs, il marche à sa perte. Moins de six mois après sa nomination, M. Beaumont avait déjà entamé sa commandite, composée, on se le rappelle, de 300,000 francs représentant la valeur du théâtre et de 200,000 francs en argent. Un an plus tard, en juillet 1861, les 200,000 francs étaient absorbés, et les commanditaires se tournaient avec anxiété vers le ministre, en le suppliant d'aviser.

C'est peut-être même pour conjurer le danger et se faire bien venir du chef de l'État que le malheureux Beaumont s'avisa de composer les paroles de la cantate officielle, chantée à son théâtre, le 15 août, par Troy, Crosti et Gourdin, avec musique de Duprato. Les directeurs ne dédaignaient pas alors cette petite flatterie au pouvoir. A l'Opéra, la cantate de 1859 avait eu pour auteur Alphonse Royer, et au Théâtre-Lyrique celle de 1856, M. Carvalho: souvenir digne de remarque, car ce dernier n'était point *parolier* par état, et c'est là, croy-

ons-nous, le seul échantillon poétique qu'on puisse citer à son actif. Beaumont fit comme ses devanciers, sans paraître en avoir recueilli un avantage sérieux.

Il fallait tout l'optimisme, intéressé sans doute, du rédacteur de *la Gazette musicale* pour dresser un bilan favorable et écrire en parlant de *la Circassienne,* de la rentrée de Roger et de la reprise du *Postillon:* « Voilà le grenier d'abondance où l'Opéra-Comique est allé chercher son pain quotidien. » Ce grenier, hélas! était vide ou à peu près. A la fin de 1860, les artistes offraient à leur directeur un bronze de Barbedienne avec cette inscription: « comme témoignage de leur sympathie »; à la fin de 1861, M" Ugalde et M Saint-Urbain plaidaient contre lui.

Le mois de janvier 1862 ne fit qu'empirer la situation. La seule nouveauté, un acte de Cormon et Trianon pour les paroles, et d'Eugène Gautier pour la musique, Jocrisse, ne réussit guère. C'était une édition nouvelle et médiocrement heureuse des aventures imaginées par le fameux Dorvigny; en deux années elle ne put dépasser le chiffre de dix-sept représentations. Le soir de la première, 10 janvier, avait débuté en travesti, dans le rôle de Colin, M" Rolin, qui avait obtenu aux précédents concours du Conservatoire un deuxième prix d'opéra-comique et un troisième accessit de chant; quelques jours auparavant, le 28 décembre, avait également débuté, dans le rôle de Gabrielle de *Ma tante dort,* la fille d'une ancienne artiste de Feydeau, M Sallard, M" Ferdinand, appelée à obtenir plus tard des succès en province, mais qui ne fit que passer à l'Opéra-Comique. Artistes, pièces nouvelles, ouvrages anciens dont plusieurs quittaient définitivement le répertoire, comme *le Petit Chaperon rouge, la Perruche, les Trovatelles, la Clef des champs,* tout s'effondrait peu à peu. Un jour de paye, l'argent manqua; il fallut bien alors que l'administration intervînt, et elle le fit au moyen d'un arrêté dont les termes étaient fort explicites.

« Le ministre de l'intérieur, etc.

» Vu, etc., etc.

» Considérant que le sieur Beaumont est en état de mauvaises affaires consta-

tées par le défaut de payement des artistes, employés et fournisseurs du théâtre;

» Considérant que, depuis longtemps déjà, et par le fait du sieur Beaumont, le théâtre de l'OpéraComique n'est plus dirigé comme il convient à un théâtre impérial subventionné;

» Considérant que, par des actes personnels, le sieur Beaumont a cessé de mériter la confiance de l'administration,

» Arrête:

» Le sieur Beaumont cessera ses fonctions à partir de ce jour (26 janvier). — Signé: Walewskt. »

Le 30 janvier, M. Edouard Monnais, commissaire du gouvernement, présentait au personnel le nouveau directeur désigné par l'Etat: c'était le même qu'il avait déjà présenté dans des circonstances assez analogues, près de douze années auparavant, le 29 avril 1849; c'était M. Emile Perrin qui, pour la seconde fois, allait mettre au service du théâtre son expérience et son adresse, réparer quelques-unes des fautes commises, et ramener la fortune à la salle Favart.

CHAPITRE II
RETOUR DE FORTUNE *Lalla-Roukh* et *Lara.* — Reprises de *la Servante maîtresse* et de *Rose et Colas.* (1862-1864)

Un arrêté ministériel signé Walewski avait révoqué le directeur de l'Opéra-Comique, un autre arrêté portant pareille signature avait en même temps désigné son successeur. Cette promptitude put surprendre le public qui, sur la foi de notes complaisantes des journaux, croyait à la prospérité du théâtre et aux mirifiques recettes qu'on y encaissait; elle n'étonna pas ceux qui, par leurs intérêts ou leur situation, connaissaient les dessous de l'affaire et les agissements secrets auxquels elle donnait lieu. Depuis plus d'un an, les commanditaires appelaient l'attention du ministre sur les dangers pécuniaires de cette direction, et plusieurs d'entre eux, MM. Delahante, Salamanca, de Guadra, appuyaient énergiquement, auprès de M. Walewski, la candidature d'un homme qui se recommandait de lui-même par son intelligence et ses antécédents artistiques, M. Carvalho. D'autres influences devaient paralyser ces efforts. On luttait donc pour une succession non encore ouverte et, quand elle s'ouvrit, la nomination fut d'autant plus immédiate qu'on ne voulait pas lutter encore et laisser le champ libre à des compétitions nouvelles.

Mais M. Perrin n'ignorait pas avec quel rival redoutable il avait dû compter; car (ce détail n'a jamais été rapporté par personne), il se hâta d'écrire à M. Carvalho une lettre que nous avons eue entre les mains et qui commençait ainsi: « En prenant possession de l'Opéra-Comique, la *première* personne que je désire voir c'est vous... »

Et quel changement en effet dans la fortune de M. Carvalho s'il eût été mis à la tête de ce théâtre, soit alors, soit en décembre Î862, lorsque M. Emile Perrin se retira! mais, entre temps, il avait accepté la charge du Théâtre-Lyrique; il ne pouvait abandonner les commanditaires qui avaient placé en lui leur confiance, et il dut se risquer à lutter courageusement tandis que les difficultés s'aplanissaient comme par enchantement devant son heureux rival.

Ce dernier avait tout pour lui: la faveur de l'opinion et l'appui de la presse; auteurs et compositeurs le félicitaient par une lettre collective, et rendue publique; les journaux rappelaient les succès de sa première gestion (mai 1848 à novembre 1857) et l'on citait avec complaisance tous les ouvrages, quelques-uns désormais célèbres, qui avaient « régénéré le répertoire, créé un fonds inépuisable de recettes, et offert aux théâtres de province de si splendides ressources. »

Cet appui moral était complété par la situation matérielle dont le bénéfice lui était assuré. Il prenait le théâtre libre de toute charge antérieure. Quelquesuns objectaient que ses bénéfices d'autrefois lui créaient le devoir de combler une partie du déficit actuel; mais d'autres répondaient justement que les habiles ne sauraient payer pour les maladroits, ou alors celui-là seul pourrait redevenir directeur qui aurait fait d'abord de mauvaises affaires: triste privilège et médiocre garantie. Au surplus, l'administration des Beaux-Arts prétendait faciliter la tâche au nouveau

venu, et la justice lui donna raison dans tous les procès qu'il eut à soutenir contre Beaumont ou ses commanditaires. Car on plaida six mois durant et à maintes reprises; on plaida pour prendre possession de la salle; on plaida pour exiger de M. Perrin le dépôt d'une somme de 500,000 francs à titre de garantie pour le prix du matériel, avec affectation de '200,000 francs au règlement des dettes; on plaida pour faire distribuer aux artistes 20,000 francs de subventions échues et les 85,000 francs représentant le cautionnement de Beaumont.

Toujours et partout, M. Perrin eut gain de cause. La situation fut liquidée au profit de ses intérêts, c'est-à-dire de son théâtre; on la peut résumer en deux mots. Comme passif, outre les frais d'exploitation nécessairement variables, 110,000 francs pour location de la salle payables chaque année à son propriétaire Crosnier; comme actif, 240,000 francs de subvention et 80,000 francs de cautionnement exigés partie en argent, partie en rentes sur l'État.

Deux faits, ou plutôt deux impulsions artistiques caractérisent le second et court passage de Perrin à l'Opéra-Comique.

D'une part, un pas en avant avec une œuvre plus descriptive que dramatique, accusant par cela même des tendances quelque peu nouvelles et si bien accueillie d'ailleurs qu'elle figure parmi les grands succès du théâtre, *Lalla-Rouhh.*

De l'autre, un retour vers le passé avec une série de reprises inattendues: mouvement analogue à celui que nous avons signalé entre 1841 et 1845, plus restreint peut-être, mais tout aussi curieux. Alors, on s'était attaché à remettre en honneur des œuvres appartenant à la seconde manière de l'opéra-comique, comme les derniers ouvrages de Grétry, Dalayrac, Méhul, Berton ou Nicolo; maintenant, on remontait presque, aux sources mêmes du genre, on exhumait, sous l'influence de cette rénovation, quelques pièces anciennes parmi les plus anciennes: en 1862, *la Servante maîtresse,* de Pergolèse, type fondamental sur lequel s'était modelée la comédie musicale française du dix-huitième siècle, et les premiers essais de

Monsigny, Dalayrac et Grétry, *Rose et Colas, Deux mots, Zémire et Azor;* en 1863, *la Fausse Magie,* qui n'avait jamais paru à la salle Favart; en 1865 et en 1866, deux antiquités, plus oubliées encore, dont l'auteur doit être mis au nombre des ancêtres du théâtre, *les Deux Chasseurs et la Laitière* et *les Sabots,* de Duni.

Mais avant de se lancer dans le *très vieux* ou le *très neuf,* Emile Perrin tâta en quelque sorte le terrain avec du *vieux-neuf,* c'est-à-dire un article ancien, revu, corrigé, considérablement augmenté, et servi comme nouveauté, *le Joaillier de Saint-James* (17 février). Les trois actes de Saint-Georges et de Leuven avaient paru sous une première forme, et sous le nom de *Lady Melvil,* au théâtre de la Renaissance, le 15 novembre 1838.

La musique d'Albert Grisar n'avait alors qu'une importance secondaire, puisque le principal personnage lui-même, n'ayant rien à chanter, était représenté par un acteur de drame. Plus tard, le compositeur reprit son travail, et, ne gardant que trois numéros de la partition primitive, écrivit quinze morceaux nouveaux, parmi lesquels une certaine romance, « *Adieu, madame* », délicieusement soupirée par Montaubry, et devenue promptement populaire. En jouant *le Joaillier de Saint-James,* M. Perrin ne faisait que reprendre son bien. Il avait voulu monter l'ouvrage dès 1856, et son départ seul avait causé l'ajournement des répétitions d'abord, de la représentation ensuite. Roqueplan n'eut pas l'air d'y prendre garde; Beaumont s'en souvint, mais dut quitter la place plus tôt qu'il ne le voulait; Èmile Perrin ne pouvait se soustraire à l'obligation souscrite par lui précédemment, et il y apporta tous ses soins, dès qu'il eut pris possession du théâtre, c'està-dire le 1 février, après cinq jours de relâche (28-31 janvier). Il faut croire que la musique de Grisar l'avait charmé, car le libretto laissait fort à désirer. Ce joaillier, épris d'une marquise qu'il a sauvée jadis, et lui envoyant incognito uh"e parure comme témoignage de sa passion, nous transporte déjà dans le monde de l'invraisemblable. Mais que cette parure soit volée par le commis qui veut épargner à son patron une folie, le déshonneur, la ruine, et que ce larcin amène au contraire l'arrestation du joaillier, la découverte de sa noblesse dissimulée sous un nom d'emprunt, et son mariage avec la grande dame qui aimait en secret son mystérieux sauveteur, c'est là un imbroglio qui de nos jours paraîtrait peu acceptable. Une bonne interprétation, une mise en scène élégante, une musique jugée favorablement par la presse, tout faisait croire à un succès: au bout de vingt-cinq représentations, le Joaillier avait disparu pour jamais.

Deux reprises étaient encore sur le chantier et absorbèrent d'abord les soins de la direction: les Charmeurs (25 février) et Giralda (28 mars). Confié au talent de Capoul et de M Balbi, le petit acte de Leuven et de Poise était nouveau pour la salle Favart: il venait du Théâtre-Lyrique où il avait été donné en 1855, le 15 mars, avec Achard et M" Meillet pour principaux interprètes. L'origine du livret remontait à une époque plus ancienne; c'était une comédie à ariettes, jouée en 1757 et arraDgée, suivant Lasalle, d'après un épisode de Daphnis et Chloé, par Favart, Guérin et Harny, les Ensorcelés ou la Nouvelle Surprise de l'Amour. Sous un titre presque pareil le même compositeur devait donner, quelques années plus tard, une pièce qui figure parmi ses succès les plus artistiques: elle était également empruntée au théâtre du dix-huitième siècle, et s'appelle la Surprise de l'Amour. Giralda, jouée pour la première fois en 1850, et pour la dernière en 1862, n'avait pas plu tout d'abord à M. Perrin, qui l'avait lancée originairement en plein été, et n'en avait certes pas tiré tout le parti possible. Mais il ne s'entêtait pas hors de propos et reconnaissait volontiers ses erreurs, surtout quand ses intérêts étaient en jeu. Une reprise projetée en 1858 n'aboutit pas; celle de 1862 réussit avec le concours de M" Marimon (Giralda), Pannetrat (la reine), MM. Crosti (le roi), Warot (don Manoel), Ponchard (Ginès).

Enfin, le 12 mai, se livra la grosse bataille artistique de l'année 1862, Lalla-Roukh, opéra-comique en deux actes, de Michel Carré et Hippolyte Lucas, musique de Félicien David. A proprement parler, on ne bataille guère, car le triomphe fut immédiat, éclatant, reconnu par tous. « Ou je me trompe fort, écrivait Berlioz dans les Débats, ou la partition de Lalla-Roukh est dans son ensemble ce que l'auteur du Désert a fait de mieux. » Le livret était tiré d'une des œuvres les plus célèbres de Thomas Moore, ce poète gracieux dont Sheridan disait: « Il n'existe pas d'homme qui ait aussi bien réussi à faire passer le langage du cœur dans les élans de l'imagination. Il semble que son âme soit une étincelle du feu céleste qui, détachée du soleil, voltige sans cesse pour remonter vers cette source de lumière et de vie. » Dans le poème anglais, la belle Lalla-Roukh, fille de l'empereur de Delhi, se rend près de son fiancé, le fils d'Abdallah, roi de la Petite-Tartarie; elle est accompagnée d'un chambellan, Fadladeen, et d'un poète, Feramorz, qui abrège les longueurs du voyage par de charmants récits et finit par inspirer à la princesse une véritable passion. Tout se découvre au dénouement; l'aimable conteur n'était autre que le fiancé. Quant au chambellan, qui jugeait toujours détestables les vers de son compagnon, il en est quitte pour changer d'opinion, ce qui lui coûte d'autant moins que sa maxime favorite est plus simple: « Si le prince, dit-il, vient à prétendre qu'il fait nuit à midi, jurez que vous voyez la lune et les étoiles. » Dans la version de l'opéra-comique, Lalla-Roukh a gardé son nom, mais Feramorz est devenu Noureddin, prince de Samarcande, et Fadladeen Baskir, un envoyé du prince, juge de village chargé de tenir l'emploi de chambellan, et d'amener la princesse à bon port. Ce joli conte, qui depuis a servi d'ailleurs à Rubinstein pour son opéra Feramors, ressemble fort à quelque Jean de Paris un peu idéalisé et transporté dans le pays des roses; c'est l'histoire très morale d'un roi qui se fait passer pour son propre rival, afin de s'assurer de l'amour de sa fiancée et ne devoir qu'à luimême son bonheur. Félicien David avait saisi avec bonheur et délicatement nuancé le côté poétique et pittoresque de cette aventure, et dès le premier jour sa partition fut saluée comme une réaction contre le prosaïsme sot et vulgaire des œuvres alors acclamées par la foule.

« On regardait presque comme tarie la source de l'idéal, écrivait un critique, et cette source jaillit tout à coup comme une baguette magique et convie à des jouissances nouvelles tous les esprits d'élite, toutes les âmes délicates et tendres, tous les cœurs qui ont aimé et qui doivent aimer... C'est un honneur pour un pays que de voir éclore des productions capables de ramener la foule égarée au culte du vrai et du beau... »

La foule, en effet, accourut avec un tel empressement que, pendant plus de trois mois, la moyenne des recettes dépassa presque régulièrement 6,000francs; on donnait Lalla-Roukh trois fois par semaine, et même quatre (19, 20, 22, 24 mai et 28, 29, 31 juillet et 2 août). La province elle-même apportait son contingent d'admirateurs, et le 21 juillet, en particulier, on vit arriver par traiu spécial une caravane de 800 Angevins pour assister à la représentation. En leur honneur, l'aimable Perrin avait fait brosser un rideau d'entr'acte, double encadrement ovale contenant, d'une part, le panorama d'Angers, de l'autre une vue du Vieux Château, le tout relié par des sujets emblématiques et des enroulements où se lisait la date de cette mémorable visite. Voilà une attention que n'auraient guère aujourd'hui pour d'honorables « ruraux » les directeurs de nos scènes subventionnées. Le succès, au surplus, se maintint. De 1862 à 1867, on compta 154 représentations; la reprise de 1870 en fournit 13; de 1876 à 1880 et de 1881 à 1884, on retrouve deux séries, Tune de 85, Fautr.e de 27: soit un total de 279 représentations à la salle Favart.

Emile Perrin se plaisait aux contrastes; car le même soir où il lançait une pièce aussi moderne et raffinée que Lalla-Roukh, il reprenait une des pièces les plus anciennes et les plus simples du répertoire, la gracieuse paysannerie de Sedaine et Monsigny, Rose et Colas; elle datait de 1764 et pouvait ainsi presque fêter son centenaire. Aussi, M Lemercier, qui jouait, quoique jeune encore, le rôle de la mère Boby, une duègne de quatre-vingt-quinze ans, fit-elle applaudir le couplet suivant, ajouté pour la circonstance au vaudeville et composé par Victor, le régisseur du théâtre:

Voilà cent ans, vos bons aïeux
Venaient applaudir cet ouvrage.
Ce soir, messieurs, faites comme eux:
Accordez-nous votre suffrage!
Je voudrais vous savoir contents,
Et, si mon vœu se réalise,
Vous revoir tous à la reprise
Qui doit avoir lieu dans... cent ans!

Pièce et partition, toutes deux charmantes en leur grâce naïve, sont assez présentes à l'esprit de tous pour qu'il soit inutile d'insister. Rappelons toutefois un propos peu connu, un mot de Sedaine relatif à Rose et Colas, un de ces mots dont les artistes peuvent faire leur profit, car il renferme toute une esthétique théâtrale. Au lendemain de la première représentation, un ami le rencontre et le complimente. « Seulement, ajoute-t-il, c'est un peu long; je crois que tu feras bien de couper çà et là. » — « J'entends, répond Sedaine; hier les acteurs ont joué trop vite; demain, ils joueront moins vite et ce sera plus court. » Avis aux « brûleurs de planches » dont le débit précipité nuit souvent à l'œuvre qu'ils prétendent animer. Cette fois, l'auteur eût été satisfait; Rose était bien un peu timide, représentée par une débutante, M Emilie Garait, dont on avait annoncé d'abord l'engagement sous le nom de Durieux et qui, au bout de douze fois, céda le rôle à Mʸ Tuai; mais Sainte-Foy et Troy montraient deux types de fermiers excellents, et Colas n'était autre que. Montaubry; avec une abnégation dont les grands ténors de nos jours se montreraient avares, il jouait le même soir dans le lever de rideau et dans la pièce principale; il se faisait doublement applaudir sous le manteau du prince et sous la blouse du paysan.

Avec Rose et Colas l'élan des reprises était donné, et l'on voit se suivre ainsi: le 12 août, la Servante maîtresse et Jean de Paris; le 30 août, Deux mots ou une NuiL dans la forêt; le 15 septembre, Zémire et Azor. De ces pièces, la première fut la mieux accueillie, un

peu grâce à son intérêt historique, puisqu'elle peut à bon droit passer pour le prototype de l'opéra bouffe, d'où l'opéra-comique est issu, beaucoup, à cause de la valeur des interprètes. Gourdin était un bon Pandolphe; Berthelier jouait excellemment le rôle muet de Scapin; quant à la débutante, Mˡˡ Galli-Marié, elle fit, comme nous dirions aujourd'hui, sensation. Les connaisseurs observèrent que, l'ouvrage manquant d'ouverture, on lui avait donné comme préface musicale une étude pour clavecin de Scarlatti, orchestrée par Gevaert; les curieux remarquèrent que les récitatifs, écrits par l'auteur avec accompagnement de clavecin, étaient accompagnés par un violoncelle et une contrebasse; les musiciens constatèrent que le rôle de Zerbine étant un peu haut pour la nouvelle venue, il avait fallu baisser d'un ton ses deux airs et le duo final, sans parler d'autres transpositions partielles; mais la foule se préoccupa médiocrement de ces minces détails, et ne cacha pas son admiration. Fille de Marié, le chanteur de l'Opéra, M Galli-Marié avait déjà chanté en province, et arrivait en dernier lieu de Rouen, où le flair de Perrin l'avait dénichée. Par son visage expressif, sa voix chaude et son intelligence dramatique, elle s'imposa du premier coup sur la scène où elle devait, par ses créations, tenir tant de place, et Paul de Saint-Victor n'était que l'écho du public, quand il écrivait dans le feuilleton de la Presse: « Elle est petite et mignonne, avec des mouvements de chatte, une physionomie mutine et lutine, et dans tout son air, dans toute sa personne, quelque chose d'espiègle et de retroussé. Elle joue comme si elle avait servi dans les bonnes maisons de Molière; elle chante d'une voix ronde et fraîche, piquante et moelleuse. On dirait une ravissante résurrection de M Favart, de celle que le maréchal de Saxe appelait sa chère petite bouffe. »

Cette partition de Pergolèse n'avait pas été exécutée à Paris depuis plus de quarante ans; mais la nouvelle Zerbine remit tant et si bien la Servante maltresse à la mode, que, l'année suivante, une tragédienne lyrique, M Penco, se paya la fantaisie d'aborder, aux Italiens, ce

rôle comique avec

Zucchini pour partenaire; elle y réussit. Quelques années plus tard, M Krauss, à son tour, renouvela l'expérience, mais avec la Serva Padrona de Paisiello. Cette épreuve, sans être aussi satisfaisante, fit encore honneur à la souplesse de son talent.

Le soir même où M Galli-Marié débutait, Jean de Paris servait au début d'un ténor qui comptait déjà d'honorables succès en province, et particulièrement à Rouen, où il avait paru l'année précédente. Warnots était un élève du Conservatoire de Bruxelles, lauréat émérite qui s'était vu décerner le premier prix de piano et de composition. Excellent musicien, on le devine, il fit bonne figure sous les traits de Jean et, avec Mˡˡ Marimon comme princesse et Crosti comme sénéchal, valut à l'ouvrage de Boieldieu un regain de vingt-deux représentations, qui furent malheureusement, à la salle Favart, les dernières, et pour la pièce et pour lui. Ne se trouva-t-il pas assez chaleureusement accueilli, ou jugea-t-il qu'il se créerait difficilement une place digne de lui parmi ses rivaux? Le fait est qu'il retourna d'abord en Hollande, puis en Belgique, où il a rendu depuis lors, comme professeur, de signalés services.

La reprise de Deux mots ou Une nuit dans la forêt, opéra-comique de Dalayrac, qui n'avait pas été joué depuis le 19 avril 1823, fut moins heureuse, car elle ne fournit que huit représentations. La médiocrité du livret contribua pour quelque chose à ce piteux résultat: le public commençait à connaître outre mesure ces histoires de voyageurs égarés qui descendent dans des auberges improbables et se heurtent à des voleurs plus ou moins sérieux. Cette fois, Valbelle, le jeune officier, est tombé dans un coupegorge, et la forêt paraît être celle de Bondy. Une jeune fille au service des brigands, Rose, attire son attention par la pantomime à laquelle elle se livre, e-t l'avertit même du danger par un mot: « Minuit! » Le héros a le temps de se mettre sur ses gardes, il échappe à la mort, et quand du même coup il a sauvé l'héroïne, il lui demande: « M'aimeras-tu? » Et elle répond naturellement: « Toujours! » *Minuit* et *toujours* sont ainsi les deux mots promis par le titre. Le peu d'effort de mémoire qu'ils imposent à l'actrice rendrait presque vraisemblable cette légende qui eut cours lorsque l'œuvre fut donnée à l'Opéra-Comique le 9 juin 1806. La pièce aurait été écrite pour un théâtre de société, et le rôle de Rose devait être confié à une dame fort timide qui, pour s'en défendre, se déclarait incapable de prononcer plus de deux mots. « Eh bien, madame, aurait répondu Marsollier, on ne vous en demande pas davantage. » Mais, d'autre part, il est certain que ce titre *Deux mots,* fut ajouté seulement après la première représentation. En effet, le manuscrit original de la partition se trouvait encore en 1862 dans les mains d'un neveu de Dalayrac, et il ne portait que ce titre *Une nuit dans la forêt.* On raconte, au reste, que le librettiste s'était amusé à transporter à la scène une aventure assez analogue dont il avait été victime, et qui, de plus, avait fourni à Bouilly la matière d'un joli récit.

Pour *Zemire et Azor,* on est moins réduit aux conjectures, le compositeur ayant donné lui-même, sur son œuvre, tous les détails qu'il importait de connaître; il estime, par exemple, que « cette production est à la fois d'une expression vraie et forte »; puis il ajoute naïvement: « Il me paraît même difficile de réunir plus de vérité d'expression, de mélodie et d'harmonie. » On voit que Grétry se traitait sans aucune sévérité. Cet ouvrage, nous l'avons dit, avait servi en 1846 aux débuts de Jourdan et de Ml Lemercier. M. Perrin s'occupait de le reprendre lorsqu'il avait quitté l'Opéra-Comique en 1857; son successeur Roqueplan l'annonçait en 1859 avec Warot et M Cordier; on le répétait encore en 1860; le retour de Perrin amena enfin la représentation, qui revêtit un caractère tout à fait artistique. Pas de retouches à l'orchestration, cette fois; en revanche, on avait rétabli le ballet, supprimé aux reprises précédentes, et ménagé ainsi un succès à la jolie Ml" Marcus. Pour donner une idée de la richesse apportée à la mise en scène, rappelons que M. Perrin fit brosser un rideau spé-

cial destiné aux entr'actes: c'était le principal épisode du troisième acte, peint par Cambon, d'après une gravure du xvm siècle. En outre, la scène avait reçu un encadrement intérieur, exécuté dans le style coquet des décorations du temps, et semblable aux encadrements de scène des résidences royales, afin de reproduire aussi exactement que possible l'effet de la représentation de gala du 9 novembre 1771, où l'ou. vrage de Grétry avait paru pour la première fois devant la Cour, à Fontainebleau. La distribution nouvelle n'était pas moins satisfaisante, avec Warot (Azor), Troy (Sander), Ponchard (Ali), M Tuai et Rolin (Fatmé et Lisbé), enfin une débutante, M" Baretti qui, sous les traits de Zémire, tremblait un peu le premier soir, et se montra charmante pendant les vingt-sept représentations que fournit cette reprise; bientôt elle parut encore plus à son avantage dans *la Dame blanche,* où elle remplaça M" Cico, et compta, par sa grâce et sa beauté, au nombre des pensionnaires qui méritent une mention dans l'histoire de la salle Favart.

Cette reprise de *la Dame blanche* est d'ailleurs, avec l'apparition de *Lalla-Rouhh,* le gros événement musical de l'année 1862 à la salle Favart. Le chefd'œuvre de Boieldieu avait été remonté, comme décors et costumes, avec un soin tout particulier, et le principal rôle d'homme, confié à un nouveau venu, dont les débuts eurent un énorme retentissement. Léon Achard n'était pas un inconnu. Fils du comédien Achard, reçu avocat à vingt ans, il avait quitté le barreau pour entrer au Conservatoire de Paris, et au bout de deux ans en était sorti avec un premier prix d'opéra-comique. Mais, sa courte apparition au Théâtre-Lyrique dans *le Billet de Marguerite* (7 octobre 1854) n'attira pas l'attention du public, et le jeune lauréat partit pour Lyon où, pendant six années, il étudia, progressa, et finit par passer du second plan au premier. Rappelé alors à Paris, il se vit confier le rôle de Georges Brown, et la soirée du 4 octobre fut pour lui triomphale. Doué d'une jolie voix, très jolie même, bien qu'un peu blanche, vocalisant à merveille, charmant

cavalier, bon comédien, il avait un talent fait de franchise, de charme, de netteté, et l'Opéra-Comique put dès lors se consoler d'avoir perdu Roger. Grâce à lui *la Dame blanche* fournit treize représentations en octobre, treize en novembre, douze en décembre et cinquante-sept l'année suivante. D'un bond, elle avait franchi la *millième* représentation et cet événement, encore unique dans les annales du théâtre, fut célébré avec quelque solennité. L'empereur et l'impératrice assistèrent à la représentation qui eut lieu le 16 décembre; entre le premier et le second acte, des stances de Méry furent récitées par Achard, et tous les artistes couronnèrent le buste du compositeur, tandis que les choristes entonnaient le chœur d'Avenel. La recette atteignit près de 7,000 francs, et les droits d'auteurs furent généreusement abandonnés par Boieldieu fils aux ouvriers sans travail de Rouen.

L'année dramatique touchait à sa fin, car à peine est-il besoin de mentionner la cantate annuelle, qui s'appelait cette fois *le 15 Août aux champs,* « scène pastorale et dramatique » chantée par Capoul, Troy, M"" Cico et les chœurs, composée par Michel Carré pour les paroles, et Ernest Boulanger pour la musique. On y célébrait les bienfaits de la paix, comme si elle eût dû, hélas, durer toujours; les événements devaient se charger du démenti rapide et cruel. Glissons enfin sur le petit acte de Michel Carré et Jules Barbier donné le 8 novembre sous ce titre, *le Cabaret des Amours,* un cabaret où le vieux baron de Cassandre et la vieille marquise Zirzabelle viennent promener leur perruque et réchauffer leur âge au souvenir d'antan. La marquise y rencontre Lubin, qui se désole de ne pouvoir obtenir, faute d'argent, la main d'Annette; le baron y rencontre Annette, à laquelle il esquisse deux doigts de cour, et tout finit par la dot que les vieux fournissent aux jeunes pour faciliter leur mariage. La pièce avait cinq personnages, y compris le cabaretier; trois acteurs suffisaient à la jouer, le baron ne se rencontrant jamais en scène avec Lubin ni la marquise avec Annette; Couderc et M Chollet-Byard pouvaient ainsi tenir en réalité quatre rôles. Si peu connu que soit aujourd'hui le nom du compositeur, Prosper Pascal jouissait pourtant d'une certaine notoriété, grâce à l'orchestration d'un morceau de Mozart qui faisait alors les délices des concerts Pasdeloup, la *Marche turque.* En revanche, il avait donné au ThéâtreLyrique *le Roman de la Rose* (1854), et *la Nuit aux gondoles* (1861), deux actes qui n'avaient guère réussi, le dernier surtout. *Roman de la Rose, Nuit aux gondoles, Cabaret des Amours,* et *Fleur de lotus,* à Bade en 1864, voilà tout le bagage dramatique de ce compositeur qui, si l'on s'en tient aux titres poétiques, aimables et galants de ses œuvres, donnerait assez l'idée d'un Chaplin musical, ami des sujets légers et des couleurs vaporeuses.

La représentation de cette petite pièce, jouée trente fois, fut le dernier acte de la gestion brillante et courte d'Emile Perrin. Faisant le contraire de Roqueplan, qui était venu de l'Opéra à l'Opéra-Comique, il allait de l'Opéra-Comique à l'Opéra, qu'abandonnait Alphonse Royer, démissionnaire. Du 11 décembre, date de sa nomination, jusqu'au 20, date de la nomination de son successeur, il administra donc les deux théâtres à la fois, et songea, dit-on, à renouveler la tentative de cumul qu'il avait déjà faite autrefois pour l'Opéra-Comique et le Théâtre-Lyrique. Mais la presse n'était guère partisan de cet accaparement, et le gouvernement suivit le mouvement de l'opinion. M. Perrin s'installa définitivement rue Le Peletier, où il allait inaugurer sa direction avec une fructueuse reprise de *la Muette,* interrompue en pleines répétitions par l'accident fatal qui devait coûter la vie à la danseuse Emma Livry. A la salle Favart, ce fut un auteur dramatique qui triompha de toutes les compétitions et s'assit dans le fauteuil directorial, de Leuven, ou, de son vrai nom, Adolphe Ribing, comte de Leuven. Détail peu connu, il était fils d'un des trois gentilshommes suédois qui avaient complôté la mort de Gustave III et mis leur projet à exécution dans la nuit du 15 au 16 mars 1792.

Son premier soin fut de s'adjoindre, comme directeur de la scène, M. Eugène Ritt, qui remplissait les mêmes fonctions à l'Ambigu; de sorte que ledit M. Ritt occupait alors auprès de Leuven une situation très justement analogue à celle que M. Gailhard devait occuper auprès de lui, quelque vingt-cinq ans plus tard, lorsqu'il devint directeur de l'Opéra.

On peut dire que de Leuven prit la suite d'une affaire en pleine prospérité; les recettes s'étaient élevées à 1,150,000 fr. 42 c., chiffre qui n'avait jamais été atteint depuis l'année de l'Exposition, en 1855, où, par extraordinaire, il dépassa 1,300,000 francs. Le répertoire était reconstitué, grâce à une série de reprises heureuses; l'avenir s'annonçait favorablement, grâce au nom des auteurs dont les ouvrages étaient reçus et allaient être joués. Citons en même temps, à titre de curiosité, quelques-uns de ceux qui ne le furent jamais, ou ne le furent que beaucoup plus tard: *Fœdea,* deux actes, paroles de Meilhac et Halévy, musique d'Offenbach, déjà distribuée à Couderc, Warot, Ponchard, Lemaire, Davoust, Ma Marimon et Casimir; *La Nuit des dupes,* deux actes, paroles de SaintGeorges, musique de Flotow, déjà distribuée à Couderc, Gourdin, Lemaire, M Marimon et Révilly;

Le *Forestier,* paroles d'Alexandre Dumas et de Leuven, musique de Poise; *L'Ange gardien,* paroles de Scribe et Roman, musique de Nibelle; *L'Urne,* paroles d'Octave Feuillet et Jules Barbier, musique d'Ortolan; plus tard, *la Péruvienne,* trois actes, paroles de Meilhac, musique de Victor Massé, et certain *Pulcinella,* de Th. Semet.

La troupe, enfin, se présentait avec un ensemble, une autorité et une variété remarquables.

Parmi les disparus, au cours de cette année 1862 ou dans les premiers mois de 1863, on ne trouverait guère à citer que Roger, dont la dernière représentation eut lieu dans *la Dame blanche,* le 6 juin 1862; Warot, qui joua *Fra Diavolo* pour sa dernière soirée à la salle Favart, le 25 décembre, et entra directement à l'Opéra; Berthelier, qui troqua, malheureusement pour l'art, l'Opéra-Comique pour le PalaisRoyal; M" Saint-Urbain,

qui chanta aux Italiens en 1862 et aux Bouffes-Parisiens en 1863; enfin, Laget, M"" Bousquet, Lemercier et Pannetrat. D'autres revinrent dès l'année suivante après des fugues plus ou moins heureuses qu'ils avaient faites, Sainte-Foy au Théâtre-Lyrique, M" Ugalde aux Bouffes pour jouer *Orphée* et les *Bavards,* M' Monrose à la Monnaie de Bruxelles.

En revanche, les nouveaux venus étaient nombreux, et nous avons déjà mentionné M Rolin, Garait, Galli-Marié, Baretti et Léon Achard. Ajoutons encore Mengal, qui débuta, le 7 août, dans *le Postillon de Lonjumeau* (rôle du marquis) et repartit l'année suivante pour Bruxelles; M Bléan, qui débuta le 16 août dans *la Fille du régiment* (rôle de Marie), et reprit, au bout de quelques représentations, le chemin de la province, d'où elle arrivait; Émon, le vieil Émon, qui reparut le 17 août dans *le Domino noir* (rôle de Juliano); M Chollet-Byard, la créatrice, nous l'avons dit, du *Cabaret des Amours,* actrice intelligente, pleine de finesse et de grâce; elle avait obtenu en 1862 les premiers prix de chant et d'opéracomique au Conservatoire; elle débuta, le 30 août, dans *le Toréador (rôle* de Coraline) et mourut à Passy, en 1866, à peine âgée de vingt-six ans; Potel, un fidèle serviteur de l'Opéra-Comique, qui débuta le 1" novembre dans *le Diable au moulin* (rôle d'Antoine); Caussade enfin, qui effectua sa rentrée le 28 décembre dans *le Chalet* (rôle de Daniel).

Si l'on songe aux artistes qui appartenaient antérieurement à la maison, et formaient ainsi les cadres de la troupe, on reconnaîtra que la réunion des talents n'était pas commune, et que tous les emplois se trouvaient abondamment pourvus. Pour ne citer qu'un exemple et sans parler de Warnots, arrivé et parti presque aussitôt, les premiers ténors s'appelaient Montaubry, Achard et Capoul.

A quelle époque a-t-on vu un trio de valeur égale!

Aussi, l'année 1862 aurait-elle pu compter parmi les années heureuses de la salle Favart, sans une perte qui fut grande pour elle, grande aussi pour le monde musical: Halévy était mort à Nice le 17 mars 1862, emporté par une maladie de langueur qui le minait depuis longtemps et dont on trouverait la cause dans l'excès même de son travail. Il est de mode aujourd'hui, dans certaines écoles, de traiter avec quelque dédain l'auteur de tant d'ouvrages populaires. On lui concède une habileté vulgaire; on lui conteste l'invention; cet homme qui se vantait de n' « écrire qu'avec son cœur », on lui dénie presque toute émotion; un peu plus, on soutiendrait qu'il faisait de la fausse monnaie musicale! Et pourtant, *la Juive* avait précédé d'un an *les Huguenots*; il était donc l'émule et non point l'imitateur servile de Meyerbeer. Comme le disait Ambroise Thomas sur sa tombe, « Halévy eut ce rare privilège de réunir en lui seul plusieurs hommes éminents. Compositeur illustre, maître dans son art, il fut en même temps écrivain supérieur, orateur ingénieux, causeur spirituel et brillant. » Sainte-Beuve songeait à le faire entrer à l'Académie française, au même titre que pourraient y être reçus aujourd'hui un Guillaume ou un Reyer; il excellait en plusieurs genres, et il avait eu la gloire de donner à la salle Favart des ouvrages comme *l'Eclair, le Val d'Andorre, les Mousquetaires de la Reine,* qui comptent parmi les plus célèbres de son répertoire. Aussi put-on écrire que ses funérailles avaient eu « la majesté d'un deuil public. » Une foule immense l'accompagna de l'Institut, où il demeurait, en qualité de secrétaire perpétuel, au cimetière Montmartre, où il repose désormais. Des fragments de ses œuvres, orchestrés par M. Jonas pour musique militaire, étaient exécutés sur tout le parcours par les musiques de la gendarmerie impériale et de la garde de Paris. Devant la tombe s'était réunie une troupe de deux cents chanteurs appartenant au Conservatoire et aux principaux théâtres de Paris, et où figuraient, à côté de simples choristes, des ténors comme Roger, Gueymard, Montaubry, Michot. Sous la direction de Tilmant, chef d'orchestre de l'Opéra-Comique, ils exécutèrent une paraphrase du *De profundis,* dont les vers étaient dus à M. Joseph Cohen, ancien directeur de *la Presse.*

Les quatre strophes formaient chacune un chœur sans accompagnement, et avaient été mises en musique, la première par Jules Cohen, la seconde par Bazin, la troisième par Victor Massé et la quatrième par Ch. Gounod. Au cimetière, enfla, huit personnes prirent la parole: Couder, au nom de l'Institut; le colonel Cerfbeer, au nom du Consistoire israélite; Edouard Monnais, au nom du Conservatoire; Ambroise Thomas, au nom de la Société des auteurs; le baron Taylor, au nom de la Société des artistes dramatiques; Emile Perrin, au nom de l'Opéra-Comique; de Saint-Georges, comme son ami et collaborateur; Ulmann, comme grand-rabbin de France. Un neuvième discours eût pu être prononcé au nom de ses anciens élèves, car il en avait formé un grand nombre, dont quelques-uns sont devenus illustresPendant vingt-cinq ans, il avait enseigné la composition au Conservatoire, et, dans ce quart de siècle, sa classe avait obtenu douze fois le grand prix de Rome avec E. Boulanger (1835), Ch. Gounod (1839), Bazin (1840), Roger (1842), Victor Massé (1844), Gastinel (1846), Deffès (1847), Galibert(1853),Bizet(1857), Samuel David (1858), Ernest Guiraud (1859), Paladilhe (1860).

De tous ces auteurs, un seul, M. Deffès, devait être joué en l'année 1863, laquelle ne brille d'ailleurs ni par la quantité ni par le succès sinon par la qualité des ouvrages *nouveaux.* Quatre seulement furent donnés: *l'Illustre Gaspard,* un acte (11 février) — 12 représentations; 2a *Déesse et le Berger,* deux actes (21 février) — 17 représentations; *Bataille d'Amour,* trois actes (13 avril) — 4 représentations; *les Bourguignonnes,* un acte (16 juillet) — 44 représentations en quatre ans. Plus, une ancienne pièce, *les Amours du Diable,* transplantée du Théâtre-Lyrique à la salle Favart.

L'Illustre Gaspard était un ancien vaudeville, arrangé par les auteurs, Duvert et Lausanne, et mis en musique par Eugène Prévost. Un gentilhomme décavé, prenant, sans se méfier, le nom d'un voleur de grand chemin, Gaspard de Besse, et inspirant la terreur quand il voudrait exciter la pitié d'un vieux noble et toucher le cœur de sa nièce, jusqu'au moment où la vérité se découvre pour le bien des deux amoureux, c'était là matière à quiproquos, et Arnal aurait pu jouer la pièce aussi bien que Couderc. L'histoire du compositeur était plus triste que celle des librettistes. Elève de Lesueur, prix de Rome en 1831, juste un an avant Ambroise Thomas, Eugène Prévost avait donné presque immédiatement deux petites pièces musicales... à l'Ambigu, *VHàtel des Princes,* un acte (avril 1831), *le Grenadier de Wagram,* un acte (mai 1831), et puis encore trois petits actes à l'OpéraComique, *Cosimo* (13 octobre 1835), *les Pontons de Cadix* (novembre 1836), *le Bon Garçon* (septembre 1837), et il reparaissait à ce dernier théâtre en 1863, c'est-à-dire *vingt et un* ans plus tard! On pouvait l'accuser de paresse ou de malchance, mais non d'obstruction. La vérité est que, dans l'intervalle, il s'était fait chef d'orchestre à la Nouvelle-Orléans. Il travailla là-bas, entassant opéras sur opéras, jusqu'au jour où la guerre de sécession le ruina d'abord et le força de s'exiler ensuite. Revenu à Paris, il dirigea l'orchestre des Bouffes-Parisiens en 1863 et celui du concert des Champs-Elysées en 1864. Quand *t'Illustre Gaspard* disparut, on peut dire que Prévost disparut avec lui. Dès l'année 1867 il devait repartir pour la Nouvelle-Orléans, où il mourut en 1872, triste, victime d'un de ces drames de la misère, comme il s'en joue tant, hélasI dans la vie des artistes.

La fortune a de ces rigueurs. Qui, d'avance, aurait pu prédire, par exemple, l'échec de *la Déesse et le Berger,* appelée d'abord *Ariane,* puis *l'Age d'or.* Du Locle était un élégant poète, Duprato un musicien qui avait fait ses preuves; la pièce sortait de l'ornière bourgeoise de l'ancien opéra-comique; elle s'animait au souffle d'une mythologie un peu fantaisiste, mais spirituelle et gracieuse. La déesse, en effet, est la simple fille d'un prêtre de Bacchus, proche parent de certain brahmine entrevu déjà en 1859, à l'OpéraComique, dans *la Pagode,* de Fauconier. Ce Polémon ressemble à un vil exploiteur, et Maïa n'est là que pour attirer les hommages et les offrandes dans son temple, c'est-à-dire dans sa boutique. Les amours de la jeune fille avec le berger Batylle, qu'à la fin Bacchus lui-même reconnaît pour son fils, forment le sujet de cette idylle tout entière écrite en vers harmonieux, délicatement soupirés par Capoul et M Baretti. La partition se recommandait par des qualités peu communes, et pourtant dès l'abord elle ne trouva pas d'éditeur. A qui venait la demander, les marchands répondaient: « Elle n'a pas paru! » et, les jours succédant aux jours: « Elle ne paraîtra pas! ». Cette réponse ayant été faite, un matin, à une dame qui se montrait désolée de n'avoir pas la musique réclamée, « M. Duprato, dit-elle, consentirait-il à me vendre la propriété de son manuscrit? » — « Ma foi, lui fut-il répondu, je crois que cette proposition ne pourrait que lui être agréable, et que, moyennant mille écus... » — « Mille écus, s'écria la dame, ce ne serait pas assez. Veuillez faire savoir à M. Duprato que je lui en offre six mille francs! » Le soir même le marché était conclu, et ce fut elle qui fit graver la partition, revenue depuis, mais longtemps après, entre les mains d'un éditeur. Chose curieuse! la dame n'avait cru faire qu'une bonne action, elle fit peut-être une bonne affaire; car, si l'ouvrage n'avait pas réussi au théâtre, bien des morceaux détachés réussirent dans les salons, et l'on joue encore au jourd'hui l'ouverture, avec son motif à cinq temps qui ne manque pas d'originalité.

Pour *Bataille d'amour,* le cas paraît plus simple. Une comédie d'intrigue, animée, et rentrant bien dans la catégorie des opéras-comiques qu'on aimait autrefois; une partition écrite par un musicien qui n'était pas sans mérite, et malgré cela un échec complet: ainsi en avait décidé le caprice du public! Victorien Sardou et Karl Daclin avaient arrangé le livret d'après une œuvre jouée en 1786, *Guerre ouverte ou Ruse contre ruse,* comédie de Dumaniant, qui s'était inspiré de Beaumarchais, lequel avait puisé dans une pièce espagnole de Moreta y Cabana, intitulée *la Chose impossible.* La guerre était engagée entre

un comte, Tancrède, qui aimait Diane et pariait de l'enlever, et un baron qui, prétendant faire épouser sa nièce à un personnage ridicule, soutenait le pari. Après mille ruses déjouées savamment de part et d'autre, le baron tombait dans un piège imprévu. Il avait soustrait à la jeune fille ses vêtements pour rendre l'enlèvement impossible; aux habits de femme on substituait des habits d'homme; le baron, trompé par le costume, prenait sa nièce pour Tancrède et la mettait lui-même à la porte: la gageure était ainsi gagnée. Si la pièce était assez gaie, la partition ne l'était guère; en outre, le compositeur, Vaucorbeil, avait eu l'idée d'accorder sa musique avec le cadre où se passait l'action, et de faire par conséquent une sorte de pastiche. Le public demeura froid. C'est que l'érudition n'intéresse que les érudits; la musique d'hier attire les seuls curieux; le gros du public lui préfère celle d'aujourd'hui, et le petit groupe des vrais connaisseurs celle de demain.

Pour écrire ses *Bourguignonnes,* M. Deffès n'avait pas eu tant de souci de la couleur locale ou « chronologique », si l'on peut s'exprimer ainsi. Il avait traité gaiement le sujet gai fourni par Meilhac, sujet qui transportait l'idée *d'un Caprice* dans le cadre d'une paysannerie, et ce petit acte avait réussi à la salle Favart, comme il avait réussi l'année précédente à Ems, où il avait été donné pour la première fois. Ajoutons que la pièce était joyeusement présentée par Ponchard, M Decroix, qui rentrait à la salle Favart, et M Girard, qui venait y faire consacrer une réputation justement conquise au Théâtre-Lyrique; car c'était une excellente « dugazon », une des meilleures qu'ait eues l'Opéra-Comique de notre temps.

Ce début fut d'ailleurs le plus important de l'année avec celui d'Èugène Bataille, pour qui l'on reprit *le Caïd,* et qui parut le 5 septembre un tambour-major « élégant, bon chanteur et comédien », au dire des journaux. S'il ne valait pas son homonyme Battaille, dont il semblait recueillir la succession, il était appelé à rendre du moins d'utiles services non seulement à l'Opéra-Comique, mais encore à l'Opéra où, vingt-

sept ans plus tard, il créait le rôle de CharlesQuint dans *YAscanio* de M. Saint-Saëns, et, certain soir, sauvait la recette en jouant à l'improviste Saint-Bris des *Huguenots.*

Les autres débutants méritent tout juste une mention: d'abord M"" Périer dans *le Docteur Mirobolan* (rôle d'Isabelle); le 23 juin, M. Mirai dans *le Chalet* (rôle de Daniel), ténor engagé seulement en représentations pour juillet et août, et qui partit ensuite pour Lyon; puis, dans *Haydée,* M' Irène Lambert, jeune soprano qui venait de Rouen et devait, l'année suivante, chanter à Toulouse; le 16 juillet, M. Carrier, dans *la Fausse Magie* (rôle de Dalin); en août, M. Justin Née, dans *le Songe d'une nuit d'été* (rôle de Latimer), jeune ténor qui venait de province et ne tarda pas à y retourner; ensuite M. Hénault, autre ténor qui parut dans le même rôle et ne donna que quelques représentations; M. Albert, dans *Haydée* (rôle d'Andréa), ténorino aussi « quelconque » que son nom même; le 29 novembre, M HennezelColas, dans *les Noces de Jeannette,* une sœur de Stella Colas, qui ne fit que passer; enfin M. Trillet, dans *Joconde* (tôle de Lucas), ténor léger qui, après avoir chanté à Lyon, avait été engagé par M. Carvalho au Théâtre-Lyrique; sans parler de M. Bonnefoy, baryton dela Monnaie de Bruxelles, qui, le 12 juillet, joua dans *Galathée* le rôle de Pygmalion, remplaçant à l'improviste Troy, subitement indisposé; en tout *neuf* artistes, dont pas un ne put se fixer à la salle Favart. A ces noms on pourrait joindre celui de M Ugalde, qui allait et venait sur l'ancien théâtre de ses succès, et, sortant des Bouffes, donnait en juillet quelques représentations de *Galathée.* D'autres enfin étaient partis au cours de l'année, comme Caussade, engagé à Alger, Ml" Ferdinand et Bléau, toutes deux engagées à Bordeaux.

Mais la troupe gardait d'assez bons éléments pour suffire aux besoins des reprises, et celles-ci furent assez nombreuses en 1863; le directeur de Leuven se conformait à la ligne de conduite tracée par son prédécesseur Emile Perrin. Rappelons donc:

Le 27 avril, *la Chanteuse voilée,* avec

Capoul, Gourdin et M Marimon, pièce qui n'avait pas été jouée depuis 1853 et qui, après onze représentations, disparut à jamais de l'affiche.

Le 7 mai, *Haydée* qui, à vrai dire, n'avait jamais quitté le répertoire, mais où paraissaient pour la pre mière fois, dans les deux principaux rôles, Achard et M" Baretti. Le premier soir, Prilleux, un excellent Dominico, fut remplacé, pour cause d'indisposition, par son camarade Duvernoy, et la représentation put suivre son cours; les journaux firent bien quelques réserves sur cette nouvelle distribution, mais le public parut la trouver à son goût, puisque *Haydée* fut encore jouée trente fois avant la fin de l'année.

Le 6 juin, *Zampa,* qu'on n'avait pas revu depuis 1858. Montaubry (Zampa), Capoul (Alphonse), SainteFoy (Dandolo), Potel (Daniel), M Cico (Camille) et Bélia (Rita), formaient un ensemble excellent, et asr surèrent le succès de cette reprise, la plus brillante même obtenue par l'ouvrage depuis son apparition, puisqu'elle ne compta pas moins de *cinquante et une* représentations en cette demi-année 1863.

Le 16 juillet, *la Fausse Magie,* qui datait de 1775 et n'avait guère réussi alors, surtout à cause de la médiocrité du poème de Marmontel, car la musique en est charmante, et Grétry la goûtait plus que celle de beaucoup d'autres de ses ouvrages plus populaires. On l'avait bien reprise en 1828, mais elle n'avait jamais été jouée à la salle Favart. Confiée à Gourdin (Dorimont), Carrier (Dalin, rôle de début), Ponchard (Linval), M Girard (Lucette, rôle de début), Révilly (M Saint-Clair), *la Fausse Magie* obtint un regain de vingt et une soirées.

La reprise de *la Fausse Magie* avait eu lieu le même soir que la représentation des *Bourguignonnes* (16 juillet). Un mois plus tard on célébrait, comme de coutume, la fête de l'Empereur. L'année précédente on avait chanté les bienfaits de la paix, cette fois on célébrait les gloires de la guerre, et quelle guerre, hélas 1 celle du Mexique. A l'Opéra, la cantate, composée par M. Gastinel, s'appelait simplement *Mexico:* à l'Opéra-Comique, la cantate, com-

posée par Lefébure-Wély, s'appelait Après *la victoire* et fut dite par Troy, Crosti, M Girard et les chœurs. Ces sortes d'improvisations, sur commande, n'avaient le plus souvent d'autre mérite que celui devaloir aux auteurs un petit cadeau du souverain. Poètes et musiciens s'escrimaient de leur mieux, sans éviter toujours la banalité, et M. Bouscatel avait sans doute pensé qu'il pouvait, comme les autres, accorder sa lyre. C'est ainsi que l'on entendait une série de strophes dans le goût de celle-ci:

Formez des chœurs et que l'on danse!
Mêlez vos refrains,
Clairons, tambourins!
Ran, plan, plan, ta, ta, ta,
Allons, en cadence,
Fêtons l'abondance,
Chantons et dansons
Au bruit des canons.

Peut-être trouverait-on des vers analogues, et sans trop chercher, dans le grand ouvrage qui fut donné quelques jours après la fête officielle (24 août), et qui forma le spectacle le plus attrayant de cette arrièresaison, *les Amours du Diable,* opéra-comique en quatre actes, paroles de Saint-Georges, musique d'Albert Grisar. Ce n'était là, d'ailleurs, qu'une transplantation, un emprunt au Théâtre-Lyrique, justifié par le succès presque universel de ce type, imaginé primitivement par Cazotte. A New-York, pour ne citer qu'un exemple, on le jouait à la fois sous la forme dramatique et sous la forme chorégraphique, le public ne se lassant pas de venir voir Urielle et d'applaudir ses roulades ou sa mimique. Urielle plaisait à tous, Urielle, l'ange déchu, que rachètent l'amour et le dévouement. Paris, pour sa part, n'en compta pas moins de *cinq* apparitions:

A l'Opéra, en 1840, comme ballet, avec le titre *le Diable amoureux,* et la musique de Reber et Benoist;

Au Théâtre-Lyrique, en 1853, comme ouvrage dramatique avec Talion (Frédéric), Coulon (Belzébuth) et M Colson (Urielle);

A l'Opéra-Comique, en 1863, avec Capoul, Troy et M Galli-Marié;

Au Châtelet, en 1874, avec Nicot, Bonnesseur et M'1 e Reboux; M. Salvayre avait, pour la circonstance, ajouté

un ballet de sa composition;

Au Château-d'Eau, en 1888, avec Lamy, Ferran et M" Chassaing.

Entre tous ces déménagements, la station à la salle Favart fut la plus fructueuse, puisqu'elle valut alors trente représentations à cette pièce assez faible en somme, et dont on ne s'explique la réussite que par l'attrait du principal rôle pour une actrice jolie, spirituelle, portant bien le travesti. M Galli-Marié répondait aux exigences du programme; « piquante, tendre, sardonique ou passionnée tour à tour », elle charmait tous les spectateurs, même les ambassadeurs annamites qui, le 9 octobre, assistèrent à une représentation, et, dit-on, n'eurent d'yeux que pour elle. Passée en moins d'une année au rang d'étoile, elle assurait la fortune du théâtre avec Montaubry, Achard et Capoul; aussi, grâce à ce quatuor, grâce à la continuation des succès de *Lalla-Rouhh,* les recettes de 1863 s'élevèrent-elles encore à 1,110,112 francs 05 c, chiffre inférieur à celui de l'année précédente, mais néanmoins respectable. Il y faut compter en outre cinq représentations extraordinaires:

La première, donnée le 8 avril, au bénéfice des descendants de Rameau, avec le concours de la Comédie-Française et du Gymnase pour *Il faut qu'une porte soit ouverte ou fermée* et *le Chapeau d'un horloger,* sans parler de *Maître Pathelin,* et d'intermèdes où se firent entendre Tamberlick, Obin, Bonnehée, Vieuxtemps, M""" Grisi, Charton-Demeur, Marimon, Escudier-Kastner. La recette atteignit 10,873 fraucs;

La seconde, donDée le 29 mai, au bénéfice de Lemaire, un vieux serviteur de la maison, qui ne put guère se faire des rentes avec le résultat obtenu, soit exactement 1,698 fr. 41 c.;

La troisième, donnée le 24 octobre, au profit de l'Association des artistes dramatiques, et comprenant *le Tableau parlant, le Bourgeois gentilhomme,* joué par la Comédie-Française, plus un pas de ballet intitulé *l'Athénienne,* dont la musique avait été spécialement écrite par Auber et qui fut dansé par Hiiej Vernon, Fonta, Villiers, Marquis, Parent, de l'Opéra; bénéfice: 6,728 fr.'50;

La quatrième, donnée le 29 novembre, en faveur d'un artiste, où des intermèdes musicaux par Capoul, Troy et Sainte-Foy, vinrent s'ajouter aux *Rendezvous bourgeois,* à la *Servante maîtresse* et à *Joconde,* qu'on reprit ce soir-là avec Crosti pour le rôle principal;

La cinquième, enfin, donnée le 8 décembre, au profit de la caisse de secours des auteurs et compositeurs dramatiques et dont le programme comprenait: *Rose et Colas,* le quatrième acte de *la Favorite,* joué par Cazaux, Gueymard et sa femme; un pas dansé par M"" Vernon et Villiers, de l'Opéra; *la Joie fait peur,* interprétée par Regnier, Worms, M" Nathalie, Dubois et Ricquier; le troisième acte *d'Otello,* chanté par Duprez et M Borghi-Mamo; *un Mari dans du coton,* comédie jouée par Dupuis et Ml e Alphonsine, des Variétés: belle soirée qui produisit 8,712 francs.

En 1864, les recettes tombèrent à 1,059,983 fr. 57 c.; mais cette différence d'une cinquantaine de mille francs avec l'année précédente avait une cause toute naturelle, à savoir la fermeture de la salle Favart du 1" juillet au 1 septembre pour cause de réparations. Ainsi l'avait décidé l'administration qui, plus avisée alors et surtout plus ferme qu'elle ne devait se montrer plus tard, avait reconnu un danger imminent, et, sans plus tarder, exigeait qu'on y parât sur-lechamp. Lors des représentations du *Pardon de Ploërmel,* l'installation de la cascade naturelle avait en effet nécessité dans les dessous du théâtre une série de travaux qui compromettaient la solidité de la scène; avec les années le mal s'était accru, et avait donné naissance à un procès en responsabilité; chaque directeur recourait à son prédécesseur et mettait de plus en cause le propriétaire de l'immeuble. Un jugement du tribunal, confirmé par la Cour, décida que les travaux seraient supportés par les propriétaires, Crosnier et C, et mit à la charge de la faillite Beaumont la réfection des dorures, dont la dépense était évaluée à 20,000 francs environ. La fermeture du théâtre servit donc à restaurer non seulement la scène, mais la salle, qui fut repeinte et redorée complètement. La couleur rouge fut substituée au papier vert qui garnissait le fond des loges, et un rideau peint rouge et or remplaça sur la scène l'ancien rideau allégorique. L'éclairage demeurait ce qu'il était auparavant, 'puisque de Leuven l'avait transformé dès le premier mois de sa direction, adoptant un système qui, sans supprimer le lustre ni la rampe, dont les artistes réclamaient le maintien, permettait l'application de réflecteurs, introduits depuis peu dans les théâtres nouvellement construits.

Avant la clôture comme après la réouverture, ce fut le répertoire ordinaire, avec quelques simples changements d'interprétation, qui fournit encore à la caisse ses plus sûres recettes: *Fra Diavolo* et *le Postillon de Lonjumeau* avec Montaubry (14 et 23 février); *Lalla-Roukh* (4 mars), avec Capoul et M" Monrose au lieu de Montaubry et M'l e Cico; *le Sorige d'une nuit d'été* (11 avril), avec Achard, Crosti, Capoul et M" Monrose; *Haydée* (24 avril), avec Achard, Eugène Bataille et M" Baretti, qui céda son rôle, le l décembre, à M Cico, tandis qu'elle prenait la place de M Monrose dans *Lara,* à partir de la quarante-cinquième représentation (22 novembre); enfin *l'Eclair,* avec une distribution toute nouvelle (18 mai), Achard, au lieu de Montaubry primitivement désigné, Capoul, M Cico et Bélia. Au contraire, les pièces nouvelles, surtout les grandes, ou n'obtinrent que de petits succès, ou ne donnèrent pas tout ce qu'on en attendait, et la meilleure d'entre elles, *Lara,* qui semblait partie pour la centième, s'arrêta l'année suivante avec quatre-vingt-dix représentations, conservant d'ailleurs, en province et à l'étranger, la faveur réservée aux œuvres populaires.

L'année 1864 commença même par une déception. Trois actes de Scribe, terminés par Saint-Georges et mis en musique par Auber, promettaient d'avance une fortune au théâtre. Imitée de La Fontaine, qui lui-même s'était inspiré de Boccace, *la Fiancée du Roi de Garbe* mettait en scène une histoire assez scabreuse, mais gaie, telle enfin que depuis elle séduisit et inspira tour à tour deux compositeurs.: Litolff, dont l'œuvre ne réussit pas, et Bazin qui garda la sienne en portefeuille. Babolin I, roi de Garbe et quelque peu souverain d'opérette, veut prendre femme, et, ayant jeté les yeux sur Alaciel, fille du roi du Soudan, envoie comme ambassadeur auprès d'elle son neveu Alvar, qui aura charge ou plaisir de l'épouser... par procuration. D'autres s'effrayeraient à l'avance des résultats possibles d'une telle mission, mais lui ne craint rien: il possède comme talisman un collier formé de treize perles destiné à la princesse; qu'elle se laisse dérober la moindre faveur, et tout aussitôt une perle disparaît de l'écrin. Au retour, après mille incidents fantaisistes, le collier ne compte plus que trois perles; le roi, se croyant bien avisé, répudie la princesse et l'abandonne à son neveu, ce qui convient à merveille à ces deux jeunes gens, car ils s'aimaient. C'est la barbière du roi, Figarina, qui avait accompagné l'ambassade et à qui l'on avait confié le fameux bijou; les baisers téméraires, c'est donc elle qui les a reçus, et s'il manque des perles à l'écrin, c'est sa faute et non celle de la princesse. Une telle fantaisie, encadrée dans des décors moitié féeriques et moitié orientaux, prêtait à la mise en scène, aux costumes et aux chansons. Auber en avait mis tant et plus, et, le lendemain de la première représentation (11 janvier 1864), les critiques admirèrent comme de coutume « l'esprit charmant, l'admirable génie mélodique, la verve inépuisable » de ce vieillard qui n'avait jamais été plus « jeune » et chez lequel rien ne sentait « la fatigue ou le travail ». Et cependant, l'étoile du compositeur pâlissait; malgré l'autorité d'Achard, qui venait de reprendre *le Domino noir* avec tant d'éclat, malgré le talent et l'esprit de Sainte-Foy, de M" Cico etBélia, malgré l'attrait spécial d'un chœur de dix jeunes filles fourni par le Conservatoire, suivant une tradition dont les directeurs de cet établissement ont plusieurs fois profité, et qui comptait alors de futurs sujets, comme M" Mauduitet Marie Roze, *la Fiancée du Roi de Garbe* disparut après trente-cinq représentations.

Lara (Lara-Tatouille) comme l'annonçait Berlioz avec son obligeance habituelle, valait bien davantage, et.

d'ailleurs réussit beaucoup mieux. Sous ce même titre on avait donné à Naples, en 1835, un opéra du comte de Ruolz, noble amateur qui menait de front la découverte de l'argenture et la confection de la musique, un homme étrange qui parvint à faire jouer sa *Vendetta* à l'Opéra en 1839, et dont la plume amie de M. Alfred Prost a retracé dernièrement la carrière artistique. Pour l'œuvre de Maillart, les librettistes Eugène Cormon et Michel Carré s'étaient heureusement inspirés de Byron, et avaient adroitement mis en œuvre, combiné et complété ses deux célèbres poèmes *le Corsaire* et *Lara*. Le héros revient après dix ans d'absence au château de ses pères, fidèlement gardé par un vieux serviteur. Kaled, une jeune esclave qu'il ramenait avec lui, le trahit par jalousie, et confie à un rival le terrible secret de sa vie passée. Insulté dans sa demeure et accusé de voler un nom qui ne lui appartient pas, Lara n'a plus qu'à défendre son honneur les armes à la main. Mais dans la nuit qui précède le combat, il se revoit en rêve tel qu'il était naguère, Conrad le forban. Il rougit en lisant le testament de son père, qui lui léguait son épée à la condition de la briser plutôt que de la tirer pour défendre une cause injuste ou pour soutenir un mensonge. Au lieu de se battre alors, il renonce à sa fortune, cède la place à son rival, se désigne volontairement comme un usurpateur, et, appuyé sur l'épaule de Kaled, dont il a reçu l'aveu et pardonné la faute, il reprend tristement le chemin de l'exil. La scène ne manquait pas de grandeur, et Maillart l'avait traitée avec une réelle noblesse. L'ouvrage contient, en somme, un grand nombre de pages remarquables, et l'on peut s'étonner que depuis cette première soirée du 21 mars 1864, jamais la pensée d'une reprise ne soit venue à l'esprit des directeurs de la salle Favart. Quelques retouches seraient peutêtre nécessaires, on pourrait changer le dialogue parlé en récitatifs musicaux, on pourrait surtout faire mieux comprendre le tableau du rêve en recourant à des trucs mieux perfectionnés, en usant, par exemple, des toiles métalliques qui, de nos jours, contribuent tant à l'illusion scénique, et la

pièce, à peine modifiée, et qui d'ailleurs est demeurée au répertoire des.théâtres de province, produirait sans doute une impression favorable.

A dire vrai, il faudrait encore un brillant ténor comme Montaubry pour lancer au second acte la phrase énergique: « Quand un Lara partait en guerre »; il faudrait un excellent baryton pour enlever, comme Gourdin, les couplets du vieil intendant; il faudrait surtout une interprète hors ligne comme M Galli-Marié pour porter le travesti, chanter sa célèbre chanson arabe et jouer tout son rôle avec ce mélange de grâce féline et d'énergie farouche. Quel éclair brillait en ses yeux, lorsque, se trahissant elle-même, sous ses vêtements masculins, elle regardait la comtesse, sa rivale, de telle sorte, que celle-ci s'écriait: «C'est une femme! » La création de Kaled est égale en effet à celle de Mignon, presque supérieure à celle de Carmen; et ces trois figures, évoquées d'un passé déjà lointain, disent assez haut quelle grande et belle place a tenue dans l'histoire du théâtre M Galli-Marié, cette véritable artiste dont la succession n'a jamais été recueillie qu'en partie.

Comme Hérold, comme Bizet, Maillart ne devait pas longtemps survivre à l'éclosion de son chefd'œuvre. Au moment où il se retirait de la scène, un nouveau venu y entrait par la porte bien modeste d'un petit acte', Ernest Guiraud, prix de Rome en 1859, et par conséquent le premier arrivé à l'OpéraComique entre tous ces jeunes gens qui, quelques années plus tard, allaient s'élever au premier rang et devenir l'honneur de notre école française, les Bizet, les Delibes, les Saint-Saëns, les Massenet. *Sylvie,* qu'on appelait aux répétitions *les Lunettes du parrain,* parut le 11 mai 1864. Jules Adenis et Jules Rostaing, s'inspirant sans doute de la chanson de M. et M Denis, avaient d'une plume légère tracé ce scénario à trois personnages, Sylvie, la jolie paysanne, Germain, son jeune amoureux, et Jérôme, son vieux parrain. Il arrive que le vieux barbon s'éprend de la fillette et ne pense à rien moins qu'à l'épouser. Mais celle-ci, ayant découvert les habits de noce que conservait précieusement le

père Jérôme en souvenir de sa femme défunte, s'en affuble, ainsi que son fiancé. Tous deux se présentent au bonhomme, sous ce travestissement; ils raniment, en quelque sorte à ses yeux, le souvenir de sa jeunesse et d'un riant passé qui n'est plus. Jérôme a compris la leçon, et de lui-même unit les deux enfants. Au jeune compositeur on fut unanime à reconnaître de l'esprit, de la mesure et du goût; on bissa même deux morceaux très gaiement interprétés, l'air de Sainte-Foy et la chanson de M Girard. Après son air, Sainte-Foy s'écriait: « Tout le monde est heureux ici! » L'allusion, saisie avec empressement, donne l'idée du bienveillant accueil que le public fit au musicien.

La nouveauté suivante, Zes Absents, ne fut pas reçue avec moins de faveur. Le librettiste, un débutant à la salle Favart, s'était peut-être inspiré d'une comédie en deux actes d'Anaïs Ségalas, représentée le 7 mai 1852, et intitulée Zes Absen*t*s *ont raison;* en tout cas, il avait voulu prendre le contre-pied d'une opinion tellement répandue qu'elle est passée à l'état de proverbe, et son nom dit assez qu'il avait dû soutenir sa thèse avec humour et finesse: c'était M. Alphonse Daudet, dont, à la même époque, on annonçait, ceci dit entre parenthèses, un autre opéra-comique, Zes *Moulins à vent,* demeuré, semble-t-il, inédit. Selon lui, les absents n'ont pas toujours tort, et, pour le démontrer, il mettait en scène les deux amoureux de Suzette, la jolie paysanne: l'un, parti à la ville pour faire son droit, Eustache, auquel on pense toujours parce qu'on ne le voit jamais; l'autre, demeuré au village, Léonard, auquel on ne pense jamais parce qu'on le voit sans cesse. Un beau jour l'absent revient, et, par ses fantaisies, met la maison sens dessus dessous; il va repartir quand un sourire le retient. Et c'est l'autre, le *présent,* qui se retire comptant peut-être sur les effets de l'absence pour se voir un jour rappelé de l'exil à son tour: espoir un peu chimérique, d'où il résulte que la donnée du poète demeure en somme assez paradoxale; car l'absent n'a jamais raison qu'autant qu'il est aimé véritablement... et encore! Sur ce fin canevas, Poise avait brodé une fine musique, si fine même que certains lui reprochèrent son extrême ténuité. A part le trio d'entrée, la partition, en effet, ne contenait que des couplets, couplets pour Sainte-Foy, couplets pour Capoul, couplets pour M Girard. Mais tous étaient agréables, gaiement interprétés, et cet acte, joué le 26 octobre 1864, se maintint trois ans au répertoire avec un total de trente-huit représentations. On songea même à le reprendre en 1869 avec M Fogliari et M. Leroy; pour des motifs qui ne nous sont pas connus, ce projet fut abandonné.

Le Trésor de Pierrot, deux actes de Cormon et Trianon pour les paroles et d'Eugène Gautier pour la musique, n'eut pas une carrière aussi honorable. C'était encore une version du Savetier et le Financier, avec un Pierrot jardinier qui découvre un trésor au fond d'un puits, dédaigne alors Lucette qu'il aimait, puis veut la reconquérir le jour où il la voit au bras d'un rival, et finalement rejette le trésor où il l'a pris, afin de retrouver la paix de l'esprit et du cœur. Il aurait fallu, pour sauver la banalité du fond dramatique, une forme musicale piquante, spirituelle, un peu neuve. Or, le pauvre Gautier n'était guère original que dans ses propos, et croyait avoir fait merveille, parce que, dans le final du second acte, il imitait, avec deux notes.obstinées de basson, à une seconde de distance, le tintement alternatif de deux cloches. Le principal rôle de cette pièce, donnée le 5 novembre 1864, était confié à Montaubry qui n'avait point d'ailleurs tout l'entrain désirable

Noureddin, Fra Diavolo, Zampa, Lara ne pouvaient devenir qu'un Pierrot assez triste; plus tard on revit Montaubry jouer encore un Pierrot, mais celui du Tableau parlant à la Gaîté, sous la direction Vizentini.

Un artiste tel que Berthelier aurait mieux fait l'affaire; mais Berthelier avait quitté l'Opéra-Comique, et d'autres artistes avaient suivi son exemple en cette année 1864. M Ugalde, Troy et Barielle étaient engagés au Théâtre-Lyrique, M" Marimon partait pour Lyon. Les recrues s'appelaient: M Darcier, qui venait des Bouffes, débuta

le 3 février dans la Fille du régiment, chanta le rôle de Marie trois fois et ne put rester à l'Opéra-Comique par suite de l'insuffisance de ses moyens vocaux; M. Bernard, qui débuta le 1" juin dans le Chalet (rôle de Max) et pourrait fêter ses noces d'argent avec l'Opéra-Comique, car pendant vingt-cinq ans il a figuré, par exemple, le brutal Jarno maître abhorré de Mignon; enfin, M Gennetier, une cantatrice de qui la presse attendait plus qu'elle ne donna; toute jeune elle avait paru à l'Opéra, comme chanteuse légère, sous le nom de M Prety; entrant à l'Opéra-Comique avec une certaine expérience, elle se fit applaudir d'abord le 7 octobre dans le Songe d'une nuit d'été (rôle d'Elisabeth), puis dans le Domino noir (rôle d'Angèle), mais elle ne réussit pas à se faire une place comparable, par exemple, à celle de M Cabel, qui reparut, le 22 octobre, dans Galathée, et, en novembre, dans la Fille du régiment, avec un notable succès.

Cette rentrée fut marquée même par un incident assez curieux. Gourdin devait jouer Pygmalion; il est indisposé, une dame s'offre à le remplacer, M Wertheimber, qui avait tenu le rôle dès l'origine, Elle chante ainsi les deux premiers soirs, et pour reconnaître son désintéressement, les directeurs, MM. de Leuven et Ritt, lui offrent une parure en turquoises et perles fines. Gourdin reparaît à la troisième représentation, et retombe malade; M Wertheimber le supplée encore une fois, à la date du 1 novembre; elle était devenue vraiment l'ange gardien de Galathée.

Un fait plus singulier encore se produisit les 21 et 23 novembre; Léon Achard, qui avait épousé quelques mois auparavant M Lepoitevin, fille d'un peintre renommé à cette époque, devait chanter le Songe d'une nuit d'été et le Domino noir; au dernier moment, il est empêché, et qui se présente à sa place? Son propre frère, Charles Achard, lequel ne se tira pas maladroitement de cette double et périlleuse épreuve. Cet acte de sauvetage avait montré ce qu'il pouvait faire, et plus tard il put appartenir, lui aussi, à la troupe de la salle Favart, et chanter alors pour son propre compte.

Comme bizarrerie, on pourrait enfin citer la fugue que fit, le 1" juillet, Capoul à la Porte-Saint-Martin. Profitant de la fermeture de la salle Favart, lors des réparations dont,nous avons parlé, il se retrouva làbas avec M Balbi qui revenait de province après avoir quitté l'Opéra-Comique, et tous deux chantèrent le Barbier de Séville, d'ailleurs avec un médiocre succès. Il faut ajouter que cet essai de musique dans un théâtre de drame était la conséquence du fameux décret sur la liberté des théâtres, grosse question qui, pendant plusieurs mois, avait passionné la presse artistique et provoqué de nombreuses controverses. Les uns voyaient là un gage d'essor pour l'art, les autres y redoutaient une cause de danger; les uns n'en attendaient rien de bien, les autres rien de mal. Mais, comme on était sous l'Empire, le mot de « liberté » sonnait agréablement à toutes les oreilles, et depuis le 1" juillet, jour où le décret était exécutoire, ce fut pendant quelque temps une mascarade dramatique; les théâtres avaient leurs jours de carnaval et mettaient un faux nez. A Déjazet, M" Garait, que nous avons vue à la salle Favart, tenait le principal rôle d'un opéra-comique en trois actes, la Fille du Maître de Chapelle, dont l'auteur, M. Ventéjoul, montait bravement au pupitre le soir de la première, et se laissait siffler, tout en conduisant son orchestre avec un héroïsme digne d'un meilleur sort. Au Vaudeville, on représentait le Devin de village, qu'on avait songé à reprendre à la salle Favart; au Gymnase, on transplantait le répertoire de Molière; un peu plus, on aurait donné la tragédie au PalaisRoyal: c'était l'exagération des premiers jours. Le temps calme les esprits et apaise les querelles. Aujourd'hui, personne ne conteste le principe de la liberté des théâtres; mais personne, il convient de l'ajouter, ne le tient pour cause sérieuse de recettes.

Dans cette aventure, l'Opéra-Comique ne changea pas de genre, et, le 29 décembre, il présentait dans son cadre naturel un opéra-comique en trois actes, répété sous le titre du Capitaine Gaston, sur lequel on pouvait à bon droit fonder quelques espérances, le Capitaine Henriot. La pièce de Gustave Vaëz avait été terminée par M. Victorien Sardou, et M. Gevaert en avait écrit la musique. Dans ce capitaine Henriot s'incarnait Henri de Navarre, qui, assiégeant Paris, se trouvait mêlé à une double aventure politique et galante, où il risquait son amour et sa liberté. Le dévouement d'un ami le tirait à temps d'un mauvais pas, et l'habile Béarnais trouvait un stratagème opportun pour sauver à son tour celui qui l'avait sauvé.

Croirait-on que la censure d'alors, tout en émettant un avis favorable, n'osa pas autoriser la pièce sans en référer au ministre, dans la crainte que Napoléon III ne fût offensé des éloges décernés à un Bourbon! La partition était des plus intéressantes, l'interprétation remarquable, avec Couderc, Crosti et Achard, que Capoul devait remplacer à l'improviste à l'une des dernières représentations, M⁽ᵉ⁾ Bélia et Galli-Marié. Nous oublions Ponchard, à qui il arriva certain soir d'être applaudi aux lieu et place d'un autre. Il était chargé du rôle de Bellegarde et se trouvait très enrhumé; le dialogue parlé ne l'embarrassait point, mais le chant l'effrayait; aussi, chaque fois qu'il sortait de scène, ne manquait-il pas de dire au régisseur: « Tu sais que je passe mon air (qu'il chantait d'ailleurs à la cantonade), fais donc une annonce. » Et Mocker répondait avec calme: « Va toujours! le reste me regarde. » Arrive l'instant fatal. Bellegarde se disposait à entrer en scène en escaladant le balcon de Blanche d'Étianges, sans plus se soucier de la sérénade qu'il devait dire auparavant et qu'il croyait supprimée, lorsque le malheureux Ponchard s'aperçoit que ses avertissements avaient été vains: l'orchestre attaquait la ritournelle du morceau en question. Mais son émoi se change en stupéfaction lorsqu'une voix se fait entendre et entonne l'air. Il se retourne et regarde: c'était Potel qui, paraissant dans la coulisse, suppléait son camarade, rendant ainsi service à tout le monde et donnant une nouvelle preuve de son obligeance et de cette souplesse qui a permis à ce brave artiste de tenir très honorablement, et pendant longtemps, ses modestes emplois.

Malgré de nombreux éléments de succès, le Capitaine Henriot ne put s'imposer, aussi longtemps qu'on l'avait supposé d'abord, à l'attention du public. Il chantait gaiement: a II faut que tout le monde vive », et lui-même il dut mourir au bout de quarante-huit représentations et ne fut jamais repris, bien que la reprise en eût été projetée, comme celle des Absents, en 1869, avec Melchissédec dans le rôle créé par Crosti.

Faut-il attribuer à cette déception ou à son goût pour d'autres travaux la résolution prise alors par le compositeur de renoncer au théâtre? Le fait est que, depuis cet ouvrage, M. Gevaert n'a plus abordé la scène et a renoncé notamment à écrire un opéra du Cid, dont il avait ébauché les grandes lignes en collaboration avec M. Sardou; lorsque nous l'avons interrogé à ce sujet, voici la lettre aimable par laquelle il a pris la peine de nous répondre: « Vous voulez bien vous informer des causes qui m'ont fait abandonner l'idée de composer le Cid et la carrière de compositeur dramatique en général. Puisque vous avez la bonté de vous souvenir encore de ces détails peu intéressants, sachez que la nouvelle direction donnée à mon activité tient à des causes diverses et complexes: mes fonctions de directeur de la musique à l'Opéra (de 1866 à 1870), très absorbantes; puis, mon départ de Paris et l'acceptation de la place de directeur du Conservatoire de Bruxelles en 1871; enfin et surtout, mon tempérament personnel, très objectif comme disent les Allemands. C'est une détestable disposition d'esprit, pour un compositeur, de se juger comme s'il était un autre. »

Il n'appartient à personne de critiquer une décision» prise en pleine force d'âge et de talent. Si, lors de la retraite de M. Gevaert, le théâtre a perdu un compositeur d'un réel mérite, la musique a gagné un historien de haute valeur. Par une coïncidence singulière, au moment où M. Gevaert laissait de côté le Cid, que lui offrait M. Sardou, Maillart recevait d'Auguste Maquet un Cid Campéador qu'il destinait à l'Opéra. Le temps ou les forces lui manquèrent pour accomplir sa tâche. La chevaleresque fi-

gure de Don Rodrigue devait séduire aussi Bizet; mais en réalité vingt-trois années se passèrent avant que le héros populaire de Guilhem de Castro et de Corneille fît, présenté par M. Massenet, son apparition ou plutôt sa réapparition sur notre première scène.

Un souvenir qui se rattache à l'histoire de la salle Favart appartient encore au bilan de l'année 1864. Au lendemain de la mort d'Halévy, ses admirateurs et ses amis avaient décidé qu'un monument lui serait élevé dans le cimetière Montmartre, où il était inhumé, et qu'une souscription serait organisée pour en couvrir les frais. On obtint ainsi 36,276 fr. 80 c., chiffre bien suffisant, puisque le terrain était donné par la Ville, le marbre par l'Etat, et que ses deux collègues de l'Institut, l'architecte Lebas et le sculpteur Duret, n'avaient rien demandé pour la confection du piédestal et de la statue. L'inauguration solennelle eut lieu le 17 mars; M. de Nieuwerkerque,. représentant l'administration, prononça le discours d'usage; les élèves du Conservatoire chantèrent un chœur de Guido et Ginevra, et la musique de la garde de Paris exécuta la marche de la Reine de Chypre. Deux mois plus tard, le 27 mai, l'Opéra-Comique s'associait indirectement à cet hommage en fêtant avec non moins d'éclat l'anniversaire de la naissance du maître regretté. L'empereur et l'impératrice honorèrent, comme on disait alors en style officiel, la représentation de leur présence. Le Tableau parlant et l'Eclair figuraient au programme, ainsi que des stances écrites par Léon Halévy'à la mémoire de son frère, mises en musique par M. J. Cohen d'après des motifs de ses œuvres célèbres, et exécutées par Couderc, Ponchard et M Revilly. Le buste du compositeur fut couronné en scène; l'orchestre joua l'ouverture des Mousquetaires de la Reine et la garde de Paris exécuta de nouveau sa marche de la Reine de Chypre; c'était décidément le morceau favori de son répertoire!

Entre ces deux solennités des 17 mars et 27 mai, un événement s'était produit qui avait jeté comme un voile funèbre sur deux de nos grands théâtres et douloureusement ému le monde musical tout entier: Meyerbeer était mort le 2 mai, à cinq heures du matin, dans la maison qu'il occupait depuis quelques mois, 2 rue Montaigne, presque tout à côté de celle où, plusieurs années auparavant, était décédé un de ses plus illustres compatriotes, Henri Heine. La maladie chronique dont il souffrait depuis longtemps avait pris tout à coup une gravité imprévue, et l'avait enlevé au moment où il se disposait à livrer à l'Opéra son *Africaine,* tant de fois annoncée et sans cesse retardée. Dans son testament, il demandait à être inhumé à Berlin. C'est donc à la gare du Nord, transformée pour la circonstance en chapelle ardente, qu'eurent lieu, le 6 mai, ces obsèques imposantes, auxquelles tout ce qui de près ou de loin tenait aux lettres, aux sciences, aux arts, voire même au monde officiel, avait tenu à assister. Devant le cercueil, les artistes de l'Opéra chantèrent des fragments du *Prophète,* ceux de l'Opéra-Comique les chœurs du *Pardon de Ploërmel,* et Beulé, Saint-Georges, Emile Perrin, Taylor, Camille Doucet, Cerfbeer, président du consistoire israélite, Ulmann, grand rabbin, Emile Ollivier enfin, prirent la parole pour célébrer dignement la gloire du maître disparu et à jamais regrettable, car, suivant la formule éloquente et juste d'un de ces orateurs, M. Camille Doucet, il s'agissait d'un malheur national. « Ce n'est pas un étranger qui nous quitte, disait-il, c'est un Français que nous pleurons, puisque depuis trente ans, par une préférence volontaire et qui nous honore, Meyerbeer avait adopté la France en la dotant de ses chefs-d'œuvre. »

CHAPITRE III

TROIS PIÈCES CENTENAIRES *Le Voyage en Chine, Mignon, le Premier Jour de bonheur.* (1865-1868.)

La période comprise entre la fin de l'année 1865 et le commencement de l'année 1868 est marquée par un fait curieux. En moins de trois ans, trois grands ouvrages sont donnés, qui rapidement, presque sans arrêt, arrivent à la centième représentation, et finissent par la dépasser plus ou moins: *le Voyage en Chine* (9 décembre 1865), *Mignon*

(17 novembre 1866), *le Premier Jour de bonheur* (15 février 1868). Or, ce chiffre *cent*, si fréquent lorsqu'il s'agit de vaudevilles ou d'opérettes, est à ce point exceptionnel en matière d'opéra-comique, qu'il faudra attendre désormais *sept* années avant de retrouver une pièce *centenaire*. Et encore, en 1875, *Carmen* ne franchit elle pas du premier coup cette étape décisive.

L'ordre habituel de notre travail obligerait à signaler séparément, suivant leur date de naissance, ces trois jumeaux du succès; la rareté du fait nous invite à déroger pour une fois à ce principe. Ainsi rapprochées, ces trois pièces s'opposent mieux; il devient plus facile d'en faire ressortir les diversités de caractère, de valeur et même de fortune, si l'on compte leur durée d'existence et le produit de leurs recettes.

Toutes les trois, remarque singulière, sont les *avant-derniers* ouvrages de leurs auteurs à l'OpéraComique: Bazin ne devait plus donner que *l'Ours et le Pacha,* Ambroise Thomas que *Gille et Gillotin,* Auber que *Rêve d'amour.*

Toutes les trois diffèrent singulièrement et représentent en quelque sorte une forme d'art spéciale. Le *Voyage en Chine* est une farce, un vaudeville, traité par les procédés de l'opéra-bouffe, et presque la dernière manifestation heureuse du genre *très gai* dans ce théâtre. *Mignon* est l'œuvre de demi-caractère, plus fine et plus délicate, relevant de ce genre *tempéré* que nous avons essayé de définir en terminant la première partie de notre travail, tenant encore au passé par l'invention de l'idée mélodique, appartenant au présent, sinon à l'avenir, par le soin de la facture et la poésie du sentiment; un modèle qui a. fourni de nombreuses copies, une branche sur laquelle se sont greffés bien d'autres ouvrages d'allures et de tendances analogues. *Le Premier Jour de bonheur* est l'opéra-comique au vrai sens du mot,, avec son mélange d'élégance un peu mièvre, de sensibilité un peu précieuse, d'aimable gaieté que traverse une pointe d'émotion; mais un souffle plus moderne semble déjà tendre à le renouveler; l'élément pittoresque y trouve sa juste place, et l'on ne saurait ainsi mé-

connaître une certaine parenté entre l'avant-dernier ouvrage d'Auber et l'avant-dernier de Léo Delibes: le ciel de l'Inde encadre l'un et. l'autre; l'officier français et l'officier anglais se font pendant; la prêtresse d'Indra qui « vient chercher le lotus » ressemble à la fille du brahme qui se cache au fond des grands bois de palmiers; Djelma est la sœur de Lakmé.

La renommée conquise par ces trois pièces dispense d'en raconter longuement l'intrigue. Dans *le Voyage en Chine,* il s'agit de l'entêtement féroce de deux Bretons dont l'un refuse sa fille à l'autre, qui l'attire sur son navire, lui fait croire qu'on est en route pour Pékin tandis qu'on navigue en vue de Cherbourg et finalement lui arrache son consentement, comme rançon de délivrance, comme prix du retour à terre. Cette fantaisie, taillée quelque peu sur le modèle du *Voyage à Dieppe,* était pour Labiche et Delacour leur début de collaboration à l'OpéraComique. Dès le 5 mai, ils avaient lu aux artistes leur comédie, qui devait prendre rang après *Fior cVAliza.* Victor Massé ayant tardé à livrer sa partition, *le Voyage en Chine* passa le premier et remporta dès le premier soir un éclatant succès. Le livret surtout réunit tous les suffrages: presse et public furent d'accord pour applaudir à la gaieté des situations et à l'esprit du dialogue. La musique ne déplut pas, si l'on en juge par le succès populaire qu'obtinrent les couplets des cailloux, la marche, le duo des Bretons « La Chine est un pays charmant », et le chœur du cidre de Normandie. Peut-être se montra-t-on moins sévère qu'on ne le serait aujourd'hui; dans Soq compte-rendu, pourtant, M. Auguste Durand qualifiait cette musique avec autant de justesse que d'esprit, en écrivant qu' « elle ne gênait aucunement la pièce. » Il laissait entendre ainsi que les mots l'emportaient sur les notes, et l'on en vit la preuve le jour où la partition parut chez Lemoine: par une exception flatteuse pour les librettistes, mais contraire aux usages, *tout le texte parlé y avait été gravé!*

Une grosse part de la réussite revint d'ailleurs aux interprètes qui, dans cette pièce, se passant de nos jours, avec des costumes modernes, trouvèrent, tous, des rôles appropriés à leur talent. Du côté des femmes, M″ Cico, Révilly et Camille Gontié, une débutante dont le rôle de Berthe était la première création; du côté des hommes, MM. Moutaubry, toujours élégant chanteur, Couderc, excellent et trop tôt remplacé par Potel, le 13 janvier, à la quatorzième représentation, Prilleux, notaire prud'hommesque qui vantait si plaisamment le mérite de ses filles, « deux bonnes natures », enfin Sainte-Foy, de qui MM. Yveling Rambaud et E. Coulon ont pu justement dire dans leurs *Théâtres en robe de chambre:* « Il faut lui rendre cette justice que, dans ces derniers temps, il a laissé de côté les traditions de la vieille école comique à laquelle il appartient de cœur, pour chercher des effets à la manière de la génération nouvelle. L'Opéra-Comique sans SaintéFoy est un dîner sans vin. » Quant à Ponchard, il avait dû céder le 9 janvier le rôle du jeune Fréval à cause de la mort de son père, le vieux Ponchard, décédé à Paris, le 6 janvier, à l'âge de soixante-dixneuf ans, Ponchard, qui s'était retiré de l'OpéraComique en 1837, mais n'avait donné sa représentation de retraite qu'en mai 1851, Ponchard, le créateur de *la Dame Blanche* et de tant d'autres ouvrages célèbres, Ponchard enfin, le premier comédien qui ait été décoré de la Légion d'honneur.

Interrompu seulement au mois de juin pendant le temps des vacances, *le Voyage en Chine* reparut, le 20 octobre, avec sa distribution originelle, sauf M″ Marie-Roze, qui remplaçait M Cico et fut ellemême remplacée, le 25, par M″ Dupuy. Le souvenir de tous les artistes qui avaient concouru au succès de l'œuvre est d'ailleurs consigné dans le toast « poétique » que porta le brave Prilleux dans le banquet offert par les auteurs à l'occasion de la centième représentation:

Déjà plus de cent fois, à bord de *la Pintade,*
Nous avons cru voguer vers l'empire chinois;
Plus de cent fois déjà, *Sainte-Foy* fut *malade,*

Et *Montaubry* nous *a. jugés* plus de cent fois.
Notre excellente camarade
Révilly répéta plus de cent fois déjà:
« Je n'avais jamais vu Auguste comme ça! »
Cico, Roze, Dupuy, trois charmantes *Maries,*
Ont été tour à tour, toutes trois, applaudies;
Et *Couderc,* puis *Potel,* chacun en vrai Breton,
Aux oui de *Montaubry* ripostèrent par des non!
Ponchard, comme officier, bravement se signale!...
Dans la garde nationale
Quelquefois seulement Il eut un remplaçant,
Dans *Leroy,* son sous-lieutenant.
Gontiê, Séveste, aimables, gracieuses,
Ont, l'une après l'autre, lutté De gentillesse et d'ingénuité...
En se montrant pourtant quelque peu *repondeuses!*
Le beau *Bernard,* marin loustic, narquois,
A fait la traversée aussi plus de cent fois.
Enfin, si vous vouliez qu'a mon lour prenant place
Parmi vous tous, je *m'immisçasse*
Dans le bilan qu'ici je viens de relater,
J'oserais encor constater
Que j'ai plus de cent fois, — et je m'en glorifie —
Vanté les qualités *d'Agathe* et de *Sophie!*
Nous voilà tous rentrés sains et saufs dans le port;
Mais le repos sied mal à des âmes vaillantes,
Car de l'oisiveté les heures sont trop lentes, Et je suis sûr que quelque jour
Nous nous retrouverons sur la plage à Cherbourg.
Oui, j'en conçois l'agréable présage,
Sur *la Pintade* encor, passagers, équipage
S'embarqueront plus de cent fois.
En attendant, messieurs, je bois
A mes compagnons de *voyage.*

Les vœux du « poète » ne furent pas pleinement exaucés. L'ouvrage était « bien parti », malgré une indisposition

de Montaubry, qui, pendant la seconde représentation, forçait d'interrompre le spectacle et de rendre l'argent, — un peu plus qu'on n'en avait reçu, comme il arrive toujours en pareil cas. Dès la quatrième, *le Voyage en Chine* dépassait le chiffre de 7,000, et, les recettes se maintenant au beau fixe, on atteignait la centième le 9 décembre 1866, c'est-àdire presque jour pour jour, un an après. Mais à partir de ce moment, l'élan se ralentit; en 1868 il s'arrêta brusquement. Une reprise organisée neuf ans après, en 1876, ne fournit que *dix-sept* soirées, et, après avoir obtenu 137 représentations à l'OpéraComique, l'œuvre de Bazin ne fut plus jouée qu'en province et au Château-d'Eau.

Bien autre devait être la fortune de *Mignon.* De tous les succès remportés à la seconde salle Favart,, celui-là, en effet, a été le plus continu, le plus assuré, le plus grand. Avant la représentation, il se rencontrait bien des gens pour croire qu'Ambroise Thomas avait donné sa mesure et qu'il resterait éternellement l'auteur du *Caïd* et du *Songe d'une nuit d'été.* On constatait même un temps de repos après une période singulièrement active, car, à l'Opéra ou à l'Opéra-Comique, il avait depuis 1837 jusqu'à 1851 (sauf en 1847 et en 1848) donné un ouvrage fous *les ans,* puis tous les deux ans en 1853, 1855, 1857, année même où il avait livré double bataille, avec *Psyché* et *le Carnaval de Venise.* Or, depuis *le Roman d'Elvire,* qui datait de 1860, il se taisait, ou, pour mieux dire, il se recueillait et préparait dans l'ombre ses deux œuvres maîtresses, *Mignon* et *Hamlet.*

Chose curieuse, nul alors ne doutait plus de la réussite que l'auteur lui-même; une série de demisuccès, dont plus d'un immérité, l'avait sans doute attristé, rendu timide, presque découragé. Il hésitait et, le soir de la répétition générale, il pariait avec une personne de nos amis que la pièce nouvelle n'aurait pas cinquante représentations. Elle les eut, très vite; le compositeur s'exécuta galamment et put constater, par la même occasion, de quelles sympathies daDS la presse et dans le public sa personne était entourée. Dès le lendemain, en effet, de la première représentation de *Mignon,* il assistait à un concert donné dans le Cirque des Champs-Elysées et, après l'ouverture du *Carnaval de Venise,* toute la salle se levait spontanément et l'acclamait, comme pour confirmer avec plus d'éclat le succès de la veille. Bientôt les reporters se mettaient en quête d'annoncer les œuvres qui allaient suivre; ils parlaient d'un livret des auteurs du *Voyage en Chine,* Labiche et Delacour, qu'allait mettre en musique M. Ambroise Thomas, aspirant ainsi aux lauriers de Bazin, puis, mentionnaient, en racontant déjà le scénario, sa *Françoise de Rimini,* qui devait venir au monde quelque quinze ans plus tard.

On a dit, à tort, que la pièce avait été méconnue à son apparition. La presse, au contraire, se montra des plus clairvoyantes. Elle sut distinguer ce qui était et demeure critiquable; elle fit la part du connu et du convenu, mais elle n'omit aucune page dont la valeur devait s'imposer et son mérite alors était d'autant plus grand que les partitions ne se publiaient pas, comme aujourd'hui, avant la représentation. Les journalistes n'avaient donc d'autre critérium à leur jugement que l'unique audition du premier soir, et pourtant presque tous, par exemple, se rencontrèrent pour formuler un reproche: c'est que le poème avait perdu, dans les exigences de son adaptation lyrique, « son goût de terroir » disaient les uns, « son parfum germanique » disaient les autres. Peut-être gagnait-il ainsi plus sûrement son droit de cité à Paris.

Le sujet, tiré par MM. J. Barbier et Carré des *Années d'apprentissage de Wilhelm Meister,* avait été traité, en effet, comme celui de Faust, à la manière française, c'est-à-dire avec un mélange de grâce aimable et de logique un peu bourgeoise. Les librettistes, disait-on, avaient admiré la Mignon d'Ary Scheffer, et ils s'étaient inspirés des tableaux du peintre plus que de ceux du poète. Pour la partie musicale, la critique aperçut dès l'abord des points d'ombre et les signala; ils disparurent peu à peu. Dès la deuxième représentation on pratiquait des coupures dans le second acte; d'autres venaient par la suite, comme au

premier acte le rondo que chantait Wilhelm à son entrée, et le ballet qui précédait la danse de Mignon. Le second tableau du troisième acte avec sa *forlane* chantée et dansée, avec sa scène cruelle de la rencontre de Philine avec Mignon, avait déplu à quelques-uns. Le rédacteur de *la Revue et Gazette musicale,* notamment, plein d'dmiration pour le grand trio du précédent tableau, s'écriait: « Combien j'eusse préféré rester sous l'impression de mon cher trio et de sa simple prière I » Ce vœu musical devait être exaucé. Le dernier tableau, d'abord raccourci, a fini par être complètement supprimé.

Toutefois, si le dénouement s'est quelque peu modifié, jamais plus il n'est revenu à son terme logique, à la mort de l'héroïne, telle que l'avaient présentée les librettistes dans une version primitive dont le manuscrit est, par le hasard des circonstances, devenu notre propriété. L'étude d'un tel document aurait son prix, et, retraçant la genèse d'une œuvre célèbre, montrerait par quelles modifications peut passer un livret avant d'atteindre sa forme définitive. Qu'il nous suffise de dire ici que la pièce avait alors quatre actes au lieu de trois et qu'en regard du nom de Mignon on lisait celui de... Mme Miolan-Carvalho! Une histoire presque aussi curieuse serait celle de cet ouvrage et de bien d'autres d'ailleurs, après *la représentation,* changeant d'aspect peu à peu, comme l'homme lui-même qui se transforme avec l'âge, mais par degrés presque insensibles. Le succès impose à l'œuvre une physionomie nouvelle; on retranche d'abord quelques mesures dans une scène, puis la scène tout entière; par une sorte de convention tacite entre les auteurs, le directeur et le public, l'action se resserre et les effets se déplacent. La *Mignon* que nous voyons aujourd'hui, et qui nous satisfait pleinement, diffère sensiblement de la *Mignon* qu'applaudissaient les spectateurs de 1866, et il en est ainsi de mainte pièce célèbre, depuis les *Huguenots* jusqu'à *Faust,* dont l'introduction a gardé la trace d'un air de Valentin définitivement supprimé. *Mireille,* par exemple, comporte toute une série d'avatars,

et la partition à *quatre* mains du *Trouvère* contient, après le « Miserere», un allegro qui non seulement n'est jamais exécuté, mais qui ne figure même plus dans aucune autre édition!...

Avec le temps, l'interprétation fut encore plus bouleversée que l'œuvre elle-même. Les premiers rôles avaient été établis par d'incomparables interprètes. Préférée, et avec raison, à M. Marie-Roze, que voulait essayer d'imposer un groupe d'admirateurs, M Galli-Marié avait trouvé dans *Mignon* un des plus grands succès de sa carrière dramatique. Les chanteuses qui lui ont succédé dans ce rôle poétique, plein de rêverie langoureuse, d'espièglerie naïve et de puissance dramatique, ont pu l'imiter, mais aucune ne l'a surpassée. Achard était le plus charmant des Wilhelm, Couderc le plus spirituel des Laërte, et M Cabel la plus coquette des Philine, sans oublier un artiste alors désigné sous le nom de Voisy et qui plus tard, sous celui de Vois, acquit un certain renom dans l'opérette. Il jouait le personnage de Frédéric, lequel partage avec celui de Panope dans *Phèdre,* de Pygmalion dans *Galathée,* de Virgile dans *Françoise de Rimini* et d'autres encore, le singulier privilège d'être tour à tour masculin ou féminin, autrement dit, d'être tenu indifféremment par un homme ou par une femme. C'est ainsi que le 18 mars 1874 M Ducasse reprenait ce rôle, réservé jusque-là au sexe fort, et y intercalait une gavotte composée d'abord pour M Trebelli, tandis que M" Chapuy, qui, le même soir, succédait à M Galli-Marié, ajoutait à son rôle une styrienne primitivement écrite pour M Nilsson.

Dès 1867, M Gabel était remplacée par M" Cico(12 mars); Achard cédait le pas à Capoul (6 août), Couderc à Ponchard, Bataille à Melchissédec. En 1868, après une interruption de huit mois, *Mignon* reparaissait, le 4 novembre, sur l'affiche, avec Couderc et tous les artistes de la création. En 1869, Gailhard succédait à Bataille, et le nouveau Lothario obtenait un succès qui lui valait un réengagement; le 30 août de cette même année, Philine se montrait sous les traits d'une débutante, M" Moreau qui, après un séjour au Théâtre-Lyrique, avait quitté Paris pour Bruxelles. Au surplus, il est presque impossible et surtout il serait fastidieux d'entreprendre le dénombrement de tous les artistes qui ont prêté à l'œuvre de M. Ambroise Thomas le concours de leur talent. Il n'est pas un ténor élégant, pas un soprano agile, pas un comique noble qui n'ait paru plus ou moins longtemps sous les traits de Wilhelm, de Philine et de Laërte, et l'incomparable Galli-Marié elle-même a pu voir sa robe de bure et son costume de page endossés par des successeurs qui ne la valaient pas. Mais qu'importe? Après un quart de siècle la fortune de *Mignon* n'a pas subi la moindre atteinte, et elle s'est maintenue au répertoire avec une fixité telle que l'année 1871, où le théâtre resta fermé pendant six mois, fut *la seule* où l'Opéra-Comique n'ait pas vu son nom sur une de ses affiches.

Quant aux. recettes, elles présentent un chiffre énorme et peut-être le plus gros, par sa continuité même, qu'une pièce ait fait tomber dans la caisse du théâtre. *La Revue et Gazette musicale* parlait avec enthousiasme d'une moyenne de 6,000 fr. La vérité est que tout d'abord ce chiffre ne fut dépassé que deux fois: le 1" décembre avec 6,118 fr. 20 c., et le 8 avec 6,312 fr. 70 c., résultat déjà fort satisfaisant. D'ailleurs, à titre de curiosité, nous publions plus loin un tableau relatif aux quinze premières soirées des trois œuvres centenaires qui forment le principal objet du présent chapitre. Si les recettes de *Mignon* furent d'abord inférieures à celles du *Premier Jour de bonheur*, il n'en faut pas absolument conclure à un succès moindre dans l'opinion du public; c'est que *Mignon* parut presque au mois de décembre, le mois où, pour cause d'approche du jour de l'an et de ses dépenses obligées, les bénéfices des spectacles s'abaissent sensiblement. A partir de la fin de janvier 1867, l'ascension régulière commençait à se produire; le mardi gras on réalisait 7,300 fr., et, pendant cette année, l'Opéra-Comique encaissait la somme colossale de 1,566,928 fr. 80 c.

L'Exposition universelle était bien pour quelque chose dans un tel résultat; maïs une large part en devait revenir à l'œuvre nouvelle, à l'œuvre d'attraction pour les étrangers, *Mignon* qui, le 18 juillet 1867, *huit* mois presque jour pour jour après la première représentation, atteignait la centième, et se jouait *cent trente et une* fois dans le cours de cette même année.

En 1873 on atteignait la *trois-centiè-me,* et chaque année a, depuis lors, apporté un contingent de représentations qui n'a jamais été inférieur à *douze* et qui s'est élevé jusqu'à *cinquante-huit.*

Certes, M. Ambroise Thomas peut encore prétendre à de longs jours, s'il suit l'exemple des octogénaires qui l'ont précédé dans la direction du Conservatoire, et surtout l'exemple de sa mère qui, presque à la veille des répétitions de *Mignon,* s'éteignit à l'âge de quatre-vingt-six ans. Encore quelques mois et le maître aura la joie d'assister au triomphe que n'ont connu avant lui ni Boieldieu avec *la Dame blanche,* ni Hérold avec *le Pré aux Clercs,* ni Adam avec *le Chalet*; il *verra* la *millième* représentation de son œuvre.

Le Premier Jour de bonheur était appelé à un succès moins durable, malgré l'éclat indéniable de son apparition et le charme réel de sa musique. On l'avait annoncé, dès le mois de septembre 1866, sous son vrai titre, lequel fut momentanément remplacé aux répétitions par celui d'*Hélène* et d'un *Jour de bonheur,* pour revenir finalement au premier choisi. Mais sous la plume de l'infatigable vieillard les ouvrages se succédaient avec une trop grande continuité pour piquer bien longtemps d'avance la curiosité générale. On les voyait toujours avec plaisir, on les attendait sans impatience: c'était un capital assuré dont on touchait les intérêts annuels; mais chaque fois quelque enthousiaste se rencontrait pour écrire des couplets dithyrambiques dans le genre de celui-ci, que signa Paul Bernard: « Les exemples de longévité artistique aussi prolongée sont assez rares pour qu'on les salue avec vénération. Cependant, ces considérations ne devraient pas entrer dans la balance si l'œuvre produite était inférieure et se ressentait du poids des ans. *Vart* passe *avant la*

créature. Mais si, au contraire, cette œuvre est pleine de vie, de talent et de génie, si *elle est plus fraîche que le printemps, plus riche que l'été,* Plus Expérimentée Que L'automne, si *l'hiver seul y fait défaut,* ohl alors, on peut s'extasier sur une telle exception, et *jeter une double dose d'admiration dans la coupe du succès!* »

Cette fois cependant, l'attention était plus éveillée que de coutume; le vieil Auber avait perdu son vieux collaborateur Scribe, et l'on pouvait se demander qui assumerait la tâcbe de le remplacer. On savait que, dès 1865, M. Victorien Sardou lui avait remis un scénario; on apprit enfin, par la lecture faite aux artistes, le 15 octobre 1867, que la pièce nouvelle était pour les paroles de MM. d'Ennery et Cormon, deux vétérans du théâtre, deux habitués du succès. De plus, un incident d'ordre judiciaire ne contribua pas peu à faire parler de l'œuvre avant sa naissance. Le rôle d'Hélène devait servir aux débuts d'une brillante élève d'Eugénie Garcia, une femme du monde qui voulait aborder la scène, M Monbelli, alors M Crémieux, et depuis, la générale Bataille. Mais les parents, peu flattés sans doute d'une pareille résolution, firent défense à la jeune cantatrice de monter sur les planches. Un jugement du tribunal de première instance leur donna tort; ils interjetèrent appel, et, le 3 janvier 1868, un arrêt de la cour, réformant ce jugement, leur donnait gain de cause. M Monbelli ne put donc pas plus débuter alors à l'Opéra-Comique, que l'année suivante à l'Opéra. Entre temps, le directeur avait redouté sans doute les complications qu'allait entraîner l'engagement d'une artiste, ainsi contrariée dans sa vocation; il jeta les yeux sur M" Brunet-Lafleur, qui avait débuté avec succès le 18 décembre 1867 dans le rôle d'Angèle, du *Domino noir,* après avoir remporté aux derniers concours du Conservatoire le deuxième prix d'opéra-comique (classe Mocker), le premier prix de chant (classe Révial) et le premier prix d'opéra (classe Duvernoy). Finalement il se décida pour une actrice plus expérimentée, pour M Cabel, et le personnage d'Hélène subit d'importantes modifications: la jeune Anglaise sentimentale devint, 1868 pour la circonstance, une jeune veuve romanesque.

La pièce, d'ailleurs, gardait assez les allures de l'ancien opéra-comique pour ne pas heurter les goûts du compositeur. Elle empruntait son sujet à une comédie représentée avec succès à l'Odéon en 1816, *le Chevalier de Canolle,* par Fouque, et devenue, depuis, l'objet de plusieurs autres adaptations dramatiques. On y voyait le jeune officier français, coureur d'aventures, brave et galant suivant la tradition. Tombé au pouvoir des Anglais, il serait fusillé, si le fiancé de celle qu'il aime, prisonnier des Français, était passé par les armes. La victoire des soldats de Sa Majesté Louis XV mettait fin à cette cruelle incertitude en séparant les deux fiancés pour unir les deux amants. Le mérite d'un tel livret résidait moins dans le nœud de l'intrigue que dans le choix du cadre. Ce paysage indien, ces militaires, cette prêtresse, fille de brahmines, tout cela pouvait donner comme un avant-goût de *Lakmé:* c'était, comme on l'a dit, « un canevas à la Scribe », mais rehaussé par quelques touches plus pittoresques et par conséquent plus modernes.

Le succès des répétitions faisait présager un succès de première. Malgré son âge, Auber déployait une activité de jeune homme, ne manquant aucune de ces séances préparatoires, toujours debout à l'avantscène, dirigeant du regard et de la parole; puis, le travail de la journée fini, il revenait le soir au théâtre, et souvent il lui arrivait de causer avec les directeurs jusqu'à deux heures du matin, insensible à la fatigue, lui qui venait d'entrer dans sa quatre-vingt-septième année. Tous les acteurs étaient ravis de leurs rôles, et ceux qui n'en avaient pas lui témoignaient leur regret de n'en pas avoir, témoin M. Gailhard, qui venait de débuter brillamment dans *le Songe d'une nuit d'été,* et qui lui disait: « Ah! monsieur Auber, je vous en supplie, à votre prochaine pièce, réservezmoi un rôle. » — « Oui, oui, répondait le maestro, avec un fln sourire, je vous l'enverrai de Montmartre! » En quoi il se trompait, car il devait, un an plus tard, lui confier le personnage du mar-

quis dans *Rêve d'amour.*

On avait espéré représenter l'ouvrage le 27 janvier, jour anniversaire de sa naissance, ou, plutôt, le 29, car cette dernière date est la seule exacte, comme l'a prouvé depuis M. Arthur Pougin. Mais quelques pages d'instrumentation restaient encore à terminer, et l'on se contenta de fêter le jour anniversaire par une aubade qu'avait organisée le général Mellinet, commandant en chef de la garde nationale. Un orchestre militaire vint dans la cour de sa maison, au numéro 24 de la rue Saint-Georges, et exécuta l'ouverture de *la Muette,* plus une marche composée pour piano par Auber à l'âge de quatorze ans, et arrangée par M. Jonas pour musique militaire.

Il était écrit du reste que la première soirée coïnciderait avec quelque anniversaire heureux. Eu effet, lorsque le rideau se leva, le 15 février 1868, il y avait *cinquante-cinq ans* moins douze jours qu'Auber avait vu son nom, pour la première fois, sur l'affiche de l'Opéra-Comique. Il y eut des applaudissements enthousiastes, et la qualité de l'interprétation répondit assez bien au genre de l'œuvre. C'était M Cabel, dite « le rossignol de la salle Favart », c'étaient SainteFoy, Melchissédec, Bernard, Prilleux. C'était M Marie Roze, dans tout l'éclat de sa jeunesse et de sa beauté, la jolie Djelma, que, dans son malicieux volume de portraits intitulé *Derrière la toile,* M. Albert Vizentini définissait ainsi: « M Marie Roze, charmante vignette anglaise, qui retrouve au théâtre ses succès du Conservatoire et dont la position se fait aussi vite que les embellissements du nouveau Paris. » C'était enfin le séduisant, l'irrésistible Capoul, auquel le vieux maître donnait alors cet amusant conseil: « Voyezvous, mon cher Capoul, ne vous mariez pas, ne vous mariez jamais!... Au théâtre, il faut garder son indépendance... Si vous saviez comme je me réjouis d'être resté garçon!... Pensez donc! Marié, j'aurais aujourd'hui une femme de soixante-quinze ans... Non! je ne pourrais plus, le soir, rentier chez moi!... »

Le courant d'idées qui nous pousse aujourd'hui vers la musique complexe et raffinée ne nous permet plus

d'émettre, sur une partition comme *le Premier Jour de bonheur,* un jugement aussi favorable que celui des contemporains. Mais il y aurait injustice à lui refuser tout mérite. On y rencontre plus d'une page gracieuse et pimpante: le premier acte, presque entier, garde encore une certaine couleur; tout le rôle de Djelma est même empreint d'une mélancolie poétique qui n'est pas la note habituelle d'Auber. L'ouvrage porte, moins que bien d'autres, les traces de l'âge. « On croirait volontiers que le maître a trouvé ces mélodies dans les heures les plus riantes de sa jeunesse, mais qu'il les avait mises en réserve dans un herbier pour en parfumer, un jour, les œuvres de sa vieillesse. » En écrivant cette phrase quelques années auparavant, Gustave Bertrand ne savait peut-être pas la part exacte de vérité qu'elle contenait. C'est dans le passé qu'il faut en effet chercher le secret de cette apparente jeunesse, et *le Premier Jour de bonheur* en fournit une preuve ignorée, jusqu'ici, du public.

La chanson des Djinns, dite par MMarie Roze, fut, comme on le sait, le *clou* de la pièce, *le glanzpunkt,* diraient les Allemands; or ce morceau, devenu rapidement populaire, ne fut intercalé qu'après coup, presque à la dernière heure. On répétait le second acte, et les auteurs, remarquant certain vide dans la scène du bal, imaginèrent de le combler au moyen d'une mélodie. « C'est bon, fit le compositeur aux librettistes qui lui exprimaient leur désir; venez demain matin; je vous donnerai ce que vous demandez. » Et le lendemain, M. Cormon se présentait chez Auber, qui ouvrit une grande armoire, pleine de manuscrits, en choisit deux qu'il joua tour à tour à son piano, puis, s'étant prononcé pour l'un d'eux: « Il me faudrait là, dit-il, des paroles *interrogatives;* une jeune fille qui demanderait à ses compagnes: Ta ta ta ta-a-a-a-a Oui! Ta ta ta ta-a-a-aaNon! » Et le vieillard mimait la chose en la fredonnant. « C'est convenu », répondit son interlocuteur qui, peu après, ajustait sur la musique ces paroles:

Crains-tu l'amour? — Oui.
Veux-tu le fuir? — Non.

Or, qu'était-ce que cette chanson des

Djinns ainsi improvisée? Une mélodie composée pour *le Cheval de bronze,* et non utilisée jadis. L'air applaudi comme une nouveauté en 1868 datait de 1835!

C'est ainsi qu'on peut reconstituer par la pensée le travail du compositeur à la fin de sa carrière. Il arrangeait plus qu'il n'inventait. Il fouillait dans cette armoire, qu'il avait abondamment remplie de matériaux aux heures de la jeunesse et de l'inspiration. Et l'armoire n'était pas encore vidée au lendemain de sa mort I Et seuls maintenant, ses héritiers, M. Chrestien de Polly, son neveu, et M" G. de Vallois, sa nièce, pourraient nous dire ce qu'elle contenait. Ils se sont partagé par moitié ces manuscrits, et dans cette masse de papiers inédits peut-être se trouve-t-il quelque autre chanson des Djinns, quelque perle, attendant, pour briller, l'heure où s'ouvrira l'écrin qui la tient enfermée.

Le Premier Jour de bonheur fut d'abord pour la salle Favart un gros succès d'argent, comme on peut s'en rendre compte par le tableau suivant, donnant les recettes des quinze premières représentations pour les trois ouvrages *centenaires* dont nous nous occupons depuis le commencement du présent chapitre: *Le Voyage en Chine. Mignon. Le premier Jour,*

Mais les premiers résultats donnent souvent une fausse idée de la *durée* du succès. *Mignon* eut vite rattrapé l'avance perdue; *le Premier Jour de bonheur* déclina visiblement le jour où il perdit ses interprètes-de la création. M"" Marie Roze partit la première avec la couronne d'or qu'un admirateur avait jetée à ses pieds lors de sa dernière représentation, le 30 juin 1868. Elle prenait ses vacances, ainsi que Capoul; la pièce fut interrompue. A la rentrée, Capoul revint seul; on annonça que M Marie Roze voulait compléter ses études vocales sous la direction de Wartel, et le rôle de Djelma fut disputé par deux lauréats des précédents concours du Conservatoire, M Moisset et Guillot, toutes deux élèves de Masset pour le chant et de Mocker pour l'opéra-comique, toutes deux ayant obtenu le. deuxième prix de chant et le premier prix d'opéra-comique. M" Moisset, la plus jolie des deux, fut choi-

sie —naturellement — par le compositeur, et débuta ainsi, pour le plus grand plaisir des yeux, le 19 septembre. Peu de temps après, M" Cico remplaçait M Cabel, et *le Premier Jour de bonheur* atteignait ainsi le 14 décembre sa centième, ce qui fut pour l'orchestre un prétexte d'aller galamment à minuit sous les fenêtres du compositeur, afin de lui jouer son ouverture en guise de sérénade. Leroy, qui, dès le 24 décembre, avait inopinément pris la place de Capoul indisposé, lui succéda définitivement à partir du 28 janvier suivant. L'ouvrage fit encore bonne figure en 1869; l'empereur, qui avait, avec l'impératrice, assisté à la quatrième représentation, le faisait jouer *par ordre* le 27 novembre, afin d'y conduire le prince impérial. L'année 1870 mit un terme aux représentations de cette série. A la fin de 1871 ou au commencement de 1872, il fut question d'une reprise avec Leroy, qui aurait rejoué le rôle de Capoul déjà devenu le sien, et M de Presles (M"" de Pommeyrac, plus tard M Prelly) qui aurait débuté dans celui de M Cabel; mais ces projets n'aboutirent que le 18 février 1873, avec Lhérie, M" Priola comme Hélène, et, comme Djelma, M Guillot, l'ancienne rivale de M Moisset. Or, l'interprétation nouvelle ne valait pas l'ancienne, et puis, dans l'intervalle, Auber était mort, et puis surtout, un vent de renouveau commençait alors à souffler dans la salle Favart. La pièce n'eut que *huit* représentations et disparut du répertoire.

Un soir qu'il causait avec M. Escudier, Auber le remercia des compliments qu'il lui adressait sur son *Premier Jour de bonheur,* mais en ajoutant: « Il faut voir ce qui adviendra lorsque, après une interruption de quelques mois, le théâtre reprendra mon ouvrage. *Ce n'est qu'aux reprises qu'on peut définitivement connaître le sort d'une œuvre lyrique.* » Ce mot si juste trouve ici sa cruelle application et fournit le meilleur des commentaires au tableau suivant, qui montre par année le nombre des représentations pour les trois ouvrages centenaires: *Le premier Le premier Le Voyage Jour de Le Voyage Jour de en Chi-*

ne. Mignon. Bonheur. en Chine. Mignon. Bonheur

En revenant à l'ordre chronologique pour poursuivre notre récit, il faut d'abord constater un fait très rare dans l'histoire de la seconde salle Favart: c'est qu'au cours de l'année 1865 il ne fut donné que *deux* ouvrages nouveaux, *le Saphir* (8 mars) et *le Voyage en Chine* (9 décembre). Pas le plus petit acte, pas le plus simple lever de rideau, pas le moindre os à ronger jeté par surcroît à ces affamés qui s'appellent les jeunes compositeurs. Pareille avarice ne s'est rencontrée depuis que trois fois, et on critiqua non sans raison l'inactivité de l'OpéraComique qui avait eu pour résultat de livrer, en douze mois, deux seules pièces en trois actes à la curiosité du public.

Le sujet de la première de ces deux pièces était celui de la comédie de Shakespeare, *Tout est bien qui finit bien,* transformée par de Leuven en opéracomique, et elle avait même été répétée sous ce titre; seulement, Bertrand de Roussillon avait fait place à Gaston de Lusignan, la belle Hélène à la belle Hermine, et le roi de France, qui dirige l'intrigue et amène le dénouement, était devenu, sous les traits de M Baetti, une jeune reine. D'ailleurs on avait conservé, pour le confier à Gourdin, le fameux capitaine Parole, ce type de hâbleur et de poltron que notre vieille comédie appelait matamore.

Mais *le Saphir* était né sous une mauvaise étoile. Son auteur, Félicien David, avait fait, en l'écrivant, une assez grave maladie. A peine revenait-il à la santé, que le feu prend à son appartement; un instant même il tremble de voir sa partition devenir la proie des flammes, et l'émotion ressentie lui donne une rechute qui retarde les répétitions. La pièce est jouée, enfin, mais on rend peu justice au mérite de 1865 certaines pages, charmantes pourtant, comme le chœur du premier acte, le quatuor et la sérénade du second. Bien plus, Paul de Saint-Victor exprime le regret que Félicien David soit « descendu de son chameau », et le mot fait fortune: chacun s'en empare pour frapper sur l'auteur et sur l'œuvre, qui se traîne péniblement jusqu'à la *vingtième* représentation. Ce jour-là (1" mai), la déveine s'accentue. Avant le spectacle, un craquement se produit sur la scène, le rideau s'agite violemment sous le manteau d'arlequin et brusquement se déchire: c'était un lourd châssis qui, mal manœuvré, avait crevé la toile et failli tuer, en tombant, le régisseur, prêt à frapper les trois coups. Pendant le premier acte, la chute d'un autre portant provoque une nouvelle émotion. Enfin, pendant le second acte, une odeur de fumée se répand dans la salle. Montaubry, qui chantait en scène, s'interrompt et parlemente avec le personnel des coulisses; mais la fumée redouble, et, s'échappant des portes latérales, envahit le trou du souffleur et remonte vers les frises. Toutes les loges se dégarnissent et le sauve-qui-peut commence, lorsque enfin Montaubry rétablit l'ordre en jetant au milieu du tumulte ces paroles rassurantes et mémorables: « Il n'y a rien à craindre; cette fumée provient d'un feu de cheminée allumé par les pompiers. » Peu à peu chacun reprit sa place, et tout finit par un procès-verbal que le commissaire dressa... contre les pompiers. Ils avaient allumé le feu; vingt ans après ils devaient, hélas! ne pas réussir à l'éteindre! Cette fois le théâtre était sauvé, mais la pièce était perdue; la vingt et unième n'eut jamais lieu. Et pour comble d'ironie, il arriva au *Saphir* ce qui était arrivé aux Dames *capitaines* avec *la Guerre joyeuse* et à *la Circassienne* avec *Fatinitza:* il devint *Gillette de Narbonne;* la musique d'Audran lui valut en France et à l'étranger des représentations par centaines, et l'opérette rapporta à ses auteurs les milliers de francs que l'opéra-comique n'avait jamais rapportés aux siens.

Faut-il attribuer à cet échec le silence gardé depuis par Félicien David? Le fait est qu'il ne travailla plus pour la scène. On a bien parlé de *la Captive,* et, dans son supplément à la *Biographie des musiciens,* M. Arthur Pougin paraît croire que cet ouvrage dut être représenté *après* « *le Saphir* »; c'est *avant* qu'il faut lire. Il était question de *la Captive* du temps de *l'Erostrate* de Reyer, que le Théâtre-Lyrique annonçait pour 1857 et

qui devait attendre 1871 pour être joué deux fois à l'Opéra. *La Captive,* d'abord en deux actes, avait été augmentée d'un troisième acte avec ballet; ses interprètes s'appelaient M Sannier et Hébrard, MM. Monjauze et Petit. L'éditeur Gambogi annonçait « pour paraître le lendemain de la représentation, *la Captive,* grand opéra en trois actes, paroles de Michel Carré, musique de Félicien David »; bien plus, cette première représentation était fixée au 23 avril 1864. Une répétition générale eut lieu et, chose curieuse, brusquement, sans explications données à la presse, ni au public, la pièce fut retirée par ses auteurs. M. Arthur Pougin nous apprend qu'un autre opéra a dû rester encore dans le portefeuille du compositeur, car un chœur tiré de cet ouvrage, dont il ignore le titre, un « chant de guerre des Palicares », a été exécuté au Grand-Théâtre de Lyon en 1871.

Cette exécution a été la dernière d'un fragment inédit de Félicien David. L'auteur du *Désert* est mort dans une obscurité que ne pouvaient faire prévoir ses succès d'antan. Les éditeurs ont encore dans leurs magasins des mélodies signées de lui, qu'ils dédaignent de publier; on a mis en vente quelques-uns de ses manuscrits; c'est ainsi que le compositeur Albert Cahen s'est vu adjuger pour un prix dérisoire la partition d'orchestre autographe du *Saphir;* ni l'Etat, ni les particuliers n'ont voulu acquérir cet héritage artistique et subvenir ainsi aux frais du monument qu'on a essayé vainement de lui ériger; Félicien David attend encore sa statue.

Outre ces deux nouveautés, cinq reprises peuvent être mises à l'actif de l'année 1865: *le Pré aux Clercs* (4 mai); *les Mousquetaires de la Reine* (20 juin); *Marie* (10 juillet); *les Deux Chasseurs et la Laitière* (3 août); *les Porcherons* (26 août); *l'Ambassadrice* (23 décembre).

Pour *le Pré aux Clercs,* l'administration s'était mise en frais de décors et de costumes nouveaux, bien que la dernière reprise ne remontât qu'à trois années. Couderc et Sainte-Foy, un Comminge et un Cantarelli qui n'ont jamais été égalés, gardaient leurs rôles;

Achard (Mergy), bientôt remplacé par Capoul, Crosti (Girot), M" Cico (Isabelle), Monrose (la reine), Girard (Nicette) complétaient un ensemble excellent, tel que le succès se traduisit par 58 représentations dans les huit mois, et produisit, comme à la sixième, des recettes de 6,000 francs par soirée. Abd-el-Kader, qui vint à Paris à cette époque, manifesta même le désir de voir cet ouvrage, bien qu'on le dût supposer peu sensible aux charmes de la musique européenne. Oe soir-là, il est vrai, M" Dupuy remplaça M Cico. Estima-t-il qu'il perdait au change, ou plutôt la pièce ne répondit-elle point à son attente? bref, le fameux émir n'attendit pas la fin du spectacle et partit au milieu du second acte. Mais une mention spéciale était due à cette reprise; d'abord parce que, depuis lors, *le Pré aux Clercs* n'a plus jamais quitté le répertoire, ensuite parce qu'elle avait donné lieu à un procès entre le directeur de l'Opéra-Comique et M Monrose. Cette dernière s'était refusée à chanter le rôle de la reine qui lui avait été distribué, sous prétexte qu'il ne rentrait pas dans son emploi. Elle plaida et perdit, « attendu, disait le jugement, qu'il appert de la partition mise sous les yeux du tribunal, que ce rôle est bien celui d'une première chanteuse soprano, écrit pendant tout le cours de l'opéra *sur la première portée* ». Détail amusant, car il prouve que les juges s'entendaient mieux au code qu'à la musique: ils avaient évidemment confondu *ligne* et *portée!...* *Les Mousquetaires de la Reine* ne présentaient d'autre intérêt que celui de montrer pour la première fois Achard dans le personnage d'Olivier; seule, Me Bélia était une Berthe de Simiane digne de son partenaire; Ponchard (Biron) manquait de voix, Bataille (Roland) de rondeur, et M" Baretti (Solange) de virtuosité. La modestie du succès répondit à celle de l'interprétation.

Il n'en fut pas de même de *Marie,* dont la reprise offrait presque l'attrait d'une nouveauté! On ne l'avait plus revue depuis 1849, si ce n'est dans un exercice d'élèves au Conservatoire le 29 juin 1861, et on l'accueillit avec une grande faveur. M" Galli-Marié, qui personnifiait l'héroïne, fut bien jugée un peu trop tragique; mais Capoul ravit tous les cœurs par la façon dont il « soupirait », disait M. de Pêne, « une robe légère », propos que deux gens d'esprit,MM. Yveling Rambaud et E. Coulon rectifiaient ainsi dans leurs *Théâtres en robe de chambre:* « Capoul aspire plutôt qu'il ne soupire; mais il fait soupirer les autres. » A côté de lui, Ch. Achard débutait *officiellement* dans le rôle d'Adolphe; auparavant, nous l'avons dit, il avait joué à la place de son frère; cette fois il parut pour son propre compte. Duvernoy (le haron), Nathan (Georges), Sainte-Foy (Lubin), M Révilly (la baronne), Baretti (Emilie), Girard (Suzette), se partageaient les autres personnages. Un mois après, cette première distribution se trouvait modifiée par suite d'un fait dont les théâtres, quels qu'ils soient, présentent des exemples bien rares: la même pièce servant de début à *trois* artistes dans la même soirée. Le 16 août, en effet, Leroy prit le rôle de Ch. Achard, M Camille Gontié celui de M Baretti, et M Marie Roze celui de M Galli-Marié. Leroy avait obtenu, la même année, aux concours du Conservatoire, le deuxième prix d'opéra-comique (classe Mocker), mais il avait déjà joué l'année précédente, au Vaudeville, le rôle de Colin dans le *Devin de village.* Sa petite voix le prédestinait à l'emploi des seconds ténors, et *le Chalet* lui fournit, pendant longtemps, un de ses rôles favoris. M" Camille Gontié, engagée quinze jours à peine auparavant, s'était jusque-là consacrée à l'enseignement du chant, et n'avait jamais paru sur un théâtre. Elle y fournit d'ailleurs une carrière fort honorable, et maintenant elle finit, comme elle a commencé, par le professorat. Quant à M Marie Roze, qui avait paru pour la première fois à la salle Favart, on l'a vu plus haut, comme élève du Conservatoire, dans un des pages de *la Fiancée du Roi de Garbe,* elle avait obtenu, aux derniers concours, le premier prix de chant (classe Grosset) et le premier prix d'opéra-comique (classe Mocker). Quelques jours après, la nouvelle Marie devenait Zerline dans *Fra Diavolo,* et s'élevait peu à peu au rang d'étoile dans ce théâtre, auquel elle a

appartenu pendant trois ans, et qu'elle devait quitter seulement après son triomphe dans *le Premier Jour de bonheur.* Avec ses nouveaux interprètes, *Marie* obtint 44 représentations en cette première année, et 38 pendant les quatre suivantes. Depuis, elle n'a plus figuré au répertoire, et l'on n'a pas donné de suite au projet de la reprendre, en 1879, avec Nicot, Fûrst, Maris, Barnolt, Bernard, M"Chevrier, Thuillier, Ducasse et Decroix.

Les Deux Chasseurs et la Laitière ne tinrent pas longtemps l'affiche; mais n'était-ce pas déjà bien heureux de vivre encore après plus de cent ans? Le petit ouvrage de Duni datait en effet du 23 juillet 1763, et ne semblait pas appelé d'abord à une aussi longue existence. Les *Mémoires secrets* disent: « On regardait cette nouveauté comme si peu de chose qu'on ne l'avait point affichée. Elle a pris, avec succès, à la faveur de la musique qui fait tout passer à cet heureux théâtre. » Dans sa *Correspondance secrète,* Grimm loue d'ailleurs poème et musique, observant que la pièce est du genre de celles de Sedaine, « qui, à la lecture, ne promettent pas l'effet qu'elles font à la représentation. » Sainte-Foy (Colas), Bataille (Guillot), M Girard (Pierrette), se partagèrent les rôles primitivement établis par Laruette, Caillot et M Laruette, et Trillet figurait un personnage nouveau, car MM. Jules Adenis et Gevaert avaient été chargés de rajeunir l'un les paroles, l'autre l'orchestre, travail qui valut à chacun d'eux un droit de *un pour cent* sur la recette. Les retouches s'imposaient presque; car, à l'origine même, l'intrigue avait paru si peu compliquée que la presse proposait à l'auteur, Anseaume, un dénouement plus heureux en ajoutant une troisième fable de La Fontaine, *l'Avare qui a perdu son trésor,* aux deux dont il s'était déjà servi. Il n'en fut rien cependant et l'on renonça à démolir une maison dont la disparition aurait amené la découverte d'un trésor servant à enrichir les deux chasseurs et à faciliter le mariage de la laitière avec l'un d'eux. A la suite du décret de janvier 1791 proclamant la liberté des théâtres, *les Deux Chasseurs et la Laitière* furent une des

pièces dont les petits théâtres s'emparèrent et qu'ils jouèrent le plus fréquemment, ainsi que *la Servante maîtresse.* Rappelons, pour terminer, que la reine Marie-Antoinette, en société du comte d'Artois et de M. de Vaudreuil, se plaisait à chanter l'ouvrage de Duni sur sa scène minuscule de Trianon. La reine se montra, paraît-il, fort gracieuse en laitière; mais la légende veut que le comte d'Artois n'ait jamais su son rôle.

La reprise des *Porcherons,* non joués depuis 1856, fut la dernière qui eut lieu à la salle Favart, et fournit un complément dé trente représentations. Sainte-Foy seul et Palianti conservaient leurs anciens rôles; les autres étaient distribués à M GalliMarié (M de Bryane), Révilly (M" de Jolicourt), Bélia (Florine), MM. Crosti (Desbruyères), Bataille (Giraumont), et Montaubry (Antoine), chez qui l'on remarqua le premier soir, comme on l'avait déjà remarqué dans *le Saphir,* les premiers symptômes de cette maladie du larynx qui devait un jour si fâcheusement entraver sa carrière.

Enfin *l'Ambassadrice* ramena une cantatrice qui partageait avec M Ugalde le privilège de 1' « intermittence ». M Cabel, pour laquelle il avait été question de remonter *l'Etoile du Nord* et *la Fanchonnette,* fit une rentrée des plus brillantes par le rôle d'Henriette. Capoul (Bénédict) avait été gratifié d'un air au second acte, emprunté au Duc *d'Olonne.* Leurs partenaires s'appelaient Ponchard (l'ambassadeur), M Bélia (Charlotte), Casimir (une excellente M Barneck), Marie Roze (un peu sacrifiée en comtesse); Fortunatus était représenté par un nouveau venu, Falchieri, qui, le 14 octobre précédent, avait débuté dans *les Porcherons* (rôle de Giraumont). C'était une basse chantante qui, sous les traits de Bartholo, s'était fait remarquer dans *le Barbier de Séville,* à la Porte-Saint-Martin, alors que Capoul, dans une fugue dont nous avons parlé, y personnifiait Almaviva.

A ces noms de débutants pour l'année 1865, il con-, vient d'en ajouter deux: M" Flory et M. Melchissédec. La première venait de Versailles et avait appartenu l'année précédente au théâtre de cette ville. Intelligente et jolie, elle parut le 4 juin dans Betly du *Chalet,* et à la fin de l'année dans Anna de *la Dame blanche.* Le second, qui a conquis depuis une place très honorable parmi les chanteurs de son temps, arrivait du Conservatoire, où il avait remporté le deuxième accessit de chant(classe Laget),le deuxième prix d'opéra (classe Levasseur) et le deuxième prix d'opéra-comique (classe Mocker). Il débuta le 12 août dans *le Toréador (rôle* de don Belflor), et le lendemain dans *le Chalet* (rôle de Max); mais, chose bizarre, ses débuts furent tellement modestes qu'on ne les annonça même pas sur l'affiche. Plusieurs critiques le confondirent avec son oncle, un baryton du même nom, fort applaudi alors en province, et lorsque, quelques mois plus tard, il se produisit dans le *José Maria* de M. Jules Cohen, il sembla, aux compliments mérités qu'on lui adressa, que jamais jusqu'alors on ne l'eût entendu.

Parmi les allants et venants, rappelons enfin Carrier qui, de passage à Paris, joua le 7 mai Ali-Bajou du *Caïd,* et surtout M Dupuy, qui arrivait de Strasbourg. Elle avait quitté l'Opéra-Comique, y rentra le 2 juillet avec *Haydée,* partit le 1" octobre pour Toulouse, où l'appelait un engagement antérieur, et revint en juillet 1866 faire partie de la salle Favart. Elle ne manquait ni de talent, ni de courage, comme on le vit un soir où, s'étant démis le pouce, à la suite d'une chute de voiture, elle joua quand même *Galathèe* avec un bras en écharpe, donnant ainsi à la statue de Pygmaldon une attitude obligée que le sculpteur n'avait point prévue.

Ces venants et revenants avaient mission de remplacer: 1 les partants qui, pour 1865, s'appellent MBaretti, engagée à Marseille, Ml" Tuai, au Théâtre-Lyrique, M Gennetier, à La Haye; 2 les morts, Lemaire et Gourdin. Lemaire, décédé le 5 janvier à l'âge de soixante-cinq ans, appartenait à la salle Favart depuis le 24 mai 1848, et réalisait le type parfait du « bailli » de l'ancien répertoire. Gourdin, remplacé à la dernière représentation du *Saphir* par Bataille, avait joué encore le 26 avril; malade depuis quelque temps, il prit un congé,

et mourut le 28 juillet suivant. En quatre ans de séjour à l'Opéra-Comique, il avait joué *Maître Claude,* Max du *Chalet,* Michel du *Caïd,* Pandolphe de *la Servante maîtresse,* et créé Baskir dans *Lalla Rouhh,* Lambro dans *Lara,* le capitaine Parole dans *le Saphir;* toujours applaudi du public, remarqué dans tous ses rôles et promettant un sujet remarquable, car il ne I pouvait avoir encore donné toute sa mesure: il n'avait que vingt-trois ans!

L'année 1866 débuta par un échec fort inattendu, celui de *Fior d'Aliza.* On comptait sur l'ouvrage à ce point qu'il avait été question d'engager à l'OpéraComique M" Adelina Patti, qui aurait joué le rôle principal une *douzaine* de fois. En fait les négociations furent entamées, mais n'aboutirent pas. Les journaux n'en continuèrent pas moins à exulter d'avance, proclamant bien haut: « On s'attend à un magnifique succès musical», et « ce sera, si nous sommes bien renseignés, une des soirées qui marquent dans les fastes de l'art et laissent une grande œuvre au répertoire d'un théâtre. » Et Lamartine lui-même, assistant à une répétition, adressait à Victor Massé ces paroles soigneusement recueillies par la presse: « Monsieur, votre œuvre est de celles qui ennoblissent et agrandissent le domaine de l'art. Je suis fier non seulement pour moi, mais pour mon pays! »

Lamartine était d'ailleurs pour quelque chose dans la pièce, puisque les librettistes Michel Carré et Hippolyte Lucas avaient tiré leurs quatre actes d'un épisode de ses *Confidences.* Maillart s'en était quelque peu emparé déjà avec ses *Pêcheurs de Catane,* et M. Antony Choudens devait y revenir plus tard avec *Graziella.* Pourtant le sujet semblait peu favorable à la scène, et tandis que Dumanoir lui offrait un *Lutrin,* et Meilhac une *Péruvienne,* sans parler d'une *Speranza,* annoncée depuis longtemps, on peut s'étonner que le choix de Victor Massé se soit porté sur un tel livret.

Son tableau revêtait les couleurs les plus sombres; on y pleurait plus que de raison; la moitié du spectacle se passait dans une prison, et la pièce n'avait gu-

ère de comique que le nom du théâtre où elle se jouait. De plus, bien des scènes rappelaient des situations connues. Exemples: Fior d'Aliza se déguisant en homme pour entrer dans la prison de Lucques et en faire évader son amant — *Fidèlio;* Fior d'Aliza jouant un air de *zampogna* pour se faire entendre de Geronimo captif — *Richard Cœur de Lion;* Fior d'Aliza, conduite au supplice, après s'être substituée à son amant, et sauvée à l'instant où l'exécution allait avoir lieu, par la grâce du coupable qu'a obtenue le père Hilario — *le Déserteur.* En revanche un personnage était de l'invention des librettistes, et Lamartine n'oublia pas de les en féliciter quand il leur écrivit dans une lettre alors rendue publique: « Je n'ai été que l'occasion et nullement l'auteur de votre pièce. Le troisième acte entre autres, le plus charmant, est entièrement de vous. Le personnage de la folle est *une invention à laquelle j'avais eu la maladresse de ne pas songer.* »

L'épisode auquel le poète fait allusion, quelque peu analogue d'ailleurs à celui de *Lara,* était à la vérité un triomphe pour M"" Galli-Marié qui, par l'énergie de son jeu, avait mis ce rôle secondaire au premier plan. Mais la plupart des autres interprètes manquaient d'entrain et de passion, Achard (Geronimo), Crosti (Hilario), bientôt remplacé par Bataille, et M Vandeu Heuvel Duprez, réengagée pour la circonstance, et dont on admirait toujours la méthode parfaite, sans pouvoir constater une augmentation dans le volume de sa voix.

La première représentation, retardée par les modifications qu'Achard avait demandées dans sa partie, eut lieu le 5 février 1866. La presse se montra des plus favorables. A son appel chaleureux le public, trop sévère peut-être, répondit par trente-trois représentations. Vainement on essaya de lancer en dehors de Paris cette œuvre nouvelle qui, disait une note officieuse et bizarre envoyée alors aux journaux, « fera la fortune des directeurs de province. *Fior d'Aliza,* œuvre de maître par son sentiment *religieux* et exalté, son intérêt poétique et attendrissant, est *admirablement dispo-*

sée pour plaire au public de province, qui réagit en faveur de l'art sérieux et des bonnes mœurs, contre le *poivre et le piment* de beaucoup de pièces modernes destinées pour la plupart aux *désœuvrés* et aux *étrangers blasés* de la capitale. *Elle relève le goût et raffermit les saines traditions.* » Le boniment est complet; mais il s'excuse par les circonstances qui l'ont provoqué. *Fior d'Aliza* n'avait pas trouvé d'éditeur, et ne fut publiée que plus tard. « Je n'ai pas voulu, nous avouait M. Choudens père, qu'une œuvre de Victor Massé ne fût pas gravée. »

Quoique publiée plus tôt, la partition de *Zilda* n'était pas préférable. Cet opéra-comique en deux actes joué le 28 mai, avait pour auteurs d'une part Saint-Georges et Chivot, de l'autre Flotow. C'est un conte des *Mille et une nuits,* proche parent de la nouvelle de Voltaire *Cosi-sancta ou un petit mal pour un grand bien,* une histoire d'Orient où l'on voit le fameux calife de Bagdad parcourant incognito les rues de sa ville, protégeant les innocents et punissant les coupables. L'innocente ici est une jeune fille, venue à Bagdad pour réclamer au docteur Babouc mille écus d'or qui lui sont dus; mais, comme elle est jolie, le docteur émet, avant de rendre l'argent, des prétentions qu'on devine. La malheureuse s'a.dresse au cadi qui, pour lui rendre justice, émet les mêmes prétentions, puis au vizir lui-même qui ne veut pas se montrer plus délicat. C'est le calife en personne qui, à la faveur d'un déguisement, se mêle à l'intrigue, et amène par son mariage avec la jeune victime le plus heureux des dénouements. En relisant cet ouvrage oublié, on devine aisément qu'il se confond avec *la Nuit des Dupes,* pièce commandée par Perrin à Flotow en 1862, lors d'un passage du compositeur à Paris. Parmi les artistes alors désignés comme interprètes, M Révilly seule avait gardé son rôle; celui de Gourdin avait passé à Crosti, celui de Couderc à Prilleux, et celui de Lemaire à SaintePoy qui représentait un impayable cadi, surtout lorsque Zilda le bernait en le faisant danser. C'était le temps où l'on se pressait au Gymnase pour voir dans *les Curieuses,* de Meilhac et Halévy, le vieux

Derval faire le petit chien devant une jeune « cocodette ». Les deux scènes avaient quelque analogie; mais le succès fut bien différent, car *Zilda* ne dépassa pas vingt-trois représentations.

Plus triste parut encore la destinée de José *Maria,* opéra-comique en trois actes de MM. Cormon et Meilhac, musique de M. Jules Cohen, répété sous le titre du *Salteador,* représenté le 16 juillet 1866, et joué seize fois seulement. José Maria est un bandit qui épouvante la ville mexicaine dans laquelle se passe l'action, mais que jamais personne n'a vu. Un certain Carlos, amoureux d'une jeune veuve, a la singulière idée, pour se faire épouser de sa belle, de lui voler toute sa fortune, sauf à la lui rendre au dénouement, en lui apprenant en même temps, qu'il n'est pas, comme elle le croyait, le brigand redouté de tous. José *Maria* pourrait s'appeler la dernière incarnation de *Fra Diavolo,* car on n'a plus revu depuis, à la salle . Favart, ce type usé déjà, tant il avait servi, mais que sauvait encore l'élégance de son interprète, Montaubry. Melchissédec, Ponchard, Nathan, M" GalliMarié et Bélia défendirent la pièce de leur mieux: mais le compositeur ne put encore atteindre au succès.

L'année s'annonçait mal, car Gounod lui-même ne fut guère plus heureux avec sa *Colombe,* deux petits actes durant à peine une heure et demie, bijou plus charmant qu'il n'est gros, badinage aimable où la légèreté de touche s'unit à l'inspiration. La Fontaine en avait fourni le sujet, puisque *la Colombe* n est qu'une adaptation de son naïf et joli conte, *le Faucon.* MM. J. Barbier et Michel Carré en avaient tiré un petit acte d'abord joué à Bade, sur le théâtre de M. Benazet, fermier des jeux, par Roger, Balanqué, M" Carvalho et Faivre. Puis ce premier acte s'était, sans grande utilité d'ailleurs, augmenté d'un second, et, dans cette version, l'ouvrage fut servi au public parisien, le 7 juin 1866, par Capoul, Bataille, M Cico et Girard, cette dernière bientôt remplacée par M'''' Bélia. *La Colombe* s'envola bien loin au bout de vingt-neuf représentations et ne reparut plus qu'au théâtre Taitbout, transformé en « Nouveau Lyrique », le

4 novembre 1879, avec Gruyer, Morras, M Peschard et Parent. A treize ans de distance, les résultats ne différaient guère; *vingt-quatre* soirées seulement donnèrent alors le maigre chiffre de 8,315 francs. Au reste, en 1866, la représentation de cet ouvrage ressemblait à un souhait de bienvenue au nouveau membre de l'Institut qui, le 12 mai précédent, avait été élu en remplacement de Clapisson par 19 voix contre 16 données à Félicien David. L'auteur de *Faust,* quoiqu'il fût déjà en pleine possession de sa célébrité, n'avait jamais frappé à la porte de l'Opéra

Comique. On parlait, il est vrai, l'année précédente, du *Médecin malgré lui* dont l'heure ne devait sonner qu'en 1872. Mais la fermeture du Théâtre-Lyrique et la guerre devaient éloigner Gounod de la place du Châtelet où il avait obtenu de retentissants triomphes, et c'est alors seulement qu'on put tour à tour applaudir à la salle Favart *Roméo et Juliette, Mireille, Philèmon et Baucis, Cinq-Mars.*

Les reprises de cette année 1866 offrent un intérêt médiocre. Avec Crosti (Frontin), Nathan (le bailli) et M Girard (Babet), *le Nouveau Seigneur du village,* parti depuis 1856, revenait le 1 janvier, jour mal choisi pour fêter dignement son retour. Le 6 juillet, on essayait *les Sabots,* de Duni, fort usés depuis le temps qu'ils avaient servi, une des pièces les plus anciennes du répertoire, puisqu'elle date de l'année 1768, et que la verve de M Girard était insuffisante à rajeunir. Le public resta indifférent, et quelques journalistes, Nestor Roqueplan entre autres, dans *le Constitutionnel,* protestèrent énergiquement contre cette exhumation inutile. Leur voix eut de l'écho, malheureusement peut-être, car il est à remarquer que *les Sabots* sont la *dernière* pièce *antérieure* à l'ouverture de la salle Favart, et remise à la scène dans ce théâtre. C'est presque, si l'on peut s'exprimer ainsi, la suprême lueur jetée par le répertoire primitif, jugé désormais trop dépourvu d'intérêt dramatique et musical.

Joseph, dont la dernière apparition remontait à 1852, eut un meilleur sort. Le principal rôle était confié à Capoul,

le charmant ténor qu'une maladie avait éloigné de la scène pendant l'hiver, et que *l'Ambassadrice* avait ramené dès les premiers jours de mai. Comme autrefois Mario, il était alors l'objet de compétitions nombreuses, et le Théâtre-Lyrique notamment essayait de l'arracher à l'Opéra-Comique. On cherchait un interprète pour *Roméo et Juliette;* on racontait que M. Carvalho payait son dédit de quarante mille francs et lui offrait cinq mille francs par mois. Ce qu'il y a de certain, c'est que des pourparlers furent engagés, mais n'aboutirent pas. Gounod écrivit une lettre et choisit Michot pour interprète; Capoul resta momentanément à lasalle Favart, et si, depuis, il parut sous le pourpoint de Roméo, ce fut en chantant la musique du marquis d'Ivry et non celle de Gounod. A côté du séduisant Joseph, M Marie Roze représentait un délicieux Benjamin, et parmi les fils de Jacob, personnifié par Bataille, figuraient bien modestement, sous les traits de Gad et de Ruben, deux artistes dignes de mention. L'un débutait ce soir-là, M. Voisy qui, quelques mois plus tard, allait créer le rôle de Frédéric dans *Mignon;* l'autre, Lhérie, avait débuté le 23 lévrier dans *lAmbassadrice,* nouveau Bénédict qui sortait du Conservatoire avec un simple deuxième accessit d'opéracomique. Alors on ne le remarqua guère, sauf peutêtre dans *le Songe d'une Nuit d'été,* où le 2 octobre de la même année, il fit applaudir un Latimer plein de chaleur et d'entrain, à côté d'Achard, de Crosti, et de M Cabel qui abordait avec succès le rôle d'Elisabeth. Dix ans plus tard, Lhérie avait l'honneur d'être le premier Benoît du *Roi l'a dit* et le premier Don José de *Carmen.* Ces deux créations marquaient le point culminant de sa carrière, et le ténor se transformait depuis en baryton! — La place est peut-être opportune, puisqu'on parle de *Joseph,* pour rappeler ici les vers peu connus qui parurent à l'époque de la première représentation sous le nom d'un homme grave, M. Guizot, dans un journal non moins grave, es *Débats.* Ils étaient adressés à Méhul lui-même et commençaient ainsi:
Sublime élève d'Apollon,

0 toi, dont l'Europe charmée
Inscrit la mémoire et le nom
Aux portes de la Renommée;
Dont le talent toujours égal
Répand partout les mêmes charmes,
Toi qui nous arrachas des larmes
Dans *Stratonice* et dans *Uthaï,*
Rival heureux de Linus et d'Orphée,
A tant de triomphes si beaux,
Tu viens, par des succès nouveaux,
D'ajouter un nouveau trophée!
Joseph reparaît à ta voix,
Et, contant sa touchante histoire,
Vient t'assurer de nouveaux droits
A nos respects comme à la gloire.
Dans cet ouvrage séducteur
Brille le feu de ton génie;
Partout ta divine harmonie
Entraîne et ravit notre cœur...
De ton génie ainsi la sublime puissance

Habilement a su nous retracer
Le langage de la nature,
Et les pleurs que tu fais verser
Sont ta louange la plus sûre.

Le 3 septembre, la reprise de *l'Epreuve villageoise,* qu'on n'avait pas jouée depuis 1861, servit au début de M Seveste, artiste intelligente, dont le jeu l'emportait sur la voix. Second prix de chant et d'opéra-comique au Conservatoire (classes Giulani et Mocker) en 1865, premier prix d'opéra-comique en 1866, M" Seveste était, si l'on peut dire, de lignage artistique. Son père et son oncle avaient dirigé jadis le Théâtre-Lyrique, et pour frère elle avait ce jeune comédien du Théâtre-Français, Seveste qui mourut sur le champ de bataille en 1871. Ce début de la nouvelle Denise fournit l'occasion de montrer de quelle faveur régulière et continue jouissait *l'Epreuve villageoise* à la salle Favart. 1853 — 28 représentations. 1854 — 14 — 1855 — 12 — 1856 — 8 — 1857 — 10 — 1858 — 16 — 1859 — 6 représentations.
1860— 7 —
1861 — 1 —
1866 — 12 — 1867 — 27 — 1868 — 11 —
Soit un total de 152 représentations.
A part une interruption de 1862 à 1866, l'ouvrage de Grétry s'était donc maintenu presque vingt-cinq ans de suite. Depuis la guerre, on l'a revu, mais à la salle de la place du Châtelet, et avec des interprètes tels que tout succès devenait impossible.

Les deux dernières reprises le même soir, 10 décembre, n'avaient qu'un intérêt de distribution: *le Chien du jardinier,* négligé depuis cinq ans, avec M" Seveste (Catherine), Bélia (Marcelle), MM. Crosti (Justin), Ponchard (François), et *Lalla-Roukh* avec M" Cico et Bélia, MM. Capoul et Melchissédec, qui, pour la première fois, tenaient les rôles de Noureddin et de Baskir.

Pour compléter le journal du théâtre à cette époque, il reste à mentionner la mort de Lejeune, artiste modeste qui jouait les utilités, le début malheureux de M" Labat, le 26 juillet, dans *la Fille du Régiment,* et la rentrée de M Ugalde dans *Galathée,* le 6 juillet, puis dans *le Caïd,* retour d'Orléans, bientôt suivi de départ, puisque l'inconstante cantatrice retournait aux Bouffes-Parisiens. D'autres retraites se produisent encore, laissant quelques vides, par exemple celle de M. Nathan qui devait du reste rentrer bientôt au bercail, et celles de M" Decroix et Monrose, et surtout de la vieille madame Casimir, qui tenait avec bonhomie et sans voix les rôles de duègne, après avoir si brillamment créé *Zampa* et *le Pré aux Clercs,* dont le 8 octobre on donnait la 885 représentation avec la 413 de *Marie.*

De tels chevrons n'étaient pas réservés au *Fils du brigadier.* Cet opéra-comique en trois actes, joué pour la première fois le 25 février 1867, avait pour librettistes Labiche et Delacour, et les deux noms faisaient espérer quelque pendant au *Voyage en Chine;* il n'en fut rien. La pièce met en scène un père et un fils, servant sous le même drapeau français, pendant les guerres d'Espagne, l'un comme brigadier, le père, l'autre comme officier, le fils. On devine que pour avoir obtenu si peu d'avancement dans sa carrière, le père doit cacher quelque défaut; il se grise en effet, et, le soir d'une bataille, il a levé la main sur son supérieur, sur son fils! Les péripéties par lesquelles passent les deux héros de cette aventure dont un adjudant a été témoin, et qui doit se dénouer au conseil de guerre, — favorablement, bien entendu — forment l'intrigue de cette comédie dramatique, ou de ce drame comique. La musique n'était pas dénuée de valeur; on pourrait citer le rondo bouffe dit par Leroy (Frédéric), « Ah! qui me rendra maman et papa! », l'invocation au vin et au cigare spirituellement dite par M" Girard (l'hôtelière Catelina), un charmant duo de femmes, une romance bien chantée par Crosti qui, pour le rôle du brigadier, avait pris la place de Couderc, alors indisposé. Mais l'ensemble de la partition demeurait terne. Montaubry chargé du rôle principal (Emile), lui prêtait le faible appui d'une voix très fatiguée; en revanche, le chapeau que portait M" Marie Roze (Thérèse), au second acte, fit à ce point sensation qu'il excita la verve d'un journal plus sérieux d'ordinaire, le Temps. Il semblait d'ailleurs qu'à cette époque Victor Massé ne pùt retrouver sa verve d'antan. La malchance s'acharnait après lui. Il traite un sujet poétique, Fior d'Aliza, et se heurte au succès du Voyage en Chine, une pièce gaie; il veut traiter un sujet gai, en s'adressant à Labiche et Delacour, et se heurte au triomphe de Mignon, une pièce poétique, et n'obtient que vingt-deux représentations. Désormais la fécondité du compositeur se ralentit; Paul et Virginie, le nouvel ouvrage qu'il met aussitôt sur chantier, ne voit le jour que neuf ans plus tard et une Nuit de Cléopâtre, son chant du cygne, ne paraît à l'Opéra-Comique qu'après sa mort. Comme on le voit, le goût des grands ouvrages le hantait à la fin de sa carrière. Les succès ou demi-succès de la Reine Topaze et des Saisons lui faisaient oublier les échecs de la Fée Carabosse, de la Fiancée du Diable, de Fior d'Aliza. Il dédaignait ce genre léger auquel il devait sa plus pure gloire. Théophile Gautier disait: « Le vrai accompagnement d'un opéra en un acte, ce sont les bancs qui retombent, les portes qui s'ouvrent et les gens qui se mouchent. » Victor Massé partageait cette manière de voir, et depuis longtemps, il n'admettait plus, pour son usage personnel, que les pièces à longue haleine, comme le prouve le fragment d'une de

ses lettres portant la date de 1858: « Si je continuais à écrire des levers de rideau, je serais bientôt parqué dans ce genre, comme Ziem dans ses vues de Venise, Jacque dans ses cochons,.Corot dans ses effets du matin. Quand Meissonier fait un tableau, malgré sa petitesse, on en connaît sa grande valeur. Il n'en est pas ainsi des opéras-comiques en un acte. Le public me croira donc plus fort maintenant que je quitte les soi-disant petites choses pour les grandes. En musique le préjugé de la tragédie existe encore. » Erreur ou illusion, quelque succès qu'aient obtenu certains de ses ouvrages.en trois actes, ce sont les Noces de Jeannette et Galathée qui feront vivre sa mémoire.

Quatre jours avant le Fils du brigadier, une représentation extraordinaire avait été donnée au bénéfice de la caisse de secours des artistes de l'orchestre. Ces séances, aujourd'hui relativement fort rares dans les théâtres subventionnés, se produisaient alors volontiers. On en compte une en 1865, le 9 janvier, pour la caisse de secours des artistes dramatiques, et trois en 1867. Celle de 1865 offrait comme principale attraction la célèbre Frezzolini, chantant un air de la Somnambule et un air de Martha. Le programme réunissait, en outre, les concours de l'Opéra-Comique pour le deuxième acte de Galathée (Gourdin, Ponchard, Sainte-Foy, M" Cabel); de l'Opéra pour un pas de trois, dansé par M. Coralli, M Villiers et Fiocre; des Variétés, pour Un garçon de chez Véry Potier, Courtès, M Bader); des Français, pour la Famille Poisson (Provost père et fils, Talbot, Barré, M Emilie Dubois); enfin, de Levassor, qui récita les Rêvas d'un Anglais, et de Sarasate qui exécuta une fantaisie sur Faust. En 1867, des trois représentations extraordinaires, la plus brillante comme recette fut celle qui eut lieu le 25 mars au bénéfice de M Galli-Marié; on avait doublé le prix des places et réalisé la somme de 12,114 fr. 50 c. M"" Nilsson (air de la Flûte enchantée et deux mélodies suédoises), M Cabel, MM. Caron, Sainte-Foy, Ritter, accompagnaient sur l'affiche le premier acte de Mignon et les Rendez-vous bourgeois joués en travesti et distribués

ainsi: M" Ugalde (Bertrand) parfaite, notamment dans la scène de la peur, M Marie Roze (Charles), charmante dans son costume de satin rose. MTM" Alphonsine (Dugravier), un peu trop caricaturale, M Galli-Marié (César), très menue et inférieure à ce que l'on attendait d'elle, M Seveste (Jasmin); MM. Bataille (Reine), Capoul (Louise), portant à ravir la robe blanche, Crosti (Julie), excellent et rappelant à s'y méprendre lamère Boisgontier. Malgré l'attrait de cette distribution curieuse et injustement critiquée par la presse, la tentative ne se renouvela pas, et le 14 mai, la représentation extraordinaire au profit de la caisse de secours des auteurs ramena les Rendez-vous bourgeois, mais non travestis, en compagnie du quatrième acte de la Juive (Villaret et M" Mauduit), et du Cas de conscience (Bressant, Mirecourt et M" Plessy); M Nilsson et Vanden Heuvel Duprez participèrent à cette séance qui produisit 7,015 francs. La représentation du 21 février fut la plus modeste, puisqu'elle ne produisit que 3,486 fr. 50 c. de recette. Les deux Sourds, joués par la troupe des Variétés, le Legs, par la troupe des Français, le premier acte de Joseph, parla troupe de l'Opéra-Comique, des chansonnettes dites par Sainte-Foy et les frères Lionnet, un duo pour violon et piano sur des motifs de Gounod exécuté par Sarasate et Diémer se partageaient les honneurs du programme. On y entendit une cantatrice suédoise, M Mina Gelhaar, premier soprano de l'Opéra de

Stockholm, qui, dans les variations de Rode, l'air de la Reine Topaze, une mélodie suédoise et une mélodie norvégienne, ne parvint pas à éclipser sa compatriote et rivale, M" Nilsson. Ce même soir, les prix de Rome virent se produire un essai qui ne devait pas se renouveler. Tandis que les cantates couronnées par l'Institut sont aujourd'hui uniformément interprétées à l'Institut même, dans la grande salle des séances, au mépris des lois les plus élémentaires de l'acoustique, alors on cherchait un local propre à ces auditions, et chaque année amenait son déplacement.

La cantate de 1864, Ivanhoé, poème

de Roussy, musique de Sieg, fut exécutée le 18 novembre à *l'Opéra;* celle de 1865, *Renaud dans les jardins d'Armide,* poème de Camille du Locle, musique de Ch. Lenepveu, élève d'Ambroise Thomas, fut exécutée par Capoul, Petit et M Marie Roze, le 4 janvier 1866, dans la *salle du Conservatoire;* celle de 1866, *Dalila,* poème de Vierne, musique d'Emile Pessard, élève de Carafa et Bazin, fut exécutée par Caron, Ponsard et M Eléonore Peyret, remplaçant M"" Marie Sasse alors malade, le 21 février, à *l'OpéraComique.* Celle de 1867, *le dernier Abencérage,* poème de Cicil, ne fut jamais exécutée, le prix n'ayant pas été décerné cette année-là; les concurrents malheureux, dont deux devaient prendre leur revanche, et les deux autres se faire tout de même une place dans le monde musical, s'appelaient Salvayre, Henri Maréchal, Benjamin Godard et Emile BernardI

Si, par l'exécution de sa cantate, M. E. Pessard était entré à la salle Favart en quelque sorte *indirectement,* M. Massenet y entra *directement* le 3 avril, avec *la Grand'Tante,* opéra-comique en un acte, paroles de MM. J. Adenis et Ch. Grandmougin. C'était l'un des trois levers de rideau commandés en 1866 par M. de Leuven pour satisfaire l'opinion, qui protestait contre l'injuste oubli où le théâtre laissait les lauréats académiques. Conte, Samuel David et Massenet furent désignés; ils se mirent à l'œuvre, et Massenet, l'homme exact et actif par excellence, arriva bon premier, en vertu du principe qui a toujours été la règle de sa vie artistique: travailler, travailler sans cesse et ne jamais remettre au lendemain ce qu'on peut faire le jour même. Le libretto de *la Grand'Tante,* annoncé d'abord sous le nom *d'Alice,* n'était pas une merveille d'invention. La scène se passe' en Bretagne, dans un vieux château que le jeune de Kerdrel prétend faire vendre, après la mort de son grandoncle; il vient d'en hériter, parce que le vieillard n'a pas eu le temps de signer le testament qu'il voulait faire en faveur de la marquise, sa femme. Mauvais sujet, le jeune homme a quitté sa famille; il croit donc avoir affaire à une grand'tante laide et vieille. Tout au contraire, c'est une jeune fille charmante et pauvre que le marquis avait recueillie, et qui a consolé les dernières années de son existence. Le jeune homme la voit, l'aime et finit par l'épouser après les petites péripéties qu'amène l'histoire d'un testament tour à tour signé faussement, puis déchiré. Le compositeur avait vingt-deux ans, et faisait ainsi ses premiers pas dans un théâtre où il devait compter par la suite un nombre considérable dereprésentations avec *Manon, Esclarmonde* et *Werther,* tandis qu'il n'en obtenait alors que dix-sept; mais déjà l'on rendait justice à ses qualités scéniques et à l'adresse de «a facture. *La Revue et Gazette des Théâtres* écrivait notamment que cette partition « vive, charmante, spirituelle, révèle un compositeur habile et bien doué; on y sent déjà la personnalité du musicien. Elle a de la distinction et de la grâce. La pièce est légère et M. Massenet a bien écrit la musique qui convenait à cet agréable poème. Un maître expérimenté n'aurait pas fait preuve de plus de tact et de goût. » Cette petite pièce, dans laquelle un rôle, confié d'abord à Prilleux, avait été coupé pendant les répétitions, était d'ailleurs finement interprétée par Capoul, M Girard, et une débutante, une élève de Duprez, appelée plus tard à faire parler d'elle, M Heilbron. « Une toute jeune, toute frêle, toute mignonne et très adorable personne; dix-sept ans, une physionomie fine et douce, une vraie vignette, une voix facile et agréable, de l'intelligence, de l'acquis déjà; de la distinction, de l'aisance! » Voilà le portrait-carte, « l'instantané », dirait-on aujourd'hui, que certain journal traçait alors de la débutante.

Le 27 janvier un autre début s'était produit dans *le Maçon* (rôle d'Irma), celui de M Léon Duval, qui avait obtenu aux concours du Conservatoire, en 1866, le 1 accessit de chant (classe Bataille), et le 2e prix d'opéra-comique (classe Couderc); le 13 septembre débutait dans *le Pré aux Clercs* (rôle d'Isabelle) M Derasse, qui venait de remporter dans le même établissement, en 1867, les trois premiers prix de chant, d'opéra et d'opéra-comique (classes Révial, Duvernoy et Mocker);

le 18 décembre, enfin, débutait dans *le Domino noir* (rôle d'Angèle) un autre lauréat de ces mêmes concours, M" Brunet-Lafleur, qui avait mérité le premier prix de chant (classe Révial), le premier prix d'opéra (classe Duvernoy) et le second prix d'opéra-comique (classe Mocker). D'autre part, le 4 décembre paraissait pour la première fois, dans *le Songe d'une Nuit d'été,* l'un des plus brillants élèves du Conservatoire, Gailhard, qui s'était vu décerner, comme sa camarade M Derasse, en cette même année 1867, les trois premiers prix de chant, d'opéra et d'opéra-comique (classe Révial, Duvernoy et Couderc); le nouveau Falstaff fit applaudir, outre sa belle voix, une prestance qui lui permettait de rivaliser avec les succès d'un Montaubry et d'un Capoul.

Rappelons, parmi les menus faits de l'année: une reprise des *Sabots de la Marquise,* non joués depuis 1863, et donnés, le 13 septembre, avec Crosti, Sainte-Foy, Palianti, Ms Bélia et Seveste; la rentrée de Couderc dans *les Noces de Jeannette,* le 16 décembre, après une assez longue absence que la maladie avait motivée; *le Postillon de Lonjvmeau* (août) avec une nouvelle Madeleine, M Girard; *le Pré aux Clercs* avec une nouvelle reine, M"" Bélia, le même soir où débutait M Derasse; *Maître Pathelin* (23 décembre), avec une nouvelle Bobinette, M Seveste. Une seule reprise domine toutes les autres, celle de *l'Etoile du Nord* qu'on n'avait pas revue depuis 1861, avec Battaille et M Ugalde, remplacés sur la fin par Troy et M Saint-Urbain; elle reparut le 6 juin avec une distribution toute nouvelle, qui n'avait conservé de l'ancienne que le brave Duvernoy dans son rôle d'utilité du général Tchérémétief. C'est la rentrée de M Cabel qui avait donné l'idée de cette reprise; mais depuis dix-huit mois on la retardait sans cesse, faute de s'entendre sur le choix des interprètes, et par suite aussi d'une indisposition de Crosti qui le força de renoncer au rôle de Peters. Bataille, désigné d'abord comme Gritzenko, monta en grade et devint le czar, tout comme à la création, son presque homonyme Battaille, et fut remplacé par Beckers, un expensionnaire de l'Opéra-Comique, qui fut réengagé pour la circonstance, et céda lui-même sa place à Nathan, avant la fin de l'année. Capoul (Danilowitz), bientôt doublé par Lhérie, chanta pour la première fois, à l'Opéra-Comique, une romance écrite autrefois pour Mario et depuis interprétée par Gardoni, lors des représentations de l'ouvrage à Londres. Citons enfin les noms de Leroy (Georges), Lhérie (un cavalier), M» Bélia (Prascovia), à laquelle succéda M" Heilbron, M"es Seveste et Duval (les deux vivandières). Il était, semble-t-il, dans la destinée de *l'Étoile du Nord* de briller plus particulièrement les années d'Exposition universelle; on l'avait donnée en 1855, dans tout l'éclat de sa nouveauté; on la revoyait en 1867, et on la revit en 1878. La première série de représentations (1854-61) avait produit 262 représentations; la seconde, pour 1867, en produisit 39; la troisième, 1878-80, 70; enfin, 1885 et 1887 fournirent un regain de 32 soirées et de 3 matinées, ce qui donne un total de 406 représentations à la salle Favart pour l'ouvrage de Meyerbeer.

Le dernier événement important de l'année est, à la date du 23 novembre, la première de *Robinson Crusoè,* opéra-comique en trois actes, paroles de Cormon et Crémieux, musique d'Olfenbach. L'auteur de cette *Grande-Duchesse,* qui atteignait alors sa *deux-centième*, était hanté par le désir d'obtenir un vrai succès dans un théâtre plus sérieux que ceux où il fréquentait d'ordinaire. Dès 1862, il avait été vaguement question pour lui d'un ouvrage avec MM. Meilhac et Halévy; puis, quand on eut reçu *Robinson Crusoé,* il eut soin de se défendre par avance auprès de la presse et du public d'avoir écrit un « opéra bouffon ». Il n'en est pas moins vrai que les auteurs avaient d'abord songé aux Bouffes-Parisiens pour y apporter leur pièce, et il est non moins vrai que les morceaux les plus réussis de la partition furent les couplets, les ariettes qui auraient convenu à unpetit théâtre. Le premier soir, la salle contenait bien des amis, car presque tous les interprètes eurent leur bis, M Cico (Edwige) avec sa ronde, « Debout,

c'est aujourd'hui dimanche », et son arioso, « Si c'est aimer »; M GalliMarié, un charmant Vendredi, avec sa berceuse; M Girard (Suzanne) avec ses couplets, « C'est un beau brun »; Sainte-Foy (Jim Coks) avec sa chanson du « Pot-au-feu »; n'oublions pas M Revilly, Ponchard et Crosti qui, ayant eu le malheur de perdre une petite fille, quelques jours après, fut remplacé par Melchissédec; tous furent chaleureusement accueillis, sauf le protagoniste Montaubry, dont la décadence apparut assez visiblement pour causer un désappointement, voisin de la consternation. *Robinson* mourut au bout de trente-deux représentations.

Au reste, le succès n'avait pas besoin de « nouveautés » pour remplir la caisse du théâtre en cette année de plaisirs et de richesse. Le succès était partout dans ce Paris, envahi par les étrangers, et tout animé par le bruit joyeux de fêtes resplendissantes. Devant les recettes toujours croissantes, on s'explique la libéralité du directeur, M. de Leuven, qui accorda une augmentation de dix pour cent, à partir du 1" juillet jusqu'à la fin de l'Exposition, à tous ses artistes et employés dont les appointements ne dépassaient pas 2,000 francs. Petites et grandes scènes se disputaient la faveur du public, et toutes étaient plus ou moins « honorées » par la présence de quelque auguste visiteur. La salle Favart eut, comme les autres, ses soirées « par ordre ». Dès le 10 juin, le roi de Prusse, le prince royal de Prusse, le grand-duc de Saxe-Weimar, assistaient au *Voyage en Chine,* et se faisaient présenter le compositeur, qu'ils félicitaient chaudement; l'un des grands-ducs de Russie et le comte Tolstoï étaient venus également ce même soir, mais sans apparat, sur le désir exprimé par eux de jouir des bénéfices de l'incognito. *Mignon* est donnée le 17 juin pour le prince Georges de MecklembourgSchwerin, le 21 pour le grand-duc et la grandeduchesse de Bade, le 25 pour le prince Arthur d'Angleterre; *l'Etoile du Nord* est offerte le 1" juillet au vice-roi d'Egypte, et le 5 au sultan; *Mignon* encore attire le 9 le grand-duc de Saxe, le 6 août, le roi de Portugal, le 21 septembre la grande-

duchesse de Mecklembourg, le 26 octobre, l'empereur d'Autriche. Et la foule se pressait pour apercevoir le visage de tous ces hôtes. On put croire qu'il avait obéi à une curiosité de ce genre, le malheureux qui, un soir de septembre, se pencha hors de sa loge et tomba du cintre sur la scène. Renseignements pris, il s'agissait simplement d'un figurant qui, n'ayant pas été admis à paraître, pour cause d'ivresse, s'était introduit dans la salle pour y voir le spectacle auquel son état ne lui avait pas permis de prendre part.

Cette année-là, on devine que les fêtes du 15 août furent brillantes, et les cantates d'usage applaudies. A l'Opéra-Comique, celle de 1865 s'appelait *France et Algérie,* paroles de Jules Adenis, musique d'Adrien Boieldieu; celle de 1866, *les Moissonneurs,* paroles de Du Boys, musique de M. Ferdinand Poise; celle de 1867, *Paris en 1867,* paroles de Gustave Chouquet musique de M. Laurent de Rillé, cantate chantée par M Marie Roze, M. Crosti et les chœurs de l'Opéra-Comique auxquels s'étaient joints, pour l'ensemble final, «l'Hymne à la Paix», cent orphéonistes de la Société des Enfants de Lutèce. M. J. Massenet avait écrit, lui aussi, sur des paroles de M. Jules Adenis, une cantate pour le Théâtre-Lyrique, *Paix et Liberté,* dont le manuscrit, transporté plus tard à l'Opéra-Comique, a malheureusement disparu dans l'incendie, sans que l'auteur en eût conservé copie. Rossini, enfin, le vieux Rossini ne dédaignait pas ce genre de besogne « officielle », composant, pour la distribution des récompenses au Palais de l'Industrie, son hymne dédié « à Napoléon III et à son vaillant peuple », morceau bizarre sur le manuscrit duquel se trouve, au-dessous de la mention, « avec accompagnement de musique symphonique, de musique militaire et... de *canons* », le fameux « Excusez du peu! » tant de fois cité depuis.

C'était la dernière œuvre du maître qui, quelques mois après, le 10 février 1868, voyait donner la 500 représentation de son chef-d'œuvre, *Guillaume Tell.* Ce même soir, l'Opéra-Comique affichait la 856 représentation du *Chalet* et la 1166 de *la Dame blanche,* et, treize jours après, un autre illustre vieillard, Auber, donnait encore un ouvrage nouveau qui allait être le grand succès de l'année. A Paris *le Premier Jour de bonheur,* à Munich *les Maîtres Chanteurs de Nuremberg,* voilà le curieux contraste qu'offre en 1868 l'histoire musicale de deux peuples qui naguère se traitaient en amis, et que la guerre devait, quelques mois plus tard, jeter l'un contre l'autre, aux jours sombres et douloureux de l'Année terrible.

CHAPITRE IV

AVANT LA GUERRE (1868-1870)

Cette période est une des moins brillantes qu'ait traversées la salle Favart. C'est la fin d'un régime politique qui s'effondre dans la plus terrible des guerres; c'est la fin d'une direction qui voit, le 20 janvier 1870, M. du Locle prendre à côté de M. de Leuven la place de M. Ritt comme associé, substitution grosse de conséquences pour l'avenir; c'est presque même la fin d'un genre musical, en ce seus que le succès se détourne de plus en plus des œuvres applaudies naguère. L'heure n'a pas encore sonné d'une révolution artistique; mais déjà le public se Lasse des formes consacrées et aspire vaguement à quelque renouveau. De là sa froideur, de là cette longue hécatombe de pièces, qu'elles soient longues ou courtes, qu'elles soient tristes ou gaies, qu'elles soient écrites par de nouveaux venus, comme Samuel David, M de Grandval, Nibelle, Emile Pessard, ou par des auteurs connus comme Offenbach, Poise, Semet, Bazin, Guiraud et même Auber, dont *le Rêve d'amour* ne fut, pour ainsi dire, que le rêve d'un jour. A cette règle de l'insuccès, deux ouvrages seuls font exception: l'un, qui ne saurait compter à l'actif de la salle Favart, puisqu'il était déjà centenaire avant d'y entrer, *les Dragons de Villars,* l'autre, qui est joué en 1870, à la veille de la guerre franco-allemande, et qui, par une singulière ironie du sort, avait pour auteur un Allemand, *l'Ombre,* de Flotow.

Il n'est pas jusqu'à la troupe, qui ne tende à se transformer comme le répertoire lui-même; rarement, en effet, départs et débuts ont été aussi nombreux.

Signalons parmi les artistes qui cessent d'appartenir au théâtre: en 1868, outre M Casimir, dont nous avons déjà parlé, Montaubry, qui chante pour la dernière fois *Robinson Crusoè* le 13 février, et qui, ayant résilié moyennant un dédit de 30,000 francs à lui payés,.se dirige vers Toulouse, où il prétend tenir non seulement les rôles de son emploi, mais encore ceux de *Faust* et de *Roméo,* malgré le fâcheux état de sa voix; M Ferdinand Sallard, qui revient le 5 juillet pour donner quelques représentations de *Galathée* et prend bientôt le chemin de Bruxelles;. M Léon Duval, engagée au Théâtre-Lyrique; Voisy, qui joue l'année suivante à Bordeaux; M' Marie Roze, qui se retire au mois de juillet pour compléter, nous l'avons dit, ses études vocales avec son maître Wartel, et qu'on revoit en 1870; Lhérie, qui subit avec le « Ra ta plan » des *Huguenots* une audition à l'Opéra, et finalement signe avec les directeurs de Marseille et de Lyon; Nathan, qui passe en septembre de la salle Favart aux Bouffes-Parisiens, et Crosti, qui s'embarque pour l'Angleterre; — en 1869, M Heilbron, qui émigre une saison à La Haye et revient, il est vrai, au printemps suivant; M" Tuai, qui fait la navette entre le Théâtre-Lyrique et la salle Favart, car elle reparaît un instant à la place Boieldieu pour chanter le rôle de Louise dans *les Rendez-vous bourgeois* et se retire avec l'année de la guerre; M Cabel, que l'état de sa santé oblige à quitter la scène; M Derasse, engagée à Bruxelles; M Brunet-Lafleur qui, le 14 novembre précédent, avait épousé un compositeur de musique, M. Armand Roux, et qui passe au Théâtre-Lyrique, où elle va «réer un des principaux rôles de *la Bohémienne,* de Balfe; — en 1870, M Ugalde, qui redisparaît, à peine rentrée; enfin, Sainte-Foy qui, bien avisé, «hoisit, pour se produire à Saint-Pétersbourg, l'année même où la guerre allait fermer à Paris les portes de son cher théâtre. Si l'on ajoute à tous ces noms ceux des artistes que la modestie de leur talent empêchait de rester attachés à la scène sur laquelle ils avaient débuté, on comprendra de quelle importance fut en ces trois années le mouvement du personnel.

Qu'on en juge par ce seul fait que 1868 n'amena pas moins de sept nouvelles recrues à la salle Favart: le 2 mars, dans *Zampa,* M. Hayet, un ténor qui venait de province après avoir appartenu jadis à l'Opéra, et dont l'apparition fut assez malheureuse pour n'avoir pas de lendemain; le 5 juin, dans *les Dragons de Villars* (rôle de Bélamy), M. Barré, qui entrait à la salle Favart après avoir passé par le Théâtre-Lyrique, où l'on avait applaudi sa bonne voix de baryton et son jeu intelligent; le 25 juillet, dans *Galathée* (rôle de Midas) et le 3 novembre dans *Mignon* (rôle de Frédéric), MM. Lignel et Baretti, un trial et un ténorino dont la carrière n'a pas eu d'éclat; le 19 septembre, dans *le Premier Jour de bonheur* (rôle de Djelma) et le 1" novembre dans *le Chalet* (rôle de Betly) M"" Moisset et Guillot, toutes deux sortant du Conservatoire, où elles avaient obtenu les mêmes récompenses, un premier prix d'opéra-comique et un deuxième prix de chant, toutes deux bien accueillies, la première pour sa beauté qui l'emportait sur son talent, la seconde pour sa voix sympathique et flexible, qui lui permit de tenir honorablement plusieurs rôles du répertoire et de faire même, l'année suivante, quelques créations; enfin, le 28 novembre, dans *le Corricolo* (rôle de Gaston de Nerville), M. Charles Laurent, un ténorino qui venait des Fantaisies-Parisiennes et dont les moyens parurent d'autant plus petits que le nouveau cadre était plus grand.

Il arrive souvent, dans les théâtres lyriques, que lorsqu'on monte l'ouvrage nouveau d'un compositeur passé maître, on lui fait la politesse de reprendre un de ses ouvrages anciens; nous l'avons pu vérifier maintes fois, au cours de notre récit. Pour Auber en particulier, on manquait rarement à cet acte de courtoisie. C'est ainsi que, cinq semaines apr,ès *le Premier Jour de bonheur,* le 25 mars, on revit *la Part du Diable,* négligée depuis 1861. Cette reprise était projetée depuis longtemps avec M Cabel et Battaille, dans les rôles de Carlo et du roi; le départ de ces anciens permit le succès de deux des plus vaillants parmi les nouveaux de la jeune troupe, M BrunetLafleuret M. Gailhard; à côté de Prilleux (Gil-Vargas), Bernard (Antonio), Ml' Bélia (Casilda), Achard fit un excellent Raphël, chanteur et comédien également expérimenté. Une seule interprète restait de l'origine, M Révilly, un peu « marquée » alors, il faut l'avouer; mais sa belle tenue corrigeait en partie les outrages du temps, et elle n'en joua pas moins vingt et une fois, en cette seule année, le rôle de la reine, qu'elle, avait créé vingt-cinq ans auparavant.

Ce chiffre ne fut pas atteint par la première nouveauté donnée un mois plus tard, le 17 avril, *Mademoiselle Sylnia,* un petit acte appelé d'abord *les Deux Fées,* puis *Sylvia* tout court et qui ne compta que vingt représentations. Le livret, dû à M. Narcisse Fournier, n'était autre, suivant une remarque de Nestor Roqueplan, que celui de « *la Marquise,* complètement retourné et dont les personnages ont changé de sexe ». Il suffisait, en somme, pour faire apprécier l'agréable musique de M. Samuel David, un « jeune » qui avait obtenu le prix de Rome en 1858.

Huit jours après cette petite nouveauté, le 26 avril, avait lieu une reprise des *Voitures versées,* qu'on avait remisées depuis 1855; car on ne peut citer que pour mémoire une audition de cet ouvrage donnée en 1862, comme pour *Marie,* dans un exercice d'élèves du Conservatoire. Cette fois Crosti, Potel, Nathan, Leroy, Ponchard, M Cico, Derasse, Seveste, Heilbron, faisaient cortège à leur doyenne, M Casimir, qui touchait à la fin de sa carrière, et présentaient un ensemble honorable sans doute, mais sans grand attrait pour le public, il faut le croire, puisque le charmant ouvrage de Boieldieu fut joué *onze* fois; avec les soixante-trois représentations obtenues autrefois, de 1852 à 1855, on arrive au chiffre de soixante-quatorze, qui limite exactement le service des *Voitures versées* à la salle Favart.

Cette reprise avait été le « clou » d'une représentation à bénéfice donnée par ua artiste que les affiches ne nommaient pas; *Mademoiselle Sylvia* et *le Pré aux Clercs* complétaient le spectacle. Le 18 mars précédent, une autre représentation extraordinaire avait eu lieu au profit de la caisse de secours des auteurs et compositeurs dramatiques: le programme, un peu plus compliqué, comprenait *le Chalet,* joué par la troupe de l'Opéra-Comique, *un Baiser anonyme,* joué par la troupe des Français, *la Vieillesse de Brididi,* jouée par la troupe des Variétés, le duo de *l'Africaine,* chanté par Villaret et M Sasse, et divers intermèdes exécutés par Bataille, Guyon, Potel, M Galli-Marié et Schrœder; la recette fut de 3,297 fr. 70 c, bien inférieure à celle du 23 décembre, donnée au bénéfice de M Ugalde, qui reparaissait une fois de plus sur le théâtre de ses anciens succès. On jouait ce soir-là *Comme elles sont toutes* le premier acte du *Domino noir* et le premier acte de *Galathée,* tous deux avec la bénéficiaire; en outre, M" Wertheimber chanta une scène du *Roméo* de Vaccaï, M Cabel, un air de 'Ambassadrice, MGalliMarié, la chanson arabe de *Lara,* CapouL la romance du *Roméo* de Gounod, M Ugalde enfin, divers fragments de *OU Blas,* et l'on encaissa la somme respectable de 8,415 francs.

Entre temps, le 13 mai, s'était glissé sur l'affiche, sous le titre de *la Pénitente,* un acte joué par Leroy, Potel et M Cico et dont la donnée était assez étrange. Il s'agit d'un pâté que l'estomac du sieur Torribio s'efforce de digérer. De là, par parenthèse, le titre, primitivement adopté du *Pâté de grives.* Lequel des deux passera, du gourmand ou du pâté? Grave question pour la femme, que le mari s'est mis en tête d'envoyer dans un couvent, s'il meurt, afin de l'emipêcher de convoler à d'autres noces. Cette perspective lui sourit d'autant moins que le petit abbé Eugénio, chargé de préparer la future pénitente, se montre plus disposé à la mener vers l'amour que vers le Seigneur. Un livret aussi gastronomique ne pouvait manquer d'obtenir l'agrément d'un gastronome tel que Ch. Monselet. Aussi écrivait-il: « Tout le monde ne peut pas faire un pâté; mais tout le monde peut faire un opéra-comique à propos d'un pâté; c'est ce qu'ont fait MM. Henri Meilhac et William Busnach ».

C'était même d'autant plus facile qu'ils avaient simplement transformé un ancien vaudeville de Désaugiers. Le spirituel écrivain ne manquait pas de constater, en outre, parmi les interprètes, la présence de « Potel (rien de Chabot, malgré le pâté!) » et il ajoutait, ce à quoi nous ne contredisons pas, que sur cette situation grivoise l'auteur avait brodé une musique « légère et gracieuse ». Or cet auteur mérite une mention à part, car c'est la première et la dernière fois que nous rencontrons à la salle Favart le nom d'une dame, parmi ceux des compositeurs. La partilion de *la Pénitente* était due à la plume de M la vicomtesse Eulart de Grandval, née de Reizet, qui, sous le pseudonyme de Constance Valgrand, avait fait représenter en 1860, au Théâtre-Lyrique, un acte intitulé *les Fiancés de Rosa. La Pénitente* n'avait obtenu, avec ses treize représentations, qu'un succès d'estime. Les *Dragons de Villars,* qui vinrent le 5 juin suivant, remportèrent au contraire une éclatante victoire. Ils passaient, armes et bagages, du Théâtre-Lyrique, où ils étaient campés depuis le 19 septembre 1856, à l'OpéraComique, où ils auraient dû tenir garnison primitivement, si les circonstances l'avaient permis; car l'histoire suivante, qui n'a jamais été publiée, est propre à démontrer une fois de plus la malchance qui s'attache aux meilleurs ouvrages et les obstacles qui surgissent sous les pas des auteurs les plus en renom.

Donc, poème et musique étant terminés, MM. Lockroy et Cormon se rendirent chez Emile Perrin, alors directeur de l'Opéra-Comique, et lui soumirent leur travail. Premier désappointement: M. Perrin ne goûta pas la pièce; il la trouva « trop sombre », ce fut son mot; il ne vit point ce qu'il y avait d'émotion douce et tendre dans le rôle de Rose Friquet. « Enfin, dit-il, par manière de consolation; amenez-moi votre musicien, nous verrons! » Second désappointement: Maillart joua sa partition, Perrin ne la goûta pas davantage, et refusa tout, les notes aussi bien que les paroles.

Fort dépités, les auteurs se tournèrent vers Seveste, alors directeur du Théâtre-Lyrique. Même comédie: une lecture eut lieu et aboutit au rejet pur et simple.

Ce double échec avait découragé les auteurs, qui, se tenant cois pendant plusieurs années, ne renouvelèrent plus leurs démarches. Or, un jour, M. Carvalho rencontre l'un d'eux; il venait de prendre la direction du Théâtre-Lyrique, et le dialogue suivant s'engage:

— Vous n'avez rien pour moi?

— Mais si, j'ai toujours quelque chose.

— Quoi donc?

— Trois actes, écrits, orchestrés, prêts à passer.

— Bon, je les prends. Et votre musicien, qui est-ce?

— Maillart.

— Parfait, je les prends d'autant plus.

— Attendez! je ne veux pas vous tromper, ils ont été refusés déjà deux fois, par Perrin et par Seveste.

— Deux fois? Bah! la troisième sera la bonne. A demain!

M. Carvalho était le plus malin des trois; son flair ne l'avait pas trompé. Il monta *les Dragons de Villars* immédiatement, en cette année 1856, florissante entre toutes, puisqu'elle vit éclore aussi le 1 mars *la Fanchonnette,* et le 27 décembre *la Reine Topaze;* même il fallut qu'il quittât le Théâtre-Lyrique pour consentir à se dessaisir d'un ouvrage qu'il avait si légitimement découvert et conquis. Emile Perrin n'aimait pas qu'on lui rappelât ce souvenir; il lui en coûtait de reconnaître là une des rares, mais aussi des plus étranges erreurs de sa carrière directoriale.

Peu d'opéras-comiques, en effet, ont été et sont encore plus populaires que celui-là. Ses représentations se comptent par centaines en province et à l'étranger, en Allemagne notamment, où il se maintient avec une persistance digne de remarque. A la salle Favart, l'autorité et l'originalité de M Galli-Marié, sous les traits de Rose Friquet, amenèrent un regain de succès, 56 représentations en 1868 et 1869, 162 de 1872 à 1886 sans interruption, soit un total de 218 pour ces deux campagnes. L'ouvrage est assez important pour mériter qu'on mette en regard les noms des artistes qui tinrent pour la première lois les rôles dans les deux théâtres:

A dessein nous citons ces deux derniers noms dont l'obscurité est notre excuse, si nous avons négligé de signaler les débuts de tels acteurs, lors de leur entrée au théâtre. D'autres partagent d'ailleurs avec ceux-ci les emplois dits d'« utilité », et nous avons retrouvé pour cette époque, par exemple: M. Damade (Melchior, dans *le Domino noir,* un caporal, dans *la Fille du régiment,* Gabriel, dans *la Dame blanche); M Alliaume* (le jockey, dans *l'Épreuve villageoise);* M Marie (Petit-Jean, dans *les Noces de Jeannette,* Gertrude, dans *le Domino noir)-M* Estelle (le jockey, dans *l'Épreuve villageoise);* M Brière, une ancienne qui n'avait point monté en grade, puisqu'elle était réduite à jouer le rôle de la duchesse dans *la Fille du régiment.* Ce sont là des serviteurs modestes, mais utiles, les rouages indispensables de la machine théâtrale. Qu'on nous pardonne de les avoir tirés de la pénombre où ils se cachaient: une fois n'est pas coutume!

Le succès des *Dragons de Villars* ne se renouvela pas pour une autre reprise, celle du *Docteur Mirobolan,* qui eut lieu le 11 juillet. On rit moins que par le passé à cette bouffonnerie qui disparut alors du répertoire, et la pièce d'Eugène Gautier, qui avait été jouée soixante-sept fois de 1860 à 1863, n'obtint que dix représentations en 1868, malgré le mérite des interprètes, M Heilbron (Alcine), MM. Prilleux (le docteur), Couderc (Scapin), Bernard (Lisidor) et Leroy, ce jeune ténor qui, quelques jours plus tard, était victime d'une aventure assez singulière, ainsi racontée par les journaux du temps. A sept heures du soir, il reçoit un bulletin de son régisseur l'invitant à se rendre au théâtre pour remplacer Lhérie, subitement indisposé. Leroy obéit; mais à peine est-il sorti, qu'un visiteur sonne à la porte. La bonne ouvreet dit que son maître est absent. « Je le sais bien, répond l'inconnu, puisque je viens de sa part vous demander son pardessus le plus chaud; il craint de prendre froid en sortant du théâtre. » La bonne remet le vêtement demandé et très complaisamment éclaire jusqu'au bas de l'escalier l'adroit voleur, qui remercie et disparaît sans laisser son adresse. Le pardessus, comme on pense,

ne s'est pas retrouvé.

Vers le même temps (2 septembre), une petite pièce suivit le même chemin que *les Dragons de Villars,* et, non sans succès, émigra à la place Boieldieu. C'était *le Café du Roi,* de MM. H. Meilhac et Deffès, joué primitivement à Ems le 17 août 1861 et au Théâtre-Lyrique de Paris le 16 novembre de la même année. Louis XV, pris pour un simple seigneur par une jeune fille qui sollicite sa protection afin de faire représenter l'opéra du pauvre compositeur aimé par elle, puis poussant l'amabilité jusqu'à lui préparer son café, et la sagesse jusqu'à veiller chastement la nuit sur son sommeil, se montre ainsi sous un jour inconnu de l'histoire. Des trois personnages de la pièce, Gilberte et le marquis eurent pour interprètes au Théâtre-Lyrique M" Baretti et Wartel, à l'OpéraComique M Heilbrou et Bernard; ce dernier avait appris le rôle en quatre jours et remplacé au dernier moment un nouveau pensionnaire qui avait perdu courage à la veille de son début et résilié son contrat. Quant au rôle du baron, il demeurait, ici comme là, confié à M Girard, une spirituelle soubrette, qui s'y montra fine comédienne et excellente chanteuse.

Venant après *Ma tante dort, Au travers du mur, les Charmeurs, les Amours du Diable* et *les Dragons de Villars, le Café du Roi* est le sixième emprunt et *Jaguarita,* l'année suivante, sera le septième fait avant 1870 par l'Opéra-Comique au répertoire du Théâtre-Lyrique, dans lequel il devait, après la guerre, puiser si largement et si fructueusement. Par contre en cette seule année 1868 plusieurs œuvres, sans parler des récentes, bien entendu, voient s'achever leur carrière: Zes *Deux Chasseurs et la Laitière, Rose et Colas, l'Épreuve villageoise, les Voitures versées, Marie, la Part du Diable, le Chien du jardinier, le Docteur Mirobolan,* en tout huit ouvrages charmants pour la plupart et que certains nouveaux venus étaient loin de valoir.

Témoin ce *Corricolo,* qui commença de rouler le 28 novembre et qui s'arrêta net au bout de *douze* représentations. Il sortait de chez les bons faiseurs, Labiche et Delacour; mais depuis *le Voyage en Chine,* les produits portant cette marque de fabrique baissaient visiblement de qualité. C'était la course folle d'une femme qui vient en Italie chercher son mari, tandis que de son côté le mari lui envoyait un sien ami pour l'empêcher de venir, et garder un champ plus libre à ses fredaines amoureuses. L'ami s'éprend de la femme et l'enlève en *corricolo;* le mari les rejoint à Bergame et le podestat de ce pays trouve un prétexte pour jeter tout le monde en prison. Il y avait là même une scène très amusante, où ces prisonniers de hasard, appelés dans un divertissement de la cour à figurer des captifs, jouaient leurs rôles avec tant de naturel que le podestat, Sainte-Foy, s'y laissait prendre et dans son enthousiasme ordonnait la mise en liberté que naguère il refusait. M⁽ᵉ⁾ Cabel et Heilbron, MM. Barré, Prilleux et le débutant Laurent jouaient de leur mieux; mais ces trois actes ressemblaient plus à un vaudeville du

Palais-Royal qu'à un livret d'opéra-comique; la musique semblait presque dépaysée au milieu de ces calembredaines, et, bien que signée Poise, elle ne fut pas gravée.

Plus heureuse fut la destinée de *Vert-Vert,* d'Offenbach, qui, joué le 10 mars 1869, obtint 58 représentations; il y avait là un progrès réel, puisque *Barkouf* n'en n'avait eu que 7 et *Robinson* 32. Pour ces trois actes, tirés d'un vaudeville de Desforges et de Leuven joué jadis avec succès par Déjazet en 1832, Meilhac et Nuitter touchèrent des droits et furent nommés; De Leuven et Desforges en touchèrent aussi, mais ne le furent point. Seul, Gresset ne toucha rien, quoiqu'il eût au moins fourni le titre de la pièce; c'est d'ailleurs à peu près tout ce qui subsistait de son poème. Vert-Vert était non plus un perroquet, mais un jeune et naïf adolescent, devenu la coqueluche des demoiselles dans un singulier pensionnat où la sous-directrice flirte avec le maître de danse, où les jeunes filles ont des amoureux parmi les garnisaires d'une ville voisine et finissent par se laisser enlever, aubaine dont profite Vert-Vert qui, entre le premier et le troisième acte, a trouvé moyen de

s'émanciper auprès d'une cantatrice de province à côté de laquelle le hasard des circonstances l'a forcé de chanter un soir. La partition valait mieux que ses aînées, parues sur le même théâtre; quelques jolis passages en demi-teinte méritaient l'attention. Et puis, Capoul chantait à ravir; il avait bien fait le sacrifice de ses moustaches, au grand désespoir des dames d'alors; mais il demeurait séduisant quand même, faisant bisser au premier acte sa romance « Et l'oiseau reviendra dans sa cage » et au deuxième acte son « alleluia »; le quatuor du troisième acte recueillait aussi des applaudissements mérités, et l'on redemanda sa romance à Gailhard, dont le talent et la voix se développaient de jour en jour, car il avait, le 5 août précédent, joué Je *Toréador* avec une pleine réussite et il devenait peu à peu l'un des plus solides piliers de la maison. A côté des deux Toulousains, citons M⁽ᵉ⁾ Cico, bientôt remplacée par M Derasse, enfin M Moisset, Girard, Révilly, Tuai, MM. SainteFoy, Potel, Leroy et Ponchard, qui jouait au naturel un rôle de ténor sans voix. Le grand succès de l'ouvrage fut, au troisième acte, la leçon de danse, exécutée, chantée et mimée par Couderc, le vieux Couderc, toujours jeune, ingambe et spirituel.comédien. Les critiques cependant ne manquèrent pas, et une reprise de *Vert-Vert,* le 16 mai 1870, où Capoul était remplacé par M⁽ᵉ⁾ Girard, M Girard par M⁽ᵐᵉ⁾ Bélia, M⁽ᵐᵉ⁾ Cico par M⁽ᵉ⁾ Fogliari, et Sainte-Foy par Lignel, n'aboutit qu'à trois représentations, donnant ainsi raison aux détracteurs.

Des critiques se produisirent aussi lors de la remise à la scène de *Jaguarita,* donnée le 10 mai, au bénéfice de M Cabel, de sorte que le service de la presse n'eut lieu qu'à la seconde représentation. L'ouvrage d'Halévy, qui, primitivement, s'appelait *Jaguarita l'Indienne,* datait du 14 mai 1855. M⁽ᵉ⁾ Cabel avait créé le rôle principal au Théâtre-Lyrique et le recréait à l'Opéra-Comique, quatorze ans plus tard; Achard, Bataille, Barré et Prilleux tenaient les rôles de Monjauze (Maurice), de Junca (Mama Jumbo), de Meillet (Hector) et de Colson (Peterman). Comme l'écrivait spirituellement Élie de Lavallée: « *Jaguari-*

ta est une Indienne qui n'a rien de farouche. On ne s'explique pas très bien comment les auteurs ont compris le caractère de cette reine de sauvages qui trame sans cesse de sombres projets et qui en réalité ne s'occupe guère que de faire les gammes les plus étonnantes et les cadences les plus pures sur les notes élevées. Jaguarita semble bien plutôt la reine des rossignols que celle des Anacotas, et quand elle chante sur de gracieux motifs « l'Oiseau moqueur » ou bien « le soir, j'irai tremper mon aile », ou bien « le Colibri », ou bien encore « Je te fais roi », on a peine à se figurer qu'on a devant soi une reine indienne commandant une tribu révoltée contre les Hollandais, qu'elle cherche à faire prisonniers, qu'elle veut mettre à mort, et qu'à la rigueur elle mangerait, car elle doit être anthropophage comme ses sujets. » Ce médiocre livret de Saint-Georges et de Leuven, qui ressemble par certains côtés à celui de *l'Africaine,* fit tort à la partition d'Halévy, qui contenait notamment un remarquable finale. *Jaguarita* disparut de l'affiche après 18 représentations, sans'que, quelque vingt ans plus tard, les pénibles essais lyriques du Château-d'Eau aient pu l'y maintenir à nouveau.

Rappelons en passant l'honorable accueil fait, le 2 juin, à *la Fontaine de Berny,* un agréable lever de rideau dont Albéric Second avait écrit le livret. Le sujet traité par lui offre quelque analogie avec l'histoire que Gustave Droz nous a contée depuis dans son roman *Autour d'une source.* Le célèbre docteur Tronchin, s'étant laissé choir dans une fontaine, reconnaît par un cadeau *sui generis* le service du paysan qui l'en a tiré; il attribue à ces eaux une vertu curative et y attire sa clientèle, qui devra s'arrêter chez son sauveur, lequel fournira contre écus sonnants les gobelets nécessaires. Le compositeur de cette petite partition, M. Adolphe Nibelle, est un musicien qui ne manque pas de mérite; mais il est aussi de ceux qui gardent éternellement des ouvrages en portefeuille, alors que plusieurs d'entre eux ne demandent qu'à en sortir. Il suffira de citer *l'Ange gardien,* opéra-comique de Scribe; *les Enigmes,* trois actes d'Edouard Cadol; Zes *Noces de Gamache,* trois actes de Nuitter et Beaumont; *l'Alibi,* trois actes de Leuven et Jules Moinaux; *le Mariage aux castagnettes,* trois actes de Léon Gozlan, etc. etc.

Théophile Semet aura du moins été plus heureux. Nombreuses sont celles de ses œuvres qui ont vu le feu de la rampe: *les Nuits d'Espagne, la Demoiselle d'honneur, Gil Blas, l'Ondine,* enfin la *Petite Fadette,* donnée le 11 septembre 1869. L'histoire de ce dernier ouvrage est assez singulière, si l'on songe qu'une pièce de ce nom, et tirée elle-même du célèbre roman de George Sand, avait été jouée aux Variétés, en 1850; ses auteurs s'appelaient Anicet Bourgeois et Charles Lafont et dans cette églogue dialoguée ils avaient intercalé quelques mélodies dont la composition était échue à un jeune musicien fort inconnu alors, M. Th. Semet. Cette paysannerie réussit et fut l'objet de plusieurs reprises. Ce succès donna sans doute l'idée de transformer le vaudeville en opéra-comique. Lorsqu'en 1868 on annonça cette *Petite Fadette* avec musique de Semet, M. Martinet, directeur des Fantaisies-Parisiennes, protesta par lettre, disant qu'elle appartenait à son théâtre depuis six mois. On passa outre, et, lors des représentations, on reconnut que George Sand avait repris son bien et retravaillé d'après son propre roman ces trois actes et cinq tableaux; seulement elle s'était adjoint Michel Carré, lequel ne fut pas nommé. Quant à Semet, il avait complètement récrit son œuvre. Les applaudissements ne manquèrent pas le premier soir, car on bissa même la ronde campagnarde de M"e Bélia (bientôt remplacée par M" Moisset dans le rôle de Madeleine), l'ariette de M Révilly (la mère Fadet), les couplets de Barré (Landry), et la charmante romance de Potel (Cadet-Caillaux). De plus M Galli-Marié s'y montrait une protagoniste remarquable malgré le malaise ou l'émotion qui, ce même premier soir, la fit s'évanouir pendant un entr'acte; mais la critique regardait au-delà de l'interprétation, elle découvrit des points de ressemblance avec *les Dragons de Villars* et autres œuvres connues; elle observa ainsi que l'illustre

romancier avait été souvent obligé de passer à côté de son œuvre même, pour ne pas paraître le plagiaire de ses imitateurs; elle trouva la pièce trop longue, pour un sujet assez monotone *in se;* enfin elle remarqua, non sans raison, que le groupement des voix choisies nuisait à l'effet de la partition, puisque le soprano, M Guillot (Sylvinet), n'ayant qu'une partie secondaire, on n'entendait d'un bout à l'autre que deux mezzo, un baryton, une basse et un trial pour tout ténor.

Semet ne revit pas *la Petite Fadette* à la salle Favart; elle a été reprise en 1886, il est vrai, mais au Château-d'Eau, refuge suprême des oubliés et des dédaignés! Les trente-cinq représentations de cet ouvrage à l'Opéra-Comique ne constituaient, en somme, qu'un succès d'estime. C'est du reste le sort de la plupart des pièces données pendant cette période; toutes avaient des qualités réelles, plus ou moins nombreuses, et l'on n'enregistre guère parmi elles un véritable « four ». Toutefois, pour Auber, un simple succès d'estime ne pouvait tenir lieu de victoire. Les vingt-sept représentations de son *Rêve d'amour* marquent donc d'un caillou noir la fin de sa glorieuse carrière. Il y avait encore quelques pages aimables qui furent redemandées: la strette du duo de M Priola (Henriette) et de Capoul (Marcel), les couplets de M Girard (Marion), la chanson militaire dans le finale du deuxième acte, et, dans le troisième acte, le trio entre Capoul, M Girard et Sainte-Foy qui, au bout de cinq représentations, céda son rôle d'Andoche à Potel et partit pour la Russie, où l'appelait un engagement. MM. d'Ennery et Cormon avaient d'ailleurs donné au compositeur un livret très inférieur à celui du *Premier Jour de bonheur.* Quoi de plus « vieux jeu » en effet que ce paysan devenant amoureux d'une grande dame, ayant l'audace de l'embrasser un soir qu'elle s'est endormie au pied d'un arbre *sub tegmine fagi,* et depuis, dédaignant la petite paysanne qui l'aime, jusqu'au moment où ladite grande dame sacrifiant l'amour qu'elle ressent elle aussi, se laisse toucher par le désespoir de la paysanne, et, pour

créer un obstacle infranchissable entre elle et Marcel, lui fait croire qu'elle est sa propre sœur.

Comme toujours, de longues hésitations avaient présidé au choix des interprètes, et retardé la mise à l'étude; comme toujours aussi, Auber avait suivi la méthode qui lui était chère et dont il s'était presque fait une règle: choisir les débutantes, et parmi ce& débutantes choisir les plus jeunes et les plus jolies. C'est ainsi que M Priola et Nau eurent l'honneur de paraître pour la première fois dans la dernière œuvre du vieux maître.

L'année 1869 pourrait du reste s'appeler l'année des débuts, car ils atteignirent le chiffre assez rare, sinon même unique, de *onze,* presque un par mois! Citons-les pour mémoire, dans leur chronologie: le 29 février, dans *le Pré aux Clercs* (rôle de Mergy), M. Nicot qui, en 1868, avait obtenu au Conservatoire le 2 prix de chant et le 1 prix d'opéra-comique. Bien ému le soir de son début, il laissa deviner pourtant une jolie voix et une intelligence scénique qui devaient lui permettre de rendre de sérieux services à la salle Favart, plus tard; car il commença par voir son engagement résilié parce qu'il refusait un rôle à lui confié; le Mergy du Pce *aux Clercs* ne voulait pas devenir le Frédéric de *Mignon;* gagnant en instance, il perdit en appel; mais les directeurs se montrèrent bons princes et renoncèrent à la clause du traité qui fixait à 20,000 francs le dédit en cas d'infraction. Le 31 mars, dans *le Postillon de Lonjumeau* (rôle de Biju), se produisait M. Thierry, basse chantante, qui venait des Fantaisies-Parisiennes, et ne fit que passer alors à la salle Favart, où il revint après la guerre; le 28 mai, dans *Vert-Vert* (rôle de Mimi), Ml e Fogliari, une élève de Duprez, tellement intimidée qu'on la jugea d'abord insuffisante, mais qui se releva ensuite dans *le Pré aux Clercs* (rôle d'Isabelle), assez pour rester au théâtre jusqu'après la guerre, époque où, sous le nom de Foliari, elle chanta d'abord, à Paris, dans des concerts particuliers, puis au théâtre de Saint-Pétersbourg; le 24 juin, dans *le Domino noir* (rôle d'Angèle), et le 17 juillet dans *la Fille du régiment* (rôle de Marie), M Arnaud qui venait de province où elle avait chanté l'année précédente à Metz, et qui partit bientôt pour la Belgique; le 2 août, dans *Mignon* (rôle de Frédéric), M. Gaston Mirai, un élève du Conservatoire, qui, dans la classe de Couderc, avait remporté un 1 accessit d'opéra-comique sous le nom de Notsag (anagramme de Gaston) et qui plus tard échangea ses appointements de médiocre trial contre les bénéfices de directeur en province; le 3 octobre, dans *le Chalet* (rôle de Daniel), M. Idrac, autre lauréat du Conservatoire, ténor d'extérieur peu avantageux, mais doué d'une assez bonne voix qui lui permit de faire sa carrière en province et à l'étranger; le 30 août, dans *Mignon* (rôle de Philine), M Moreau, artiste consciencieuse, à la voix souple mais froide, qui avait tenu l'emploi de chanteuse légère en province et en Belgique et ne tarda pas à retourner dans les parages d'où elle venait; le 20 octobre, dans *Galathée,* M' Danièle, qu'on avait applaudie à la Monnaie de Bruxelles, à qui l'on confia le rôle d'Henriette dans *l'Eclair* repris le 17 novembre après une interruption de trois années avec Achard (Lionel), Leroy (Georges) et Mll e Bélia (MD-arbel); le 7 novembre, M Reine (Betly du *Chalet),* chanteuse suffisante et Jolie femme, qui avait obtenu quelques mois auparavant un 2 prix d'opéra-comique au Conservatoire (classe Mocker), et que nous retrouverons par la suite au cours de cette histoire; le 20 décembre, dans *Rêve d'amour,* M Nau (rôle de Denise), une jeune personne de dix-huit ans, fille de l'ancienne cantatrice de l'Opéra, et M Priola (rôle d'Henriette), élève de Couderc, transfuge du Théâtre-Lyrique, où elle s'était fait remarquer dans *Rienzi* avec le petit rôle d'un messager de la Paix. Citons enfin M. Raoult qui, engagé en 1868, ne débuta qu'une année plus tard.

En terminant cette longue et monotone énumération d'artistes de passage dont l'éclat, pour la plupart, n'a guère illuminé le ciel dramatique, n'est-on pas tenté de rappeler le vers des *Plaideurs* et de s'écrier aussi:

Pas une étoile fixe et tant d'astres errants 1

On a pu remarquer qu'en 1869 une seule pièce en un acte avait été donnée, *la Fontaine de Berny;* car on ne saurait compter à l'actif du théâtre une cantate de l'Institut sur les paroles de M. Cicile, intitulée *Daniel,* Deux élèves d'Ambroise Thomas s'étaient partagé le prix de Rome l'année précédente, MM. Wintzweiler et Rabuteau. La cantate du premier fut exécutée le 8 janvier au Théâtre-Lyrique, et celle du second le 19 janvier à l'Opéra-Comique, par Ponsard, Grisy et Mll e Levielli de l'Opéra.

C'est apparemment pour venir en aide aux prix de Rome et autres « jeunes » que la Société des auteurs et compositeurs dramatiques avait entamé alors des négociations avec les directeurs de l'Opéra-Comique pour les rappeler à l'observance de leurs cahiers des charges. Ils devaient en effet *vingt* actes par an, mais ne les avaient jamais donnés. Mieux valait donc se montrer moins tyrannique et exiger la tenue des engagements pris. Voici quelles bases nouvelles avaient été adoptées: 1 la Société touchera 12 0/0 sur la recette *brute,* c'est-à-dire *avant* le prélèvement des droits des pauvres; 2 l'Opéra-Comique jouera chaque année *douze* actes nouveaux, dont *trois ouvrages* en un acte; 3 innovation fort importante, les pièces tombées dans le domaine public toucheront 12 0/0, absolument comme les pièces nouvelles. Ce traité, exécutoire à partir du 1 août 1868, annulait le précédent, qui avait encore dix-huit mois à courir. Or, l'année 1869 s'écoula sans que ces conditions fussent rigoureusement observées, car si l'on avait obtenu le chiffre de treize actes, c'était en comptant, comme nouveauté, *Jaguarita,* qui venait du Théâtre-Lyrique. Alors les discussions reprirent pour aboutir en 1870 au renouvellement du traité de 12 0/0 avec *neuf* actes seulement au lieu de douze.

Mais, entre temps, la direction de l'Opéra-Comique s'était modifiée; M. Ritt cédait la place à M. du Locle, ainsi qu'il résulte d'un acte dont voici les dispositions principales: « Il a été formé une société en nom collectif sous la raison sociale de Leuven et du Locle, ayant pour objet l'exploitation du théâtre impérial de l'Opéra-Comique. Cette société commencera le 20 janvier 1870 pour se terminer le 20 janvier 1874... . Le capital social est fixé au chiffre de 500,000 francs. M. de Leuven apporte une somme de 250,000 francs à fournir en matériel, argent et cautionnement; M. du Locle apporte une somme de 250,000 francs en espèces. » Le plus avisé des trois était celui qui partait, car il « passait la main » au bon moment.

M. du Locle devenait en effet co-directeur, à la veille d'événements que rien ne faisait prévoir, et dont les théâtres devaient fatalement ressentir le douloureux contre-coup. Sinistre présage: presque au seuil de cette année 1870, les morts se succèdent et se pressent! Bien des gens disparaissent alors qui tiennent à l'histoire de ce même théâtre, par leurs services et par leurs œuvres. C'est Rossini, mort à Passy le 13 novembre 1868, eharged'ans et de gloire,, mais pour les obsèques duquel l'Opéra-Comique s'abstint de faire relâche, car il n'avait jamais ouvert la porte à ses ouvrages et ne devait admettre son *Barbier de Séville* que beaucoup plus tard, lors d'une soirée tristement mémorable. C'est Berlioz, s'éteignant à Paris le 5 mars 1869, à l'âge de soixante-cinq ans, aigri, découragé, le cœur et le corps également brisés. C'est Albert Grisar, enlevé presque subitement à Asnières le 15 juin 1869, trop tôt encore, car il ne comptait que soixante et un ans, l'un des fournisseurs les plus heureux de l'Opéra-Comique, presque un maître en son petit genre, et qui avait eu la suprême consolation de voir remettre au répertoire, le 31 mars précédent, avec Poncbard (Lélio), (le rôle avait été attribué d'abord à M Seveste, puis à M Révilly), Prilleux (le docteur), Ml" Guillot (Isabelle), M" Bélia (Colombine), son *Bonsoir Monsieur Pantalon,* délaissé depuis 1861 à Paris, mais toujours conservé en Allemagne, où sa popularité se maintient encore aujourd'hui. Ce sont d'anciens artistes décédés, comme M" Darcier (mars 1870) et M" Angèle Cordier (avril 1870). Ce sont trois anciens directeurs, Basset, devenu membre de la commission d'examen des ouvrages dramatiques, et Nestor Roqueplan, tous deux morts à Paris en avril 1870; et précédemment, en septembre 1869, Alfred Beaumont, mort à Caen, où, depuis sa faillite, il s'occupait d'affaires industrielles pour le compte d'une maison de Madrid. C'est enfin le chef d'orchestre Tilmant, frappé d'une congestion le 3 octobre 1868, en pleine représentation, rétabli depuis, il est vrai, mais forcé de donner sa démission et de céder le bâton à M. Deloffre, qui venait du Théâtre-Lyrique.

Après les gens qui meurent, les pièces qui tombent. Celles de 1870 n'échappent pas, sauf une, au triste sort qui avait atteint celles de 1869. Les deux premières nouveautés de l'année furent données le même soir, 21 février; l'une, *l'Ours et le Pacha,* avait pour auteur Bazin; l'autre, *la Cruche cassée,* M. Emile Pessard, prix de Rome en 1866, et précisément élève de Bazin. *La Cruche cassée* forme un gentil lever de rideau, dans lequel MM. Hippolyte Lucas et Emile Abraham ont réprésenté la sentimentale et sceptique Dorothée qui, après avoir fait languir pendant vingt ans son adorateur, cède à ses instan ces le jour où il lui montre l'exemple d'un amour vrai, sous l'aspect de deux tourtereaux, contrariés par un vieil on-cle avare et un rival cousu d'or, mais tenant bon, et si ferme que devant la fontaine, témoin de cette idylle, la cruche se casse, gage et symbole d'une aventure dont le dénouement aura lieu chez M. le maire. C'était le début au théâtre d'un compositeur de talent, M. Emile Pes-sard. Dans *l'Ours et le Pacha,* Scribe et Saintine n'avaient vu jadis qu'une folie de carnaval, émaillée de certaines plaisanteries dont quelques-unes comme « Prenez mon ours » sont devenues célèbres. Cette farce au gros sel pouvait-elle se transformer en comédie musicale? Bazin l'avait cru; mais ses personnages s'étaient glacés au cours de cette adaptation: sauf Potel, ni Ponchard ni M Bélia, substitués à Sainte-Foy et à M Ugalde qui devaient créer deux des principaux rôles, ni Couderc même, n'avaient l'exubérance nécessaire à de telles bouffonneries. Bref, le soir de ces deux petits actes, ce fut l'élève qui battit

le maître, puisque *la Cruche cassée* de-vait obtenir trente-cinq représentations reparties entre trois années et *l'Ours et le Pacha* cinq seulement. Mais le battu n'était pas content et, profitant de quel-ques coupures faites malgré lui avec l'espoir de renflouer son ouvrage, il in-tenta un procès à la direction. Le tribu-nal de commerce ne lui accorda pas les dommages-intérêts qu'il demandait, at-tendu, disait-il, « que Bazin ne saurait imputer à de Leuven d'avoir, par son seul fait, occasionné l'interruption dans les représentations dont il s'agit; qu'il est constant, en effet, qu'en refusant *ab-solument* d'examiner les modifications qui lui étaient proposées par la direction *dans l'intérêt même* de l'œuvre, et *con-formément à l'usage suivi en cette ma-tière,* il a motivé la décision prise par de Leuven». Seulement, on faisait dé-fense au directeur de représenter l'Ours *et le Pacha* avec les coupures pratiquées et on le condamnait aux dépens. Celui-ci fit disparaître non pas les coupures, mais la pièce elle-même, de borte que le malheureux plaideur perdit son procès tout en ayant l'air de le gagner.

Les semaines qui suivent sont occupées par deux reprises d'ouvrages d'Auber, les dernières faites au théâtre, de son vivant: l'une, le 24 février, du *Premier Jour de Bonheur,* mentionnée déjà et d'ailleurs médiocre par l'interprétation; l'autre, le 20 mars, de *Fra Diavolo,* in-téressante au contraire à cause des artis-tes, qui presque tous jouaient leur rôle pour la première fois: Capoul (Fra Diavolo), Potel (Cokbourg), Leroy (Lo-renzo), Mirai et Masson (deux brigan-ds), M" Priola (Zerline) et Cico (Paméla). Auber luimême avait jugé cette reprise assez importante pour ajouter à son ancienne partition deux morceaux nouveaux qui peuvent à bon droit passer pour son chant du cygne. Citons aussi pour mémoire une repré-sentation dite extraordinaire, et assez extraordinaire en effet, puisque entre le premier acte de *Mignon* et *le Café du Roi,* M Patti vint chanter en italien, et avec la troupe des Italiens, le second acte de *la Figlia del regimento.* C'était le prix d'une concession faite à M. Ba-gier, qui voulait donner à la salle Ven-

tadour des représentations de l'œuvre de Donizetti avec la Patti, comme on en avait donné en 1850 avec la Sontag. Il fallait pour cela l'autorisation de l'OpéraComique, le quel l'accorda, mais à la condition que la première au-rait lieu chez lui, combinaison ingénieu-se qui fit tomber dans sa caisse en un soir 13,278 fr. 80 c.

Un tel bénéfice compensait presque la perte que devaient causer au théâtre quelques jours plus tard, le 30 avril, les deux actes de la malheureuse *Déa.* MM. Cormon et Michel Carré avaient imagi-né un livret assez bizarre, montrant dans les pampas une pauvre mère qui pleu-re la perte de sa fille, autrefois ravie par les Indiens. Le fils, pour consoler la mè-re, lui présente une jeune Indienne qu'il fait passer sans trop de peine pour la jeune Déa retrouvée; mais luimême il s'éprend de cette jeune fille, et il ne peut l'épouser qu'en révélant à tous le secret de cette supercherie qu'il avait espéré pouvoir cacher. Les journalistes furent sévères pour les versificateurs de cette comédie sentimentale, et cruels pour le compositeur. Quant à M Ugalde, qui « rentrait » une fois de plus par le rôle de la mère, elle ne réunit pas l'unanimité des suffrages,, non plus que, six semai-nes après, Montaubry, « rentrant » lui aussi, après avoir composé des opéret-tes, dirigé les Folies-Marigny, et perdu son argent sans retrouver sa voix, repa-raissant le 12 juin dans *le Postillon de Lonjumeau,* puis dans *Fra Diavolo,* et donnant ainsi une douzaine de représen-tations. Dans la pièce de M. Jules Co-hen, ce fut encore une débutante qui ti-ra le mieux son épingle du jeu,. M Zina Dalti. Elle arrivait de Bruxelles, et avait assez de talent pour se faire une place à Paris, comme nous aurons l'occasion de le constater par la suite, bien qu'un accident de fâcheux présage eût marqué ses premiers pas dans la salle Favart. Le 12 mai, en effet, *Déa* ne put s'achever; la jeune cantatrice avait été prise d'une indisposition telle qu'on dut la transpor-ter à son domicile, et que, pendant plu-sieurs jours, on craignit pour sa vie. Un événement analogue s'était produit, le 23 septembre précédent, lors d'une re-présentation de *la Petite Fadette;* Barré, entrant en scène, avait perdu la mémoire et presque l'usage de la parole; il avait fallu baisser le rideau et rendre l'argent. A côté de ces deux artistes, qui jouaient précisément dans *Dèa,* un débutant avait dû se produire, qui, tombé malade, lui aussi, fut remplacé au dernier moment par Leroy. C'était un nommé Chelly, élève de Faure, un ténor d'origine française, mais faisant partie d'une troupe italienne qui était allée donner des représentations à Nantes. Il parut enfin, le 12 juin, dans *la Fille du régiment* (rôle de Tonio), à côté de M" Heilbron qui, revenue de La Haye, chantait Marie pour la première fois, et bientôt après Philine dans *Mignon.*

Tandis que l'Opéra-Comique luttait péniblement contre la mauvaise fortune, le Théâtre-Lyrique, plus malheureux encore, s'effondrait subitement; Pasdeloup s'était retiré, et les artistes en société avaient essayé vainement de conjurer le mauvais sort en montant *Charles VI.* Par une singulière ironie, on se trouvait donc chanter à la veille de la guerre:

La France a l'horreur du servage,
Et si grand que soit le danger
Plus grand encore est son courage
Quand il faut chasser l'étranger.

Non seulement, hélas! la France ne devait pas « chasser l'étranger », mais encore elle l'accueillait chaleureusement en la personne d'un Allemand que ses fonctions attachaient même à un souverain dont les troupes allaient fouler notre sol. Flotow avait eu la singulière fortune de voir réclamer son œuvre d'abord par l'Opéra-Comique, où l'on distribua les rôles àAchard, à M Ugalde et Galli-Marié, puis par le Théâtre-Lyrique, où l'on répéta avec Monjauze, Meillet, M Cabel et Marie Roze. A la fermeture de ce dernier théâtre, *l'Ombre* s'installa définitivement à la salle Favart; Ml e Priola remplaça M Cabel, et c'est ainsi que le 7 juillet, sur quatre artistes, trois chantèrent qui n'appartenaient point au personnel ordinaire de l'Opéra-Comique. Le poème de Saint-Georges plut généralement. On s'intéressa au sort de cette jolie servante aimant en secret son maître, un noble qu'elle croit depuis avoir été fusillé, lors

de la guerre des Cévennes, et dont elle retrouve « l'ombre » en la personne d'un jeune ouvrier sculpteur. Ce n'est pas une ombre, c'est bien lui, et, lorsqu'il apprend que l'ami, auquel il a dû son salut, va périr à sa place, il part se livrer et d'abord épouse celle dont il devine et partage l'amour. L'intervention d'un haut personnage amène un dénouement favorable et contribue au bonheur des deux amants. Une musique gracieuse avec des refrains aisés à retenir, tels que les couplets de « Cocotte » et la chanson « Midi-Minuit, » assura bien vite la popularité de ces trois actes sans chœurs, comme *l'Eclair;* la pièce fut traduite presque aussitôt en quatre ou cinq langues, et, bien lancée, commença une tournée triomphale dans les deux mondes. Mais dès ce moment Paris commençait à se désintéresser du théâtre; la guerre avec la Prusse venait d'être déclarée, et l'attention des esprits se tournait moins vers les choses de l'art que vers celles de l'armée. Au milieu de ces préoccupations patriotiques, on comprend de quelle oreille distraite fut écouté *le Kobold* lorsqu'il eut le courage de se présenter au public le 26 juillet. Tout en lui est curieux du reste et mérite d'être conté, sa naissance et sa mort.

On se proposait de monter à l'Opéra-Comique *le Timbre d'argent,* comédie-ballet de M. Saint-Saëns, jouée depuis, mais à la Gaîté. On avait engagé à cet effet une danseuse italienne assez réputée, M" Trevisan (Trevisani, au delà des Alpes), et, en vue de la produire, on la fit débuter le 13 juin dans un divertissement composé pour *Lalla-Roukh,* reprise alors avec Capoul, Gailhard, M"" Zina-Dalti et Bélia. *Le Timbre d'argent* étant retardé, et *LallaRoukh* ne suffisant pas à l'activité d'une ballerine, M. de Leuven convoqua un soir MM. Ernest Guiraud, Nuitter et Louis Gallet, afin de leur commander un opéra-ballet en un acte; une légende fournit le scénario, qu'on ébaucha sur le champ, et chacun de son côté se mit à l'œuvre; quotidiennement, les librettistes envoyaient un morceau au musicien qui le renvoyait non moins quotidiennement composé à la copie, d'où il partait pour aller dans

les mains des artistes; en *dix-huit* jours, la partition fut ainsi écrite, orchestrée, copiée et répétée.

Le *Kobold* était, suivant les auteurs, un génie domestique, un serviteur invisible qui fait la besogne à sa guise, range tout lorsqu'il est content et met tout en désordre lorsqu'il se fâche. Amoureux de son maître, ce Kobold féminin lui fait manquer son mariage au moment même de, la cérémonie, et lui donne un anneau magique qui lie leurs deux destinées jusqu'à l'heure fatale où la fiancée du jeune homme, revenue de sa jalousie, rompt le charme et cause ainsi involontairement la mort du pauvre Kobold qui s'éteint au milieu des flammes fantastiques du foyer. La musique légère improvisée par Ernest Guiraud permit d'applaudir la gracieuse Trevisan, M Heilbron et le ténor Leroy, révélant alors des qualités de danseur qu'on ne lui connaissait pas; il faisait le grand écart, enlevait sa danseuse à la force du poignet, et la soutenait à demi renversée, tout comme s'il eût pris des leçons d'un Saint-Léon ou d'un Mérante. Forcément interrompu, leKobold faillit reparaître après la guerre; M" Fonta, de l'Opéra, devait remplacer M" Trevisan, qui avait quitté Paris pour retourner dans son pays; mais l'Assemblée Nationale ayant jugé bon de retrancher 150,000 francs à la subvention de l'Opéra-Comique, des économies s'imposaient, et la première fut la suppression du corps de ballet; plus de danseuses et plus de *Kobold!* Détail curieux: la partition réduite au piano par Soumis, accompagnateur du théâtre, fut gravée; le compositeur corrigea les épreuves, et jamais l'éditeur Hartmann ne la fit paraître I Autre aventure: un jour, l'ouverture fut exécutée, depuis la guerre, dans un concert donné par la Société Nationale, lors de sa fondation; Ernest Guiraud, qui avait prêté pour la circonstance la partition autographe de son morceau, ne la revit jamais; il était écrit que, mort ou vivant, *le Kobold* aurait toutes les malchances.

Et les débutants débutaient toujours! En juillet, on voit encore un certain Augier s'essayer dans *Galathée* (rôle de Pygmalion), et le soir même de la première représentation du *Kobold,* M. Coppel jouer le rôle de Tonio dans *la Fille du Régiment.* Ce ténor nouveau venu était un amateur bordelais, affligé, disait-on, d'une quarantaine de mille livres de rente et cultivant la musique pour son plaisir. Comme il possédait une certaine voix, il avait travaillé quelque temps avec Duprez; la tarentule du théâtre l'avait piqué, et Pasdeloup lui avait permis de chanter en 1869 *Rigoletto* au Théâtre-Lyrique. Bien plus, le 6 août, M. Emmanuel, celui-là venu de province, où il avait eu quelques succès, notamment à Bordeaux et à Strasbourg, ne craignait pas de se produire dans *le Chalet* (rôle de Daniel), et même le 24 août, Barnolt, transfuge du Théâtre-Lyrique, un de ceux qui devaient compter parmi les plus utiles et fidèles serviteurs de l'Opéra-Comique, abordait le rôle de Dandolo dans *Zampa.* C'était choisir étrangement une heure *in extremis* pour se faire apprécier; mais, d'autre part, on croyait si peu à la suite de la guerre, qu'aux Italiens, M. Bagier préparait avec tranquillité ses engagements pour la saison suivante et qu'à l'Opéra-Comique on répétait le *Fantasio* d'Offenbach, annoncé déjà pour le mois de septembre. Toutefois, cette année, le 15août se passa, comme bien on pense, de la cantate traditionnelle. Les deux dernières avaient eu pour auteur Chariot, un ancien prix de Rome, un oublié réduit aux fonctions de chef de chant à l'Opéra-Comique et à la Société des Concerts du Conservatoire. L'une, celle de 1868, s'appelait *la Bonne Moisson* et contenait un solo fort bien dit par Gailhard; l'autre, celle de 1869, s'appelait *le Centenaire* et formait, pour Gailhard et Sainte-Foy, une petite scène où l'auteur, assisté d'un collaborateur anonyme qui n'était autre que Victor Wilder, avait spirituellement intercalé un couplet des *Souvenirs du peuple,* de Béranger.

Cependant, on chantait au théâtre et dans la rue, toujours et partout, cette *Marseillaise,* longtemps interdite, et entonnée par M Marie Sasse un soir à l'Opéra. Et depuis, ce cri de guerre avait été répété à l'Opéra-Comique par M Galli-Marié, le 21 juillet par Monjauze, le 30 par M Marie Roze, le 3 août par

Gailhard, qui déjà portait le costume de mobile avec lequel il allait faire campagne, puis par M Danièle, par tous enfin; c'était de l'enthousiasme, du délire, puisque la foule, reconnaissant un jour Capoul qui passait, le forçait de s'arrêter pour interpréter le chant de Rouget de Lisle en plein boulevard. Une autre fois c'était Melchissédec qui disait les vers de Béranger: « En avant, Gaulois et Francs», appelés pour la circonstance « Serrons les rangs » et mis en musique par Léo Delibes, puis, venait lire en scène un bulletin de l'armée comme au temps du premier empire. Une autre fois encore, c'était Achard, qui faisait bisser *le Rhin allemand* de Félicien David, chanté dans un décor représentant un camp où chaque choriste figurait avec un des uniformes de notre armée. Ensuite M Galli-Marié, costumée en génie de la France, le drapeau tricolore à la main, avait chanté trois strophes de *la Marseillaise.* Au couplet « Amour sacré, » une voix ayant crié: « Debout! debout! » toute la salle s'était levée pendant que l'artiste et les chœurs mettaient un genou en terre, et l'assemblée entière avait repris avec un incroyable élan le refrain du dernier couplet. Dans le journal où il racontait ces faits, certain rédacteur ajoutait comme mot de la fin: « Et maintenant, à quand la première victoire! ». Triste ironie, cette première victoire ne devait pas venir, et les chants patriotiques disparaissant successivement, correspondaient presque aux diverses phases de la campagne; le 6 août, plus de *Rhin allemand*; le 18, plus de

« Serrons les rangs »; le 22, plus de *Marseillaise* au théâtre, qui se dégarnissait de plus en plus, quoique l'État-major eût retenu un certain nombre de loges et de fauteuils d'orchestre pour les militaires de la garnison, et quoiqu'on préparât une représentation extraordinaire dont le produit serait versé au ministère de la guerre afin de « défrayer les défenseurs que la province envoie àParis. » Les recettes baissaient de plus en plus, et l'on ne lira pas sans curiosité le tableau suivant, qui nous les montre jusqu'à la clôture:

De tels chiffres n'étaient point pour

améliorer le bilan annuel qui, en quatre exercices, avait suivi une marche régulièrement descendante. On avait encaissé pour les huit premiers mois d'exploitation:

Il etait temps d'arrêter des frais devenus inutiles. Tout ce qui touche au théâtre et à la musique s'effaçait d'ailleurs peu à peu. *La France musicale* cessait de paraître définitivement; *la Revue et Gazette musicale de Paris* s'arrêtait le 28 août, avec un numéro contenant, sur les princes musiciens, une étude de M. Henri Lavoix qu'il devait interrompre au milieu d'un chapitre consacré justement à Frédéric II. Le 1" septembre on donna encore Bonsoir *Monsieur Pantalon* et *Fra Diavoîo*; le 2, *Zampa,* et le 3, la salle Favart ferma définitivement ses portes. La troupe était d'ailleurs en partie désorganisée. Parmi lés artistes qui généreusement avaient versé une somme de 3,102 francs à la souscription nationale, plusieurs, comme Capoul, Gailhard, Leroy, Idrac, Julien, Emmanuel, étaient devenus soldats et partaient le sac au dos. L'heure avait sonné des résolutions viriles et des dévouements héroïques; la patrie était en danger. Le siège et la Commune allaient faire connaître aux Parisiens ces « Horreurs de la guerre » dont ils avaient ri l'année précédente à l'Athénée, dans une opérette ainsi dénommée. Désormais les fions fions de l'Opéra-Comique s'accordaient mal avec les appels aux armes. Le sifflement des balles et le grondement du canon devaient former le seul accompagnement musical du drame terrible où la France, jouant sa vie, devait par son courage sauver au moins l'honneur du drapeau.

CHAPITRE V

L'HÉRITAGE DU THEATRE-LY-RIQUE *Les Noces de Figaro, Bonsoir voisin, Maître Wolfram, Mireille, Roméo et Juliette.* (1871-1874)

Si la guerre n'ébranla pas, comme on aurait pu le supposer, le monde artistique et théâtral, et ne modifia pas subitement l'orientation du goût du public, il n'en est pas moins vrai que, pour mainte question, il n'en alla pas de même après qu'avant. En musique, par exemple, les tendances ne furent pas à proprement parler renouvelées: les théories de Berlioz et de Wagner avaient exercé déjà une action lente, mais certaine, sur l'esprit de plusieurs compositeurs. Et pourtant, c'est depuis la guerre que les oeuvres de Wagner n'ont plus été sifflées aux concerts Pasdeloup et que *la foule,* grâce aux efforts intelligents de M. Edouard Colonne, a reconnu le génie de Berlioz. C'est depuis la guerre que dans les ballets de l'Opéra, ce qui était l'exception est devenu la règle, et que le niveau de la musique de danse s'est élevé jusqu'à la symphonie; depuis la guerre, que nos théâtres subventionnés ont repoussé les riches amateurs et nobles étrangers, jadis trop aisément admis; depuis la guerre, enfin, que l'Opéra-Comique, où déjà soufflait, nous l'avons dit, un vent de réforme, a modifié quelque peu son caractère, en recueillant définitivement l'héritage du Théâtre-Lyrique.

Ce dernier fait a son importance, et si l'opéra sérieux s'est acclimaté peu à peu à la salle Favart, c'est à l'incendie du théâtre de la place du Châtelet et à l'initiative de M. du Locle qu'on le doit.

Le Théâtre-Lyrique représentait, ne l'oublions pas, un capital artistique d'une réelle importance et d'une indiscutable valeur; la fortune n'avait pas souri toujours à ses divers directeurs; mais il avait du moins donné le jour à nombre d'ouvrages dignes de vivre. Il puisait une partie de sa force dans le droit qu'il avait de monter les œuvres traduites de l'étranger, et les véritables opéras ou pièces sans « parlé », privilège refusé à l'Opéra-Comique, et suffisant à différencier les deux répertoires. Il pouvait ainsi, tout en assurant ses lendemains par des succès plus ou moins consacrés, donner asile aux jeunes, aux inconnus qui frappaient à sa porte. Peut-être même ne lira-t-on pas sans intérêt la liste de ces compositeurs, dont beaucoup firent là leurs premières armes. Les voici rangés par ordre alphabétique: Beer, Bizet, Caspers, Cherouvrier, Dautresme, S. David, Debillemont, Deffès, Déjazet, Delavault, Delibes, Douay, Dufresne, Gastinel, E. Gautier, Gevaert, Godefroid, Grandval (M de), de Hartog, Henrion, A. Hignard, V. Joncières, Labbey, Lacombe, de La-

jarte, Maillart, Marcelli (M), Montuoro, Ortolan, Paliard, Pascal, Poise, E. Reyer, Rivay (M), Salomon, Th. Semet, P. Thys (M),Uzépy, Varney, Vogel, Ymbert.

Il y avait là, pour ainsi parler, un héritage à recueillir, une fortune qui, bien administrée, pouvait rapporter de gros intérêts. Déjà malade en 1870, le Théâtre-Lyrique avait, depuis, reçu le coup de grâce. Il disparut dans les incendies de la Commune. Les tentatives de M. Martinet, l'ancien directeur de l'Athénée, ne devaient point le ressusciter; sans subvention, il ne pouvait renaître que pour mourir encore. Il restait donc à se partager ses dépouilles, et rOpéra-Comique se présentait le premier, naturellement. *Les Noces de Figaro, Mireille, Roméo et Juliette* semblaient dans le jeu des directeurs d'incomparables atouts. Et pourtant il n'en fut pas ainsi; ces pièces ne connurent les belles recettes à la salle Favart qu'assez longtemps après, et *Mireille,* si productive aujourd'hui, ne rapporta rien tout d'abord. C'est que le changement de cadre a son importance pour les ouvrages dramatiques, comme pour les tableaux; il fallait laisser aux œuvres le temps de s'acclimater sur ce nouveau sol pour permettre de les goûter pleinement.

De même, les auteurs nouveaux ont besoin d'un certain crédit pour réussir à se faire agréer par la foule, et dans son empressement à renouer les traditions du Théâtre-Lyrique, l'Opéra-Comique accueillit, avec une générosité plus méritante que lucrative, tous les talents « disponibles». Il y eut dans la période qui nous occupe une véritable *poussée* de jeunes, dont le plus grand nombre a conquis depuis mieux même que la notoriété. Il suffit de citer, par ordre de date, Paladilhe avec *le Passant,* Bizet avec *Djamileh,* Saint-Saëns avec *la Princesse Jaune,* Massenet avec *Don César de Bazan,* Delibes avec *le Roi l'a dit,* Lenepveu avec *le Florentin,* sans parler des débutants de moindre marque, comme ce pauvre Conte, dont M. Louis Gallet a raconté la douloureuse histoire dans ses *Notes d'un librettiste.*

C'était peut-être un danger de lancer

ainsi tant de noms nouveaux à la foule, qui, par instinct, se méfie des auteurs qu'elle ignore; les recettes devaient s'en ressentir. Il convenait de mélanger prudemment le connu avec l'inconnu. Or les maîtres faisaient défaut. Auber et Maillart étaient morts en 1871, le premier à Paris, le second à Moulins; Ambroise Thomas, Victor Massé, Bazin se tenaient à l'écart ou se reposaient, et Gounod s'occupait plus de transplanter son répertoire que de l'accroître. C'est donc avec les ouvrages du « vieux fonds » que les nouveaux entraient en comparaison, et ceux-ci paraissaient d'autant plus avancés que le contraste avec les autres était plus grand. En outre, la plupart des débutants manquaient forcément d'expérience et ne pouvaient encore donner le meilleur de leur talent. De ce côté, le théâtre éprouva donc, au point de vue de ses intérêts matériels, une certaine déception.

En somme, le Théâtre-Lyrique était une école, et pour le public, auquel on apprenait la musique étrangère par la voie des traductions, et pour les auteurs, auxquels on ouvrait un sérieux débouché. Une telle situation offrait, comme toute chose, avantages et inconvénients. La sagesse aurait conseillé de n'accepter cette succession que sous bénéfice d'inventaire. Malheureusement, M. du Locle, celui des deux associés qui représentait l'élément réformateur, eut le tort, grave pour lui, de ne pas tenir assez compte des traditions, et, par conséquent, des conditions mêmes d'existence de la scène qu'il administrait. Au lieu d'annexer simplement à l'Opéra-Comique ce qu'il y avait de bon dans le Théâtre-Lyrique, il rêva de substituer réellement le Théâtre-Lyrique à l'OpéraComique: ce rêve lui coûta sa fortune.

Ajoutons que le danger apparut surtout en 1874, lorsque M. du Locle demeura seul directeur. Jusqu'à là M. de Leuven, en homme avisé, luttait de son mieux contre les « emballements artistiques » de son associé et servait de contrepoids. Au lendemain de la guerre, d'ailleurs, tous deux ne pouvaient que s'entendre pour rassembler les éléments épars de la troupe et remettre peu à peu en scène les ouvrages classiques. La tâche était sérieuse et lourde. Pendant le siège, la musique avait presque partout chômé, et dans *le Figaro,* par exemple, la revue alimentaire remplaçait le courrier théâtral. Pasdeloup avait lutté tant bien que mal, en octobre et novembre; M. Bourgault-Ducoudray continuait à faire chanter bravement des oratorios par la société qu'il avait fondée, et l'étonnant Elwart poussait l'inconséquence jusqu'à composer et faire exécuter un *Te Deum de la délivrance! A* l'Opéra, aux Bouffes, aux Menus-Plaisirs, au Cirque d'hiver, les concerts avaient fait place à des conférences plus ou moins entremêlées de chants et de poésies déclamées en l'honneur de telle ou telle œuvre patriotique. C'est ainsi, qu'à côté de M Marie Roze, plusieurs de ses camarades de l'Opéra-Comique, Melchissédec, Idrac, Potel, par exemple, quittaient les remparts pour venir en capote ou en vareuse se faire entendre dans des concerts à la porte desquels il n'était pas rare, vu la difficulté des temps et la cherté des choses, de lire une affiche comme celle-ci: « La salle sera chauffée et éclairée sans *odeur.* »

Place Boieldieu, les portes étaient restées closes, lorsqu'enfin ou annonça la réouverture avec *Zampa,* pour la rentrée de M Monrose; des affiches même furent posées; mais on ne pouvait choisir un plus mauvais jour; c'était le 18 mars! Le matin la Commune éclatait, et le soir, naturellement, on ne joua pas. La salle Favart ne rouvrit définitivement que le 3 juillet, avec *le Domino noir* et, comme hommage à la mémoire d'Auber, des stances de M. Louis Gallet, dites par Montaubry devant le buste du compositeur, et accompagnées en sourdine par des morceaux empruntés au répertoire du maître disparu. La fermeture avait duré dix mois, jour pour jour, et grevé le théâtre d'une lourde charge, car il continuait à payer un loyer énorme, et la subvention était vivement menacée devant la Commission du budget. Aussi, les directeurs avaient-ils décidé les artistes à se former en société et à se partager au prorata les bénéfices. Pendant les deux premiers mois, les so-

ciétaires s'appelaient Montaubry, Monjauze, Coppel, Ponchard, Potel, Meillet, Nathan, Bernard, M Priola, Monrose, Faivre, Bélia, Rèvilly, Guillot, Tuai, Reine et Fogliari; deux se retirèrent d'ailleurs sans avoir joué, M Bélia et Meillet, qui mourut peu après, à l'âge de quarante-cinq ans.

La situation ne tarda pas à s'améliorer, et s'il fallait démontrer le goût d'une population pour le théâtre, sa soif de plaisirs musicaux, son désir de sécher ses larmes et d'oublier ses tristesses, il suffirait de noter les chiffres des recettes en cette fin d'année 1871:

Un tel total est d'autant plus respectable, qu'on l'obtenait sans le prestige d'aucune étoile, sans l'attraction d'aucune pièce nouvelle. On se contentait de réorganiser le répertoire, en ne jouant même pendant les premiers mois que cinq ou six fois par semaine, et l'on remontait ainsi peu à peu: le 3 juillet *le Domino noir,* avec M Cico (Angèle) et Montaubry (Juliano), qui, se retrouvant un reste de voix, était venu l'apporter au théâtre de ses anciens succès; le 11, *Zampa,* avec deux autres revenants, Lhérie (Zampa) et M Monrose (Camille), bientôt engagée à la Monnaie de Bruxelles; le 15, *Fra Diavolo,* avec Montaubry, M Priola (Zerline) et M Reine (Paméla); le 18, *les Noces de Jeannette,* avec une nouvelle recrue, M Réty-Faivre; le 20, *le Maître de Chapelle,* avec M Douau, une débutante qui chanta une seule fois le rôle de Gertrude et fut engagée par M. Martinet; le 22, *la Dame blanche,* avec Monjauze (Georges) et M" Tuai, qui tint le rôle de Jenny; le 27, *Bonsoir monsieur Pantalon;* le 29, *Galathée,* encore avec deux revenants, Falchieri (Pygmalion), quirepartit presque aussitôt pour Lyon, et M Ferdinand Sallard; le même soir, *la Fille du Régiment,* avec Coppel(Tonio) et M Priola (Marie); le 9 août, *le Postillon de Lonjumeau,* avec M" Nordet, autre débutante qui chanta deux fois le rôle de Madeleine et *les Noces de Jeannette,* partit pour Bruxelles, d'où elle venait après avoir traversé les Bouffes, et reparut à la salle Favart en 1873; le 8, *le Chalet,* avec Idrac (Daniel) et M Per-

ret, jolie femme qu'Offenbach devait attirer en 1874 à la Gaîté pour une reprise *d'Orphée aux Enfers;* le 22, *la Servante Maîtresse,* pour la rentrée de M Galli-Marié, et Zes *Rendez-vous bourgeois* dans une représentation extraordinaire au bénéfice des orphelins de la guerre; le 24, *le Café du Roi;* le 9 septembre, *Haydée,* avec Lhérie (Lorédan); le 12 septembre, *la Cruche cassée,* avec Barnolt succédant à Lignel; le 30, *l'Ombre,* où Ismaël et M" Reine avaient repris les rôles de Meillet et de M Marie Roze. Telle était la faveur en province et à l'étranger de cet ouvrage devenu rapidement populaire, que l'année suivante, pendant les vacances du théâtre, quatre artistes, Ismaël et Lhérie, M Galli-Marié et Priola, organisaient à travers la France une tournée dont *l'Ombre* seule fit les frais. Au Centre, au Midi comme à l'Ouest, le succès fut général et se traduisit par une recette de 120,000 francs. Au retour, le quatuor qui avait si fructueusement travaillé, ne manqua pas de continuer ses exploits à la salle Favart; c'est ainsi que Lhérie se trouva succéder à Monjauze et que M Galli-Marié fut remplacée par M" Marie Roze et Reine. Soixante-sept représentations, dont vingt avant la guerre et quarante-sept dans les quatre années suivantes, limitent à la salle Favart la carrière de cette pièce, qu'on a revue depuis d'une façon intermittente soit au Ghâteau-d'Eau, soit à la salle de l'Opéra Comique du Châtelet, mais qui, finalement, n'a pas tenu à Paris ce que tout d'abord elle avait promis.

Les changements de distribution que *l'Ombre* avait subis se produisirent alors un peu dans tout le répertoire. Le personnel s'était renouvelé en partie. On en jugera par le tableau suivant où sont réunis: dans la première colonne, ceux qui apppartenaient à l'Opéra-Comique en 1870 et qui n'y reparurent plus en 1871; dans la seconde, les anciens qui reprirent leur place; dans la troisième, les nouveaux qui venaient ou revenaient. Les noms marqués d'un astérisque sont ceux qui avaient déjà chanté à la salle Favart avant 1870:

Parmi les artistes de la première catégorie, Achard, Leroy et M"" Marie Roze et Danièle embrassaient la carrière italienne; Capoul et Barré se laissaient tenter par un engagement de Strakosch pour NewYork; Couderc, malade, avait pris sa retraite; Meillet était mort; Gailhard avait passé à l'Opéra, Chelly et M" Zina Dalti en province, Emmanuel en Belgique, et M Heilbron allait risquer une incursion dans le domaine de l'opérette.

Parmi ceux de la seconde et de la troisième catégories, Laurent ne donne que quelques représentations, et, dès l'année suivante, Montaubry retentera la fortune directoriale au théâtre des Arts de Rouen, simple étape avant de tomber dans l'opérette, ainsi que M" Cico qui, en 1874, chantera dans *Orphée aux Enfers* le rôle d'Eurydice, tandis que son camarade y figurera comme Aristée; Idrac et Mirai quitteront Paris pour la province; M" Fogliari ira jouer l'opérette à Saint-Pétersbourg, et Piïlleux deviendra secrétaire-général de la Monnaie à Bruxelles.

Quant aux débutants, outre ceux dont nous avons parlé en énumérant les pièces remises au répertoire, voici: le 22 juillet dans la *Dame blanche* (rôles de Jenny et de Gaveston) M Ducasse et M. Neveu, deux bonnes recrues, enlevées au Théâtre-Lyrique; le 15 août, dans *la Dame blanche* encore, M. Peschard, un ténor venu de Bruxelles et qui partit pour Lyon après avoir tenu peu de soirs le rôle de Georges; le 22, dans le même rôle, Léopold Ketten, un excellent musicien qui, après avoir été accompagnateur au Théâtre-Lyrique, avait débuté aux Italiens, puis chanté à l'Athénée, à la Nouvelle-Orléans, à Liège, et finalement, à la salle Favart, où il fit une courte station; le 26, dans *le Chalet* (rôle de Daniel), Verdellet, un jeune premier qui, s'étant découvert une voix de ténorino, faible d'ailleurs, avait quitté la Comédie-Française où il était pensionnaire, pour le Théâtre-Lyrique d'abord, puis pour la salle Favart, où il ne se maintint pas; le 16 septembre, dans *le Domino noir* (rôle de Gertrude), M" Gayet, une inconnue qui a passé sans laisser de traces; le 30, dans *l'Ombre,* Ismaël, un ancien du Théâtre-Lyrique encore, dont la voix fatiguée suffisait

bien juste au rôle du docteur, mais qui avait du moins toute l'autorité d'un comédien expérimenté.

De tous ces débuts et rentrées, les plus importants peut-être se produisirent le 10 octobre. Ce soir-là on donnait la *millième* représentation du *Pré aux Clercs,* accompagné de strophes à Hérold, poétiquement écrites par M. Louis Gallet et chaleureusement dites par M Galli-Marié. L'œuvre avait été remontée avec le plus grand soin et le Tout-Paris artistique s'était donné rendez-vous pour fêter, comme il convenait, le retour de la nouvelle Isabelle, M Miolan-Carvalho. A ses côtés, M"" Cico figurait une reine fort distinguée, et Melchissédec un excellent Girot; Ponchard et Potel succédaient, sans les faire oublier, à Couderc et à Sainte-Foy; M" Baretti qui, le 14 septembre, avait reparu à la salle Favart dans *la Fille du Régiment,* après avoir couru la province et l'étranger, tenait le rôle de Nicette, qui n'était pas de son emploi et qu'elle céda bientôt à M Ducasse. Mergy, enfin, était représenté par un nouveau venu, Duchesne, à la voix sonore et timbrée, dont l'histoire était bien faite pour rallier d'avance toutes les sympathies. Il avait autrefois traversé le Théâtre-Lyrique, sans y briller d'un éclat spécial, lorsque, la guerre éclatant, il s'engagea comme franc-tireur, se battit en héros à Chateaudun, fut blessé, et décoré de la médaille militaire. Pendant sa convalescence il se trouvait à Bordeaux, et, le bras encore en écharpe, il eut l'occasion d'y chanter *Faust* et *les Mousquetaires de la Reine.* La faveur qui l'avait accueilli en province lui fut renouvelée à Paris, et l'on peut dire que par le succès de l'ouvrage et de ses interprètes, cette reprise du *Pré aux Clercs* fut l'événement musical de la saison 1871.

Quelque temps après, le fils du compositeur donnait, au Grand-Hôtel, un banquet en l'honneur de tous les artistes qui avaient prêté leur concours à ces mille représentations. Il aurait pu y avoir là, si les calculs faits alors étaient exacts, cent invités dont nous épargnons au lecteur l'énumération, car on avait compté 21 Mergy, 8 Comminges, 5 Cantarelli, 15 Girot, 4 Exempts, 4 Che-

vaux-légers, 18 Isabelle, 11 Marguerite, 13 Nicette, en tout 99 artistes, dont sept avaient joué deux rôles, et l'un même trois, Palianti. Mais l'absence, et surtout la mort, avaient forcément diminué le nombre des invitations. On remarqua pourtant que parmi les interprètes de l'origine, six vivaient encore: les deux premières Isabelle, celle du premier soir, M"" Casimir, et celle du second, M Dorus-Gras; la première Marguerite, M veuve Ponchard; la première Nicette, M" Hébert-Massy; le premier Comminges, Lemonnier, et même l'exempt qui paraît au troisième acte, Victor. Etaient morts Thénard (Mergy), Fargueil (Girot) et Féréol (Cantarelli), ce dernier tout récemment. Si l'on songe que *le Pré aux Clercs* remontait au 15 décembre 1832, on conclura que le chef-d'œuvre d'Herold avait donné comme un brevet de longue vie à ses premiers interprètes.

Glissons vite sur une reprise du *Mariage extravagant,* faite le 27 octobre avec Nathan (le docteur), Verdellet (Edouard), Bamolt (Simplet), Davoust(Darmancé), et M Guillot (Betzy), presque tous nouveaux dans leurs rôles, et arrivons à la seule œuvre inédite de l'année, non point un opéra-comique, mais une sorte d'oratorio, qualifié par son auteur de « lamentation » et dénommé sur l'affiche « Ode symphonique en un acte ». *Gallia* avait été exécutée pour la première fois à l'Albert-Hall de Londres pour l'inauguration de l'Exposition Universelle, le 1" mai 1871. Transplantée au Conservatoire de Paris le 29 octobre suivant, l'œuvre avait eu pour interprète une artiste choisie par l'auteur, M "Weldon. Du Conservatoire, *Gallia* passa, le 8 novembre, à l'Opéra-Comique et y fut l'objet de huit auditions, on pourrait dire représentations; car les scènes se chantaient dans un décor spécial, avec une vue de Jérusalem en ruines, et l'apparition, sous la lumière électrique, des deux génies auxquels s'adresse le beau cri final d'espérance et de foi; là, parut sous le costume biblique, telle qu'une Rebecca descendue d'un cadre d'Horace Vernet, M Georgina "Weldon, et, sur cette scène habituée au rire, on vit les pleurs de la prophétesse d'Israël. Toute la partition était d'ailleurs volontairement tenue dans une demi-teinte religieuse, suivant un goût cher au musicien dont l'op. II, *Offices de la semaine sainte,* a été publié chez Richault avec cette mention: « par *L'abbé Gounod,* maître de chapelle à l'église des Missions étrangères ». Ajoutons que l'ouvrage, écrit primitivement sur un texte latin, était traduit en français par le compositeur lui-même, sous forme de vers libres sans rimes. Somme toute, le succès de cette tentative ne fut pas assez décisif pour résoudre la question délicate soulevée par l'adaptation théâtrale d'une œuvre symphonique et c'est seulement au concert que, depuis 1871, on a maintes fois applaudi *Gallia.*

En 1872, les directeurs déployèrent autant, sinon plus d'activité qu'en 1871, et les résultats financiers répondirent à leurs efforts, car, en dépit d'une fermeture de deux mois, pendant juillet et août, on encaissa 1,229,541 francs. Le répertoire était reconstitué; il ne s'agissait plus que de l'enrichir et de le renouveler un peu; c'est ainsi que le début de l'année fut marqué par la représentation de deux ouvrages aussi différents par leur mérite que par leur fortune: l'un, pièce inédite, *Fantasio,* d'Offenbach; l'autre, pièce ancienne, mais nouvelle à la salle Favart, *les Noces de Figaro.*

Pour *Fantasio,* l'entreprise était téméraire, et d'avance on pouvait craindre qu'un tel sujet ne fût ni compris ni goûté. Tout le monde connaît ou doit connaître les courses vagabondes du prince de Mantoue avec l'étudiant Fantasio, et l'humoristique imbroglio qu'en a tiré Alfred de Musset. Dans cet ouvrage plein de saillies curieuses et de raffinements délicieux, le poète a dépensé une bonne part de sa verve et de son esprit; c'est un régal exquis pour le lettré qui, livre en main, jouit du « spectacle dans un fauteuil ». Mais la scène grossit les personnages en les simplifiant; elle exige une logique assez précise dans l'action, une marche régulière souvent convenue, qui s'accommodent mal avec l'excès d'originalité. *Fantasio* avait traversé la Comédie-Française, sans suc-

cès; Offenbach semblait bien hardi de lui vouloir faire un sort à l'Opéra-Comique. 11 est vrai qu'on avait eu recours au talent d'Alexandre Dumas pour retoucher un peu le livret dont Alfred de Musset était désigné sur l'affiche comme seul auteur. Enfin, l'on « passa » le 18 janvier, près de deux ans après avoir répété pour la première fois! car on s'occupait de l'ouvrage au printemps de 1870 et les personnages étaient alors distribués ainsi: Capoul (Fantasio), Couderc (le Prince), Potel (Marinoni), Gailhard (Spark), M" Dalti (Elsbeth), Moisset (le Page). Cette dernière et Potel avaient seuls gardé leurs rôles; celui de Capoul était passé à M GalliMarié, celui de Couderc à Ismaël, celui de Gailhard à Melchissédec, celui de M Dalti à Ml" Priola. Sauf le premier acte, la partition parut d'une assez faible inspiration, et l'on dut s'arrêter avec la dixièmè représentation.

Pour faire oublier cette mésaventure, les directeurs remontèrent *Fra Diavolo,* le 7 février, avec Lhérie dans le rôle principal, M"" Reine dans celui de Milady, et, comme Zerline, M Prelly, à la ville, M de Presles, une jeune femme du monde qui, lorsqu'elle s'appelait M de Pomeyrac, avait compté parmi les beautés du second Empire. Elle avait dû paraître dans *le Premier Jour de bonheur* avec le ténor Leroy, qui serait rentré pour être son partenaire, lorsqu'on s'aperçut que le rôle dépassait les limites de sa voix, et la Djelma se transforma en Zerline, rôle moins difficile, où la beauté devenait, particulièrement au second acte, une chance de succès. Pourtant, son séjour à l'Opéra-Comique fut de courte durée; au mois d'octobre, elle résilia, et, après avoir eu, comme nous allons le voir, l'honneur de créer la *Bjamileh* de Bizet, elle alla, triste déchéance, jouer aux Bouffes *la Timbale d'argent!* Plus tard on l'a revue, belle encore, aux Folies-Dramatiques, jusqu'au jour où, veuve et quittant la scène, elle épousa en secondes noces M. Detaille, le frère du célèbre peintre, et connut ainsi, dans l'ombre du ménage, le calme après la tempête, les jours heureux après les années d'adversité.

Plus que *Fra Diavolo* avec M Prelly,

les Noces de Figaro avec M Miolan-Carvalho marquent une date dans l'histoire de la seconde salle Favart; non point que le succès de la représentation du 24 février ait été éclatant, ou du moins aussi productif qu'il devait l'être quelques années plus tard, mais parce que, pour la première fois, le nom de Mozart apparaît sur une affiche de ce théâtre. Le chef-d'œuvre de Mozart manquait à notre seconde scène lyrique, alors qu'on l'avait joué à la place du Châtelet, à la place Ventadour, et même à l'Opéra, la première fois qu'il avait été importé d'Allemagne, en pleine Terreur, le 20 mars 1793. Ajoutons que peu d'ouvrages ont subi plus que celui-là les tortures des transformations partielles. Du vivant même de l'auteur, on intervertissait l'ordre des airs, on ajoutait des fioritures sans nécessité, on donnait à chanter à l'un ce qui revenait à l'autre, et Mozart prêtait la main à ces modifications, poussant la complaisance jusqu'à composer des morceaux supplémentaires quand les directeurs et les artistes le demandaient. Profitant de cette latitude et s'autorisant de cette tradition sans doute, les théâtres admettent, chacun suivant les ressources dont il dispose, bien des altérations regrettables, et l'on peut dire que si la partition était exécutée conformément au manuscrit original, aujourd'hui propriété de M. N. Simrock, à Bonn, elle étonnerait bien des gens.

Quoique les rôles ne fussent pas tenus en 1872, à la salle Favart, comme ils l'avaient été en 1858, au Théâtre-Lyrique, du moins l'ensemble demeurait satisfaisant. M Miolan-Carvalho se retrouvait, comme quatorze ans auparavant, un Chérubin adoré du public et digne de l'être; M Cico représentait une Suzanne un peu froide; M Ducasse disait bien ses couplets de Barberine, et Nathan trouvait plus simple de passer l'air de Bartholo. Ce soir-là, deux nouveaux venus furent applaudis qu'on avait applaudis ailleurs, et qui d'ailleurs n'ont jamais réussi à se fixer nulle part: Bouhy, un Figaro manquant d'entrain, mais bon chanteur; M" Marie Battu, une comtesse bonne chanteuse aussi, mais gênée dans le dialogue parlé, un sopra-

no qui avait conquis sa réputation aux Italiens et à l'Opéra. Le 17 octobre suivant, M'" Chapuy etGanetti. deux recrues nouvelles, remplaçaient M Cico et Battu, et l'ouvrage, ainsi, poursuivait sa carrière assez brillante, comme en témoigne le tableau suivant: 1872 — 34 représentations.
1873 — 1 — 1874 — 13 — 1882 — 34 représentations. 1883-23 —
1886 — 5 —
Soit, en tout, 130 représentations, chiffre élevé si l'on songe aux difficultés de distribution dont cet ouvrage est l'objet, car les rôles de femmes y sont nombreux et tous exigent des premiers sujets: de là sa rareté à Paris, et, l'on peut dire, son oubli complet en province. Seule, l'Allemagne a gardé, comme il convenait, ce trésor musical, et l'a toujours maintenu au répertoire, même de ses petites villes.

Rendant compte de cette soirée du 24 février 1872, un critique autorisé terminait son article en demandant que l'Opéra-Comique laissât « à d'autres scènes les partitions étrangères pour consacrer ses laborieux efforts à l'étude d'ouvrages nouveaux. Ouvrez la porte à deux battants, messieurs les directeurs, et appelez à vous les jeunes auteurs! » Les directeurs ne demandaient pas mieux, puisqu'en cette même année 1872, ils montèrent, outre Fantasio déjà nommé, le Passant, Djamileh, la Princesse jaune et Don César de Bazan; et ce n'était pas leur faute, après tout, si ces quatre pièces ne valaient pas encore celles que chacun des « jeunes auteurs » devait écrire un peu plus tard, Patrie, Carmen, Samson et Dalila et le Roi de Lahore.

Pour le Passant surtout, l'épreuve fut lamentable. On avait, comme date de la première représentation, choisi le 24 avril, jour où se donnait une représentation au bénéfice de Chollet. En l'honneur du vieil artiste, Roger revenait chanter la Dame blanche ; la Comédie Française jouait un Caprice, le Gymnase, la Cravate blanche de Gondiuet; Montaubry, Ismaël, M" Rosine Bloch et Judic, le violoncelliste Sighicelli et le pianiste Th. Ritter se faisaient entendre dans divers intermèdes, et ap-

portaient leur concours amical au créateur de Zampa qui, malgré son âge, reparut sur la scène qu'il avait illustrée, et, avec M Ducasse, joua plus qu'il ne chanta le Maître de chapelle. La soirée, qui produisit une recette de 13,119 francs, n'était pas heureusement choisie pour lancer une œuvre nouvelle, mais ce petit acte était signé de deux noms sympathiques: le Passant avait fait, à l'Odéon, la réputation de M. Coppée, et, depuis qu'il avait écrit Mandolinata, tout le monde connaissait le nom de M. Paladilhe. En outre, les jolis vers, le cadre gracieux où résonnent doucement des paroles d'amour, le talent deM Galli-Marié et de M Priola auxquelles étaient confiés les rôles du page et de la courtisane, tout semblait présager un succès; au bout de trois représentations le Passant avait passé! Et, lorsqu'on relit les jugements portés alors par la presse, on ne peut s'empêcher de sourire en voyant, à propos de M. Paladilhe, surgir la critique qui attend désormais toute œuvre nouvelle, en entendant accuser de wagnérisme des auteurs et des ouvrages qui sont si peu wagnériens I « Presque tous nos jeunes musiciens, écrivait Paul Bernard, ambitionnent le baiser de la muse germanique moderne, et cette muse-là me semble bien peu fille d'Apollon et beaucoup trop parente de MM. Wagner et consorts. Il en résulte ce que j'appellerai l'école du Labyrinthe musical. » Aujourd'hui, nous nous demandons quels étaient ces « consorts », mais le critique ne s'arrêtait pas pour nous l'expliquer, et préférait offrir à sa victime une gerbé de conseils (gerbe est le mot, car ces conseils sont tout enguirlandés de fleurs... de rhétorique) et naïvement il s'écriait: « Pourquoi briser la pensée dans son germe plutôt que de la laisser s'élancer, fleurir et fructifier? etc., etc. »

Les mêmes questions s'agitèrent le 22 mai, à propos de Djamileh, et le compositeur était représenté comme « voulant étonner le public plutôt que passer inaperçu, se posant en novateur et rêvant dans son sommeil fiévreux d'arracher quelques rayons à la couronne du prophète Richard Wagner. M. Georges Bizet s'est lancé à corps perdu

dans ce Maelstrom sonore (?!), au risque d'y laisser ses ailes de néophyte et surtout les oreilles de ses auditeurs. » Et, pour appuyer son dire, le même chroniqueur signalait à l'indignation du lecteur les mesures 11 et 12 de la page 20, et beaucoup d'autres du même genre, qui lui paraissaient, « bien qu'il eût, disait-il, progressé dans l'art d'écouter des dissonances et de manger du piment sans sourciller, » l'abomination de la désolation. M. Louis Gallet a raconté lui-même l'histoire de cet acte, qui marquait son second début sur la scène de l'Opéra-Comique. Par lui, nous savons que la pièce, appelée alors Namouna, avait été primitivement confiée à M. Duprato et qu'elle lui avait été retirée parce que le paresseux ne se décidait pas à terminer sa partition. Défendue par une jolie femme, M Prelly, et par un solide ténor, Duchesne, Djamileh, malgré des qualités qui aujourd'hui nous apparaissent incontestables, ne vécut que onze soirées.

Pour se consoler, Bizet pouvait se dire qu'il l'emporterait encore sur Gounod; car, en même temps qu'on donnait son ouvrage, on remontait le Médecin malgré lui, emprunté au répertoire du Théâtre-Lyrique; or, cette œuvre de tout point charmante n'obtenait que dix représentations, et plus tard dix autres encore, lorsqu'on en fit à la salle Favart une seconde et dernière reprise. Peut-être aussi, la distribution manquait-elle un peu d'éclat; M Ducasse, Decroix, Guillot, et MM. Nathan, Bernard, Barnolt, ne formaient en somme que la « petite troupe ». Quant au principal interprète, il donnait quelque lourdeur et quelque monotonie au rôle de Sganarelle; Ismaël, avec toute sa bonne volonté, n'avait ni la gaieté simple et franche d'un Meillet, ni la fantaisie d'un Sainte-Foy.

Tout autre fut l'accueil fait à un simple petit acte dont les paroles n'étaient point de Molière, mais de Brunswick et A. de Beauplan, dont la musique n'était pas l'œuvre d'un maître reconnu, mais le premier essai d'un élève à ses débuts, Bonsoir Voisin, qui a eu la bonne fortune de réussir partout où il a été représenté: d'abord au Théâtre-Lyrique, le 18 septembre 1853, avec le couple Meillet; puis aux Fantaisies-Parisiennes, avec Meillet et M" Castello; enfin, le 12 juin 1872, à la salle Favart, avec Thierry et M Reine. Non seulement l'ouvrage de Ferdinand Poise reçut l'accueil qui convenait à cette aimable partition, qu'Adolphe Adam aurait pu signer, mais encore il ne se maintint pas moins de *six* années au répertoire, avec un total de cent-une représentations.

Le même jour, *Bonsoir Voisin* accompagnait sur l'affiche un autre acte nouveau celui-là, le troisième livret de M. Louis Gallet et le premier opéra-comique de M. Camille Saint-Saëns. La fantaisie de l'idée fondamentale était fort acceptable, et le poète, dans cet acte écrit tout entier en vers, avait su masquer assez adroitement la transition de la réalité au rêve et du rêve à la réalité, lorsqu'il nous montrait ce savant hollandais, épris d'une figurine japonaise, se croyant, après l'absorption de certain narcotique, transporté au pays des magots, et se trouvant au réveil près de sa cousine qui l'aime. La couleur locale devait fournir à un musicien tel que M. Saint-Saëns le prétexte d'une musique pittoresque, Lapièce n'eut pourtant que *cinq* représentations, un peu plus que *le Passant,* un peu moins que *Djamileh,* et depuis, par un oubli qui surprend à une époque où le Japon est devenu à la mode, on ne s'est plus souvenu de ce spirituel et fin lever de rideau, artistiquement interprété par Lhérie et M Ducasse.

Dix jours après cette œuvre nouvelle, une œuvre ancienne était remise au répertoire, *les Dragons de Villars,* avec MM. Melchissédec (Bélamy), Lhérie (Sylvain), Barnolt (Thibaut), M" Priola(Rose Friquet) et M" Ducasse (M Thibaut), distribution qui devait, avant la fin de l'année, se modifier un peu, M Chapuy succédant, le 20 novembre, à Ml" Priola, Coppel et M" Reine remplaçant, le 2 décembre, Lhérie et M Ducasse. Cette reprise du 22 juin était interrompue par une fermeture de deux mois, fermeture assez productive, nous l'avons dit, puisque le quatuor Ismaël, Lhérie, Galli-Marié et Priola promena *l'Ombre* à travers la France, et récolta

dans sa tournée exactement 108,000 francs dont les artistes se partagèrent 48,000 comme bénéfice net. Remarquons que cette clôture n'avait pas alors, comme aujourd'hui, un caractère régulier. C'est seulement depuis 1875 que l'Opéra-Comique a pris l'habitude d'interrompre sa vie pendant deux mois d'été, sauf les années d'Exposition Universelle 878 et 1889), alors que des recettes supplémentaires sollicitaient en effet son activité. Jusqu'à cette époque, la salle Favart ne fermait ses portes qu'exceptionnellement, en cas de troubles politiques ou de réparations urgentes. Cette dernière cause se produisit en 1872. Le repos n'est pas un moyen de gagner de l'argent, et la direction avait besoin d'en gagner; car si, par arrêté ministériel du 30 mars, M. de Leuven avait vu renouveler son privilège jusqu'au 1 janvier 1880, d'autre part, l'Assemblée nationale avait notablement diminué la subvention, et, pour 1873 comme pour 1872, n'accordait que 140,000 francs, au lieu de 240,000. Cette clôture, du 1 juillet au 1 septembre, ne réjouissait pas non plus les artistes de l'orchestre, qui écrivaient au ministre pour demander la garantie de leurs appointements pendant ce temps, rappelant qu'en 1853, sous la direction Perrin, et en 1864, sous la direc tion de Leuven et Ritt, le théâtre était resté fermé pour réparations quinze jours la première fois, deux mois la seconde, et que le paiement des appointements n'avait pas été suspendu. On parlait également de donner en septembre une représentation à leur bénéfice et à celui des choristes, pour les indemniser de leur inaction; mais, comme il arrive trop souvent, on s'en tint à la générosité de l'intention, et les pauvres instrumentistes se bornèrent à concourir, pendant la clôture, à des concerts organisés au Palais de l'Industrie, où s'était ouverte une Exposition d'encouragement des travailleurs industriels.

Pendant ce temps, l'architecte de l'Opéra, M. Ch. Garnier, avait pris possession du théâtre, pour y pratiquer les réparations jugées nécessaires. Tout avait été repeint, rafraîchi; le plancher du théâtre était entièrement renouvelé, celui de la salle en partie refait, et c'est

dans ce local ainsi restauré que ies *Dragons de Villars* reprirent, en septembre, le cours interrompu de leurs exploits. Ce mois de septembre fut aussi celui des débuts, car, laissant de côté M" Chauveau, qui avait profité de la fermeture annuelle du théâtre de Lyon pour venir à Paris chanter *Mignon* et obtenir un succès d'estime dans un rôle où jusqu'alors M Galli-Marié demeurait sans rivale, nous trouvons comme débutants: le 1" septembre, dans *le Chalet* (rôle de Daniel), M. Raoult, élève de Puget, un ténorino qui avait dû débuter dès 1868, avait quitté l'Opéra-Comique pour les Folies-Bergère, où il chanta en 1871 une opérette de M. Ch. Grisart, *Memnon,* que le talent de M Judic ne contribua pas peu à faire réussir, et, de nouveau laissant l'Opéra-Comique, alla jouer en 1874 *la Fille de madame Angot* aux Folies-Dramatiques; le 3 septembre, dans *la Dame blanche* (rôle d'Anna), M" Ganetti, ancienne élève du Conservatoire, dont la voix souple et légère avait réussi au Théâtre-Lyrique de l'Athénée, et qui avait paru déjà, bien modestement il est vrai, sur les planches de la salle Favart, car elle faisait partie des pages de *la Fiancée du Roi de Garbe* ; le 12 septembre, dans Haydée, Mll e Chapuy, fille d'un ancien danseur de l'Opéra, et elle-même ancienne artiste du Vaudeville, une cantatrice émérite, pleine de charme et de distinction, qui devait attacher son nom à plusieurs créations importantes, comme celle de Micaëla dans *Carmen,* et que le mariage devait enlever trop tôt à une scène où bien des succès lui semblaient réservés; enfin, le 1-i septembre, *le Pré aux Clercs* ramenait M Carvalho, qui avait été faire une courte saison à Londres, et Sainte-Foy, qui s'était trop longtemps et bien inutilement attardé en Russie, où le répertoire en honneur convenait peu à son genre de talent. Ainsi se comblaient les vides laissés par M Marie Battu et Moisset, toutes deux parties pour Bruxelles, M. Monjauze appelé à Nantes, M Prelly et M. Potel, engagés aux Bouffes-Parisiens, ce dernier pour une année seulement, car il rentrait dans *Zampa* le 23 juillet 1873 par le rôle de Dandolo, et devait fournir encore une longue carrière à la salle Favart.

La fin de l'année réservait la surprise d'un grand ouvrage composé par un jeune musicien dont le bagage dramatique ne comptait encore qu'un lever de rideau, la Grand'Tante. Cette fois, trois actes écrits par M. Chantepie lui avaient été confiés, et Bon César de Bazan fut représenté le 30 novembre.

Tout le monde a vu jadis l'inimitable Frédérick Lemaître dans ce drame, où Dupeuty et d'Ennery avaient si originalement complété la figure du personnage inventé par Victor Hugo; on se rappelle comment, à la veille d'être fusillé pour s'être battu en duel, le bohème grand d'Espagne épouse une femme voilée à laquelle il laissera son nom, la bohémienne Maritana, qui a touché le cœur du roi, et comment, sauvé de la mort par le dévouement d'un serviteur, il retrouve, avec la clémence royale, la fortune et la possession de l'inconnue qu'il devait n'épouser qu'in partibus.

L'action ne manquait pas d'intérêt dramatique, et M. Massenet, sans donner là encore toute la mesure de ses moyens, avait su déjà conquérir l'estime des connaisseurs et même la faveur du public par quelques morceaux de choix, comme la jolie berceuse de M Galli-Marié, et l'entr'acte « Sevillana ». La critique, généralement favorable, sut gré au compositeur de n'avoir pas « sacrifié le moins du monde aux fétiches d'Outre-Rhin. » Pour s'être soi-disant rapproché de Wagner, Djamileh n'avait eu que onze représentations; pour s'en écarter ostensiblement, Don César de Bazan en recueillait treize. L'écart demeurait peu sensible, et l'on pouvait, semble-t-il, espérer mieux avec une partition intéressante en somme, et confiée à de bons interprètes, comme M Galli-Marié (Lazarille), Priola (Maritana), MM. Bouhy (Don César), Lhérie (le roi) et Neveu (Don José). Dès la seconde représentation, on avait allégé l'ouvrage de deux chœurs, dont celui des juges, et sans doute, en cherchant bien, on aurait distingué çà et là quelques traces de la hâte avec laquelle il avait été écrit; mais le compositeur aurait pu répondre qu'après tout mieux valait se presser pour arriver au jour de la représentation

que de s'endormir dans de douces rêveries comme Duprato, auquel on avait confié d'abord le même livret en vue de l'Opéra, et qui, chemin faisant, l'avait abandonné.

Une représentation produisant 6,089 fr. 50 c. et donnée le 30 décembre au bénéfices des inondés, avec le Maître de Chapelle, le deuxième acte du Pré aux Clercs, les Brebis de Panurge, jouées par la troupe du Vaudeville, et un intermède auquel prit part Th. Ritter, ainsi que la musique de la deuxième légion de la garde républicaine, marque le passage de l'année 1872 à l'année 1873, où M. Gounod allait retrouver ses succès du Théâtre-Lyrique. Nous ne nous trompions pas en disant plus haut qu'il s'occupait de « transplanter » son répertoire de la place du Châtelet à la place Boieldieu, puisque, en effet, nous relevons à l'Opéra-Comique, en 1872 le Médecin malgrélui, en 1873 Roméo et Juliette, en 1874 Mireille, en 1876 Philémon etBaucis.

Parmi les reprises, celle de Roméo et Juliette fut la plus importante, non seulement par son succès, mais par l'influence qu'elle exerça sur la nature des futurs ouvrages de la salle Favart. C'était en quelque sorte le premier opéra qu'on y admettait, c'est-à-dire la première partition sans parlé, et cette innovation allait insensiblement modifier les goûts du public, comme aussi le caractère des exécutions vocales. Déjà Duchesne avait, le premier, chanté le Pré aux Clercs lors de la millième, en fort ténor, donnant la voix de poitrine, par exemple, dans la romance, « 0 ma tendre amie! » où jusque-là suffisait la voix de tête; les Couderc et les Capoul cédaient la place aux Monjauze et aux Talazac. Plus qu'aucune autre, l'œuvre de Gounod était propre à faciliter cette transition; elle ressemble, en effet, à ces plantes vivaces qui poussent en toute terre, et s'est acclimatée avec un égal succès sur trois points à Paris: au Théâtre-Lyrique, le 27 avril 1867; à l'Opéra-Comique, le 20janvier 1873; à l'Opéra, enfin, le 28 novembre 1888.

Dès 1869, Emile Perrin avait tenté de se l'approprier, destinant le rôle de Juliette à M Miolan-Carvalho, celui de

Roméo à Colin, mort depuis, et celui de Capulet à Faure. Plus heureux ou plus habiles, de Leuven et Du Locle réalisèrent leur intention avec la même M Miolan-Carvalho, Melchissédecet Duchesne qui, excepté à la troisième représentation où, subitement indisposé, il fut remplacé par Lhérie, tint le personnage de Roméo une centaine de fois de suite, et avec une réelle autorité. Le premier soir, à côté de Ml" Ducasse (le page) et d'Ismaël (frère Laurent),deux débutants complétaient ladistribution: M. Bach (Tybalt), un ancien premier prix de chant au Conservatoire, ténor « possédant une grosse voix dans un petit corps » et d'ailleurs bientôt disparu:et M. Edmond Duvernoy (Mercutio), fils de l'ancien et excellent acteur de l'Opéra-Comique, doué d'une voix relativement faible qu'il maniait avec goût, ayant, au surplus, assez de talent pour devenir plus tard, au Conservatoire, un des professeurs de chant les plus estimés.

On pourrait croire que cette reprise obtint auprès des critiques l'assentiment général. Pourtant, parmi les rebelles se distingua Albert de Lasalle qui, dans son Mémorial, fait cette étonnante réflexion: « M"" Carvalho, avec son dévouement pour la gloire de M. Gounod, a depuis entraîné l'Opéra-Comique à une reprise de Roméo et Juliette. » Cet « entraînement », on le sait, n'a été fâcheux ni pour l'ouvrage ni pour le théâtre, car Roméo n'a quitté les affiches de l'autre que pendant les années 1876, 77,78 et 81, atteignant le total de deux cent soixante-quatorze représentations. Si ce chiffre ne s'est pas encore accru après l'incendie de la salle Favart, c'est qu'un jour M. Paravey eut la faiblesse de se laisser dépouiller par le compositeur et par l'Opéra. Il fit un marché de dupe «n troquant la certitude de Roméo et Juliette contre l'incertitude d'une Charlotte Corday, laquelle paraît devoir rester condamnée à l'éternelle prison du portefeuille.

Entre la plus importante reprise et la plus importante nouveauté de l'année 1873, se place, au 1 mars, le début d'une chanteuse qui avait conquis sur une autre scène quelque notoriété. M"" Vanghel avait créé aux Folies-Dramatiques le rôle de Méphistophélès dans *le Petit Faust* d'Hervé; en adroite musicienne, elle usait de sa petite voix avec succès, mais *les Dragons de Villars* différaient de son répertoire habituel et la nouvelle Rose Friquet était un peu dépaysée; bientôt reconquise par l'opérette, elle céda le rôle à Mll e Chapuy, qui d'ailleurs s'y essaya sans éclat et le rendit l'année suivante (5 octobre 1874) à M GalliMarié, sa véritable interprète, revenue d'une station à Bordeaux, où elle avait chanté *Mignon, Lara* et... *Faust,* pour répondre, paraît-il, aux attaques de certains journaux qui disaient la sympathique artiste «brouillée avec les vocalises et le chant *di bravura.* »

Au reste, la presse et le public ont parfois des goûts, ou plutôt des aberrations de goût, qui surprennent à distance et paraissent inexplicables. Comment justifier, par exemple, l'accueil relativement réservé fait le 24 mai à cette œuvre charmante qui s'appelle *le Roi Va dit?* La-date était malheureuse, soit, puisque, le premier soir, on s'occupait plus de la chute de M. Thiers à Versailles que de l'œuvre nouvelle; mais le lendemain, la présidence du maréchal de MacMahon ne pouvait à ce point occuper les spectateurs qu'ils ne vissent point le charme exquis d'un ouvrage où poème et musique s'accordent si heureusement. Quarante représentations en 1873, et *dix-neuf,* lors d'une seule et unique reprise qui eut lieu douze ans plus tard, voilà le bilan, honorable sans doute pour l'œuvre, mais à coup sûr fort au dessous de sa valeur.

Elle est pourtant très fine, trop fine même peutêtre, la donnée de cette pièce, où l'on voit le marquis de Moncontour victime de son émotion, car au RoiSoleil qui lui demandait s'il avait un fils, il a, par mégarde et par flatterie, répondu oui, tandis que sa progéniture ne se compose que de quatre filles. Le pauvre homme se résout à adopter un rustaud qu'il façonnera aux belles manières, et présentera à son souverain, aimant mieux le tromper ainsi que le détromper; mais il est tombé sur un mauvais sujet qui fait les cent coups, gaspille son argent, veut marier ses quatre sœurs à des coquins, jusqu'au jour où, devant se

battre en duel et pris de peur, ce garnement fait le mort. La nouvelle du décès parvient au roi, qui envoie un compliment de condoléance, et, puisque le roi l'a dit, le père se débarrasse au plus vite de ce fils d'emprunt qu'il renvoie au village avec la servante Javotte, sa fiancée. Les trois actes de cette comédie en vers avaient pour auteur Gondinet, dont la verve s'était largement dépensée, et qui n'avait paru embarrassé que pour le choix d'un compositeur, car on s'était d'abord adressé en 1871 à Offenbach, et d'un titre, car, outre *le Talon rouge,* sous lequel l'œuvre fut répétée, on l'appela tour à tour *Si le Roi le savait, le Roi le sait,* et finalement *le Roi l'a dit,* variantes correspondant à des modifications de texte qui devaient continuer par la suite, puisqu'à la reprise de 1885 tout le poème avait été remanié, sans avantage bien sérieux à notre avis.

La distribution première n'était pas sans mérite avec la marquise et ses quatre filles, M" Révilly, Chapuy, Guillot, et deux débutantes, M" Nadaud et Blanche Thibault, cette dernière, sœur de la cantatrice de l'Opéra et titulaire d'un premier accessit d'opéracomique obtenu, l'année précédente, aux concours du Conservatoire; avec M" Reine et Ganetti, celle-ci engagée en septembre à Bruxelles et remplacée alors par M"" Ducasse (deux petits marquis); avec M"" Priola (Javotte), MM. IsmaëL (le marquis), Lbérie (Benoît), Barnolt et Sainte-Foy qui, en cette année 1873, allait quitter définitivement la scène, et dont le rôle du maître à danser Miton fut la dernière et très amusante création.

La seconde partie de l'année 1873 ne devait être signalée que parquelques reprises peu importantes et quelques débuts, dont la plupart se produisirent coup sur coup pendant le mois de juillet. Ainsi, le 1, dans *la Fille du régiment,* M" Isaac, ancienne élève du Duprez, qui venait de la Monnaie où elle s'était fait remarquer dans le pâtre de *Tannhàuser,* comme autrefois, au Théâtre-Lyrique, Mll e Priola dans le messager de *Rienzi,* et qui, cette fois, traversa, simplement comme en passant, la salle Favart où l'attendaient, lors de son second séjour, de si brillants succès; le 2,

dans *Galathée,* à côté de Bouhy (Pygmalion) et Duvernoy (Ganymède), son futur époux, M Franck, chanteuse au talent sérieux et correct; le même soir, M. Vicini, un trial qui, sous les traits de Midas, se montra d'une insuffisance assez notoire pour disparaître bien vite de la troupe; le 5, dans *la Dame blanche,* M. Dekéghel, un Georges Brown chez lequel le volume de la voix n'égalait pas celui du corps, qui arrivait de Belgique comme *W* Isaac, et qui passa comme M. Vicini; enfin le 16, dans *la Fille du régiment* (rôle de Tonio), M. Félix Puget, doué d'un organe un peu faible, mais acteur expérimenté, fils de l'ancien chanteur du Théâtre-Lyrique, et frère de M. Paul Puget qui, cette année même, avait remporté le prix de Rome avec une cantate appelée *Mazeppa* et interprétée par, Bouhy, Bosquin et M Fidès-Devriès. Signalons encore, un peu plus tard, au mois d'août, le retour d'ailleurs très provisoire de M" Nordet dans *Zampa, la Dame blanche, Richard Cœur de Lion* , et surtout, le 5 octobre, dans *le Domino noir* (rôle d'Angèle), le début de M',Chevalier, élève de M. Saint-Yves-Bax, qui, au précédent concours du Conservatoire, avait remporté les deux premiers prix de chant et d'opéra-comique, artiste intelligente et précieuse pour le théâtre où, pendant de longues années, elle allait tenir les rôles les plus divers, passant de la grande dame à la soubrette, figurant tour à tour la reine du *Pré aux Clercs* ou l'une des bohémiennes dans *Carmen,* et trouvant moyen de se faire remarquer même dans les petits rôles où souvent on ne lui demandait que de rendre service.

Quant aux reprises, sans parler des *Deux Journées,* de Cherubini, qu'il avait été question de remettre à la scène avec une version nouvelle de M. Jules Barbier, demeurée malheureusement inédite, elles se bornent à trois, *Zampa*(23juillet), *Richard CœurdeLion* (18 octobre), *V'Ambassadrice* (10 novembre), ou à quatre, si l'on y joint *Maître Wolfram,* pièce ancienne, mais nouvelle pour la salle Favart. *Zampa* avait pour interprètes M Ganetti, Ducasse, MM. Bach, Potel, et, comme protagoniste, Melchissédec. C'était la première fois qu'à Paris, on confiait à un véritable ba- ryton ce rôle écrit pour Chollet, c'est- à-dire pour une voix mixte, et l'usage s'est maintenu depuis en France, com- me en Allemagne, de ne plus le confier à un ténor. *Richard Cœur de Lion* joué par Duchesne, Melchissédec, Neveu, Bernard, Nathan, Barnolt, Teste, Da- voust, M Nordet, Thibault, Isaac, Na- daud, Decroix et Rizzio, revenait en scène après une absence de dixsept ans; on ne l'avait pas revu depuis 1856, et il reprenait au répertoire une place qu'il n'a presque plus quittée désormais. *L'Ambassadrice* ne reparaissait que pour faire briller la vocalisation brillan- te et pure de M Garvalho, autour de laquelle gravitaient Coppel, Ponchard, Thierry, jMl Chapuy et la vieille M Ca- simir, qui, sous les traits de M Barneck, risquait une courte et suprême rentrée. *Maître Wolfram* datait du 20 mai 1854, et présentait comme un tableau intime, où le poète Méry et le compositeur M. Ernest Reyer avaient heureusement mélangé les.couleurs simples et expres- sives. On s'était jadis ému devant l'amour discret de l'organiste Wolfram pour cette Hélène avec laquelle il a été élevé et qui.lui préfère le soldat Fritz; on avait applaudi aux accidents si tou- chants de ce petit acte, et avec Bouhy, Coppel, Nathan et M Chapuy, le succès se retrouvait à l'Opéra-Comique, tel qu'on l'avait connu au Théâtre-Lyrique, plus grand même, en ce sens qu'on ap- plaudit deux morceaux de plus, ajoutés à cette occasion, un duetto, et le déli- cieux arioso « des larmes » que devait chanter Melchissédec, désigné d'abord pour le rôle, et qui, finalement, fut dit, et excellemment dit, par Bouhy.

La seconde nouveauté de l'année avait paru quelque temps auparavant, dans une représentation au bénéfice de la caisse de secours des artistes drama- tiques, encadrée entre *les Noces de Je- annette, Toto chez Tata* et le premier ac- te du *Pré aux Clercs.* C'était un lever de rideau de M. Adenis pour les paroles, et de M. Poise pour la musique, *les Trois Souhaits.* Cette histoire bien connue, empruntée aux *Mille et une Nuits,* avait fourni déjà le sujet d'un opéracomique allemand de Lowe; elle fut médiocre-

ment goûtée et ne trouva grâce devant le public qu'à cause de la partition où se reconnaissait, par moments, la touche fine et délicate du compositeur.

La veille, le 28 octobre, l'Opéra avait disparu dans un incendie, et ce désastre devait, au moins pour un temps, changer la fortune des deux théâtres. L'Opéra, forcé de s'exiler à Ventadour, allait su- bir une crise, ou, si l'on veut, une éclip- se momentanée. L'OpéraComique, au contraire, paraissait (illusion trop tôt dissipée!) marcher alors vers la prospé- rité, car l'année 1873 se soldait en bé- néfices par un excédent de 37,922 fr. 60 c. sur l'année précédente. C'était, on le voit, le résultat moins des nouveautés que de quelques heureuses reprises et du répertoire, où l'on avait inscrit suc- cessivement la *millième* du *Chalet,* la *troiscentième* de *Mignon,* la *onze-cen- tième* du *Pré auxClercs,* en attendant, pour l'année suivante, la *centième* des *Dragons de Villars* et la *centième* de *Ro- méo et Juliette.*

Le hasard même se montrait favora- ble, en ce sens que le théâtre gagnait alors un procès dont la perte eût porté un bien grave préjudice à ses finances. Les propriétaires de la salle Favart, M. J. Masson et M veuve Crosnier, ne se proposaient rien moins en effet que d'expulser les directeurs de l'Opéra-Co- mique, s'appuyant sur un acte du mini- stre des Beaux-Arts, en date du 7 août 1839, qui, après l'incendie de la *premi- ère* salle, avait réglé les conditions de la *seconde.* Ils soutenaient que cet ac- te ne conférait pas au directeur nommé par l'État le droit d'occuper l'immeuble sans le consentement des propriétaires, et que ce droit, en admettant même son existence, avait été frappé de déchéance par la loi proclamant la liberté des théâtres.

A cette occasion, *la Revue et Gazette musicale* publia un article très complet auquel nous croyons devoir emprunter les détails suivants, car il fixe certains points, négligés par nous ou laissés dans l'ombre au cours de noire récit et, som- me toute, d'une réelle importance pour l'histoire administrative de la salle Fa- vart. En 1839, l'État, qui accordait une subvention de 240,000 francs à l'Opéra-

Comique, avait intérêt à ce que cette subvention ne fût pas diminuée par les exigences des gros loyers à payer aux propriétaires. D'un autre côté, comme la reconstruction aux frais de l'Etat de la salle incendiée eût été trop onéreuse, on avait adopté l'adjudication publique, l'adjudicataire devant avoir la jouissan- ce de l'immeuble pendant un nombre d'années dont la durée serait fixée au ra- bais.

L'adjudicataire avait droit d'exiger un loyer minimum de 70,000 francs par an pendant la durée de l'emphytéose et le maintien de la subvention administra- tive. Si le minimum de 70,000 francs était insuffisant, l'évaluation du loyer devait être faite par trois arbitres dé- signés par le ministre. L'adjudicataire fut M. Cerfbeer, pour une emphytéose de quarante ans. La construction coûta 1,050,000 francs, déduction faite de cer- taines sommes avancées par 201 l'État. Cinq ans après la reconstruction, et lorsque le directeur fut remplacé, le loy- er fut fixé à 105,000 fr.; il fut porté plus tard à 115,000 francs; en 1862, à 120,000; en 1868, à 135,000; enfin, le 1" février 1870, sans compter les char- ges laissées au directeur et qui élevaient la location de la salle, à 205,000 francs.

En 1872, lorsque la Commission du budget voulut réduire le chiffre de la subvention, le directeur établit qu'il était écrasé par ce loyer de 205,000 francs. On remonta à l'origine des cho- ses, et le vice du bail apparut. M. Beulé, rapporteur du budget, conclut à une di- minution de 100,000 francs sur la sub- vention, diminution qui serait compen- sée par une fixation, à dire d'arbitres, du prix du bail. C'était rentrer dans la loi de 1839. Le pouvait-on? M" de Vallée, au nom des propriétaires de la salle, soute- nait le contraire; la loi, disait-il, était tombée en désuétude.

Les arbitres fixèrent le loyer, à partir de 1874, à 105,000 francs, plus les char- ges; les propriétaires signifièrent alors un congé à MM. de Leuven et du Locle.

Le tribunal, après avoir entendu M" de. Vallée et M" Templier, rendit un jugement qui déclarait formelles et im- pératives les dispositions du cahier des charges redigé en vertu de la loi de

1839, dispositions qui obligent les concessionnaires, sans aucune restriction ni réserve, à louer la salle Favart au directeur de l'Opéra-Comique; établit qu'il n'a été dérogé par aucune loi à celle de 1839;

Dit que la Société des propriétaires de la salle Favart devra tenir la salie à la disposition de Leuven et du Locle, directeurs de l'Opéra-Comique, au prix fixé par la décision arbitrale du 17 août 1872, et cela jusqu'au 1 janvier 1880, terme de la concession accordée pour l'exploitation du théâtre;

Condamne Masson ès nom en tous les dépens.

Ce jugement du tribunal fut d'ailleurs confirmé par un arrêt de la Cour, au début même de l'année 1874, presque à la veille de la représentation d'un ouvrage écrit depuis longtemps, sans cesse retardé, et, en quelque sorte, imposé au directeur plus que choisi par lui. *Le Florentin* était né d'un concours: il devait donc, bon gré mal gré, voir le jour sur la scène en vue de laquelle il avait été conçu. On sait que, par décret en date du 3 août lt67, pour satisfaire l'opinion et répondre à un besoin de protection artistique dont les journaux s'étaient faits les porte-voix, le ministère des Beaux-Arts avait organisé d'un seul coup trois concours de musique dramatique: le premier à l'Opéra, avec libretto mis, lui aussi, au concours; le second au Théâtre-Lyrique, avec libretto choisi par les concurrents; le troisième à l'OpéraComique avec libretto imposé.

Le premier donna *la Coupe du Roi de Thulé,* de MM. Louis Gallet et Edouard Blau, et quatre lauréats furent nommés dans Tordre suivant: Eugène Diaz, J. Massenet, Ernest Guiraud, Barthe; un simple amateur l'avait emporté sur trois prix de Rome, et même sur quatre, car Bizet n'avait pas même obtenu l'honneur d'une mention. Le deux eme donna *le Magnifique,* de Philippot, puis *la Coupe et les Lèvres,* de M. Canoby, et *la Conjuration de Fiesque,* de M. Edouard Lalo. Le troisième, pour lequel de Saint-Georges avait apporté *le Florentin,* devait être ouvert le 30 août 1867 et fermé le 30 avril 1868. La livraison du poème ayant subi quelques retards, la

clôture définitive fut reportée au 3l) juillet, et *cinquante-trois* partitions arrivèrent au ministère, parmi lesquelles une de Bizet: voilà du moins ce que nouSr a rapporté un de ses amis intimes, car nul de ses biographes ne l'a jamais ni su, ni dit. Le vainqueur fut M. Ch. Lenepveu, élève d'Ambroise Thomas, prix de Rome en 1865 et nouveau venu dans la carrière dramatique; mais, la guerre et la Commune aidant, il dut s'armer de patience et attendre son tour; Dans ses «Soirées *parisiennes,* Arnold Mortier nous l'a montré faisant la navette entre les deux directeurs maîtres de sa destinée, allant de Caïphe à Pilate, demandant des nouvelles de son opéra à du Locle, qui lui répondait: « Allez voir de Leuven! » Le compositeur s'empressait alors de suivre ce bon conseil, et de Leuven le recevait en disant: « Allez voir du Locle! » De Leuven à du Locle et de du Locle à Leuven, *le Florentin* annoncé, remis, distribué, retardé, tournait à l'état légendaire. Cette légende prit fin le 25 février, et l'on connut ce livret médiocre, bien qu'imposé, ce poème de concours qui mettait précisément en scène un concours... de peinture à la cour des Médicis. Le vieux et célèbre Galeotti y disputait à son jeune et inconnu élève non seulement la palme, mais encore le cœur de sa pupille Paola. Grâce à l'insigne maladresse d'un subalterne, le tableau d'un des concurrents était détruit, et le vieux se trouvait recevoir la récompense pour le tableau que le jeune avait peint. Le dénouement amenait la découverte et le pardon de ce quiproquo, avec l'union obligée de l'élève et de la pupille, ce qui faisait dire à la sortie par un plaisant que la pièce finissait bien, car on y voyait à la fin *Paola mariée! ha.* toile, objet du débat, constituait un accessoire de luxe; elle avait été peinte par Carolus Duran et représentait une Hébé, fort décolletée, debout sur un aigle et versant le nectar. Volontiers le public lui aurait prêté plus d'attention qu'à la partition primée. Non point que ces trois actes parussent une trop lourde charge pour les épaules du débutant; au contraire, on rendit hommage à son sentiment dramatique et à sa connaissance du métier. De toute façon, il y avait là

un effort que les directeurs n'ont pas encouragé depuis; car, si M. Lenepveu a eu l'honneur de voir un soir, à l'Opéra de Londres, le principal rôle de sa *Velléda* créé par la Patti, il n'a jamais eu la chance de revoir, depuis *le Florentin,* son nom sur les affiches d'un théâtre parisien.

Avec ses *neuf* représentations, *Beppo,* de MM. Louis Gallet et J. Conte, termina l'année, le 30 novembre, comme *le Florentin* l'avait commencée, par un insuccès. Le livret, vaguement inspiré par un poème de Byron, montrait un noble Vénitien qui, après avoir été capturé par les pirates et avoir fait fortune dans les États barbaresques, revenait auprès de sa femme, serrée alors de près par un galant ridicule. Sous son costume de Turc, le mari d'abord n'était pas reconnu, mais il rapportait des écus qui touchaient le cœur de la belle, et, écartant le *patito,* il reprenait sa place au foyer conjugal. Voilà du moins le souvenir qui nous est resté de cet opuscule, le livret n'ayant jamais été publié, pas plus d'ailleurs que la partition, où se remarquaient une ouverture-tarentelle et un trio avec romance pour soprano, « Si vous étiez ce que vous n'êtes pas », écrits d'une plume assez ingénieuse. Elève de Carafa et prix de Rome en 1855, Jean Conte, par une bizarre rencontre de noms, avait débuté comme chef d'orchestre au petit théâtre Comte; il devait finir comme second violon à l'Opéra, et il occupait encore cet emploi l'année même où *Beppo,* joué par Neveu, Charelli et M Franck, lan

çait à la foule le nom d'un compositeur ignoré d'ailleurs par elle après comme avant.

Deux autres nouveautés se rapportent à l'année 1874, l'une, *Gille et Gillotin,* le 22 avril, l'autre, *le Cerisier,* le 24 mai, deux levers de rideau dont le premier obtint vingt et une représentations et le second dix-sept.

Le Cerisier ne portait sur l'affiche que le nom de Jules Prével comme librettiste; mais une part de collaboration revenait à la célèbre reine Marguerite de Navarre, dont la cinquième journée de son Heptaméron avait fourni la donnée de l'imbroglio mis en musique par Duprato. Ce n'était qu'un aimable pastel, mais suffisant en son genre et adroitement encadré. Il semblait piquant de voir une jeune femme cueillir des cerises au haut de l'échelle et tomber dans les bras d'un galant, mais plus piquant encore de voir cette scène se renouveler trois fois de suite entre personnages différents, d'abord entre le mari et la servante, puis entre la femme naïve et son mari, enfin entre la servante et son benêt de fiancé. La musique, un peu incolore, rappelait, par ses proportions exiguës, les opuscules de l'ancien répertoire, et inspirait à Paul Bernard, que nous avons vu si sévère pour *Djamileh,* des réflexions dont le temps, reconnaissons-le cette fois, a pleinement confirmé la justesse: « Il est certain, disait-il, que l'OpéraComique semble relever son niveau; peut-être est-il permis de dire qu'il traverse une époque de transition, sans trop savoir toutefois où il va ni ce qu'il deviendra. L'épreuve de l'autre soir, quoique fort satisfaisante, semblerait prouver une chose: c'est que ce théâtre affirmant chaque jour des tendances plus poétiques, plus lyriques, les œuvres de petite envergure qui viennent s'y présenter se trouvent forcément écrasées. »

C'était peut-être aussi ce que pensait tout bas M. Ambroise Thomas, lorsqu'il se refusait si énergiquement à laisser monter *Gille et Gillotin.* Présenté et reçu à l'Opéra-Comique en 1859, sous le nom de *Gillotin et son père,* cet acte comptait alors près de seize années d'existence. Quelques changements dans la partition avaient amené d'abord le retard de la représentation, puis le retrait de l'ouvrage, et l'auteur *d'Hamlet,* occupé par des travaux plus importants, avait négligé ce lever de rideau. Mais le librettiste, Thomas Sauvage, entendait profiter au contraire de la renommée conquise par son collaborateur musical, et, devant les refus de ce dernier, les procès commencèrent. On en compte trois, ou du moins on eut à enregistrer trois décisions juridiques. En 1872, le tribunal de la Seine juge que « A. Thomas ne peut être tenu de consentir à la représentation », mais le condamne à « tels dommages-intérêts donnés par état,

et en outre aux dépens envers Sauvage. » En 1873, la Cour d'appel arrête que Sauvage, au lieu d'une indemnité, sera autorisé à faire représenter sa pièce avec la musique écrite d'abord par A. Thomas, et sans les modifications que les changements d'interprètes et d'autres considérations devaient forcément amener. La même année, Sauvage plaidait encore contre de Leu'ven afin d'obtenir la représentation immédiate, à peine de 100 fr. de dommages-intérêts par jour de retard; mais Sauvage perdit, de Leuven ayant prouvé qu'après le premier arrêt il avait prévenu Sauvage que sa pièce serait représentée dans le délai d'un an, bien qu'un traité avec la Société des auteurs lui accordât deux ans.

Finalement, ce fut le public qui paya les dommages et intérêts aux plaideurs sous forme de bravos, car l'œuvre fut favorablement accueillie. Le père Gille et le fils Gillotin sont au service de M. Roquentin dont la nièce a épousé secrètement un sergent aux gardes. Une souquenille appartenant à Gillotin et découverte dans la chambre de la femme prête d'autant plus aux soupçons qu'on trouve l'imprudent valet aux genoux de sa maîtresse. Il implore tout simplement la faveur d'épouser Jacquette, la servante qu'il aime; mais son attitude laisse deviner tout autre chose; le quiproquo force le sergent à dévoiler sa qualité d'époux, et Gille remet au bon moment une lettre d'où il résulte que ce militaire est le fils même du triste Roquentin, devenu joyeux au souvenir de ce péché de jeunesse.

Lestement enlevée par M Ducasse, spirituelle et gentiment délurée sous les traits de Gillotin, bien chantée par Ismaël, qui figurait Gille, et par tous les interprètes, Neveu, Thierry, M" Nadaud et Reine, la pièce réussit et, le soir de la première, on faillit redemander toute la partition, car on bissa les couplets de Gillotin: « Oh I oh! oh! quel gâteau! », les couplets de Gille: « Faut-il rire, faut-il pleurer? », la chanson du sergent, et même l'ouverture, chose rare dans les fastes du théâtre, mais très naturelle lorsqu'on entend ce joli morceau où certaine retraite militaire fournit le prétexte d'ingénieux développements et

d'amusantes sonorités d'orchestre.

On se demande comment un tel lever de rideau n'a jamais été repris, sauf en 1877, où il fut donné cinq fois; peut-être le compositeur s'en souciait-il peu; en tout cas, il avait maintenu jusqu'au bout son attitude hostile, comme le prouva une lettre adressée par lui à M. du Locle, le lendemain de la répétition générale, et où il protesta une dernière fois contre les prétentions de Thomas Sauvage.

Quatre jours avant *Gille et Gillotin,* le 18 avril, avait eu lieu une reprise de *Joconde* avec Coppel (Robert), Laurent (Lucas), Nathan (le bailli), Teste (Lycandre), M" Chapuy (Jeannette), Isaac (Edile), Thibault (Mathilde), et, dans le rôle principal, Bouhy, inférieur à Faure, sans doute, mais cependant assez remarquable pour bien mettre en valeur le chef-d'œuvre de Nicolo. En trois ans, cette reprise fournit un total de cinquante-sept représentations, et depuis, l'ouvrage n'a plus attiré l'attention des directeurs, oubli regrettable en somme et synonyme de faute. Les autres reprises de l'année 1874 présentent encore quelque intérêt, grâce à la nouvelle interprétation de certains rôles et à quelques débuts.

Le 7 mai, par exemple, on revit *les Noces de Figaro* avec une distribution très modifiée: M Carvalho quittait le pourpoint de Chérubin pour la robe de la comtesse, et M Priola abordait le rôle de Suzanne. Quant au jeune page, il avait pour interprète une débutante, M" Breton, qui venait de l'Athénée, après avoir obtenu au Conservatoire, en 1873, un second prix de chant (classe Roger), et un second prix d'opéra-comique (classe Mocker). Il avait été question de reprendre en son honneur *Actéon,* puis on choisit l'ouvrage de Mozart pour ses débuts, qu'elle continua, le 8 juillet, avec *Fra Diavolo,* et l'année suivante l'Opéra-Comique ne la compta plus parmi ses pensionnaires. Elle n'avait fait que passer, comme son camarade Anthelme Guillot qui, venu de Lyon, où. il avait chanté plusieurs années, parut le 16 mai dans *Mignon* (rôle de Wilhelm), et ne fixa poit l'attention.

La reprise du *Pardon de Ploërmel* offrait la réunion d'un personnel entièrement nouveau, puisque nul ne restait alors des interprètes de la création; d'ailleurs, depuis 1860, l'ouvrage de Meyerbeer n'avait plus reparu sur l'affiche. En 1869, il avait bien été question de le remettre à l'étude; mais faute d'interprètes suffisants, ce projet ne se trouva réalisé que le 27 août 1874. Bouhy succédait à Faure, à Troy et à M Wertheimber dans le rôle d'Hoël, et Lhérie ne dédaignait pas d'aborder le personnage comique de Corentin, établi primitivement par Sainte-Foy; la partie importante de Dinorah était dévolue à Ml Zina Dalti, qui avait appartenu en 1870 à l'Opéra-Comique, et qui rentrait ainsi dans son ancien théâtre après une campagne italienne dont Florence avait été la dernière étape. Les petits emplois étaient tenus, les deux chevriers par M" Reine et Chevalier, les deux pâtres par M" Ducasse et Lina Bell, cette dernière venant des Variétés et pour le début de laquelle on avait ajouté au second acte la petite mélodie écrite par Meyerbeer en vue des représentations de Londres et chantée jadis par M" Nantier-Didiée. Enfin, le faucheur et le chasseur étaient encore représentés par deux nouveaux venus: le premier, Charelli, ténorino de province, qui avait déjà paru le 30 janvier dans la Fille du régiment afin de remplacer à l'improviste, comme Tonio, un camarade indisposé, et avait ainsi quitté, pour la capitale, Versailles où il jouait alors; le second, Dufriche, basse chantante à la voix chaude et au jeu intelligent, un artiste qui a fait son chemin dans la carrière italienne. Outre ces débutants dignes au moins d'une mention, qu'il nous soit permis de rappeler, sans plus de commentaires, des artistes de second plan dont l'apparition ne comportait pas le caractère de début, et qui tenaient, en 1874 par exemple, MM. Sacley, d'Herdt et M Rizzio les rôles de Tybalt, du duc de Vérone et de Tysbé dans Roméo et Juliette; Laurens, ceux de Pietrino dans le Florentin et de Lucas dans Joconde; Vallé, ceux de Mac-Irton dans la Dame blanche, de Melchior dans le Domino noir et du corsaire dans Zampa; M"" Sacré, celui de la duchesse dans la Fille du régiment. Le Pardon de Ploërmel avait été remonté sans difficultés. Il n'en fut pas de même de Mireille, dont la mise au répertoire de l'Opéra-Comique se heurta non seulement à l'indifférence du public, mais encore à la résistance d'un des auteurs. Alléché par le succès de Roméo, le directeur avait bien vite jeté les yeux sur Mireille. Les héritiers du librettiste dirent oui; le compositeur dit non. M. Gouuod, habitant Londres alors, ou se rendait mal compte des ressources du théâtre, ou rêvait pour son œuvre une autre destination; bref, il offrait à la place, d'abord un George Dandin, puis un Enfant prodigue, deux pièces qui n'ont jamais vu le jour, et dont la première a seule été complètement écrite. Il fallut la menace d'un procès pour le décidera donner son consentement, et, le 10 novembre, Mireille entra enfin à la salle Favart où elle n'obtint tout d'abord que 23 représentations, avec le concours de Duchesne (Vincent), Melchissédec (Ourrias), Ismaël (maître Ramon), M Carvalho (Mireille), Galli-Marié (Taven et Androloun), Chevalier (Vincenette), et Nadaud (Clémence.)

S'il fallait chercher un exemple caractéristique des modifications que peut subir un opéra pendant le.cours de sa carrière, àpartSapho, qui connut successivement le triple état de trois, deux et quatre actes, on en trouverait difficilement un plus curieux que celui de Mireille. Il a fallu en effet plus de vingt-cinq ans pour lui donner une forme, qui n'est certes pas la meilleure, et qui pourtant est celle dont le public s'est le mieux accommodé. Tout d'abord, au ThéâtreLyrique, le 19 mars 1864, Mireille comptait cinq actes et sept tableaux; quelques mois après, M. Carvalho lui retrancha deux actes; en 1874, M. du Locle les lui rendit, non sans modifications, puisque la scène des moissonneurs au début du quatrième acte, par exemple, avait été retranchée pour faire place à une scène nouvelle, et que l'air de Mireille, « Trahir Vincent! » était passé du deuxième au septième tableau. Lors de son retour au lieu d'origine, c'est-àdire lors de sa dernière reprise à la place du Châtelet, la partition s'est de nouveau réduite. La charmante Vincenette a disparu et s'est fondue dans le personnage de Taven; disparus aussi et le sombre tableau de la danse des Trêves, et cette page symphonique qui accompagnait si expressivement le passage des cadavres sur les flots du Rhône. Plus d'une fois, le cœur du compositeur a saigné, quand on l'obligeait à mutiler son œuvre si pittoresque, si riche de sève mélodique, si réussie en somme, et naguère il s'en exprimait non sans une certaine tristesse dans une lettre rendue publique. Ajoutons qu'à l'origine Mireille mourait, qu'en 1874 elle mourait encore, et que c'est seulement en 1890 que l'on se décida à lui faire épouser Vincent. La pièce ne devait plus désormais quitter le répertoire.

Cependant en dehors de l'exploitation théâtrale proprement dite, la direction cherchait à augmenter la source de ses profits. C'est ainsi qu'à la fin de l'année, des bals, les premiers depuis la guerre, se donnèrent dans la salle Favart et, singulier contraste, la danse y avait été précédée, cette année même, par la musique religieuse, avec deux œuvres de haute valeur et de très vif intérêt: Marie-Magdeleine et la Messe de Requiem en l'honneur de Manzoni. En même temps les deux compositeurs, l'un presque au début, l'autre presque à la fin de sa carrière, avaient mis au service de la religion leur talent musical, et traité, M. Massenet, les vers de M. Louis Gallet, et Verdi le texte sacré, avec leur tempérament spécial. Marie-Magdeleine, dont le sous-titre est d'ailleurs drame sacré, reflète un coin de l'Orient, et certaines pages, faites de douceur et de charme,racontent l'histoire de Jésus comme les dessins de Bida traduisaient la Bible, avec un mélange de couleurs réalistes et de poésie très intime. La Messe de Requiem transforme le Dtes irse en un drame émouvant et met en scène tous les épisodes de la mort et du jugement avec cette intensité d'expression, cette vigueur et cette fougue qui marquent le génie musical de Verdi, un peu assagi et mesuré toutefois depuis Don Carlos et Aïda. Duchesne, Bouhy, M Carvalho et Franck chantaient les quatre parties de Jésus,

Judas, La Magdaléenne, Myriam, et M. Colonne dirigeait avec deux cents exécutants, comme il l'avait fait l'annéé précédente, lorsque l'ouvrage avait été donné pour la première fois à l'Odéon en avril 1873. Maini, Capponi, M Stolz et Waldmann formaient le quatuor vocal du *Requiem,* conduit par Verdi lui-même, à qui Deloffre avait cédé le bâton de chef d'orchestre, quatuor remarquable, et même, du côté des femmes, incomparable. M"" Teresina Stolz possédait un des plus beaux sopranos dramatiques qu'il nous ait été donné d'entendre, et M Waldmann un des derniers contraltos vraiment graves et sonores que le théâtre ait connus, brillants météores bien vite et trop tôt disparus: la première perdit sa voix presque subitement, et la seconde a quitté la scène en se mariant.

Ces auditions, au nombre de six pour *Marie-Magdeleine* (24, 26, 28, 31 mars, 4 et 9 avril), au nombre de sept pour *la Messe de Requiem* (9, 11, 12, 15, 18, 20, 22 juin, les six premières en matinée), firent tomber dans la caisse un argent dont on avait grand besoin, et qui explique le joli mot d'un journaliste à la sortie: « C'est drôle, il a fallu la messe des morts pour rendre la vie à l'Opéra-Comique. »

La situation financière ne s'était pas améliorée en effet, depuis le 19 janvier 1874, jour où M. du Locle avait remplacé, seul et sans partage, de LeuveD. Jusqu'alors il n'était que son associé; de Leuven était seul responsable aux yeux du ministre; c'est à lui seul que, par décret du 30 mars 1872, le privilège de l'Opéra-Comique avait été renouvelé jusqu'au 1" janvier 1880.

Vers la fin de l'année précédente, des bruits avaient couru qui faisaient croire à une série de mutations parmi les directeurs parisiens. M. Halanzier parlait de quitter l'Opéra, et l'on désignait comme son successeur Emile Perrin, auprès duquel M. du Locle aurait repris son ancien poste de secrétaire-général, laissant la place à M. Cantin, qui serait devenu l'associé de Leuven. Cette combinaison ne se réalisa pas, et M. du Locle, préférant acheter 300,000 francs sa part à de Leuven, ce qui semblait cher payer, se

vit enfin nommer officiellement par le ministre aux lieu et place de son prédécesseur.

Mais son goût artistique et son désir de bien faire ne suffisaient pas à assurer des bénéfices, et le tableau des recettes présente alors, en l'espace de quelques années, des chiffres tristement éloquents:

En 1872 1,229,541 » 1873 1,267,463 60 1874 1,063,2.58 65 1875 947,265 85 1876 912,774 85

Comme on le voit, la progression s'accusait déjà et devait surtout s'accentuer par la suite avec une implacable rigueur.

CHAPITRE VI
DERNIÈRE CRISE *Carmen,* (1875-1877)

On s'explique difficilement, à distance, qu'une œuvre telle que *Carmen,* véritable mine d'or parla suite, n'ait pas même réussi, lors de son apparition, à ralentir le cours des embarras financiers de la direction du Locle. Ou n'y reconnut pas des mérites qui nous semblent évidents aujourd'hui, et la malheureuse pière se traîna jusqu'à cinquante représentations, dédaignée comme autrefois *la Fille du Régiment;* com ne elle aussi, *Carmen* prit le chemin de l'étranger pour rentrer à Paris; elle revint, au bout de huit années, acclamée alors, mais trop tard pour sauver le directeur qui l'avait découverte et parée avec un veritable goût artistique avant de la lancer dans le monde.

Car, d sou?.-le tout de suite, si M. du Locle, dont la samé d'ailleurs était assez chancelante, nefitpoint pour sou théâtre tout ce qu'il fallait faire; s'il commit des fautes, s'il eut des partis pris, des faiblesses et des entêtements; s'il n'eut point pour le vieux répertoire, qui était la fortune de son fonds, toute la tendresse exigée par ses intérêts; si, enfin, il ne s'entoura pas toujours d'interprètes éprouvés (et encore la distribution primitive de *Carmen* suffirait-elle à le rendre indemne sur ce point), il eut contre lui la malchance dont rien ne peut parer les coups, il eut à subir une *triple* concurrence à laquelle ne devait point se heurter son successeur, et qui presque fatalement barrait pour lui le chemin du

succès: 1 le nouvel Opéra; 2 le Théâtre-Italien; 3 le Théâtre Lyrique.

1» Nouvel Opéra. — Le monument construit par M. Garnier avait été inauguré le 5 janvier 1875, et l'on n'a pas oublié le retentissement qu'eut alors cette solennité-Il semblait que le monde possédât enfin sa huitième merveille. Le lord-maire avait pris la peine de quitter Londres pour assister, en grand costume, à la première soirée; de la province et de l'étranger les spectateurs affluaient; pendant plusieurs années, on put croire (et cette légende avait cours en effet) que l' « Escalier » suffirait à assurer les bénéfices de l'exploitation. Il faut bien ajouter aussi qu'en cette année 1875 l'Opéra possédait un ensemble de troupe réellement remarquable; on en peut juger par cette simple énumération des premiers sujets: *Ténors:* Villaret, Salomon, Silva, Vergnet, Bosquin, Mierzwinski. *Barytons:* Faure, Lassalle, Caron, Manoury, Couturier, Auguez. Basses: Belval, Gailhard, Boudouresque, Gresse, Bataille. *Chanteuses dramatiques.* — M Krauss, Gueymard, de Reszké, Mauduit, Fursch-Madier, Baux. *Chanteuses légères.* — M" Carvalho, Daram, B. Thibault, Vergin, Arnaud. *Contralto:* M" Rosine Bloch.

L'Opéra lui-même n'a pas toujours eu ses cadres aussi brillamment remplis, et, sur ce point, l'OpéraComique était loin alors de pouvoir soutenir la comparaison.

2 Théâtre-italien. — Après avoir traîné une existence assez misérable depuis la guerre, ce théâtre semblait renaître; une troupe italienne venait l'occuper en 1875,'sous la direction du célèbre Rossi, et le public commençait à reprendre le chemin de la salle Ventadour. L'année suivante, l'art dramatique cédait la place à l'art musical, la tragédie à l'opéra; le22 avril, *Aida* était jouée, pour la première fois, à Paris, par cet incomparable quatuor Masini, Pandolflni, M" Stolz et Waldmann, et ramenait une dernière fois, sur cette scène, l'éclat des belles soirées d'antan.

Théâtre-lyrique. — En 1875, M. Vizentini succède à Offenbach comme directeur de la Gaîté, avec l'intention de substituer à l'opérette l'opéra-comique et l'opéra. L'année suivante, le 5 mai, avec *Dimitri*, et, le 15 novembre, avec *Paul et Virginie,* il livre deux batailles artistiques d'une haute importance, et les gagne toutes deux. Il est vrai que plus tard, au moins pendant la première année de sa gestion, M. Carvalho connaîtra, lui aussi, cette double concurrence du Théâtre-Italien et du Théâtre-Lyrique: mais c'est en 1876 qu'elle se dresse plus menaçante et plus redoutable. Il est assez habile et assez fort pour en triompher; son prédécesseur, M. du Locle, y laisse et sa fortune et sa direction.

Aussi bien, les époques de transition sont-elles rarement favorables aux intérêts matériels de ceux qui dirigent le mouvement ou qui s'y trouvent engagés. M. du Locle traversait alors une de ces heures critiques, et voyait de jour en jour s'affirmer dans son théâtre la lutte entre l'ancien et le nouveau répertoire. Associé avec de Leuven, il avait dû subir l'ancien; resté seul, il préconisait le nouveau; mais, comme l'écrivait Arnold Mortier, « le directeur propose et le public dispose », et, traitant alors ce sujet dans ses *Soirées parisiennes,* le spirituel « Monsieur de l'orchestre » ajoutait: « Aussitôt que M. du Locle monte quelque chose d'inédit, les vieux habitués paraissent indignés, les vieux huissiers de l'orchestre haussent les épaules, les vieux choristes murmurent, et le vieux Nathan s'écrie: « C'est scandaleux! » Le vieux souffleur devient mélancolique, le vieux régisseur perd la tête, et les vieux machinistes n'enlèvent qu'en rechignant les vieux décors qu'il faut faire rafistoler. Cependant, l'œuvre nouvelle est présentée au public. Eh bien, le public reste froid, quand il s'agit de musique un peu sérieuse, et dit: « Ce n'est « pas le genre de l'Opéra-Comique! » Au contraire, si l'on a affaire à de vraies ariettes et à de bonnes et franches mélodies, ce qui est bien rare, on s'écrie: « Mon Dieu, que ce genre de l'opéra-comique a donc « vieilli 1 »

De ces deux opinions, la première est celle qui se fit jour dans la presse et dans le monde, le soir mémorable où parut *Carmen*. On fut un peu surpris, lé-gèrement déconcerté et presque scandalisé. On n'admira pas comme il convenait le tact et la mesure avec lesquels MM. Meilhac et Ludovic Halévy avaient adapté aux nécessités du théâtre la nouvelle sombre etbrutale de Mérimée; on se déclara choqué d'un réalisme que les librettistes (l'un d'eux nous en a fait l'aveu) auraient volontiers atténué, mais que le compositeur avait « férocement » maintenu; on trouva l'action bien noire, les couleurs de la *posada* bien crues au second acte, et les amours de la Carmencita bien vulgaires pour le temple classique des entrevues matrimoniales. On n'apprécia guère davantage la partition, dont un seul numéro, la chanson du Toréador, obtint les honneurs du bis; les plus indulgents et les mieux disposés qualifièrent cette première audition de « laborieuse », et, tout en concédant au musicien qu'il savait son métier, jugèrent la mélodie « brumeuse », la coupe des morceaux « peu claire », les chœurs « tourmentés et ambitieux », l'ouvrage en somme « long et diffus ». En revanche, on distingua les costumes qu'avait dessinés Detaille pour les dragons espagnols, et Clairin pour l'héroïne de la pièce; on approuva la mise en scène et les décors; surtout on applaudit les interprètes, Bouhy et M Chapuy, parfaits tous deux comme toréador et Micaëla, Lhérie, un José dont la voix laissait à désirer mais qui jouait avec chaleur, enfin M Galli-Marié, à laquelle les auteurs n'avaient pas songé tout d'abord (car ils avaient eu un moment l'idée de faire engager M Zulma Bouffar), et qui, par son allure, ses mines, sa grâce féline, sa hardiesse provocante et ses inflexions de voix, réalisant le type de Carmen, fit du rôle une des créations les plus complètes de sa carrière dramatique. Mais, il faut bien le reconnaître, nul parmi les spectateurs n'eut alors la sensation qu'il venait d'assister à l'audition d'une œuvre de premier ordre, et que cette soirée du 3 mars 1875 marquerait danales annales du théâtre et de la musique, puisque *Carmen* est avec *Mignon* le succès le plus grand, le plus universel et le plus durable auquel la seconde salle Favart ait donné naissance. On sortait du théâtre avec moins d'illusions qu'en y en-trant, et l'on n'était pas éloigné d'approuver cette boutade d'un spectateur qui, apprenant la nomination de Georges Bizet comme chevalier de la Légion d'honneur, le jour même de la première représentation, disait avec aplomb: « On l'a décoré le matin, parce qu'on savait qu'on ne pourrait plus le décorer le soir! »

Quelques années ont suffi pour retourner complètement l'opinion; mais cet éclatant revirement, Bizet ne l'a pas connu. Né à Paris le 25 octobre 1838, il mourait à Bougival le mercredi soir 2 juin 1875, brusquement, si brusquement même qu'on se demanda si cette fin était naturelle. Les journaux publièrent qu'il avait succombé à une maladie de cœur. En réalité, personne, pas même l'ami le plus intime, ne fut admis à le voir sur son lit de mort, et cette inexplicable consigne gardée à la porte de la chambre mortuaire laissa le champ libre à bien des suppositions. Chose curieuse, alors que le compositeur paraissait plein de jeunesse et de santé, une femme avait eu le pressentiment de ce malheur, et, quelque temps après, M. Ernest Reyer le racontait ainsi dans le *Journal des Débats:* « Un soir, pendant le trio des cartes, M Galli-Marié ressentit une impression inaccoutumée en lisant dans son jeu les présages de mort. Son cœur battait à se rompre; il lui semblait qu'un grand malheur était dans l'air. Rentrée dans la coulisse, après des efforts violents pour aller jusqu'à la fin du morceau, elle s'évanouit. Quand elle revint à elle, on essaya en vain de la calmer, de la rassurer, la même pensée l'obsédait toujours, le même pressentiment la troublait. Mais ce n'était pas pour elle qu'elle avait peur, elle chanta donc, puisqu'il fallait chanter. Le lendemain, M" Galli-Marié apprenait que, dans la nuit, Bizet était mort! Je sais bien que les esprits forts hausseront les épaules; mais nous n'en étions pas moins fort ému en écoutant, l'autre soir, le trio des cartes du troisième acte de *Carmen*. »

L'émotion de M. Reyer fut partagée alors par le Tout-Paris artistique. Sans doute, quelques ignorants ne manquèrent pas de soutenir que Bizet appartenait à cette école « qui veut faire duwagnérisme avec la musique française »; d'autres, comme M. Wallon, feignirent de le prendre pour un débutant qui « promet », et, dans la salle du Couservatoire où il présidait alors la distribution des prix, ce personnage officiel le déclara « enlevé par un coup soudain au renom que son talent lui avait déjà valu et aux *espérances plus grandes encore* qu'il faisait concevoir. » Mais beaucoup aussi comprirent quel vide cette disparition laissait dans les rangs de notre jeune école, et l'on se pressa à l'église de la Trinité où les obsèques furent célébrées avec une certaine solennité. Plusieurs fragments des *Pêcheurs de perles* et de *Carmen* y furent exécutés par l'orchestre de l'OpéraComique; Duchesne et Bouhy chantèrent divers morceaux religieux, et, pendant le trajet au cimetière, les cordons du poêle furent tenus par MM. Gounod, Ambroise Thomas, Camille Doucet et Camille du Locle, représentant le Conservatoire, la Société des auteurs, et le théâtre qui avait fait relâche, bien qu'il n'eût joué l'œuvre de Bizet que trente-quatre fois et qu'il ignorât encore quels trésors elle contenait. Les mauvaises langues prétendirent, il est vrai, que l'hommage ne coûtait guère, car on réalisait des recettes qui couvraient à peine les frais.

Les affaires étaient, en effet, bien loin de progresser, et la troupe se transformait peu à peu sans plus s'améliorer, sans qu'on dénichât cet « oiseau rare » qui suffit quelquefois, dans les heures de crise, pour conjurer le péril. Tout d'abord, MTM" MiolanCarvalho, engagée à l'Opéra, se retirait de l'Opéra-Comique. Elle devait y revenir, il est vrai, de 1881 à 1884; mais alors on croyait cette retraite définitive, et 1 e 27 février eut lieu sa représentation d'adieu avec le premier acte *de Mireille*, des fragments du second acte (la Farandole et la Chanson de Magali, qui fut bissée)» le deuxième acte de *Roméo* et le deuxième du *Pré aux Clercs*. Après son grand air, Isabelle se voyait l'objet d'une manifestation galamment préparée par M. du Locle qui, de sa loge directoriale, lui tendait un bouquet de lilas blanc; tous les artistes de la troupe, dans le costume de leur rôle favori, entraient en scène,

et Ponchard (Comminges) lui offrait, en leur nom, une couronne, la priant de l'accepter « comme un faible gage de leur admiration, en souvenir de son glorieux passage à l'Opéra-Gomique. »

Deux autres chanteurs quittaient la salle Favart presque aussitôt après y être entrés: Obin et Monjauze. A leur intention, on avait repris le 14 octobre *le Val d'Andorre*, avec M Chapuy (Rose de mai), Ducasse(Georgette), Vidal (Thérèse), une débutante qui venait de l'Opéra-populaire, après avoir appartenu un moment à l'Opéra. Obin qui venait de l'Opéra, lui aussi, réussit à donner une physionomie originale au vieux chevrier, et Monjauze fit retentir, dans le rôle de Stephan, les éclats de sa voix métallique; mais ni l'un ni l'autre ne prolongèrent leur séjour au théâtre, et, comme il était écrit que cette auneelà *le Val d'Andorre* servirait à presque tous les débuts importants, on vit, le 9 novembre, Obin suppléé par M. Giraudet, venu du théâtre Ventadour (troisième Théâtre-Lyrique), une basse qui avait paru d'abord le 24 mai dans *Haydée* (rôle de Malipieri), et, le 1 décembre, le rôle de Saturnin, tenu jusque-là par Nicot, confié à M. Caisso, un ténorino qui sortait du Conservatoire avec deux seconds prix de chant et d'opéracomiqUe. Un autre débutant avait'failli se présenter au public sous les traits de Stéphan, et, singulier rapprochement de noms, il s'appelait Stéphanne. Finalement, ce chanteur, qui tenait l'emploi de fort ténor en province, débuta, le 12 septembre, dans *Haydée* (rôle de Lorédan), et fit applaudir, à défaut d'un jeu expressif, une voix assez sympathique. Pour clore cette liste, il faudrait citer encore MM. Valdéjo et Gollin: le premier, après avoir terminé ses études au Conservatoire, avait chanté au théâtre de Liège, et ce jeune ténor produisit, le 21 août, dans *Zampa,* une impression favorable, qui se renouvela peu après dans *la Dame blanche;* le second, sortant de l'orchestre, où il jouait sa partie de cornet à pistons, avait à son actif, non seulement un second accessit de chant et un premier prix d'opéra-comique aux concours du Conservatoire, mais encore, chose plus rare, un prix d'harmonie:

c'est le 17 septembre, dans *le Maître de Chapelle* (rôle de Barnabé), que M. Collin fit sa première et officielle apparition sur ce théâtre auquel il n'a cessé d'appartenir depuis dix-huit ans.

Les reprises n'avaient pas jeté beaucoup plus d'éclat que les débuts. Outre *le Val d'Andorre,* on ne trouve à signaler que *le Caïd* (18 janvier), oublié depuis 1866, et remonté avecM"Zina Dalti (Virginie), Lina Bell (Fatma), MM. Melchissédec (Michel), Barnolt(ÀliBajou) etNicot (Birotteau), qui rentrait à la salle Favart après avoir fait une fugue au Châtelet (Opéra-populaire), afin d'y jouer *les Amour du Diable;* puis, à la ddte du 18 décembre, deux petits ouvrages de Boieldieu, donnés en l'honneur de son centenaire: *le Nouveau Seigneur du village* et *le Calife de Bagdad.* Dans lepremier, Barré et Ml' Chevalier jouaient avec aisance les rôles de Frontin et de Babet; Lefèvre (Colin), Bernard (le marquis), Potel (le Bailli), Barnolt (Biaise) complétaient la distribution. Dans le second, le succès fut pour Ml Chapuy (Késie) et pour Stéphanne (Isaun); il suffit de mentionner Bernard (Yemaldin), Nathan (le cadi), Dufriche (le juge), Teste (le chef des esclaves), M Lina Bell (Zétulbé), et M"" Vidal tenant le rôle de Lemaïde, emploi dont jadis s'était chargé, dans une représentation de charité, une comédienne du Théâtre-Français bien connue, M"" Allan. Le premier acte de *la Dxme blanche* avec Duchesne, Nicot et M Ducasse, ainsi qu'une poésie de M Gallet, dite par M Galli-Marié, formaient l'appoint de cette soirée du 18 décembre, où l'on fêtait la mémoire de Boieldieu, comme on l'avait fêtée deux fois à Rouen, les 15 juin et 15 décembre précédents. Ce qui fit dire que, sur ces trois centenaires, il n'y en avait pas un de bon, ou du moins d'exact, puisque Boieldieu était né le 16 décembre 1775.

Les nouveautés ne furent guère plus heureuses que les reprises, en cette année difficile. Après le succès d'estime de *Carmen,* il fallut enregistrer, à deux jours d'intervalle, les insuccès de *l'Amour africain,* mai) et de *Don Mucarade* (10 mai.)

M. Ernest Legouvé avait pris le sujet

du premier de ces deux ouvrages dans le fameux *Théâtre de Clara Gazul;* un épisode en était supposé mis en musique par un jeune prix de Rome et bénévolement exécuté dans les salons d'un mécène quelconque, ami des arts et de l'auteur. Le premier acte avait servi de préparation au second, et l'on passait brusquement de Nice à Cordoue, de la comédie la plus légère au drame le plus sombre. C'était une pièce dans une autre pièce, et le talent du compositeur, M. Paladilhe, ne réussit pas à faire accepter la brusquerie du contraste. M. Ernest Boulanger ne fut guère plus heureux avec *Don Mucarade,* où M. Jules Barbier et Michel Carré s'était contentés de donner une version nouvelle d'un Bartholo berné par un Scapin qui lui enlève sa pupille pour le compte de son maître Léandre. *VAmour africain* avait eu six représentations, *Don Mucarade* en compta douze.

Quelques menus faits en cette année 1875 méritent encore un mot de mention: par exemple, le 31 janvier, un concert donné au bénéfice de la caisse de secours de la Société des auteurs, avec le concours des artistes de la maison, et celui de la ComédieFrançaise pour *II ne faut jurer de rien* et *les Précieuses ridicules;* le 8 février, à l'occasion du lundi gras, une matinée avec 2e *Postillon de Lonjumeau* et *les Rendez-vous bourgeois,* première fois où, depuis la guerre, avait lieu une représentation de jour; le 7 j uin *Roméo et Juliette,* avec M Zina Dalti, prenant possession du rôle qui jusqu'alors n'avait été chanté à Paris que par M» Carvalho. Mais parmi les représentations extraordinaires, les plus intéressantes et les plus fructueuses furent les auditions de *la Messe du Requiem* que Verdi lui-même vint diriger, comme l'année précédente, avec MM Stolz et Waldmann, à-dire le même soprano et le même contralto, mais avec un ténor nouveau, M. Masini, et une basse nouvelle, M. Medini. Les deux premières auditions eurent lieu dans l'après-midi, les 19 et 21 avril. Puis, le succès aidant. M. du Locle obtint du ministre l'autorisation d'exécuter cette messe le soir, en guise de spectacle, et. cinq autres auditions se succédèrent ain-

si les 23, 27, 29 avril, 1 et 4 mai. Entre temps, le maître italien recevait la croix de commandeur de la Légion d'honneur; mais le pauvre directeur ne recevait, lui, que les horions de la presse et les tristes nouvelles que les comptables continuaient à donner sur l'état de sa caisse. En revanche M. de SaintGeorges lui envoyait, suivant l'usage des souverains, une tabatière d'or à l'occasion de la reprise du *Val d'Andorre;* offrir une tabatière, à qui ne prise pas, et de l'or, à qui n'en gagne point, semblait une ironie. Aigri par l'infortune, menacé par la maladie, M. du Locle avait parlé de se retirer peu de temps après *Carmen.* Il resta cependant, et se contenta d'abord de fermer le théâtre du 16 juin au 15 août, puis d'aller, aux approches de l'hiver, faire en Egypte une tournée d'un mois. Pendant ce temps, il eut recours, pour le remplacer, à l'obligeance bien connue de son ami, M. Ch. Nuitter, et le sympathique archiviste de l'Opéra fut agréé par le ministre comme directeur intérimaire, mais déchargé de toute responsabilité financière et commerciale.

Parti le 6 novembre, M. du Locle revint le 23 décembre pour continuer à ramer sur cette galère directoriale qui devait chavirer avec l'année nouvelle. Une reprise du *Voyage en Chine,* à la date du 6 janvier 1876, n'était point pour ramener la fortune, caron n'en pouvait comparer la distribution d'alors à celle de la création: MM. Lhérie (Henri), Ismaël)Pompéry), Ponchard (Alidor), Lefèvre (Maurice Préval), Nathan (Bonneteau), M" Zina Dalti (Marie), Révilly (M" Pompéry), Nadaud (Berthe), ne présentaient qu'un ensemble à peine suffisant. Tout l'espoir de la direction se reportait sur un ouvrage d'Ernest Guiraud, dont on disait grandbien d'avance et dont on pressait activementles répétitions;mais, dès la fin de février, des bruits sinistres commençaient à se répandre dans la presse, et il devint évident que la situation de M. du Locle était irrémédiablement perdue; on devait de l'argent à l'orchestre et aux chœurs; plusieurs artistes ne touchaient pas leurs appointements mensuels; que faire? Tour à tour, MM. Vaucorbeil et

Campocasso proposaient des combinaisons dont le principal objet était un changement de direction à leur profit. Mais M. du Locle, dont on avait annoncé faussement la démission, prétendait lutter encore, et s'adressa, pour sortir de cette impasse, à celui qui jadis avait déjà sauvé le théâtre, à son beaupère, M. Emile Perrin. Celui-ci gérerait provisoirement l'Opéra-Comique, sans quitter pour cela la Comédie-Française, éteindrait quelques dettes criardes, organiserait des matinées avec le concours de la troupe du Théâtre-Français, et laisserait à son gendre, muni d'un congé régulier, le temps et le soin de se chercher un successeur. Tout d'abord, les artistes hésitèrent à ratifier ces négociations; ils savaient que le passif dépassait déjà 100,000 francs, et ils craignaient qu'un beau jour M. Perrin, renonçant à son intérim, on ne nommât un nouvel administrateur, qui ne voulût pas reconnaître le déficit de son prédécesseur. On finit par s'entendre néanmoins, toutes réserves faites pour les principaux artistes, qui auraient à régler individuellement leur situation personnelle, et, dès le 5 mars, M. Perrin prit les rênes de la direction.

Le 15 mars, on donnait une représentation extraordinaire comprenant l'ouverture de *Zampa,* les deux premiers actes de *Richard Cœur de Lion* et *le Philosophe sans le savoir,* avec une conférence sur Sedaine, faite par M. Francisque Sarcey; c'était consacrer en quelque sorte officiellement l'union provisoire dela Comédie-Française.etde l'Opéra-Comique. Cette soirée fut bientôt suivie de matinées analogues qui, avec adjonction parfois de solistes, sous forme d'intermèdes, se succédèrent durant quelques semaines. Une telle fusion de deux genres et de deux troupes pouvait satisfaire les goûts du public, mais devait néanmoins étonner la presse, qui parfois s'en égaya non sans esprit. Dans ses *Soirées parisiennes,* notamment, Arnold Mortier lâcha la bride à sa verve en proposant de confier aux artistes des Français l'exécution du répertoire de l'Opéra-Comique, tandis que les artistes de l'Opéra-Comique iraient, rue Richelieu, jouer le répertoire des Français. Par exemple, on distribue-rait ainsi *la Dame Blanche:*

La parole substituée à la musique nous vaudrait ce dialogue:

Georges. — Peut-on loger chez vous mes bons amis?

Gaveston
Georges Brown
Dickson
Mac-Irton
Anna
Jenny
Marguerite
MM. Maubant
Delaunay
Coquelin
Barré
M Sarah-Bernhardt
Samary
Jouassain

Tenez, voici une bourse car je meurs de faim.

Dickson. — L'hospitalité, chez les montagnards écossais, ne se vendpas, elle se donne. Quel est votre état?

Georges. — J'ai servi le roi depuis ma plus tendre enfance. Je suis officier du roi.

Dickson. — En ce cas, soyez le bien-venu chez nous!

Georges. — Ah I c'est une douce fé-licité que d'être militaire! on peut servir par sa vaillance son prince et sa patrie, et, quand on a fini d'aimer, on s'élance gaiement sur le champ de bataille. Ah! c'est une douce félicité que d'être mi-litaire! Mais voilà qu'où fait la paix. On revient dans son village. Chacun l'entoure et l'embrasse, les jeunes lui font de l'œil, et le vieillard même se découvre sur son passage. Et sa mère qu'elle est heureuse, la brave femme! mais... j'avais une amoureuse. Où est-elle donc?Allons bon, je comprends. Pas de veine! Bah! c'est tout de même une grande félicité que d'être militaire.

Et la fantaisie se poursuit à la Comé-die-Française, où l'on met en musique *Tartuffe,* chanté par les artistes de la sal-le Favart; les vers de Molière ont fait place à ceux de Scribe, et sur l'air de la ballade de 2a *Dame blanche,* Orgon ra-conte à Cléanthe comment il vit Tartuf-fe pour la première fois:

Un beau jour j'en fis connaissance

A l'église; il vint d'un air doux,
Avec fort bonne contenance.
Devant moi se mettre à genoux.
Sur lui tous fixèrent les yeux.
Plein d'ardeur, il priait les cieux,
Le pauvre homme *ibis).*
Il est bien malheureux, en somme,
Ah t c'est un ami précieux 1
    On ne sait où monte son zèle;
Un rien peut le scandaliser;
A tout moment il se flagelle.
L'autre jour, il vint s'accuser
D'avoir, en priant le Seigneur,
Tué d'un mouvement d'humeur,
Une puce *(bis).*
Vraiment il n'y met pas d'astuce,
Ah! c'est un bon et brave cœur 1

M. Perrin n'était pas le dernier à sou-rire de ces plaisanteries; mais il n'en poursuivait pas moins sa tâche avec dé-vouement et activité, secondé pour la partie musicale par l'ancien chef d'orchestre d& l'Athénée, M. Constan-tin, qui avait remplacé d'abord provisoi-rement, le 7 septembre 1875, M. Delof-fre, lorsque la maladie l'avait éloigné du théâtre, puis définitivement, le 27 jan-vier 1876, lorsque la mort eut accompli son œuvre. Mais la troupe, récemment accrue d'un soprano, M" Crudère, qui avait honorablement débuté le 8 février dans *le Chalet,* tendait à se disloquer de plus en plus, et, sans prétendre à la renouveler, on avait déjà bien de la pei-ne à en retenir les éléments. Duchesne et M Zina Dalti passaient au Théâtre-Lyrique; M Chapuy acceptait un enga-gement à Londres, et peu après se ma-riait en renonçant à la carrière drama-tique; Douhy, Lhérie, Melchissédec se retiraient, et ces départs n'étaient point pour faciliter les études de *Piccolino,* dont la distribution devenait l'objet de bien des modifications. Le rôle princi-pal, écrit, dans la pensée du composi-teur, pour la voix de M Chapuy, avait tout de suite trouvé son interprète en *M* Galli-Marié; mais celui de Frédéric avait été appris par trois ténors: Duche-sne partant, Lhérie malade, il avait fallu recourir à Achard qui se trouvait alors à Genève, qu'on engagea par télégram-me et qui reparut le 22 mars à la salle Favart dans l'un de ses meilleurs rôles d'autrefois, Georges de *la Dame blan-che.* Quant au pasteur Tidmann, Ismaël y remplaçait Nathan, jugé dépourvu de prestige, et Barré créait le personnage de Musaraigne, confié d'abord à Mel-chissédec. Rappelons en passant que *Piccolino,* dont laforme originale était une comédie de M.Victorien Sardou re-présentée au Gymnase en 1861, avait déjà été transformé en opéra, traduit en italien par M. de Lauzièies, mis en mu-sique par M de Grandval, et représenté en 1869 aux Italiens avec M" Krauss et Nicolini dans les deux principaux rôles.

On connaît le sujet de cette pièce, dont l'idée première se retrouve dans la *Claudine* de Florian; on sait qu'il s'agit d'une jeune fille trompée en Suisse par un artiste de passage, prenant les habits d'un pifferaro pour suivre son séducteur en Italie, s'attachant à ses pas, lui sau-vant la vie, et l'entourant d'affection jusqu'au jour où le petit Piccolino se fait reconnaître et redevientlaMarthe autre-fois délaissée, maintenant aimée. Sur ce canevas assez sentimental, Guiraud avait brodé une musique aimable et gra-cieuse qui parut, le 11 avril, soir de la première représentation, impressionner favorablement le public et la presse. On bissa notamment la charmante Sorrenti-ne, que son auteur avait improvisée en quelques heures au cours d'une répéti-tion. Le livret fut moins unanimement loué, et lorsqu'à l'automne on reprit l'ouvrage, le troisième acte, le moins bon des trois, et celui qui avait coûté le plus de peine aux auteurs, fut entiè-rement remanié. Autrefois il suffisait à Marthe de revêtir les habits de son sexe pour reconquérir son amant; maintenà-nt, après avoir repris sa robe de paysan-ne, elle se précipitait dans le Tibre, on la ramenait chez Frédéric, qui, lorsqu'elle rouvrait les yeux, tombait à ses genoux et implorait son pardon, qu'il obtenait sans peine. Ce dénouement ne suffit pas à donner longue vie à l'ouvrage; *Pic-colino* quitta l'affiche après cinquante-trois représentations et n'y reparut ja-mais.

Ce gros effort de la direction intéri-maire avait été, le 8 mars, suivi d'un au-tre plus modeste, qui promettait moins et qui tint davantage. Dans une nouvelle d'Erckmann-Chatrian, M. Jules Barbier avait découpé un agréable lever de ri-deau intitulé *les Amoureux de Catheri-ne*. On y retrouvait une édition nouvel-le de cette vieille histoire, bien souvent traitée au théâtre: la riche héritière qui « parmi tant d'amoureux empressés à lui plaire », choisit le plus timide et le plus humble; mais ici la nature du cad-re relevait heureusement la banalité du fond. La scène se passait en Alsace, et c'était Walther, le pauvre maître d'école de Neudorf, que la belle Catherine pré-férait à M. le maire lui-même, l'important Rebstock. On croyait voir s'animer en scène un tableau de Mar-chai ou de Brion, et, sous le costume traditionnel, M" Chapuy évoquait des souvenirs toujours présents, hélas! à la mémoire des Français, mais d'autant plus chers alors que plus récente était la blessure faite au cœur de la patrie. La censure, fort susceptible, s'en était émue; elle avait modifié la géographie d'Erckmann-Chatrian, et transporté Neudorf d'Alsace en Brisgau; la chan-son patriotique avait, en particulier, subi quelques retouches et le « Pays d'Alsace » était devenu le « Pays natal ». La partition émanait d'un débutant au théâtre, M. Henri Maréchal, qui avait remporté le prix de Rome en 1870; elle était même un de ses « envois ». « Si ce premier ouvrage, écrivait un critique in-fluent, ne présente encore que les pro-portions d'un vigoureux arbrisseau, du moins y découvre-t-on déjà les branches riches de promesses qui porteront plus tard les fruits de la saison de récolte. » Sans trop s'arrêter aux fantaisies de ce style imagé, il est clair que le jeune compositeur avait trouvé pour ce sujet la note juste, et le public se laissa si bien prendre au charme de cette musique ex-pressive et simple que *les Amoureux de Catherine* se sont maintenus au réper-toire. On bisse encore comme au pre-mier jour l'exquise chanson du « Pays natal » et cet acte est un des rares qui depuis la guerre aient dépassé la centiè-me représentation au théâtre de l'Opéra-Comique.

Un tel sort n'était pas réservé à l'ouvrage qui avait précédé de quelques jours seulement celui de M. Maréchal. C'était un drame lyrique, donné en ma-tinée le 4 mai, sous le titre des Héro-ïques, aux risques et périls des auteurs le fils et la fille d'un riche médecin; M Antonine Perry-Biagioli avait traduit en vers la lutte de Vercingétorix contre César au siège d'Alésia, et M. Henri Perry-Biagioli avait tenté d'élever sa muse à la hauteur d'un pareilsujet. L'entreprise était trop lourde pour leurs jeunes épaules. Tout le talent des chan-teurs, MM. Stéphanne et Bouhy, M Vergin (de lOpéra), tout l'art du réci-tant, M. Martel (de la Comédie-Françai-se), et toute l'habileté de M. Colonne qui, lors de cette audition, sans décors ni costumes, dirigea l'orchestre et les chœurs, ne réussirent pas à sauver la partie.

Peu de jours après, le 16 mai, un opé-ra de M. Gounod, *Philémon etBaucis,* joué primitivement en trois actes au Théâtre-Lyrique, le 18 février 18G0,émigrait pour élire un domicile définitif à la salle FavarL Une légende dont il serait curieux de retrouver l'origine, et que dictionnaires et annuai-res ont accréditée à l'envi, veut que cet ouvrage, à certains égards charmant, ait été écrit pour le théâtre de Bade et y ait été représenté sous forme d'une fantai-sie en un acte et deux tableaux. Il n'en est rien. L'Opéra-Comique, en le repre-nant, l'amputa de tous les épisodes su-perflus et lui donna sa coupe en deux actes. Ce fut son seul et dernier ava-tar. C'était se ranger d'ailleurs à l'avis du compositeur, qui écrivait lui-même: « *Philémon et Baucis* est une fable très simple qui comporte peu de développe-ments. De plus, c'est une idylle, et les sujets de ce genre, surtout au théâtre, où le mouvement et l'action sont indispen-sables, perdent et se détériorent à être délayés. »

On ne lira pas sans intérêt les deux distributions de la pièce, correspondant à ses deux « états »:

Sans être la meilleure, la seconde suf-fisait à bien mettre en valeur toutes les parties de l'œuvre que MM. Jules Bar-bier et Michel Carré ont eu quelque pei-ne à traiter, car il était dangereux de montrer Jupiter mystifié par Baucis, sans verser dans l'ornière de l'opérette. Même au dire de Paul de SaiutVictor,

la difficulté n'avait pas été complète-ment tournée, puisque, parlant du livret, il ajoutait: « C&

Jupiter
Vulcain
Baucis
M Carvalho M Chapuy

3 Marie Sasse (Rôle supprimé).

La Bacchante qui m'en déplaît, c'est le faux air de bouffonnerie qu'il prend par endroits. Le langage des dieux y tombe à chaque instant dans les casca-des de la charge. Vulcain, substitué à Mercure, y joue le rôle d'un Sganarel-lè, berné et grondeur. Rien n'est déplai-sant comme cette parodie des plus no-bles types qui soient sortis du génie hu-main. Uu tel genre de plaisanterie n'est supportable que dans les *mythologie* à l'usage des enfants, et dans les farces des petits théâtres. »

Il fallait toute la grâce élégante de la musique pour dissimuler ce défaut. En-core, un critique autorisé faisait-il ob-server que « ces qualités de forme et de style, cette instrumentation ciselée ne suffisent pas à faire vivre au théâtre une composition où, à proprement parler, il n'y a pas de pièce, partant nul intérêt; où la musique, toute jolie qu'elle fût, devait nécessairement manquer de cha-leur, d'élan passionné, surtout de va-riété dans les couleurs et l'accent ap-paraître monotone à la longue... Ainsi s'explique, ajoutait-il, l'échec de cet ouvrage à l'origine et sa mise à l'écart pendant seize ans. Ainsi s'expliquera la courte durée de la reprise actuelle, inté-ressante cependant pour les esprits dé-licats enclins à la douce rêverie, mais peu attrayante pour le grand public. » En dépit de ces fâcheux pronostics, le « grand public » finit par prendre goût à l'ouvrage; il applaudit aujourd'hui *Phi-lémon et Baucis* comme il applaudit *Mireille,* et il semble ainsi se rapprocher de Gounod à l'heure même où tant de critiques influents se détournent de lui. D'ailleurs, la reprise de 1876 n'aboutit qu'à huit représentations; mais il est jus-te d'ajouter que le théâtre traversait une phase assez anormale, et qu'une clôture anticipée devait nécessairement boule-verser la marche des spectacles et le sort des ouvrages.

Le 1 juin, en effet, après une représentation de *Piccolino* donnée la veille, l'Opéra-Comique ferma brusquement ses portes, annonçant sa réouverture pour le 1 août. Ce fait était la conséquence obligée d'une situation qui ne pouvait se prolonger, car elle nuisait aux intérêts de tous, et l'on comprend que M. Perrin eût hâte de rendre à un titulaire définitif le sceptre de cette lourde et ingrate direction. Certain détail, qui avait bien son importance, contribuait encore à éloigner ceux qu'une telle succession aurait pu tenter. L'article 16 du titre V du cahier des charges de l'Opéra-Comique, était ainsi conçu: « Le directeur devra se rendre acquéreur du matériel appartenant à son prédécesseur, au prix de l'estime qui en sera faite par deux experts nommés contradictoirement par les parties, et, s'il y a lieu, par un troisième nommé par le ministre. Dans le cas où, par un motif quelconque, le directeur viendrait à cesser ses fonctions, il sera tenu ainsi que ses ayants-cause, s'il y a lieu, de céder son matériel à son successeur qui devra le prendre au prix de l'estimation qui en sera faite ainsi qu'il vient d'être dit. Les frais d'expertise seront à la charge des parties. »

Conformément à cette clause, M. du Locle avait payé ce matériel à son prédécesseur, comme son successeur devait le lui payer. Or, en 1869, cette estimation s'élevait à 217,000 francs. En 1876, l'expertise ordonnée par le ministère des beaux-arts venait d'aboutir au chiffre de 317,000 francs; c'était une lourde charge, comme entrée de jeu, pour un directeur. Aussi les mois de juin et juillet furent-ils employés en démarches de tout genre, auprès de la commission du budget et de la Chambre des députés, pour améliorer la situation et rendre possible la transmission des pouvoirs. On demandait généralement que la subvention, diminuée au lendemain de la guerre, fût reportée à 200,000 francs et que le matériel devînt régulièrement la propriété de l'État, comme il arrive à l'Opéra; c'était le vœu que formulait notamment M. Carvalho, soutenu par un fort groupe d'actionnaires et désigné déjà par l'opinion comme successeur probable. La sous-commission du budget acceptait volontiers la première partie de cette demande, mais non la seconde, lorsque M. Waddington, tournant adroitement la difficulté, proposa « d'augmenter la subvention de 100,000 francs, afin que le directeur eût la faculté d'en détacher chaque année 40,000 francs qui serviraient à racheter le matériel. » Cette combinaison parvint à rallier les suffrages, et le 12 août, la Chambre, par 325 voix contre 65, votait le chapitre des Beaux-Arts, où la subvention attribuée au théâtre national de l'OpéraComique était portée dans le budget au chiffre de.240,000 francs et cela jusqu'en 1880, « époque à laquelle devait prendre fin le bail emphytéotique qui ne permettait pas en ce moment à l'État de disposer de la salle Favart. » Dès le lendemain, la nomination, depuis quelque temps agréée par le ministre, devenait officielle, et M. Carvalho prenait, le 14 août, possession du théâtre, tandis que les comptes lui étaient rendus par M. Vaucorbeil, commissaire du gouvernement, qui avait suppléé M. du Locle, depuis le jour où ce dernier avait donné sa démission; c'est lui qui, par arrêté ministériel, avait été chargé de toucher une somme de 11,600 francs, montant de la part de subvention pour le mois de juillet, et de l'employer à solder les dépenses afférentes à la fermeture du théâtre. Joint aux recettes des derniers mois, le cautionnement du directeur avait servi à payer tous les petits appointements et la plus grande partie de l'arriéré dû aux artistes.

En résumé, M. Carvalho arrivait aux affaires dans des conditions assez favorables, puisque, grâce à l'augmentation de la subvention, il devenait propriétaire du matériel, sans bourse délier, et que les 300,000 francs estimés de ce matériel lui devaient être remboursés le jour où il céderait sa direction. Par contre, il s'engageait à servir une rente de 6,000 francs à M du Locle, "et à augmenter de 60,000 francs le traitement des petits employés. Il est juste d'ajouter que les obligations avec les artistes avaient cessé depuis le i août, et qu'il était maître de recomposer à sa guise tout le personnel artistique.

C'est à ce soin que furent consacrés les premiers mois de l'exploitation. Tout d'abord le premier chef d'orchestre, M. Constantin, fut remplacé par M. Charles Lamoureux dont « l'Harmonie sacrée » avait démontré l'intelligence musicale et l'autorité. Le second chef, jusque-là, M. Ferrand, avait été, sur la proposition de M. Lamoureux, choisi au scrutin par les artistes de l'orchestre, fait unique en son genre, croyons-nous, et le nom de M. Vaillard avait réuni l'unanimité des suffrages. M. Gaudemar succédait comme secrétaire-général à M. Gustave Lafargue, et M. Heyberger devenait chef des chœurs. Legrand et Nathan demeuraient régisseurs, mais avant la fin de l'année, Ponchard leur était adjoint pour prendre la place de Victor Avocat, ancien chanteur, inspecteur du matériel et des costumes, finalement régisseur et doyen du personnel de l'Opéra-Comique où il comptait quarante-quatre ans de services. Il prenait sa retraite en même temps que Doche, le souffleur, un autre ancien serviteur de la maison, à laquelle il appartenait depuis trente-huit ans.

Quant à la troupe proprement dite, elle se composait de deux éléments: d'une parties anciens artistes, que M. Carvalho avait rengagés, de l'autre ceux qu'il engageait nouvellement. Le premier groupe comprenait: MM. Valdéjo, Nicot, Stéphanne, Ponchard, Lefèvre, Barnolt, Barré, Giraudet, Dufriche, Duvernoy, Collin, Legrand, Thierry, Nathan, Teste, Bernard, Davoust; M" Galli-Marié, Franck-Duvernoy, Ducasse, Chevalier, Nadaud, Vidal. Le second groupe comprenait: MM. Fùrst, Queulain, Boyer, Duwast, Villard, Mayan, Morlet, Dauphin; M" Vergin, Brunet-Lafleur, Puget, A. Lory, Derval, Franchino, Fechter, Philippine Lévy, Clerc, Bilange, Chevrier, Julia Potel, Bressolles, Marie Perrier, Dortal, Donadio-Fodor, B. Thibault. Les uns, comme M Brunet-Lafleur, ne faisaient que rentrer dans leur ancien théâtre; les autres jouèrent peu, comme M Paul Puget, devenue, après divorce, M Paul Hillemacher, ou même ne jouèrent pas du tout, comme M Bilange qui obtint la résiliation de son contrat pour cause de mariage avant ses débuts. Le plupart ne furent présentés au public qu'en 1877; quelques-uns cependant parurent presque dès la réouverture du théâtre, qui eut lieu le 30 septembre avec *Piccolino,* orné, comme nous avons vu, d'un dénouement nouveau. *M* Galli-Marié gardait son rôle; mais Giraudet, Duwast, et M" Lévy remplaçaient Ismaël, Achard et Ml" Lina Bell qui tous les trois devaient quitter le théâtre faute de pouvoir s'entendre avec le directeur sur le chiffre des appointements. M. Duwast, ancien élève de Duprez, n'était un nouveau venu qu'à la salle Favart. Après avoir créé la *Jeanne d'Arc* de son maître au Grand-ThéâtreParisien, il avait passé par le Théâtre-Lyrique de Pasdeloup et l'Athénée où il avait acquis une assez grande expérience de la scène; au contraire, M" Philippine Lévy, élève de M Laborde, n'avait encore chanté que dans les salons. Le 3 octobre, *Fra Diavolo* sert à la rentrée de M. Valdéjo, et au début de M"" Vergin, chanteuse distinguée et comédienne intelligente, appelée à rendre plus de services à l'OpéraComique qu'à TOpéra d'où elle venait et où la nature de sa voix ne lui avait pas permis de se faire une place digne de son talent. Le 26 octobre, on donne la 1160 représentation du *Pré aux Clercs,* avec une nouvelle Isabelle, M'l e Derval, fille de l'ancien acteur et administrateur alors du Gymnase. Élève de Duprez, cette jeune et jolie personne avait une agréable voix, quoique d'un volume assez mince; mais son inexpérience de la scène ne lui permit pas d'appartenir longtemps à la salle Favart. Cette soirée mérite d'autant plus d'être notée qu'à côté de *M"* Franck-Duvernoy (la Reine), Nicot (Mergy) et Dufriche (Girot), deux rôles avaient été, pour la première fois, singulièrement distribués: le ténor (Comminges) était devenu une basse avec M. Bernard, et le trial (Cantarelli), un baryton avec M. Barré! Le 25 novembre, on reprend *les Amoureux de Catherine* avec M"" Paul Puget, née Lory, dont l'intelligence musicale paraît plus grande que les moyens vocaux, et qui chante trois fois seulement le rôle de Catherine, où elle est remplacée par M" Chevalier. Le 26 no-

vembre, on donne *Haydée* pour la rentrée du ténor Stéphanne et le début de M. Mayan, une basse applaudie tour à tour à New-York, à Lyon et au Théâtre-Lyrique, qui se montre suffisant dans le rôle de Malipieri, mais ne fait que passer à la salle Favart. Avec la même rapidité disparaît, après avoir chanté, le 8 décembre, Marie, dans *la Fille du régiment,* Mi' Fraûchino, qui avait appartenu à l'ancien Théâtre-Lyrique où elle jouait Irène daDS *Rienzi,* et qui même avait débuté à l'Opéra, sans réussir d'ailleurs à se fixer nulle part.

Le meilleur lot de débutants fut offert au public le 21 novembre avec *Lalla-Roukh* qu'on reprenait ce soir-là, après un silence de six années. Deux élèves du Conservatoire, lauréats du dernier concours, se partageaient les rôles de Noureddin et de Baskir. M. Fûrst avait remporté un premier prix de chant, le second piix d'opéra-comique et un premier accessit d'opéra; M. Queulain, un premier prix de chant, un premier prix d'opéra-comique et le deuxième prix d'opéra. Tous deux appartinrent quelque temps à la salle Favart, et le premier surtout, doué d'une belle voix de ténor, paraissait appelé à y tenir grande place, lorsqu'en 1878 l'engagement de Talazac rendit toute concurrence impossible et le relégua nécessairement au second plan. A côté d'eux reparaissait, dans le rôle principal, M Brunet-Lafleur. Les autres rôles avaient pour titulaires M'i« Ducasse, MM. Teste et Davoust, ce dernier, le seul qui restât de la distribution primitive de 1862.

Cette reprise, assez fructueuse par le nombre des représentations et le chiffre des recettes, était comme un hommage rendu à la mémoire du compositeur. Trois mois auparavant, le 29 août, Félicien David était mort à Saint-Germain, succombant aux suites d'une maladie de poitrine, à l'âge de soixante-six ans, et le lendemain de la représentation, ce fut M Tastet, légataire universelle du maître, qui eut la délicate attention de-féliciter la principale interprète en lui envoyant un superbe bouquet de roses, accompagné du billet suivant: « Madame, je suis heureuse, en vous complimentant de votre succès, de pouvoir vous offrir

ces roses, qui ont poussé sur les rosiers que Félicien David cultivait encore cet été. Puissentelles vous porter bonheur! »

La perte de ce musicien ne fut pas la seule que subit alors l'Opéra-Comique. Les années 1875 et 1876 avaient été marquées par une véritable série de deuils. C'est un bilan nécrologique à dresser où se retrouvent bien des noms de serviteurs illustres ou modestes qui avaient contribué à la prospérité de la maison. C'étaient, par ordre de dates: en 1875, outre Georges Bizet, le 4 mars, Lemonnier qui avait créé le rôle de Comminges dans *le Pré aux Clercs* et qui s'était retiré du théâtre après vingt ans de service à l'Opéra-Comique; le 16 avril, Coudere, l'un des comédiens les plus accomplis qu'ait connus la salle Favart, à laquelle il avait appartenu, sauf une petite interruption de quelques années, de 1842 à 1870, mourant à Paris, âgé de soixante ans, après avoir compté dans sa carrière presque autant de succès que de rôles; le 17 avril, M Vanden Heuvel,née Caroline Duprez, la première Catherine de *l'Étoile du Nord,* décédée à Paris à l'âge de quarante-trois ans; le il septembre, Marie Cico, la première LallaRoukh, décédée à Neuilly, à l'âge de trente-deux ans; le 5 novembre, Palianti, qui, tout ensemble artiste et régisseur, appartenait depuis 1835 à l'OpéraComique; le 23 décembre, Saint-Georges (JulesHenry, Vernoy de), l'un des librettistes attitrés de l'Opéra-Comique, et le plus fécond après Scribe. — En 1876, outre Félicien David, le 8 janvier, Deloffre, chef d'orchestre de l'Opéra-Comique depuis 1860; le 23 août, à Bruxelles, Inchindi (de son vrai nom Hennekindt), le créateur de Max dansée *Chalet,* né à Bruges le 4 mars 1798, et entré à l'Opéra-Comique en 1834; le 27 octobre, à Marseille, âgée de vingt-six ans, Marguerite Priola (de son vrai nom Polliart); en novembre, M Félicia More Pradher (ou plutôt Pradère), née à Carcassonne le 6 janvier 1800, et morte à Gray, après avoir été pendant vingt ans l'une des étoiles de l'Opéra-Comique, où elle créa le principal rôle de *l'Éclair,* de *Lestocq,* du *Chalet,* et de maint autre ouvrage applaudi; enân, le 31 décembre, Gustave Lafargue qui, pendant plusieurs années, avait été le secrétaire-général du théâtre et s'y était concilié d'unanimes sympathies.

Dix jours avant cette fin prématurée, le 21 décembre, la charité parisienne avait organisé à la salle Favart une matinée à laquelle avaient pris part le Théâtre-Français avec *la Joie fait peur,* l'Odéon avec *la Demoiselle à marier* et une foule d'artistes, MM. Dumaine, Laferrière, Bouffé, Gailhard, Capoul, Puget, Caron, Mounet, Berthelier, Max Simon, M' Marie Laurent, Céline Montaland, Théo, Thérésa, Judic, Zulma Bouffar. Tous et toutes étaient venus apporter l'obole de leur talent à cet excellent comique de la Porte-Saint-Martin, qu'on appelait familièrement « le gros Laurent » et que le triste état de sa santé contraignait à quitter pour jamais la scène. La recette, ce jour-là, s'éleva au chiffre de 16,756 francs; l'Opéra-Comique n'en pouvait, pour son compte, encaisser de pareilles. Il était condamné à subir encore les suites de la malchance, et ce n'est guère qu'à la fin de l'année suivante, après la *Surprise de l'Amour* et aux approches de l'Exposition universelle de 1878, que le mauvais sort parut définitivement conjuré pour la nouvelle direction.

Tout d'abord, M. Carvalho eut maille à partir avec ses choristes hommes qui, le 24 décembre, veille de Noël, s'étaient mis en grève après le premier acte de *la Dame blanche,* sous couleur de service religieux, et avaient ainsi quitté le théâtre pour l'église. Les quatre premiers jours de l'année, ils prolongèrent la lutte, refusant de chanter en scène, et le public, bon enfant, se passa d'eux sans trop se plaindre. Il fallut la menace d'un procès avec demande de résiliation et 2,000 francs de dommages et intérêts à chacun d'eux pour les faire rentrer dans le devoir; seul, leur chef, M. Minard, paya pour tous en perdant sa cause devant le tribunal, au mois de mars suivant. Quelque temps après, ils perdaient encore contre leur ancien directeur, M. du Locle, un autre procès qu'ils avaient intenté, eux et les musiciens de l'orchestre, à raison du non-paiement de leurs appointements pendant la période

de clôture de 1876. Ils réclamaient deux mois de traitement sur quatre, sous prétexte que, le théâtre venant à fermer, ils étaient restés néanmoins liés à la direction pendant deux mois, et que, n'ayant pu ainsi contracter d'engagement, ils avaient droit à une indemnité. Malheureusement pour eux, l'article 12 de leur contrat était ainsi conçu: « En cas de clôture du théâtre, de suspension continue du spectacle par suite d'incendie, d'épidémie, d'émeute, de révolutions, de réparations à la salle ou pour quelque cause que ce soit, dépendante ou non de la volonté du directeur, mes appointements ne me seront point dus; mais dans le cas où la clôture s'étendrait au delà de deux mois, je me trouverai libre et le présent engagement sera rompu. » Leur signature au bas d'un tel papier obligeait le tribunal à leur donner tort.

Pendant ce temps, M. Carvalho poursuivait la série des reprises et des débuts, les unes servant le plus souvent aux autres. Ainsi, le 15 janvier, on revit *la Fête du village voisin,* dont nous avons, par anticipation, donné et le nombre de représentations, et le nom des interprètes. Parmi ces derniers, deux faisaient leurs débuts, M. Boyer (rôle d'Henri), et M' Eigenschenck (rôle de Rose); mais tous deux se retirèrent avant, la fin de l'année. Le premier, qui avait quitté le Théâtre-Lyrique avant même d'y débuter, avait eu des succès jadis au Conservatoire, et conduisait avec art une voix de baryton assez frêle; la seconde, petite femme à la mine éveillée, pouvait, par l'intelligence de son chant et de son jeu, tenir avec succès l'emploi de soubrette; mais M Henriette Lory était devenue peu de temps avant son engagement M Eigenschenck, et elle ne tarda pas à préférer aux soucis brillants du théâtre les joies modestes du ménage.

Pour cette reprise et ces débuts, M. Carvalho avait négligé d'inviter la critique qui se plaignit d'un tel oubli, observant qu'une pièce, non jouée depuis 1859, méritait les honneurs et l'attention de la presse. C'est là justement ce que songeait peut-être à éviter M. Carvalho; il avait remonté l'œuvre

beaucoup en vue des interprètes, pour Duwast (de Neuville), pour M Vergin (M de Ligneul), et très peu en vue de l'œuvre elle-même dont on pouvait trouver les charmes un peu flétris. Il est toujours dangereux en effet de provoquer des jugements nouveaux sur des ouvrages anciens; un secret penchant nous pousse à voir les choses selon l'optique du jour, et, par haine ou ignorance du passé, à blâmer volontiers ces sortes d'exhumations. D'autre part, il serait regrettable de faire autour d'elles la conspiration du silence, et la solution la plus pratique, à notre avis, serait encore d'adopter un moyen terme, et de faire un service de places à ceux-là seuls qui le demanderaient. Huit jours plus tard, le 23 janvier, la presse n'eut plus à exprimer pour *Cendrillon* les mêmes doléances que pour *la Fête du village voisin;* elle fut convoquée pour cette reprise du vieil ouvrage de Nicolo, et le traita d'ailleurs avec une indifférence mêlée de dédain. On ne l'avait pas entendu depuis 1848; un moment, il avait été question de le remonter en 1862 avec Warot, Crosti, Sainte-Foy, Prilleux, M Pannetrat, Ferdinand et Marimon; en 1877, on avait choisi comme interprètes Nicot (le prince), Villard (Alidor), Legrand (Dandini), Thierry (le baron), M Franck-Duvernoy (Clorinde), Chevalier (Tisbé), Julia Potel (Cendrillon). Cette dernière, élève de M Carvalho, et de son père qui tenait encore au théâtre l'emploi de trial, débutait dans ce rôle qui convenait à ses dix-sept ans; mais, malgré l'impression favorable qu'elle avait produite, elle quitta la salle Favart, dès cette année même, comme son camarade de début, M. Villard, un baryton à la voix agile et bien timbrée, qui avait passé par le café-concert de Bataclan avant de dire, et avec un réel succès, le chant du Muezzin au Cirque d'Hiver, lorsque Pasdeloup y avait donné quelques auditions du Désert.

Si l'on ajoute aux 23 représentations de *Cendrillon* en 1877 les 106 qu'elle avait obtenues de 1845 à 1848, on arrive au total de 129 qui résume sa carrière, honorable en somme, à la salle Favart. Mais il est juste d'ajouter que, pour cette dernière reprise, une bonne part du succès était allée à un intermède chorégraphique, non prévu par l'auteur. On avait en effet, sous le titre de ballet des « Saisons », intercalé dans le second acte un divertissement dont la musique n'émanait pas de Nicolo. C'était une gavotte de Lully (168U), un rigaudon de Desmarets (1694), une passacaille de Mion (1747), une forlane de Gossec (1773), tous morceaux extraits dViïrs à danser, recueillis par Th. de Lajarte. Tout se passait en outre au temps de Louis XIV et l'on avait, dans ce nouveau cadre, habillé la nouvelle Cendrillon à la mode de son père Charles Perrault. L'histoire y trouvait son compte et peut-être aussi la direction qui probablement utilisait ainsi des costumes, restés sans emploi, depuis la fin beaucoup trop prématurée du Roi l'a dit.

Quelques autres reprises et débuts occupent encore ce premier trimestre de l'année 1877, mais sans éclat d'ailleurs. Le 21 janvier, M'i" Donadio-Fodor débutait dans la Fille du régiment, et M'i Marie Mineur dans la Dame blanche. La première, fille et petiteAile de chanteuses, ne put se faire agréer du public parisien, et quitta le théâtre l'année suivante. La seconde partit presque aussitôt. Sortie du Conservatoire en 1869 avec un premier prix, elle avait chanté en Amérique, en Belgique et en province, non sans succès, car elle possédait une assez jolie voix; elle ne fit que passer à la salle Favart, où elle n'avait pas été, du reste, régulièrement engagée, et, quinze jours après, le 5 février, elle cédait son rôle d'Anna à. Mue Derval, une débutante de l'année précédente. Dans Mignon, M Fechter ne se montrait guère plus heureuse, le 14 mars; la fille du comédien qui, dans la D'âme aux camélias, avait été le premier Armand Duval, abordait la scène pour la première fois; les leçons de Faure et de Delle-Sedie n'avaient pas réussi à lui donner encore l'expérience et, avant la fin de l'année, elle ne comptait déjà plus parmi les pensionnaires de la salle Favart.

La reprise de Zampa (8 février) avec Stéphanne (Zampaj, Fùrst (Alphonse), M""""" Brunet-Lafleur (Camille), Ducasse (Rita), et celle de Gille et Gillotin

(2 mars), avec M Ducasse (Gillotin) et M. Barré (Gille) remplaçant Ismaël, qui avait quitté le théâtre, toutes ces soirées, y compris le grand bal anDuel du 3 mars au bénéfice de la caisse de secours des artistes, n'étaient que des hors-d'œuvre, ou, si l'on veut, les préliminaires de la grosse partie qui devait être livrée avec Cinq-Mars. Le triomphe rêvé ne fut pas obtenu, mais on n'eut pas non plus à déplorer une chute et, avec ses cinquante-sept représentations, l'œuvre nouvelle prit rang parmi les plus honorables succès d'estime.

A dire vrai, le choix du sujet laissait à désirer, comme aussi la façon dont il avait été traité. Un amateur et ami du compositeur, M. Paul Poirson, avait découpé tant bien que mal un scénario dans le roman célèbre d'Alfred de Vigny, et M. Louis Gallet s'était chargé d'en faire un livret d'opéra. Mais, pour qui connaît ce roman, les personnages paraissent à la scène singulièrement diminués, les faits de l'histoire fâcheusement altérés; pour qui l'ignore, l'action trop resserrée manque de vraisemblance et d'intérêt. Pourtant, cette aventure avait séduit jadis Meyerbeer lui-même. Les manuscrits, achetés il y a quelques années à Berlin et conservés aujourd'hui à la Bibliothèque de l'Opéra de Paris, nous montrent que le grand compositeur avait mené assez avant cet ouvrage, antérieur aux Huguenots et destiné très probablement à l'Opéra-Comique. La couleur sombre du tableau avait contribué à le détourner de sa tâche qu'il laissa inachevée; elle n'effraya point M. Gounod qui, pour séduire le public, comptait sur le charme de ses mélodies et l'abondance de ses improvisations, s'il est vrai, comme le bruit en courait alors dans les journaux, qu'il avait mis seulement six semaines à écrire la partition de ce drame lyrique en quatre et cinq tableaux, où le « parlé » se bornait tout juste à quelques mots par acte.

Pour arriver à cette soirée de Cinq-Mars qui, bizarre coïncidence, eut lieu le cinq avril, le directeur avait travaillé juste autant de semaines que le compositeur, et donné la preuve de son activité, car les obstacles n'avaient pas man-

qué sur la route. La distribution, notamment, avait été l'objet de bien des hésitations depuis le 10 janvier, jour de la première lecture aux artistes. Les deux principaux rôles étaient confiés à deux débutants: Cinq-Mars, M. Dereims; Marie de Gonzague, M Chevrier. Ancien lauréat du Conservatoire où il avait remporté un premier prix, M. Dereims avait débuté jadis à l'Athénée, puis couru la province et l'étranger, épousant en chemin la sœur de M Fidès-Devriès, M Jeanne Devriès qu'il était question d'engager alors à l'Opéra-Comique. Doué d'un physique avantageux et chanteur intelligent, il personnifiait à merveille M. le grand-écuyer; mais il aspirait sans doute à de plus hauts lauriers, car l'année suivante, il partait pour Lisbonne, avec sa femme, dans le dessein d'y chanter le grand répertoire, et revenait ensuite prendre place à l'Opéra. Elève de Duprez, M" Chevrier n'avait jamais abordé la scène; brune avec de beaux yeux noirs, elle avait une voix chaude qui plut assez pour qu'on fondât de sérieuses espérances sur elle; mais pendant les trois ans qu'elle demeura salle Favart, elle eut la mauvaise chance de créer le principal rôle de pièces dont aucune ne put se maintenir au répertoire: Cinq-Mars,, la Statue, les Noces de Fernande, la Courte Echelle.

Pour le père Joseph, rôle de basse important, M. Gounod souhaitait Obin; celui-ci ayant renoncé pour toujours à la scène, ce fut Queulain qui répéta et Giraudet qui joua finalement. Pour De Thou, on demandait un baryton à tous les échos d'alentour; on avait songé un instant à un frère de M" Dereims M. Devriès, qui chantait à Liège; puis on avait fait répéter Dufriche; bref, on choisit un ténor dont la voix pouvait descendre assez bas, M. Stéphanne, et le rôle fut un peu remanié à son intention. Pour Marion de Lorme, M Vergin, désignée d'abord, quitta le théâtre afin d'aller au Lyrique et ce fut M" Franck-Duvernoy à qui l'on confia les vocalises. de la partition. Pour Ninon de Lenclos, M Périer, débutante assez obscure, avait été désignée de préférence à M" Clerc; c'était une chanteuse d'opérette qui avait quitté les Bouffes afin de chercher fortune en Russie, et qui, entrée à l'Opéra-Comique, en sortit avant la fin de l'année. Un autre débutant, Chenevière, qui devait tenir jusqu'en 1885 l'emploi modeste des seconds ténors, figurait Montglat; Barré enlevait à merveille les couplets réussis de Fontrailles, et M" Philippine Lévy tenait agréablement le court mais joli rôle du berger chantant, dans le divertissement.

La mise en scène n'avait pas donné moins de tracas que la distribution; les coupures avaient été nombreuses, et l'on avait supprimé notamment tout un tableau, le deuxième, qui se passait à Perpignan. Il n'était pas jusqu'aux choristes, ces fameux choristes qui faisaient des procès, et avec les opinions politiques desquels il avait fallu, prétendait-on, compter. Ils devaient, au finale du second acte, célébrer le trône et l'autel dans un grand chœur où se trouvaient. ces mots « Sauvons la Noblesse et la France! » Comme ils montraient aux répétitions peu d'entrain: « Vous ne chantez pas avec assez de vigueur! » leur dit un jour M. Carvalho. « Dame! répondit l'un d'eux, c'est que ce n'est guère agréable pour de vrais républicains comme nous de chanter des choses semblables! » — « Eh! bien, figurez-vous que vous chantez *la Marseillaise!* » repartit spirituellement le.directeur, et désormais toute mollesse cessa tant et si bien que, le premier soir, la scène fut bissée avec enthousiasme.

Sans classer ce nouvel ouvrage de M. Gounod parmi ses meilleurs, on convint généralement qu'il contenait quelques pages remarquables et surtout un charmant ballet épisodique mettant en action la « Carte du Tendre » dans une fête galante chez Marion de Lorme. En somme le théâtre réalisa, grâce à *CinqMars,* quelques belles recettes, et assura ainsi ses spectacles durant les mois d'avril, mai et juin. Pendant ce temps, M. Carvalho avait pu monter deux pièces que sa bonne volonté plus que son intérêt lui avait conseillé de mettre à la scène.

L'une, *Mam'zelle Pénélope,* paroles de M. H. Boisseaux, musique de Lajarte, était un lever de rideau qu'il avait fait jouer jadis au Théâtre-Lyrique, et dont il se souvenait maintenant pour re-

mercier sans doute le compositeur de la part musicale qu'il avait prise à la récente reprise de *Cendrillon* et des soins qu'il allait donner à la bibliothèque de l'OpéraComique dont la direction venait de lui être confiée. *Mam'zelle Pénélope,* revue ainsi le 8 juin, ajouta *dix* représentations à son actif, et mourut sans bruit comme elle était née, car on n'avait pas même pris la peine d'inviter la presse pour saluer sa venue à la salle Favart et ses interprètes, Duwast (Landry), Barnolt (Bobinus), Davoust (Lorrain), Ml e Chevalier (Catherine).

L'autre, *Bathyle,* poème de M. Edouard Blau, musique de M. William Chaumet, était également un lever de rideau, mais d'une autre couleur et d'une autre importance, quoique le résultat final n'ait guère différé, avec ses *neuf* représentations au lieu de dix. Bathyle est un enfant qu'Anacréon chasse de son foyer, où il l'avait accueilli, le jour où l'imprudent se permet d'aimer la blonde Mytila; dans son désespoir, il se tue. Mais le poète, honteux de sa propre colère, implore Cupidon, et la vie est rendue à l'enfant qui croit simplement avoir rêvé, en retrouvant à ses côtés celle qu'il aime. Sur cette gracieuse paraphrase de *l'Amour mouillé* d'Anacréon, M. William Chaumet avait brodé quelques mélodies élégantes et gracieuses; mais une sorte de malchance semble peser sur les œuvres couronnées, et *Bathyle* était le produit d'un concours. Cette règle souffre d'ailleurs exception, puisque précisément un autre ouvrage de M. Chaumet, également couronné, mais non destiné à la scène, *Hérode,* écrit sur un poème de M. Georges Boyer, a obtenu, en ces derniers temps, un réel succès au grand théâtre de Bordeaux.

Dans les premiers mois de 1870,. un amateur de musique mourait qui, par testament, léguait une somme de 100,000 francs dont les intérêts devaient être employés à faire représenter tous les trois ans un opéra-comique en un ou deux actes. Le livret était mis également au concours et les concurrents avaient le droit ou d'adopter le livret primé ou de présenter un poème de leur choix;

quant au directeur qui daignait monter l'ouvrage, il recevait 10,000 francs pour prix de ses soins. Malgré cet appât qui, disait un malin chroniqueur, prouve que M. (Pressent se méfiait de la ladrerie des directeurs, on ne s'était pas pressé d'exécuter les dernières volontés du défunt. En 1874 seulement, on choisit le livret de M. Edouard Blau, qui.l'avait emporté déjà, avec son collaborateur M. Louis Gallet, dans le fameux concours d'où était sortie *la Coupe du Roi de Thulé.* En 1875, on couronna la partition de M. William Chaumet, un jeune qui avait fait ses premiers pas dans la cave de l'Athénée où il avait donné, le 30 décembre 1872, un acte intitulé *le Péché de M. Géronte,* et c'est le 4 mai 1877 qu'on se décidait enfin à représenter *Bathyle.*

Si le premier produit des concours Cressent ne fit pas grand bruit dans le monde musical, il donna lieu pourtant à un incident qui eut des conséquences intéressantes pour l'histoire du théâtre. Le 3 mai, veille de la représentation, M. Lamoureux, chef d'orchestre, dirigeait pendant l'après-midi la répétition, et jugea nécessaire de faire reprendre certains passages à ses instrumentistes; M. Carvalho s'y opposa; de part et d'autre on menaçait de ne point céder, et finalement M. Lamoureux se retira, en donnant sa démission. Il l'avait donnée déjà au mois de février, pendant une répétition de *Cinq-Mars,* à la suite d'une altercation survenue entre le compositeur et lui; mais il l'avait reprise. Cette fois, il la maintint, et le soir (on jouait *Cinq-Mars* justement), il quitta brusquement le théâtre et laissa la direction au second chef, M. Vaillard, qui conduisit le lendemain la pièce nouvelle. L'occasion semblait bonne à M. Gounod de mettre en pratique la théorie qu'il avait maintes fois soutenue sur le droit des compositeurs à diriger l'exécution de leurs œuvres. Du 5 au 21 mai, il vint, les soirs de *Cinq-Mars,* s'installer au pupitre et donner à l'ouvrage, par sa présence, une nouvelle attraction.

On devine que les candidats ne manquaient pas à la place laissée vacante. On parlait de MM. Colonne, Constantin, Maton; on s'adressait à Ernest Guiraud qui déclina l'offre; le choix du directeur se porta enfin sur un violoniste de talent et un excellent musicien, M. Danbé, qui avait déjà conduit, non seulement aux concerts du Grand-Hôtel qu'il avait fondés, mais encore au Théâtre-Lyrique où l'avait appelé M. Vizentini.

Cette nomination se produisit aux environs de l'époque où le théâtre fermait ses portes pour les vacances annuelles. La clôture eut lieu le 1 juillet, et la réouverture le 4 septembre, après des travaux de réparation dont le retard ou l'oubli aurait pu causer d'irréparables malheurs; on s'était aperçu au dernier moment que le grand lustre de la salle n'était pas solide; trois jours de clôture supplémentaire avaient servi du moins à écarter tout danger, et dès le lendemain la série des débuts recommençait, dont quelques-uns vraiment dignes d'intérêt.

C'étaient: le 5 septembre, dans *Lalla-Roukh*, M'" Edith Ploux, très novice encore à la scène, mais douée d'une voix suffisante pour lui permettre d'échanger, en 1879, le cadre de l'Opéra-Comique contre celui de l'Opéra; puis, le 6 septembre, dans *la Dame blanche* (rôle de Georges), M. Engel. Elève de Duprez, il avait paru pour la première fois en public, comme Duwast dont nous avons parlé plus haut, dans la *Jeanne d'Arc* de son maître, où il ne tenait pas moins de trois rôles; il avait appartenu au petit théâtre des Fantaisies-Parisiennes; il avait accepté un engagement en Amérique, et il venait du Théâtre-Lyrique pour quitter la salle Favart quelque deux ans plus tard, réussissant à toucher au port du grand Opéra, puis finissant par reprendre sa vie errante. C'étaient encore, le 9 septembre, dans *les Noces de Jeannette,* M. Fugère,un baryton venu modestement des Bouffes, et qui n'a plus quitté la salle Favart où sa verve comique, son talent souple et fin lui ont valu de francs succès; enfin, le 20 septembre, jour où rentrait M Galli-Marié et où M. Engel tenait pour la première fois, et presque à l'improviste, le rôle de Wilhelm dans *Mignon,* M. Dauphin, une basse chantante qui, sous les traits de Lothario, fut loin d'être accueilli comme il l'était na-

guère à la Monnaie de Bruxelles, et se retira sans plus tarder.

Quelques jours auparavant, le 17 septembre, on avait, après un silence de six années, remis à la scène *l'Éclair,* avec Stéphanne (Lyonel), Nicot (Georges), M Ducasse (M Darbel) et Chevrier (Henriette). Cette reprise n'offrait, par sa distribution, rien de très rare, mais elle est la dernière que nous ayons à enregistrer dans le présent travail; elle fournit en trois années 38 représentations, qui, jointes aux 173 données jusque-là, forment un total de 211 représentations à la salle Favart.

Si la presse avait accueilli favorablement cette reprise de *l'Éclair,* elle émit, au moins par la plume de quelques-uns de ses représentants, des doutes sur la valeur de celle des *Diamants de la Couronne,* le 11 octobre. Les interprètes, à dire vrai, n'étaient pas tous d'égale valeur: Engel (Enrique, Robert Jourdan (Don Sébastien), Maris (Rebolledo), Potel (Campo-Mayor), Pamart (Mugnoz), Davoust (Barbarigo), Teste (un huissier), M" Lacombe-Duprez (Catarina), Chevalier (Diana). Dans une pièce, et dans un rôle spécialement où le dialogue tient plus de place que la musique, Engel, plus chanteur que comédien, ne pouvait égaler Couderc plus comédien que chanteur; il se tira pourtant de l'épreuve avec honneur, ainsi que M"" Chevalier. Mais les débutants causèrent une impression médiocre, et ils étaient trois: M" Lacombe-Duprez, nièce du grand chanteur et fille d'un ancien clarinettiste de l'Opéra, venait de Nantes où elle tenait l'emploi de première chanteuse légère, avec un succès que Paris ne confirma pas, car, au bout, de deux représentations, son engagement était résilié. Robert Jourdan, fils de l'ancien ténor de l'Opéra-Comique, sortait du Conservatoire où il avait obtenu un second prix d'opéra-comique, en compagnie de Talazac; il quitta la salle Favart dès l'année suivante, sans que sa carrière eût par conséquent ressemblé en rien à celle de son père ou de son camarade d'école. Quant à Pamart, c'était un élève de Nathan pour la comédie et de M" Laborde pour le chant, qui resta confiné dans les rôles secondaires de tri-

al jusqu'en 1879, époque de son départ.

En dépit des pronostics, cette reprise eut son importance, si l'on songe que depuis ce moment jusqu'à l'incendie, c'est-à-dire pendant dix ans, l'ouvrage d'Auber ne quitta plus le répertoire, sauf en 1885, et fournit une suite de 111 représentations dont l'honneur revint alors en partie à une excellente interprète, M" Bilbaut-Vauchelet, qui trouva dans le personnage de Catarina l'un de ses meilleurs rôles. Somme toute, l'histoire des *Diamants de la Couronne* pourrait se décomposer en trois périodes ou séries de représentations.

l série: 1841 à 1849 (avec interruption de la seule année 1844) = 186 représentations. 2" série: 1855 à 1864 (avec interruption de la seule année 1858) = 82 représentations. 3 série: 1877 à 1887 (avec interruption de la seule année 1885)= 111 représentations.
Ce total de 379 représentations forme un corollaire assez piquant à certains articles provoqués par cette reprise de 1877, où se lisaient des phrases comme celle-ci: « La partition est certainement une des plus médiocres du compositeur. Cette *pénible* soirée ne doit avoir qu'un seul lendemain... Il faut que *les Diamants de la Couronne,* ces *diamants* en strass, soient promptement remis dans l'écrin d'où ils n'auraient pas dû sortir. »

De tels jugements pouvaient surprendre un peu; *la Surprise de l'Amour* surprit bien davantage, le 31 octobre. On s'attendait à une chute, et l'on obtint un succès. Charles Monselet avait tiré de la première des deux pièces de Marivaux, données sous ce titre délicat, un opéra-comique en deux actes; Ferdinand Poise, dont la veine mélodique semblait épuisée depuis *le Corricolo* et *les Trois souhaits,* avait retrouvé un nouveau filon et ciselé le plus charmant bijou Louis XV. Les personnages conservaient l'élégance et la sveltesse des figures de "Watteau: Lélio avec son indolence et la comtesse avec sa grâce aimable que traduisaient bien Nicot et M" Irma-Marié; Arlequin et Colombine avec leur verve et leur entrain où se dépensaient à l'envi Morlet et M Galli-Marié. Ce fut donc un succès de poème, de musique, d'interprétation, même de mise en scène et de costumes. Des quatre chanteurs, deux se produisaient pour la première fois à la salle Favart: Morlet, qui pour la comédie avait reçu les leçons de Coquelin avec lequel il avait d'ailleurs quelque ressemblance physique, arrivait de la Monnaie de Bruxelles où l'on prisait fort sa voix de baryton bien timbrée et son jeu plein de chaleur; mais, curieux contraste, il devait finir précisément par où avait commencé un de ses camarades de la salle Favart, qui avait débuté comme lui en cette année 1877; Fugère avait quitté les Bouffes pour l'Opéra-Comique; Morlet, trois ans plus tard, en 1880, quittait l'Opéra-Comique pour les Bouffes et contribuait au succès de *la Mascotte,* cette *Dame blanche* des opérettes! L'autre débutante, M" Irma-Marié avait chanté déjà un peu partout, aux Bouffes, aux Variétés, au Théâtre-Lyrique, au Châtelet, même au Gymnase en 1869, mais jamais, disait-on, à côté de sa sœur aînée, M Galli-Marié, qui, elle aussi, avait beaucoup voyagé, et l'on s'explique ainsi cette boutade d'un journaliste, écrivant dans une de ses spirituelles chroniques: « Leur rencontre sur la scène de l'Opéra-Comique est au moins aussi extraordinaire que le serait celle de deux Juifs errants parcourant le globe au hasard, et l'on s'imagine sans peine l'effusion touchante qui a dû s'ensuivre, lorsqu'elles se sont vues subitement en face l'une de l'autre à la première répétition. » Peut-être fallait-il à cette petite pièce, pour la maintenir sur l'affiche, le secours d'une interprétation spéciale et hors ligne; le fait est qu'en dépit de son premier accueil et des éloges prodigués tout d'abord, elle s'éteignait dès l'année suivante au bout de 35 représentations.

A cette intéressante nouveauté succédèrent, le 3 novembre, deux reprises d'un intérêt très divers, *les Travestissements* et *le Déserteur.* L'acte de Grisar, négligé depuis 1842, avait été joué dans l'intervalle au Théâtre-Lyrique, non pas en 1854, comme une faute d'impression nous l'a fait dire dans notre premier volume, mais en 1851, puis aux Folies-Nouvelles. A la salle Favart, sa carrière comporte deux parties sensiblement égales: de 1840 à 1842, 25 représenta-

tions, et de 1877 à 1878, 26 représentations, soit un total tout juste estimable de 51. L'ouvrage de Monsigny, négligé depuis 1860, mais joué ailleurs dans l'intervalle, lui aussi, comporte également deux séries: de 1843 à 1860, 269 représentations; de 1877 à 1885 et non en 1887 comme nous l'avons également imprimé par erreur, 65 représentations, soit un total de 334 soirées dans la seconde salle Favart.

Quelques jours après la remise au répertoire de ces deux vieux ouvrages, la grande nouveauté de l'année reparut le 15 novembre, revue, corrigée et même augmentée. La division de *Cinq-Mars* en cinq actes au lieu de quatre; l'addition d'un *allegro* dans l'introduction servant d'ouverture; la suppression du grand air à roulades chanté par Marion Delorme dans le tableauépisodique du «Pays du Tendre»; une cavatine pour le baryton au troisième acte, et un quatuor intercalé au milieu du finale de la chasse, chanté par le frère Joseph, Marie de Gonzague, le Roi et l'ambassadeur de Pologne, repris ensuite par le chœur, telles étaient les principales variantes apportées par le compositeur à son œuvre. L'interprétation avait subi, elle aussi, d'importantes modifications. Déjà, bien avant l'interruption de la clôture annuelle, plusieurs rôles avaient changé de titulaires. Le 10 avril, Stéphanne avait remplacé Dereims comme Cinq-Mars, et Dufriche Stéphanne comme de Thou; M" Chevrier avait cédé le personnage de Marie de Gonzague, en mai, à Ml" Fechter, et, en juin, à M Brunet-Lafleur; ce même soir (7 juin) M" Chevalier acceptait à l'improviste le rôle de M" Franck-Duvernoy. En novembre, Dereims, Giraudet et M" Chevrier, remplacée peu après par M" Edith Ploux, reprirent d'abord les rôles qu'ils avaient créés; mais on substitua Fugère à Barré, Robert Jourdan à Lefèvre, M Donadio-Fodor à M Franck-Duvernoy, engagée ainsi que son mari au Théâtre-Lyrique, M Clerc à M»e Périer et Strozzi à Stéphanne. Ce dernier était un Belge, nommé Adrien Stroheker, qui avait fait ses classes au Conservatoire de Paris, et remporté de brillants succès à

l'étranger, notamment en Italie, sous le pseudonyme de Strozzi; la réputation dont il était précédé se confirma si peu qu'on dut, quelques jours après, résilier son engagement.

Deux autres débuts avaient eu lieu vers le même temps, avec un résultat tout différent. Le 30 octobre avait paru dans *Zampa* (rôle de Camille), M" Carol, qui sortait du Conservatoire, où elle venait de mériter un second prix de chant (classe Barbot) et un premier accessit d'opéra (classe Obin); elle ne parvint pas, il est vrai, à se créer une situation importante à la salle Favart, qu'elle quitta en 1880. Mais le 5 décembre, on applaudit une débutante qui pouvait justement prétendre au premier rang, où l'appelaient les dons naturels les plus rares et les mieux cultivés. Musicienne exceptionnelle, car elle jouait également du violon et du piano, M"" Bilbaut-Vauchelet avait obtenu en 1875, au Conservatoire de Paris, un premier prix de chant et un second prix d'opéra-comique, puis s'était consacrée d'abord au professorat à Douai, sa ville natale. En paraissant à la scène, deux ans plus tard, sous les traits d'Isabelle, dans *le Pré aux Clercs,* elle conquit du premier coup tous les suffrages par la distinction de sa personne, la sobriété de son jeu, la pureté de sa voix et l'excellence de sa méthode. C'était pour l'Opéra-Comique une recrue précieuse, dont les services doivent être notés en bonne place dans les annales du théâtre.

Quinze jours après ce début important, une matinée lyrique et dramatique venait, à la date du 20 décembre, rappeler le souvenir d'une ancienne gloire de l'OpéraComique, M Casimir, alors vieille et peu favorisée par la fortune. Ce n'était pas la première fois, nous l'avons constaté, qu'on organisait pour elle une représentation de retraite, mais ce fut la dernière. *La Surprise de l'Amour* avec la troupe de l'Opéra-Comique, *un Cas de conscience* avec Febvre et M" Favart, *Mademoiselle Lili* avec la troupe du Vaudeville, etun intermède où se succédèrent Capoul, le chanteur comique Desroseaux et la bénéficiaire elle-même, formaient les éléments de cette solennité, dont le produit, malheureusement, n'enrichit guère celle à qui il était destiné, car il atteignit tout juste le maigre chiffre de 2,205 francs.

Ce fut le dernier fait digne de mention pour cette année 1877, pendant laquelle il nous faut enregistrer encore plusieurs décès: celui d'un auteur souvent applaudi, Thomas Sauvage, mort à Paris le 2 mai, à l'âge de soixante-treize ans, et ceux de quatre artistes ayant fait partie plus ou moins longtemps de la troupe; Sainte-Foy, de son vrai nom Charles-Louis Pubereaux, né à Vitry-le-Françoisle 13février 1817et mort à Neuilly le 1" avril 1877; Monjauze, mort à Meulan, le 8 septembre (cinquante-trois ans); Charles Achard, frère puîné de Léon Achard, le lOseptembre à Dijon, où il était devenu directeur du Conservatoire, après avoir renoncé à la scène (trente-huit ans); M' Baretti, à Paris, 15 décembre (trente-neuf ans).

En cette année 1877, les débuts furent, on l'a vu, exceptionnellement nombreux; aussi, bien que nous les ayons mentionnés dans un ordre àpeuprès chronologique au cours du présent chapitre, on ne les relira pas sans curiosité, réunis et formant un groupe compact de *vingt-sept* noms:MM. Boyer, Villard, Dauphin, Strozzi, M Eigenschenck, Marie Mineur, Julia Potel, Fechter, Périer, Lacombe-Duprez; MM. Dereims, Maris, Chènevière, Engel, Fontenay, Fugère, RobertJourdan, Morlet,Pamart, Prax; M DonadioFodor, Chevrier, Edith PJoux, Irma Marié, Carol, Clerc, Bilbaut-Vauchelet.

Les dix premiers s'éloignèrent dans l'année et furent suivis dans la retraite par MM. Duwast, Duvernoy, Lefèvre, Thierry, Valdéjo, M BrunetLafleur, Franck-Duvernoy, Derval, Dortal, Vergin: ce qui produit un total de 21 partants pour 27 arrivants.

Ces chiffres montrent de quel côté s'était tournée l'activité du directeur. Il s'occupait surtout de reconstituer sa troupe, reprenant quelques ouvrages pour permettre aux nouveaux venus de s'essayer, multipliant mais ne prolongeant pas ces essais, et renonçant le plus vite possible aux sujets qu'il reconnaissait médiocres ou inutiles à son théâtre. Or, la presse, ne voyant pas encore les

résultats de cette campagne, le harcelait vivement, et plusieurs se faisaient remarquer par l'aigreur de leurs attaques. Les uns lui reprochaient ironiquement de présenter comme des nouveautés *la Dame blanche* ou *Zampa,* et d'avoir l'air de découvrir Hérold ou Boieldieu; les autres remarquaient sèchement qu'avec *Cinq-Mars, Bathyle, Mam'zelle Pénélope* et *la Surprise de l'Amour,* les dix actes nouveaux et réglementairement exigés par le cahier des charges n'étaient pas atteints, même en comptant *Cinq-Mars* pour cinq actes, et *Mam'zelle Pénélope* pour une œuvre inédite.

Dans son rapport sur le budget des Beaux-Arts, présenté à la Chambre des députés, M. Tirard s'associait en partie à ces critiques lorsqu'il écrivait: « Sans méconnaître la situation particulièrement difficile de l'Opera-Comique, et sans vouloir user d'une rigueur excessive, votre commission estime cependant que l'administration ne devra consentir que dans une faible mesure la diminution de ces obligations. Il ne faut pas perdre de vue, en effet, que les subventions accordées par l'État ont pour but principal de favoriser l'interprétation des œuvres des jeunes auteurs et qu'il importe, par conséquent, de ne pas les sacrifier complètement aux œuvres de l'ancien répertoire. » A ce blâme indirect, le rapporteur apportait du moins un tempérament assez juste lorsqu'il ajoutait: « L'administration desBeauxArts, eu égard aux difficultés qu'a rencontrées le directeur au début de son entreprise, a pensé qu'il était nécessaire de lui accorder un certain crédit et de ne pas exiger, pour la première année, la totalité des pièces nouvelles imposées par le cahier des charges. »

Une année n'était pas perdue, en effet, lorsqu'elle avait rappelé, pour ainsi dire, à la vie théâtrale, un petit maître et un grand, depuis longtemps silencieux; lorsqu'elle avait mis en lumière des artistes tels que MM. Engel, Dereims, Fugère et Ml" BilbautVauchelet. Sans doute, les résultats financiers n'étaient pas encore très brillants; toutefois, de 912,794 fr. 85 en 1876, ils passaient à 931.302 fr. 87, donnant ainsi, pour

1877, une augmentation de 18,508 fr. 02. M. Carvalho avait semé pour recueillir, et, presque aussitôt, la récolte donna des fruits inespérés. Le public avait rappris le chemin du théâtre, et l'année de l'Exposition Universelle allait rouvrir une ère de prospérité que n'avait pas connue la précédente direction et qui compte parmi les plus fructueuses dans l'histoire de la seconde salle Favart.

CHAPITRE VII

LA DIRECTION CARVALHO *Jean de Nivelle* et *l'Amour médecin.* Reprise de *la Mute enchantée.* (1878-1880)

Si l'année 1878 compte parmi les plus prospères de la salle Favart, elle marque une date néfaste dans l'histoire des théâtres de musique à Paris; avec elle en effet disparurent le Théâtre-Italien et le ThéâtreLyrique, rapprochés par la communauté de l'infortune.

Après avoir monté, durantune exploitation de vingt et un mois, *Dimitri, le Timbre d'argent, le Bravo* et surtout *Paul et Virginie,* dont les représentations avaient été très fructueuses, Albert Vizentini, écrasé par des charges dont la plupart étaient antérieures à sa direction, renonçait à son privilège, et le 2 janvier 1878, à la suite d'une représentation de l'ouvrage de Victor Massé, la Gaîté, qui abritait alors le Théâtre-Lyrique national, fermait ses portes. Léon Escudier, directeur du Théâtre-Italien, tentait de relever à la salle Ventadour la fortune de l'entreprise. Il inaugurait par *le Triomphe de lapaix,* de M. Samuel David, des auditions « en habit noir » destinées à l'insuccès, et montait *le Capitaine Fracasse* de M. E. Pessard, qui méritait de vivre; bientôt ii succombait à la tâche, et arrêtait le 8 août la marche des spectacles. Désireux de jouer *les Amants de Vérone,* où d'ailleurs il se montra parfait, Capoul reprenait l'affaire à son compte, sous le nom de Théâtre-Ventadour; mais le 15 décembre 1878, l'ouvrage dumarquis d'Ivry était suspendu à la vingt-huitième représentation, et l'on apprenait qu'un financier, M. de Soubeyran, avait acheté l'immeuble au prix de trois millions cent quarante mille francs. C'en était fait du même coup et du Théâtre-Italien et du ThéâtreLyrique. L'un et l'autre ne devaient plus renaître qu'à derares intervalles, et avec des chances diverses. Leur cours régulier était interrompu; l'Etat n'apportait plus son concours sous forme de subvention, et ces apparitions momentanées, suivies d'éclipses prolongées, ne pouvaient, sauf de rares exceptions, durer que le temps nécessaire aux imprudents directeurs pour user leur patience et leurs fonds.

Il est superflu d'insister ici sur l'importance du vide causé par cette double disparition. Le Théâtre-Italien, un peu modifié, aurait pu avoir pour mission d'importeren France lesœuvres non seulement de l'Italie, mais de l'Allemagne et de la Russie; il était même appelé, en devenant « international », à rendre forcément d'importants services. Quant au ThéâtreLyrique, il est depuis longtempsjugé indispensable, et tout le monde demande qu'il renaisse, quoique d'ailleurs personne ne l'aide à vivre. Or la perte de ces deux rivaux était un double gain pour l'OpéraComique. Le public, chassé de Ventadour, refluait tout naturellement vers la place Boieldieu, et le survivant trouvait de quoi s'enrichir dans les dépouilles des défunts. M. Carvalho s'adjoignit en effet plusieurs artistes qui allaient obtenir, grâce à lui, de grands succès: tels MM. Talazac, Taskin, Grivot, M Heilbron, Engally et Mézeray. En outre, il recueillit des ouvrages que M. Vizentini avait reçus et dont quelques-uns devaient ainsi fournir une carrière honorable ou même brillante sur une autre scène que celle à laquelle leurs auteurs les avaient destinés. Laissant de côté *la Courte Échelle* et *l'Aumônier du régiment*, citons *la Statue, Psyché* que devait interpréter Bouhy, *Jean de Nivelle*, reçu dès 1877, et *les Contes d'Hoffmann*, distribués la même année à Bouhy, Lhérie, Grivot, M" Heilbron et Engally. On voit que l'héritage du Théâtre-Lyrique avait son prix.

Quelques mois s'écoulèrent avant que l'Opéra-Comique le recueillît, car la première partie de l'année fut presque tout entière occupée par des remises au répertoire d'ouvrages anciens nouvellement distribués. Le 10 janvier, on reprit ies Mousquetaires *de la Reine,* avec MTM" Chevrier (Berthe), Decrois (la grande maîtresse), Bilbaut-Vauchelet, à qui le rôle d'Athénaïs servait de second début, MM. Barré (Biron), Dufriche (Roland) et Engel, succédant à Dereims, qui avait répété le rôle d'Olivier jusqu'à la répétition générale inclusivement, et s'était trouvé au dernier moment dans l'impossibilité de chanter. A cette époque on écrivait déjà: « M. Engel, c'est l'homme-ressource, le ténor en tout cas, le *Deus ex machina* quiapparaît toujours subitement pour sauver la situation. Dès qu'un de ses camarades est subitement atteint d'un enrouement, d'un rhume ou d'un mal de gorge, M. Engel qui, lui, ne s'enrhume jamais, est immédiatement affiché, sans qu'on songe même à lui demander avant s'il sait le rôle. Ce serait d'ailleurs inutile. M. Engel sait tout. » Les années ont passé et ses exploits dans ce genre ont eu l'Opéra pour théâtre; il est demeuré le terre-neuve des pièces en souffrance et la providence des directeurs dans l'embarras.

L'ouvrage d'Halévy subit, le 26 juillet, un changement de distribution; Stéphanne prit la place d'Engel, et M" Ploux celle de Ml" Bilbaut-Vauchelet; les rôles de Berthe et de Rolaud échurent à deux débutants, M" Dumas-Perretti et M. Choppin. La première, quoique déjà madame, avait encore l'apparence d'un enfant, et sa voix semblait aussi frêle que sa personne. Le second, doué d'un bon organe de basse, arrivait de Toulouse, mais sans posséder l'aplomb qu'on est convenu de prêter à ses compatriotes; son émotion ne permit guère d'apprécier son talent, et l'épreuve n'eut pas de lendemain: les deux nouveaux venus n'avaient paru que pour disparaître aussitôt.

Après *les Mousquetaires de la Reine,* on revit *les Diamants de la couronne* briller d'un éclat tout nouveau le 15 février, avec M Bilbaut-Vauchelet, dont ie talent, fait d'élégance et de charme, reçut alors la pleine sanction d'un succès unanime. Avec elle et M"" Mézeray, qui reprit le rôle le 25 décembre, avec Legrand et Fugère remplaçant Robert Jourdan et Potel, qui quittaient le théâtre, avec les autres artistes qui avaient figuré dans la dernière reprise, les deux seules représentations de l'année précédente se changèrent en *cinquante-deux,* cette année-ci, *Fra Diavolo* reparut, lui aussi, le 1 mars, avec M Ducasse (Zerline), Nicot (Lorenzo), et, dans le rôle principal, Dereims, qui peu après devait résilier, ainsi que sa femme, laquelle, engagée, n'avait jamais débuté.

Entre temps, le 19 janvier, M. Emile Pessard abordait une seconde fois l'Opéra-Comique avec un acte en vers, intitulé d'abord *le Chariot* et finalement *le Char.* Il avait pour librettistes deux fins poètes et lettrés délicats, Paul Arène et Alphonse Daudet, qui d'ailleurs travestissaient sans le moindre respect l'histoire et la philosophie, en la personne d'Alexandre et d'Aristote. Lejeuneprincecontaitfleurette à une belle esclave, et l'esclave bernait le précepteur qui voulait s'interposer, en finissant par lui mettre le mors aux dents et l'atteler à un char sur lequel elle montait, ainsi que son jeune amoureux: posture fâcheuse, qui réduisait le philosophe au silence et l'obligeait à cacher au père les fredaines de son fils. Cette petite histoire dont la morale, renouvelée des Grecs, est que l'amour courbe indifféremment sous ses lois barbes grises et mentons imberbes, avait été contée assez gaiement par le compositeur, qui, le soir dela première, laissait deviner quelque émotion. Alphonse Daudet ne pouvait le rassurer, car, se souvenant sans doute qu'il avait écrit *les Absents* pour l'Opéra-Comique, il brillait ce soirlà par son absence. C'était donc l'excellent frère, qui a toujours fait mentir le vers bien connu

Il n'est pour se haïr rien tel qu'être parents, c'était Hector Pessard, alors directeur de la presse au ministère de l'intérieur, qui tenait ces propos encourageants:

« Que crains-tu? ça va à merveille, ton *Char* marchera comme sur des roulettes...

— Eh parbleu! — ripostait Emile — je comprends que cela te paraisse peu de chose, à toi qui es attelé au char de l'Etat! »

Malheureusement, ce musicien semble affligé d'une déveine persistante, et, cette fois encore, malgré l'entrain de sa partition, malgré les bons interprètes qui s'étaient attelés, c'est le cas de le dire, à sa cause, Maris, un amusant Aristote, remplaçant Bernard qui avait dû créer le rôle,M' Galli-Marié et Irma Marié, réunies comme dans *la Surprise de l'Amour,* suppléées peu après par M Chevalier, Ducasse et Clerc, mais figurant tout d'abord un espiègle Alexandre et une gracieuse Briséis, *le Char* s'embourba et ne put rouler que quatorze fois.

Tout autre devait être la fortune de *l'Étoile du Nord,* ouvrage qui semble le complément obligé des Expositions Universelles, si l'on songe que, joué toute l'année 1855, il fut repris en 1867 et en 1878. M. Paravey a donc manqué à toutes les règles d'usage lorsqu'il l'a oublié en 1889. M. Carvalho connaissait la tradition, et il la mit en pratique, le 26 mars, avec les éléments qu'il avait sous la main et dont plusieurs étaient excellents; seulement, il arriva, cette fois, que les petits rôles étaient mieux tenus que les grands: l'accessoire l'emportait sur le principal. M Bilbaut-Vauchelet était une Prascovia délicieuse; Nicot et Chennevière un Danilowitz et un Georges mieux que convenables; Queulain, un amusant Gritzenko, prenant la place de Bacquié, une basse qui avait appartenu àl'ancien Théâtre-Lyrique, et qui débuta le 5 avril dans *la Dame blanche* (rôle de.Gaveston); Fùrst enlevait crânement les couplets de la cavalerie; les chœurs avaient été bien stylés par Heyberger, la fanfare par Maury et l'orchestre par Danbé; mais Giraudet parut un Peters tout juste suffisant, et la nouvelle Catherine ne rappelait que de loin ses devancières, M Vanden Heuvel-Duprez, Ugalde et Cabel. Engagée sur les instances spéciales de M. Jules Beer, neveu du compositeur, M" Cécile Ritter arrivait, précédée d'une réputation que lui avaient value les cent représentations de *Paul et Virginie* au Théâtre-Lyrique; or, la jeunesse et la grâce ne suffisaient pas pour gagner cette partie si difficile, et le manteau de la czarine parut trop lourd à ses frêles épaules. Le public, qu'indisposent volontiers les

prétentions exagérées des artistes, lui sut mauvais gré d'avoir refusé de paraître à la Gaîté, sous les traits de Virginie, à moins de 800 francs par soirée; il marchanda son talent et transforma son début en échec. Une indisposition survint à point pour amener un congé d'abord, la résiliation ensuite, et au bout de quatre représentations on eut recours à la virtuosité éprouvée d'une cantatrice M Isaac, qui avait traversé l'Opéra-Comique cinq ans auparavant, et avait chanté, depuis, les premiers rôles à Lyon, aussi bien qu'à Bruxelles. La sûreté de ses vocalises, la correction de son style, la pureté desa méthode la désignaient pour briller à Paris, et, quand elle se fut montrée, le 16 avril, dans *l'Étoile du Nord,* elle assura du même coup le succès de sa «arrière et celui de la reprise de l'ouvrage, qui réalisa, le 26 octobre, l&plus forte recette de l'année, avec 8.409 fr. 56 c.

C'était pour l'Opéra-Comique une recrue dont la valeur ne pouvait être balancée que par celle d'un nouveau ténor qui, pendant dix ans, devait tenir à la salle Favart la première place en chef et sans partage, Talazac. A peine eut-il paru, qu'on admira l'éclat et la pureté de sa voix. Le chanteur se défiait d'abord du comédien, puisqu'il avait stipulé dans son engagement qu'il jouerait des rôles « sans parlé »; mais l'artiste triompha bientôt de ses premières hésitations et les compositeurs se disputèrent dès lors un pareil interprète. En dix Sans de séjour à l'OpéraComique, il fut de sept importantes reprises, *la Statue et Haydèe (1878), Roméo el.Juliette et la Flûte enchantée* (1878), *Joseph* (1882), *Richard Cœur de Lion* et *la Traviata* (1886); et il n'y eut pas de grand ouvrage nouveau dont il ne créât le rôle principal, comme on peut s'en convaincre en relisant les titres suivants: *Jean de Nivelle* (1880), *les Contes d'HofTmann(l88), Galante Aventure* (1882), *Lahmé* (1883), *Manon* (1884), *Diana et une Nuit de Cléopâtre* (1885), *Egmont* (1886), *le Roi* d'Fs(1888).

Sorti du Conservatoire après avoir obtenu un premier prix de chant, en partage avec Sellier, un camarade de la classe Saint-Yves Bax, un second prix

d'opéra-comique (classe Mocker) et un second prix d'opéra (classe Obin), Talazac s'était déjà fait connaître en chantant bon nombre de fois, aux concerts Colonne, la partie de Faust dans *la Damnation,* et M. Vizentini l'avait engagé à la Gaîté où, après une indisposition de Duchesne pendant les répétitions, il se proposait de le laisser débuter dans *la Statue.* Faisant d'une pierre deux coups, M. Carvalho se hâta de prendre l'ouvrage et l'interprète, qu'il produisit ensemble le 20 avril.

Il y avait dix-sept ans, presque jour pour jour (11 avril 1861), que *la Statue* avait fait son apparition au Théâtre-Lyrique, et les amateurs n'en avaient pas perdu le souvenir. On sait que le point de départ du poème se trouve dans *les Mille et une Nuits;* on sait aussi, grâce à certaine découverte malicieuse faite par M. Adolphe Jullien, que les librettistes Michel Carré et Jules Barbier avaient puisé la donnée première et les principaux épisodes de leur scénario dans une pièce du Théâtre de la Foire, intitulée *la Statu» merveilleuse;* Le Sage et d'Orneval l'avaient tirée des contes arabes, et elle fut jouée à la foire Saint-Laurent en 1720, par la troupe des danseurs de corde de Francisque. La partition originale et colorée de M. Reyer était chantée cette fois par MM. Talazac (Sélim), Dufriche (Amgiad), Maris (Kaloum-Barouck), Barnolt (Mouck), Ml Chevrier (Margyane) qui formaient un ensemble remarquable. La reprise n'aboutit pourtant qu'à dix représentations.

Psyché en obtint vingt-neuf. C'était la troisième grande reprise à laquelle se livrait M. Carvalho en l'espace de trois mois, et ce déploiement d'activité avait eu pour conséquence de répartir les études en trois locaux différents. Pour ne point se gêner réciproquement, on répétait à la fois *l'Étoile du Nord* à la salle Favart, *la Statue* à la salle Frascati, qu'on avait louée provisoirement à cet effet, et *Psyché* sur la scène du Conservatoire, prêtée par M. Ambroise Thomas avec une complaisance qui s'explique d'ellemême.

Le compositeur avait, pour la circonstance, retouché son œuvre de telle sorte qu'elle différait sensiblement de celle qu'on avait entendue en 1857. Il l'avait transformée en grand opéra, croyant qu'elle allait prendre pied au Théâtre-Lyrique de M. Vizentini. Le dialogue avait fait place au récitatif; les rôles d'Antinous et de Gorgias, tenus jadis par SainteFoy et Prilleux, avaientdisparu, comme aussi presque toute la partie comique; le troisième acte s'était accru d'un grand divertissement que les ressources chorégraphiques de la salle Favart ne permirent pas d'exécuter en entier; l'orchestre avait été revu; beaucoup de morceaux avaient subi des remaniements, coupures ou additions dont une nouvelle partition, publiée alors, permettait de se rendre compte. Bref, comme l'écrivait certain critique en un style pour le moins singulier, « C'est un véritable grand opéra qui vient de surgir de cette seconde incubation. La chrysalide a mis vingt ans à se transformer; mais elle a pris à Psyché toutes ses grâces et à l'Amour' ses ailes, pour mieux s'élever vers les hauteurs de l'Hélicon. »

Négligeant cet amphigouri, disons plus simplement que la transformation n'avait pas encore été assez complète, et que le mélange de deux styles donnait à l'ensemble un caractère un peu disparate, sans que d'ailleurs l'intérêt de la pièce se fût développé. Tout avait du reste été mis en œuvre pour assurer le succès de cette soirée du 19 mai: décors superbes et charmants costumes; élèves du Conservatoire figurant les nymphes du second acte; sujets exercés, comme Prax et Collin, tenant une partie de simples choristes dans le finale du premier acte; petits rôles bien remplis par Bacquié (le roi), Chenevière (le berger), M Irma-Marié jouant Bérénice au lieu de M Donadio-Fodor, et cette dernière jouant Daphné au lieu de Ml Chevrier. Trois artistes complétaient cette distribution: Morlet (Mercure), Me Heilbron (Psyché), M Engally (Eros), et ces deux dernières arrivaient précédées d'une véritable réputation, l'une rentrant à son premier théâtre, l'autre y faisant ses débuts. Ml Heilbron était fort émue tout d'abord; mais ce genre d'émotion, passé chez elle à l'état de coutume quand il s'agissait d'une création, disparaissait

dès que la seconde représentation avait paru sur l'affiche, et l'on pouvait alors applaudir sans réserve sa voix dramatique et sa mimique expressive. M" Engally fut moins favorablement accueillie. L'apparition de ce contralto russe, élève de Roger, avait produit un grand effet au Théâtre-Lyrique dans *Dimitri, Martha, Paul et Virginie.* Al'Opéra-Comique, on reconnaissait encore la magnificence de ses notes graves, mais on était choqué de cette absence de style qui laissait trop de place au caprice et ne donnait au jeu et au chant rien de pondéré ni de fondu.

Ces qualités étaient précisément celles d'une débutante qui se produisit quelques jours après, le 27 mai, dans *le Pré aux Clercs,* M Cécile Mézeray. Fille d'un chef d'orchestre du grand théâtre de Bordeaux, la nouvelle Isabelle était une excellente musicienne, dont le nom demeure attaché à l'histoire de la salle Favart par le service qu'elle y rendit plus tard, le 8 novembre 1884, en prenant, au cours même de la représentation, le rôle de Rosine que Mll e Van Zandt ne pouvait plus continuer à jouer. C'était précisément dans *le Barbier de Séville* qu'elle avait fait ses premières armes au Théâtre-Lyrique, l'année précédente. Après une saison à Lyon, elle entrait à l'Opéra-Comique, et, dans *le Pré aux Clercs* comme à la fin de l'année, le 25 décembre, dans *les Diamants de la Couronne,* elle montrait une souplesse de talent qui lui assurait une bonne place dans le théâtre auquel elle est demeurée fidèle et attachée jusqu'au jour de l'incendie. Un autre fidèle, sauf son court passage à l'Opéra en 1879, est M. Bertin, agréable ténor, qui arrivait de Bruxelles, et parut avec succès pour la première fois, le 20 juin, dans *le Postillon de Lonjumeau.* Un second débutant, sous les traits du marquis, donnait ce même soir la réplique au nouveau Chapelou; il s'appelait Dalis et venait de l'Odéon, où il tenait l'emploi des financiers. L'Opéra-Comique l'attirait, mais ne le retint pas: quelques jours après, son rôle était repris par Davoust.

On devine qu'en cette année d'Exposition Universelle le directeur ne songeait pas à la clôture habituelle des

deux mois de vacances. C'est tout juste s'il avait supporté patiemment la fermeture pendant les jours dela semainesainte, puisqu'il avait obtenu du ministère la permission de rouvrir dès le samedi pour la reprise de *la Statue.* On pensait qu'il aurait profité de la circonstance pour faire quelques travaux d'appropriation dont la commission du budget avait reconnu l'utilité, car, disait le rapporteur, M. Tirard, « la vétusté du mobilier, la dégradation des peintures et des tentures, la poussière suffocante qui s'échappe de tout les points de la salle et l'insuffisance de l'éclairage ont été depuis longtemps signalées. Cet état provient de ce que le théâtre de l'Opéra-Comique appartient en nue propriété à l'Etat, et quela Société, qui est locataire emphytéotique, est à fin de bail. » Cette dernière remarque expliquait que l'on fît la sourde oreille à la direction des bâtiments civils, lorsque, fixant le chiffre des travaux nécessaires à 103.315 francs, elle en mettait 26.000 à la charge de ladite société. On préférait attendre de part et d'autre; on remit les grands travaux à l'année suivante et l'on se contenta pour cette fois de renouveler quelques sièges, ayant soin seulement d'augmenter le nombre des fauteuils d'orchestre par la suppression des banquettes destinées au parterre: c'était un supplément de recette tout trouvé, à une époque où les étrangers affluaient dans la capitale et où l'on encaissait de sérieux bénéfices malgré l'insuccès continu des nouveautés. Des trois qui marquèrent le dernier semestre de 1878, une seule, *Suzanne,* atteignit le chiffre honorable de trente représentations; on arrêta *les Noces de Fernande* à la huitième, et *Pépita* ne put dépasser le chiffre de quatre.

Elle était pourtant entourée de bien des sympathies lorsqu'elle vint au monde, le 13 juillet, cette pauvre *Pépita.* D'abord, les auteurs avaient su se créer de nombreuses amitiés dans les postes qu'ils occupaient, car ils étaient, tous les trois, fonctionnaires de l'Opéra: Nuitter, archiviste; Jules Delahaye, secrétaire; Léon Delahaye, chef du chant. Un quatrième fonctionnaire était, ou plutôt avait été M. Carvalho luimême, qui, peu d'années auparavant, avait prêté à l'Académie nationale de musique le concours de son expérience et qui avait pu apprécier dans le service le mérite de MM. Delahaye père et fils. On raconte même que lorsque Léon venait jouer à Jules les fragments de son ouvrage, au fur et à mesure qu'il les composait, l'audition se donnait dans le cabinet de M. Carvalho, où se trouvait un piano. Les compliments naissaient d'eux-mêmes, et ce témoin eut l'imprudence de s'écrier une fois: « Vraiment, mes amis, je ne regrette qu'une chose, c'est de n'être plus directeur de théâtre, car je serais heureux de monter cette pièce-là. » Devenu directeur il se trouva pris au mot, et s'exécuta galamment en faisant répéter ces deux actes dès 1877, avec Nicot, Potel, Bernard, Thierry M' Ducasse et Vidal. Les mois passèrent, et trois des artistes aussi: Potel, qui fut remplacé par Fugère (l'Alcade), Thierry par Davoust (Quertinos), et M Vidal (Hermosa), par une débutante, M Angèle Godefroy, qui avait appartenu à l'Opéra, au Théâtre-Lyrique, et joué les dugazons en province. Enfin au bout d'un an et plus, on vit cet ouvrage qui ressemblait fort à une opérette, avec ses deux cousines dont l'aînée prend pour elle les sérénades adressées à la cadette par un bel officier anglais, et ses neuf toréros aspirants-époux qui se réunissent un moment à l'alcade pour chanter « Nous sommes dix... simulons! » La découverte de la vérité, puis le mariage de la première cousine avec l'oncle, gouverneur de Gibraltar,, où se passe l'action, et de la seconde avec le neveu, afin de réparer les dommages de ce double enlèvement, formaient une intrigue légère à laquelle le compositeur avait cousu les refrains d'une musique plus légère encore. Sorti du Conservatoire cinq années auparavant avec un premier prix de piano, un premier prix d'harmonie et un accessit de fugue, M. Léon Delahaye s'en est tenu à ce premier et unique essai dramatique.

Plus malheureux dut être encore, vu l'importance de l'ouvrage, M. Deffès, lorsqu'il vit sombrer *les Noces de Fernande*. Il avait pourtant deux habiles librettistes pour collaborateurs, Sardou et de Najac, mais la pièce semblait née quand même sous une mauvaise étoile. Tout d'abord elle fut présentée en 1871 à M. du Locle, alors directeur; elle s'appelait *un Jour de noces* ; elle fut refusée. Quand le Théâtre-Lyrique ouvrit ses portes en 1876, on l'offrit à M. Vizentini, alors directeur; elle s'appelait *une Nuit de noces* ; elle dormit dans les cartons. Le 19 novembre 1878 elle s'éveilla enfin dans la salle Favart.

Le public eut grand'peine à débrouiller, surtout au troisième et dernier acte, les fils emmêlés de cet! imbroglio. Pour comble de malchance, *les Noces de Fernande* offraient quelques points de ressemblance avec une opérette qui brillait alors de tout son éclat, *le Petit Duc.* On y retrouvait ce fameux couvent de femmes dirigé par une plaisante abbesse et servant de refuge à une jeune mariée ravie à son époux; on y assistait à ce double travestissement, dont l'effet est si dangereux par l'équivoque qui en résulte, de la femme jouant un rôle d'homme et s'affublant, au cours de l'action, de vêtements féminins. On disait même que la première représentation avait été reculée avec l'espoir que ces concordances purement fortuites seraient moins remarquées. La vérité est qu'on ne prit qu'un médiocre plaisir à l'histoire de cette Fernande dont le mari doit se cacher, le jour même de ses noces, parce qu'il a blessé en duel l'infant de Portugal, et qui cherche asile dans une maison religieuse où pénètrent librement l'infant et Arias, un autre amoureux. Celui-ci, par ruse, s'empare de la belle et fait casser le mariage à son profit; celui-là se charge d'en faire recoller les morceaux, en tuant Arias et en rendant noblement l'épouse à l'époux. Quelques couplets agréablement tournés, et bien chantés soit par M Galli-Marié (l'infant), soit par M Chevrier (Fernande), soit par Engel, Morlet ou Barnolt (don Enrique, Arias, Ridendo) ne pouvaient suffire à sauver l'ouvrage. En vain les auteurs, par une exception à toutes les règles en usage, eurent-ils l'idée de reconvoquer la presse à la quatrième représentation, pour juger des modifications apportées depuis la première. On ne put que donner raison à Sardou et admirer le flair de cet auteur, d'ordinaire impatient et nerveux quand il livre bataille, mais cette fois assez tranquille pour n'en pas même attendre le résultat, comme le prouve cette amusante note, retrouvée dans un journal: « Après la répétition générale qui a eu lieu la semaine dernière, Sardou était *tellement fixé* sur le sort de son ouvrage qu'il a pris le rapide et qu'il est parti pour Nice, où il va terminer la grande comédie qu'il destine au Théâtre-Français. »

M. Cormon, l'un des librettistes de *Suzanne,* n'avait même pu assister, pour cause de maladie, aux répétitions de son ouvrage. Quand il vint à la première, le 30 décembre, il ne fut pas peu surpris de voir les modifications que la pièce avait subies; il en conçut un tel dépit qu'il renonça désormais à travailler pour la salle Favart, et que *Suzanne* se trouve ainsi le dernier opéra-comique de l'homme d'esprit qui compte à son actif *les Dragons de Villars, le Chien du jardinier* et *le Premier jour de bonheur.* Ce détail de coulisses donne l'explication de bien des lacunes ou défaillances.de ce livret qui, sans rien perdre de son caractère sentimental, avait peut-être, en son originale version, plus de mouvement et d'intérêt.

Une jeune Anglaise, intelligente, studieuse, mais romanesque, s'échappe du domicile de sa tante et s'aventure sur les grandes routes, où elle rencontre un jeune étudiant de Cambridge qui lui propose de le suivre, d'endosser l'habit masculin et d'entrer à l'Université. Elle accepte, et tout va bien jusqu'au jour où les étudiants découvrent le sexe de leur camarade et font scandale. Par dépit, Suzanne se lance dans la vie de théâtre et devient une actrice célèbre; par dépit aussi, Richard s'engage dans la marine et devient officier. Au bout de longues années, l'un revient des Indes à temps pour empêcher l'autre d'é pouser un noble lord, et le roman d'amour ébauché jadis se termine le plus moralement du monde par un mariage. Avec *Suzanne,* M. Paladilhe prenait sa revanche du *Passant* et de *l'Amour africain.* De gracieuses mélodies, telles que la romance dite par Nicot au premier acte, « Comme un oiseau », et bissée par acclamation, des chœurs et ensembles bien sonnants, un caractère général de sensibilité fine et distinguée, recommandaient la partition à l'estime des connaisseurs. Parmi les ouvrages du compositeur, c'est peut-être celui-là qui supporterait le plus heureusement l'épreuve d'une reprise. Il faudrait seulement retrouver l'équivalent de M Bilbaut-Vauchelet, dont le rôle de Suzanne était la première création, et qui s'y montra charmante en tout point, à côté de Barré (Dalton), Maris (Peperley), Ml" Ducasse (Eva), M Feitlinger et la petite Riché qui débutaient, la première dans le menu rôle de Ketty, la seconde sous les traits de Bob, un petit groom comique; il faudrait probablement retoucher quelque peu les trois actes de MM. Lockroy et Cormon et peut-être revenir à la version primitive; il faudrait encore diminuer la part de virtuosité faite à la chanteuse; il faudrait enfin ne plus mettre, dans un premier acte qui se passe aux environs de Londres, un décor de *Cinq-Mars* où se percevait distinctement à l'horizon le château de Saint-Germain, de sorte qu'au moment où le ciel s'obscurcit et le tonnerre éclate, un mauvais plaisant pouvait faire rire ses voisins en s'écriant: « T iens! l'orage est sur le Vésinet! »

Une reprise, venant s'ajouter à tant d'autres, avait encore marqué le dernier mois de 1878. Pour utiliser le talent de M Engally qui, depuis *Psyché,* n'avait plus guère occasion de se montrer, on remit à la scène *Galathée* (4 déc.), et, faisant retour à la distribution d'origine, on lui confia le rôle de Pygmalion, qu'avait établi M"" Wertheimber. M Isaac fut une Galathée des plus correctes, Barnolt un Midas suffisant, et c'est à peine si l'on remarqua, dans le rôle de Ganymède, un revenant, M. Caisso, qui arrivait du Théâtre-Lyrique où il avait, comme second ténor, rendu d'appréciables services. Une autre apparition, moins remarquée encore, fut celle d'un baryton qui devait plus tard occuper l'attention de la presse et finir lamentablement, après avoir obtenu, non plus comme chanteur, mais comme directeur, de notables succès, M. Paravey. Il avait été engagé pour remplacer Bouhy dans une reprise de *Paul et Virgi-*

nie, qu'on projetait de faire alors; mais il appartenait encore au Théâtre de Bordeaux, et c'est au cours d'un voyage à Paris qu'il eut l'idée de s'essayer dans *Mignon,* le 28 août. Quelques rares critiques constatèrent que ce Lothario était encore « jeune et inexpémenté »; la plupart gardèrent le silence; ils se sont rattrapés depuis.

Comme on le voit, en résumé, l'année 1878 avait été plus féconde en reprises qu'en nouveautés; elle avait successivement inscrit à son actif la 1200 représentation du *Pré aux Clercs,* et bientôt après, la 500 de *Mignon,* celui de tous les ouvrages qu'on avait le plus joué avec *l'Étoile du Nord;* elle.avait vu se continuer, mais lentement encore, l'usage des matinées dramatiques, dont cinq eurent lieu, sans parler de celle du 10 janvier, rapportant 12,544 francs et donnée au bénéfice de Bouffé, avec le concours du bénéficiaire et d'artistes de divers théâtres, notamment de la Comédie-Française; elle avait fait encaisser au théâtre la somme respectable de 1,589,134 fr. 58, chiffre qui dépassait même celui qu'on avait atteint lors de la précédente Exposition universelle, puisqu'on avait réalisé, du 1 mai 1867 au 31 octobre 1867, 856,027, fr. 65, et du 1" mai 1878 au 31 octobre 1878, 946,295 fr. 24, soit, en faveur de cette dernière, une différence de 90,267 fr. 59; elle avait surtout permis de compléter les cadres d'une troupe qui, avec des chefs de file comme M Isaac, Bilbaut-Vauchelet, Mézeray, Galli-Marié, MM. Talazac, Nicot, Fugère et Taskin, dont les débuts étaient imminents, assurait aux œuvres sérieuses ou légères une interprétation toujours soignée et souvent remarquable.

On put s'en convaincre par la réussite des deux reprises qui résument presque à elles seules l'histoire de l'année 1879; en effet, pour *Roméo et Juliette* 30 soirées, et 55 pour *la Flûte enchantée* donnent un total de 85, soit exactement le tiers des représentations, puisque, pour cause de réparations, la salle resta fermée près de quatre mois.

Dans l'ouvrage de M. Gounod (27 janv.), Talazac et M Isaac étaient d'excellents protagonistes. Il suffit de

citer en outre Barré (Mercutio), Fûrst (Tybalt), M Ducasse (Stefano) et Bacquié (le duc), remplacés plus tard, le 18 octobre, l'une par M Engally, l'autre par un débutant, M. Carroul qui, sorti en 1879 du Conservatoire avec un deuxième prix de chant (classe Barbot) et d'opéra (classe Obin, plus en 1878 un premier accessit d'opéra-comique (classe Mocker), ne devait plus quitter la salle Favart.

Quant au drame de Shakespeare, il commençait à devenir familier à tous, puisque, sous le titre des *Amants de Vérone,* il avait paru l'automne précédent à la salle Ventadour. La musique du marquis d'Ivry n'était pas dénuée de mérite; M Heilbron s'y montrait ravissante, et Gapoul jouait, notamment, sa scène du duel avec une telle fougue, qu'il faisait dire de la pièce qu'elle obtenait un succès non pas d'estime mais d'escrime. A côté d'eux on avait remarqué, sous les traits de père Lorenzo, comme aussi dans le rôle de Lampourde du *Capitaine Fracasse,* une basse chantante à la voix bien timbrée, au jeu intelligent, avec une belle prestance et un physique avantageux. C'était M. Taskin, qui parut d'abord à la salle Favart dans *Haydée,* le 9 février; il tenait le rôle de Malipieri, tandis que celui de Lorédan était chanté pour la première fois par M. Engel; peu après, le 25 avril, il porta dans *le Caïd* le colback du tambour-major; dès lors il prit sa place dans ce théâtre, où il a rendu de grands services et où son succès ne s'est jamais démenti.

Vers le même temps, trois autres débuts se produisirent presque coup sur coup, et d'autant plus curieux à noter qu'il s'agissait de trois jeunes filles sorties en même temps du Conservatoire et toutes trois récompensées au concours de i878. M Thuillier, fille du trésorier de la Société des artistes dramatiques, avait remporté un premier prix de chant (classe Bax), et un premier prix d'opéra-comique (classe Mocker); M Dupuis, un premier accessit de chant (classe Boulanger), et un second prix d'opéracomique (classe Ponchard); M" Fauvelle, un premier prix de chant (classe Bax), sans parler d'un premier accessit d'opéra-comique (classe Ponchard) obtenu l'année précédente. Toutes trois étaient douées de mérites analogues, c'est-à-dire de qualités moyennes, compensant par leur adresse en scène, leur élégance ou leur grâce, la discrétion de leurs moyens vocaux, pouvant jouer d'ailleurs les mêmes rôles, et se suppléant au besoin. M" Thuillier débuta le 26 février dans *les Noces de Jeannette,* puis le 11 octobre dans *le Pré aux Clercs,* où elle tenait la partie de Nicette qui avait servi le 3 mars au début de M Dupuis; M Fauvélle s'éleva même, le 23 juin, jusqu'au rôle de Lalla-Roukh, qu'elle rendit l'automne suivant à M Garol. Toutes trois poussèrent la ressemblance jusqu'à se marier, étant encore à la scène, avec des artistes ou gens de théâtre: M Fauvelle épousa son camarade Talazac; M Dupuis M. Emile Blavet, le Parisis du *Figaro,* qui tient aussi, depuis la mort de Mortier, la plume du « Monsieur de l'Orchestre »; M" Thuillier M. Leloir, le sociétaire de la Comédie-Française. Les deux premières ont renoncé à la carrière dramatique, la première en 1880, la seconde en 1884; seule, M Thuillier-Leloir a persisté, mais, en 1883, elle a préféré descendre de l'opéra-comique à l'opérette.

Si M Fauvelle avait fait dans *Lalla-Rouhh* son début en quelque sorte officiel, elle avait paru pour la première fois sous la figure d'une des trois fées, le 3 avril, dans *la Flûte enchantée.* Or cette représentation marque en quelque sorte le point culminant de l'année 1879à lasalleFavart,non seulementparce que l'ouvrage de Mozart est celui qui obtint alors le plus de représentations, mais encore parce que ce succès fut assez décisif pour maintenir la pièce au répertoire pendant six années. En montant cet opéra, M. Carvalho semblait reprendre son bien, car il avait eu déjà l'initiative de le remettre en scène en 1865, lorsqu'il dirigeait le Théâtre-Lyrique: soirées mémorables où M Carvalho et Nilsson rivalisaient de charme et de virtuosité. A peine installé place Boieldieu, il méditait ce retour au passé, distribuant en 1877 les rôles de Pamina à M"" Brunet-Lafleur et de la Reine de la Nuit à M Dereims-Devriès. Mais l'année 1879 réservait au chef-d'œuvre

de Mozart une meilleure distribution: M Carvalho avait quitté l'Opéra et rentrait à l'Opéra-Comique pour faire applaudir une fois de plus sa voix toujours pure, son style expressif et classique; M Bilbaut-Vauchelet se risquait à aborder les sommets escarpés de l'air célèbre où sa devancière avait lancé victorieusement ses *fa* suraigus, et que, plus prudente, elle transposait d'un ton. Talazac chantait avec autorité la partie de Tamino; Fugère et MDucasse étaient deux amusants Papageno et Papagena; Giraudet et Queulain se tiraient à leur honneur des rôles de Sarastro et de Monostatos. Bien plus, tous les petits emplois étaient tenus par de vrais artistes, celui de Manès par Bacquié, celui de Bamboloda par Barnolt. Deux ténors suffisant pour les deux prêtres et les deux soldats; trois sprani, pour les trois fées et les trois génies. Faisant grandement les choses, M. Carvalho avait donné à chaque personnage un titulaire; pour les deux prêtres, Collin et Caisso; pour les deux soldats, Chenevière et Troy jeune; pour les trois fées, M Fauvelle, Dupuis et Dalbret; pour les trois génies, M" Thuillier, Clerc et Sarah Bonheur. Il n'est pas jusqu'au chœur des prêtres, qui n'eût été singulièrement renforcé par la présence de vingt élèves du Conservatoire, prêtés pour la circonstance. A la mise en scène enfin, décors et surtout costumes, le directeur avait apporté tous ses soins; il fut récompensé de sa peine, si l'on songe que *la Flûte enchantée* réalisa les plus fortes recettes de l'année, notamment 102,382 fr. pour les douze premières, ce qui faisait une moyenne de 8,531 francs 83 centimes.

Elles se maintinrent par la suite, avec une distribution où les changements ne portaient d'ailleurs que sur les petits rôles; c'est ainsi que le 15 novembre, Chenevière de soldat devint prêtre, Laurent passa soldat, M" Cornelis deuxième génie; Paravey, définitivement engagé, reparaissait comme humble Manès, et le croquemitaine Monostatos, trouvait pour interprète un nouveau venu, le joyeux Grivot, qui avait appartenu à la Gaîté, dont il avait suivi jusqu'alors avec fidélité toutes les transformai ions de répertoire et tous les changements de

directeurs: ces deux nouvelles recrues remplaçaient Bacquié et Queulain, dont l'engagement n'était pas renouvelé.

Comme bien on pense, la traduction adoptée pour cette reprise était celle de MM. Nuitter et Beaumont qui avait servi jadis au Théâtre-Lyrique, et dont quelques vers pouvaient faire sourire, par exemple celui-ci:

J'excelle à jouer plus d'un air mis dans la bouche de l'oiseleur qui précisément n'en joue qu'un, et le même tout le temps; ou bien encore ceux-là, qui, dits par des prêtres mêmes de la déesse Isis, affectent une morale quelque peu leste:

Quand par malheur une âme tendre
Se laisse tromper en amour,
Que faire? On n'a plus qu'à se pendre,
Ou bien à tromper à son tour.

Quant au poème, dont les librettistes avaient médiocrement respecté, il est vrai, les lignes principales, et qui d'ailleurs a toujours paru fort obscur aux spectateurs français, rappelons que l'Allemagne lui prête un sens symbolique que certains faits pourraient en somme justifier. On sait que Mozart était, comme Schikaneder du reste, franc-maçon, et franc-maçon militant, en ce sens qu'il ne dédaignait pas de travailler quelquefois pour sa « loge ». Et même, on le peut rappeler ici, son avant-dernier ouvrage, celui qui précéda le fameux *Requiem,* autrement dit le dernier qu'illui fut donné d'achever le 15 novembre 1791, c'est-à-dire dix-neuf jours avant sa mort, était une petite cantate maçonnique, formée de plusieurs morceaux pour voix et instruments. Or, le symbolisme prête une signification et par conséquent un intérêt à des scènes qui, si l'on s'en tenait au fait même mis sous les yeux, paraîtraient puériles ou inexplicables. Dépouillé de son voile mystique, l'admirable *Parsifal* devient un problème, et la figure de Kundry demeure une énigme. A l'appui de ce dire, il est curieux de signaler un document que le hasard nous a fait découvrir: c'est le programme d'une représentation *maçonnique* de *la Flûte enchantée,* donnée à la Monnaie de Bruxelles, le 24 août 1880, par le GrandOrient de Belgique. Les FF.-, organisateurs avaient fait distribuer dans la salle une notice à laquelle nous empruntons ce curieux extrait: « Voici la pensée philosophique dissimulée sous le libretto léger et gracieux du F.-. Schikaneder: Tamino et Pamina représentent l'humanité victime de l'ignorance et du vice. — L'ignorance est personnifiée par la Reine de la Nuit; le vice par Monostatos, prince nubien: ils sont naturellement alliés. Chaque fois que l'homme fait un effort vers sa délivrance, il est secouru par les forces de la nature, personnifiées par les Trois Fées dont les talismans le protègent quand il les emploie avec intelligence. — Pour se sauver définitivement du mal, l'homme a besoin d'atteindre à la sagesse, représentée par le Temple d'Isis. Il y parvient par le travail et le courage, à la suite d'initiations successives. — Si, devant les écueils de la route, l'initié éprouve une défaillance, ses frères le relèvent et lui indiquent la bonne voie. — Quand l'ignorance et son vil esclave vont accabler l'Humanité, le Grand-Prêtre sort du temple et les rend impuissants, grâce à l'esprit de lumière et de bonté. » Il n'est pas sans intérêt de noter encore qu'à part MM. Rodier (Tamino), Voulet, Boutens (deux hommes d'armes), et M Elly Warnots (Pamina), Marie Vachot (la Reine de la Nuit), Lonati (Papagena), Sylvia Rebel, Blanche Deschamps, Victoria Hervey (trois fées), les interprètes appartenaient à la loge, savoir: les FF.-. Gresse (Sarastro), Soulacroix (Papageno), Dauphin (Monostatos), Lonati (Manès), Guérin (Bamboloda), Adolphe Ghapuis et Albert Lefèvre (deux prêtres).

Point n'était besoin d'une telle exégèse pour expliquer le livret des cinq nouveautés données pendant l'année 1879; leur simplicité n'avait d'égale que leur absence d'intérêt. Deux, chacune en un acte, parurent le même soir, 27 février, la Zingarella et le Pain bis. La première, jouée par deux transfuges du Théâtre-Lyrique, M. Caisso et sa femme, M Gaisso, née Sablairolles, récemment engagée, mettait en scène le compositeur Salieri, qui, après avoir écrit une partition intitulée la Zingarella, est pris de désespoir, cache son ouvrage, et entrerait au couvent sans la jeune Fio-

rella qui l'aime, se déguise tour à tour en paysanne, en pifferaro et en moinillon pour mieux découvrir la cachette du fameux opéra, et, lorsqu'elle l'a trouvée, épouse l'auteur, touché de son bon goût sans doute et de son insistance. Sur ce canevas peu compliqué de M. Jules Moutini, M. O'Kelly, un Français d'origine irlandaise, avait brodé quelques mélodies bien simples qui n'ajoutaient pas grand'chose au bagage musical de ce musicien attaché alors à la maison Pleyel, et connu par plusieurs opérettes jouées en province, de nombreux morceaux de piano et albums de chant.

La deuxième nouveauté avait pour auteurs des hommes d'un autre mérite: MM. de Brunswick et de Beauplan étaient de vieux fournisseurs de l'OpéraComique, et celui-ci avait dû tirer de quelque vaudeville resté dans les cartons de celui-là, cette histoire d'un jeune mari, commerçant de son état, auquel sa femme épargne toutes les corvées, et qui, certain jour de désœuvrement, s'avise de conter fleurette à la Lilloise, sa servante. Repoussé d'abord, surpris ensuite, bafoué de part et d'autre, jurant qu'on ne l'y prendra plus, il console sa moitié en finissant par la comparer à un excellent pain mollet, tandis qu'à ses yeux la Lilloise demeure uu vulgaire pain bis. La partition portait, en ces quelques pages, la trace de cette élégance sobre et châtiée qui caractérise le talent de M. Théodore Dubois. L'air chanté par Fugère, avec son amusant refrain « en bâillements » imité de Grétry, un joli duo et le quatuor final où se retrouvaient les quatre interprètes de la pièce, Fugère (Daniel), Barnolt (Séraphin), M Ducasse (la Lilloise), et Chevalier (Charlotte), annonçaient un homme de théâtre chez ce musicien qui avait fait ses débuts en 1873, avec la Guzla de l'Émir aux Fantaisies-Parisiennes, sous la direction Martinet. Détail curieux: le livret du Pain bis avait d'abord été confié à Poise qui le mit en musique, et y renonça, probablement parce qu'il désespérait de le voir jouer. Pareil sort sembla menacer son successeur, si l'on songe que l'ouvrage avait été présenté à nombre de directeurs

avant d'être enfin arrêté; il s'appelait tour à tour le Pain bis et le Pain blanc, puis la Lilloise, enfin, le Pain bis tout seul; et ces diverses étapes, correspondant à des années de retard, justifiaient assez ce mot d'un plaisant: « A force d'attendre, le Pain bis eût fini par devenir le Pain rassis. »

Elle avait attendu aussi, la Courte Echelle, qui fut représentée quelques jours après, le 10 mars, car M. Vizentini l'avaitreçue au Théâtre-Lyrique, et même répétée généralement avec Engel, Lepers, Grivot, Labat, Soto, M Parent, Sylvia Rebel, cette dernière succédant à MTM" Zina-Dalti et Seveste. Comment M. Carvalho avait-il songé à sauver cette épave? Était-ce parce que, l'action se passant au temps de Louis XIII, il devenait possible d'utiliser les costumes de Cinq-Mars? Jamais, en effet, on ne saura combien de pièces n'ont dû de voir le jour qu'à une question d'accessoires, fort indépendante de leur mérite. La Courte Echelle était l'histoire de deux amis dont l'un aime la fiancée de l'autre; il faut ajouter que cet autre, le vicomte de Chamilly, ne connaît pas sa future femme, qu'on doit lui envoyer de province avec une forte dot, seul objet de ses désirs. Son ami, de Chavanne, lui ayant confié le secret de ses amours, mais sans en nommer l'héroïne, Chamilly conseille un enlèvement auquel il participe lui-même, — faisant la courte échelle. Le guet s'en mêle; on arrête les ravisseurs et la découverte des noms amène un duel entre les deux amis. Fort heureusement une tante meurt à point pour laisser son héritage à Chamilly, qui, riche, désormais, reprend sa vie de garçon, renonce au mariage et laisse le champ libre aux amoureux. Ce scénario était tiré d'une nouvelle parue jadis dans un volume intitulé la Comédie de l'amour. Puisant dans son propre bien, Charles de La Rounat avait combiné trois actes avec une dextérité suffisante, avec cette expérience que lui donnaient la longue direction de l'Odéon et un bon nombre d'ouvrages représentés aux Variétés, au Palais-Royal, au Gymnase, au Vaudeville, voire même à l'Opéra-Comique, si l'on se souvient de Pâquerette, dont

Duprato avait écrit la musique.

Son collaborateur, cette fois, avait aussi peu de chance que le précédent, et moins de talent: ce qui n'était pas pour amener le succès. Pauvre Edmond Membrée, qu'on appelait l'homme des pièces reçues, car, dès qu'un théâtre ouvrait ses portes, il s'y précipitait pour faire agréer une des nombreuses œuvres qui dormaient dans ses cartons! Il rêvait de triomphes qu'on lui décernait volontiers le jour de la répétition et qu'on lui retirait brutalement le jour de la première, ou le lendemain. *François Villon* à l'Opéra, *l'Esclave* à Ventadour, *les Parias* au Châtelet marquaient les pénibles étapes d'une'carrière où le compositeur trébuchait régulièrement et laissait chaque fois un peu de cette popularité conquise par sa romance, célèbre autrefois, *Page, écuyer, capitaine.* On remarqua dans le finale du second acte l'effet comique qui termine le second acte des *Maîtres chanteurs;* après la bagarre du guet et des ravisseurs qui venait d'emplir la scène de mouvement et de bruit, le veilleur de nuit entrait tranquillement, comme un homme qui n'a rien entendu, et, par la loi du contraste, produisait un effet comique en psalmodiant son ordinaire refrain: « Il est minuit, tout est tran . quille! » L'imitation s'arrêtait d'ailleurs à la musique exclusivement; Membrée n'avait rien de Wagner, et sa *Courte Échelle,* qui au dire de plusieurs ne l'était pas encore assez, n'eut de court que sa durée.

La musique de la quatrième nouveauté de l'année ne valait guère mieux que celle de la troisième; mais le livret avait l'avantage d'être gai, et cet avantage se traduisit par quelques représentations de plus. Cet acte, intitulé *Embrassons-nous, Folleville,* et donné le 6juin,avaitpour librettistes Auguste Lefranc et Eugène Labiche; on l'avait vu, sans musique d'abord, au Palais-Royal en 1850, et avec un succès tel que le titre était presque passé à l'état de proverbe, ou du moins de formule-scie. On se rappelle cette amusante situation de Manicamp voulant donner sa fille à Folleville qui ne la demande pas, et la refusant au comte de Chatenet qui la demande, tout cela parce que Folleville l'a tiré jadis d'un pas ridicule; Chatenet venant à lui readre un service analogue, Manicamp n'a plus qu'à partager sa reconnaissance en accordant la main de sa fille à l'un et ses accolades à l'autre. Le compositeur avait envoyé d'avance aux membres de la presse sa carte de visite, accompagnée de l'étrange notice suivante: « Avelino Valentini, élève de Rossini et de Carafa, est, lauréat du Conservatoire de musique de Paris et membre de ses jurys. Il a composé un *Stabat mater, Judith,* oratorio, diverses messes, un grand nombre de mélodies et d'ouvrages didactiques. Il a eu en outre deux opéras joués à Madrid et à Barcelone, *El Colegias* et Don *Serapie de Bodabilla.* Les morceaux les plus saillants de son opéra sont: un menuet, réglé par Ml" Marquet, de l'Opéra; un madrigal, chanté par M. Barré et un grand air dans un style *original,* chanté par M" Clerc. MM. Maris et Barnolt remplissent les deux autres rôles. » Hélas! il n'y a guère d'original que le procédé dans cette note autobiographique où l'auteur avait seulement négligé de dire qu'il était Espagnol. On retint de sa partitionnette le refrain: « Embrassons-nous », et ce fut tout.

Vers le même temps un fait se produisait qui avait une sérieuse importance pour l'histoire de l'OpéraComique. On se rappelle que la seconde salle Favart avait été, après l'incendie de la première, construite non pas aux frais de l'État, mais par les soins d'une société civile, qui avait pris les travaux à sa charge, moyennant un remboursement par annuités, à effectuer en quarante années (loi du 7 août 1839). Or, les quarante années expiraient le 1 janvier 1880; mai& l'État avait quelque avantage à devancer cette époque où la pleine propriété des bâtiments lui appartiendrait, et, représenté par son ministre des BeauxArts, M.Jules Ferry, il conclut, à la date du 14 mai 1879, une convention avec M. Masson, qui représentait, lui, les membres de la Société civile. Il y était dit notamment:

« Article premier. —.... L'État sera, à compter du 1 mai, mis aux lieu et place de la société vis-à-vis du locataire activement et passivement, c'est-à-dire qu'il aura droit au. loyer et qu'il supportera toutes les charges pour les huit mois à courir du 1 mai 1879 au 1 janvier 1880;

Étant expliqué que le loyer annuel est de 105,000 fr. et que les charges pour cette année s'élèvent au chiffre total de 29.228 fr. 15, applicables:

Pour 8.775 fr. 15 aux contributions et taxes de balayage;

Pour 20.153 francs aux assurances;

Et pour 300 francs à l'indemnité due aux héritiers Lemarrois, propriétaires de l'immeuble voisin, pour la permission accordée à la société d'étendre sur une partie de cette propriété, vers le boulevard, les dispositions architecturales de l'entrée du théâtre sur la rue Marivaux;

En un mot, l'année 1879 se trouve divisée comme revenus et comme charges, entre la société et l'État dans la proportion d'un tiers pour la Société et de deux tiers pour l'Etat.

Art. 2. — En compensation de l'abandon de huit mois de jouissance que la société fait ainsi à l'Etat, cette société est affranchie à forfait de toutes les obligations qui pouvaient lui incomber à la fin de sa jouissance emphytéotique, à quelque titre que ce soit »

Cette combinaison était avantageuse pour les deux parties: la société n'avait plus à redouter les difficultés qui, le terme échu, n'auraient pas manqué de se produire à propos de la reddition des bâtiments et du mobilier; quant à l'État, il bénéficiait d'abord de la somme afférente à huit mois de loyer, et de plus il avait la disposition de la salle, où il pouvait effectuer, pendant l'été, les réparations jugées nécessaires, et s'élevant, d'après un projet présenté à la Chambre par MM. de Freycinet et Léon Say, à la somme de 498.147 fr. 79 c., un tiers pour la remise en état du bâtiment proprement dit, les deux autres tiers pour la restauration des peintures et autres accessoires. Cette convention prit force de loi le 15 juillet, après approbation des Chambres, sur une subvention fixée, à partir de 1880, à 300.000 francs; la société d'exploitation n'avait plus à déduire dorénavant que 30.000 fr. de frais à acquitter et elle avait la jouissance d'une salle restaurée de fond en comble et vraiment remise à neuf.

Cette réfection était en effet la plus importante qu'on eût encore pratiquée depuis 1840, dans ce théâtre quehuit années seulement séparaient de l'incendie final; elle s'imposait même en ce sens que quelques réparations avaient un caractère d'urgence absolue. Le 3G mars précédent, par exemple, et certain dimanche soir, tandis qu'on remontait le lustre après la représentation, les fils qui le retenaient s'étaient rompus. Heureusement, il avait été retenu à une certaine hauteur par le tuyau de conduite de gaz et les câbles du contrepoids; l'accident n'avait donc pas eu les suites graves que l'on devait constater quelques années plus tard au Théâtre du Château d'Eau. Le plafond seul avait été crevé, mais quoique le dégât eût été provisoirement réparé, les spectateurs ne s'asseyaient pas à l'orchestre sans regarder avec effroi ce lustre de Damoclès suspendu sur leurs têtes.

Une fois commencés, les travaux furent poussés activement; à l'extérieur, la façade principale subit quelques changements, grâce à l'addition, au-dessus du portique d'entrée, d'une sorte de grande véranda en fer, destinée à élargir le foyer du premier étage et à fournir l'emplacement d'un buffet. A l'intérieur, les transformations furent plus radicales, et le Figaro les résumait ainsi: « La salle est remaniée de fond en comble: l'ouverture du cadre d'avant-scène est diminuée pour donner plus de place dans les coulisses où l'on avait peine à se mouvoir, et cela sans empiéter sur la place nécessaire aux décors. Les loges d'avant-scène sont méconnaissables; elles offrent à présent, avec le cadre de la scène et son couronne ment, un véritable modèle d'élégance, de bon goût et de richesse sans clinquant. Dans les échancrures arrondies de ce cadre sont sculptés de fastueux attributs dorés de plusieurs tons. Le centre présente une lyre gigantesque soutenue par deux Renommées. Par suite de la disposition de la salle, l'acteur en scène se trouvait éloigné des premières galeries et des fauteuils d'orchestre, au point d'être gêné dans son jeu, les spectateurs étant placés les uns trop bas,

les autres trop haut. L'architecte, pour obvier à cet inconvénient, a baissé les premières galeries, supprimé la balustrade qui leur servait d'appui et rehaussé le plancher des fauteuils... On pourra d'autant mieux juger de l'importance des embellissements de la salle que l'éclairage est singulièrement augmenté. L'accès au parterre est maintenant direct, grâce à une entrée sur le grand vestibule. Le foyer du public est décoré à neuf; construit en 1840, il était surchargé d'ornements dans le goût du temps; on l'a ramené à un caractère moins prétentieux. Le foyer des artistes, étroit et bas de plafond, a été agrandi, décoré, rendu en un mot plus digne de ses hôtes. » On ajoutait même, cruelle ironie: « Un service pour le cas d'incendie vient d'être installé. »

Désormais la salle avait, par suite des nouvelles décorations, un tout autre aspect; plus de tons crus et violents; partout des couleurs douces et harmonieuses. Comme ornements: au premier étage, des masques d'or variés sur fond rose; au second, de petits sujets en relief, tels que mandolines et violons; au troisième, sur fond bleu entouré de fleurs, des noms de librettistes, Favart, Planard, Sedaine, Scribe, et de compositeurs, Grétry, Boieldieu, Hérold, Auber. La galerie supérieure, de nuance foncée, s'harmonisait avec un plafond de J.-B. Lavastre, où l'on voyait, très heureusement groupés et très artistiquement peints, les personnages de la comédie italienne, ancêtres de Popéra-comique, faisant face aux héros des chefs-d'œuvre plus récents, Joseph, le Pré aux Clercs, l'Etoile du Nord, le Songe d'une nuit d'été, Fra Diavolo, Galathée, la Dame blanche, Lalla-Roukh, même Roméo et Juliette, qui peut-être occupait là une place plutôt due à quelque ouvrage né dans la salle Favartmême, et signé Adam ouHalévy. Pour ce dernier du moins, la famille ne garda pas rancune d'un tel oubli, puisque M Halévy offrait à l'Etat un buste de son mari, qu'elle avait sculpté elle-même, et qui fut placé immédiatement dans le grand foyer:

Au cours des remaniements de la salle, les stalles d'orchestre avaient disparu, et les deux foyers étaient devenus

méconnaissables. Celui des artistes, recevant le jour par deux grandes baies donnant sur la rue Marivaux, et orné de deux magnifiques glaces, contenait les portraits en grandeur naturelle de deux célèbres actrices de la maison, M Dugazon et Saint-Aubin, plus quatre bustes de Dalayrac, Boieldieu, Méhul et Nicolo; une logette lui était annexée où les artistes pouvaient rapidement changer de costume si les besoins de l'action l'exigeaient. Celui du public s'augmentait d'un nouveau, salon d'un effet assez disgracieux au dehors, mais formant un jardin d'hiver, au milieu duquel s'étalait un buffetMM. Rubé et Chaperon avaient remarquablement peint le foyer et le nouveau rideau de scène; MM. Lavastre et Carpezat avaient décoré l'intérieur de la salle; M. Darvaud avait sculpté les ornements du foyer, et M. Lefèvre ceux du cadre du rideau et des loges d'avant-scène. Tous ces travaux, enfin, avaient été exécutés sous l'intelligente direction de M. Crépinet, architecte du théâtre, en deux mois environ. On avait bien fermé le 30 juin, après une représentation de la Flûte enchantée; mais les ouvriers ne s'étaient pas mis à l'œuvre dès le 1 juillet, et la réouverture, reculée de jour en jour, au lieu d'avoir lieu comme d'habitude le 1 septembre, avait été reportée au 11 octobre, tandis qu'en attendant la fin des travaux, les répétitions se faisaient dans la salle du Conservatoire.

C'était un supplément de six semaines d'inaction, contre lequel les artistes du chant avaient protesté par une supplique respectueuse, mais ferme, au ministre des Beaux-Arts, lequel ne pouvait d'ailleurs rien changer en l'espèce. Les artistes de l'orchestre n'avaient pas pris part à cette manifestation, sans doute pour mieux reconnaître l'attention dont ils avaient été l'objet de la part du directeur. Le lendemain de la clôture, en effet, M. Danbé, leur chef, les avait avisés qu'un supplément d'appointements était accordé aux petits emplois, mesure bien justifiée par l'excellence et le zèle d'une troupe instrumentale dont la valeur était unanimement reconnue. Du moins le temps perdu allait être rattrapé, tant et si bien qu'en cette année 1879, sans succès de nouveauté et avec plus de quatre mois declôture, onréalisait encore 1,135,998fr. 25 centimes de recettes.

Pour l'ouverture de la salle Favart en 1840, on avait donné la 347 représentation du *Pré aux Clercs;* pour la réouverture de la même salle Favart en 1879, on donnait la 1229 représentation du même *Préaux Clercs,* c'est-à-dire qu'en l'espace de trente-neuf ans, l'ouvrage y avait été joué 882 l'ois. Ce succès continu légitimait assez l'honneur rendu auparavant à la mémoire d'Hérold, sous forme d'une plaque commémorative sur la maison de la rue d'Argout, n 10, où était né, le 28 janvier 1791, l'illustre compositeur, dont le fils se trouvait alors préfet de la Seine. Pour cette reprise, plusieurs rôles avaient été nouvellement distribués: celui de Nicette, comme nous l'avons dit, à M" Thuillier, qui s'y montra charmante, et celui de Marguerite à M" Fauvelle; M"" BilbautVauchelet prenait celui d'Isabelle, où elle avait débuté; Morlet (Comminges), Fugère (Girot), et Barré (Cantarelli) assistaient dans ses débuts le nouveau Mergy, M. Herbert, qui avait chanté à Lyon les rôles de ténor léger et qui, à défaut de style, possédait une voix agréable, autant du moins qu'on en put juger par la suite, car, le premier soir, il était visiblement ému. Un mois plus tard, jour pour jour, le 11 novembre, un autre ténor débutait dans *LallaRoukh* et devait, comme le précédent, ne plus quitter la salle Favart; M. Mouliérat, qui ne songeait guère à la musique et au théâtre lorsqu'en 1875 il faisait partie du 18 chasseurs, était entré au Conservatoire, et l'avait quitté en 1879 avec un second prix de chant (classe Bussine), un premier prix d'opéra-comique (classe Ponchard) et un second prix d'opéra (classe Obin). Lui aussi avait grand'peur le soir de son début, et ne put faire apprécier qu'en partie le charme de son organe. Un de ses camarades du Conservatoire débutait en même temps sous les traits de Baskir, M. Belhomme, de qui l'on pouvait dire que l'aspect ne répondait pas au nom, car il était de petite taille; mais sa voix de baryton ne manquait pas d'ampleur, et le jeune artiste en usait déjà avec une certaine autorité. La belle

Lalla-Roukh avait ce même soir pour interprète M" Carol, qui reparaissait après une assez longue absence, dont un accident était la cause: le 14 janvier précédent, par suite d'une fausse manœuvre du machiniste, elle était tombée dans la trappe où doivent s'engloutir Zampa et la statue, et une foulure assez grave de la cheville l'avait condamnée à plusieurs mois de repos. A cette liste de débutants et de revenants, il faut ajouter le nom de M Reine, qui fit sa rentrée le 28 décembre dans *Mignon* (rôle de Mignon).

A ce point de vue une représentation des plus intéressantes fut celle du 13 novembre, où, dans *la Dame blanche,* reparut Nicot, dont l'engagement avait failli ne pas être renouvelé et qui finalement demeurait. Or, le nouveau Georges Brown avait quitté la traditionnelle tunique bleue et le chapeau pointu agrémenté d'une plume de coq, pour arborer un frac rouge à parements et le tricorne monumental. Un premier essai de ce genre avait été tenté jadis par Nestor Roqueplan pour Warot; mais le succès n'ayant pas répondu à son altente, Emile Perrin profita des débuts de Ponchard pour revenir au costume primitif et ne plus troubler les habitudes du public, content de son héros empanaché, et indifférent alors aux questions d'exactitude historique. Avec le temps ce besoin de vérité devenait impérieux, et le public accepta cette fois très patiemment ce qu'il avait refusé jusque-là.

En revanche, ce qu'il n'accepta pas, ce fut la dernière nouveauté de l'année, un ouvrage en un acie joué pour la première fois le 22 décembre. C'était le résultat d'un concours, médiocre résultat, hélas! mais dont on ne pouvait rendre responsables les membres du jury, MM. Massenet, Guiraud, Delibes, Dubois, Lenepveu, E. Gautier. H. de Lapommeraye, de Leuven et Cormon. Ces messieurs avaient décidé tout d'abord qu'il n'y avait pas lieu de décerner le prix Cressent, dont le sort était entre leurs mains. Mais la presse s'en émut; ou soutint que le fondateur de ce prix avait entendu récompenser non pas un chef-d'œuvre, mais une œuvre susceptible d'être encouragée, l'essai d'un élè-

ve et non le travail d'un maître; bref, le ministre des Beaux-Arts prit sur lui d'attribuer le prix à la partition qu'on lui avait signalée comme la plus digne d'attention et c'est ainsi que *Bianora* vit le jour de la rampe.

Le livret de M. Chantepie est de ceux dont la naïveté provoque plus le sourire que l'intérêt. Une paysanne se trouve, on ne sait pourquoi, ressembler doublement à la Vierge qui orne l'église de son village, et par la forme du visage et par... l'insensibilité de son cœur « de pierre »; elle se rit aussi bien du noble et galant seigneur que de l'humble et timide berger. Désespéré, ce dernier, ayant nom Fantino, s'empoisonne ou du moins croit s'empoisonner avec un flacon que lui a remis, on ne sait pas davantage pourquoi, une sorte de sorcier, et qui contenait en réalité de l'eau claire. Ce projet de suicide a touché le « cœur de pierre » et tout se termine par un mariage dont le seigneur, éconduit mais bon enfant, paiera les frais en donnant une dot aux fiancés. Le rôle du pâtre mélancolique servait de début à M Luigini qui, après avoir chanté au théâtre Ventadour dans *le Capitaine Fracasse,* avait été engagée à Lyon, où elle avait créé le rôle du dauphin dans *VElienne Marcel* de M. Saint-Saëns. M Cécile Mézeray, MM. Nicot et Morlet se partageaient les autres rôles de cette pièce dont la partition était le premier ouvrage dramatique de M. Samuel Rousseau, prix de Rome en 1878.

1879

Si le public se montra sévère pour *Dianora,* il ne ménagea pas ses applaudissements, le 28 décembre, aux artistes qui se faisaient entendre dans une matinée organisée au profit des victimes des incendies d'Alger, sous le haut patronage du gouverneur général et des représentants de l'Algérie. La ComédieFrançaise avait 'apporté son concours en jouant *Un Cas de conscience* et *l'Autre Motif.* Le duo du *Comte Ory* (M Bilbaut-Vauchelet et M. Nicot), la mélodie *la Charité,* de Faure, le duo de *la Muette* (MM. Faure et Talazac), l'air de Chérubin (M Carvalho), l'air de *Joconde* (M. Faure), le quatuor de *Rigoletto* (MM. Faure, Talazac, M Carvalho et Engally) formaient les éléments principaux de cette représentation, qui rapporta près de 12,000 francs. Ce résultat était de nature à faire naître dans la pensée du directeur le désir de renouveler ces séances; on lui prêtait alors en effet le projet de donner de grands concerts dominicaux auxquels participeraient des virtuoses célèbres, des artistes de passage à Paris pouvant, par le seul attrait de leur nom, réaliser de grosses recettes. Bref, on commençait à s'occuper d'organiser plus régulièrement ces spectacles diurnes, qui, depuis, se sont multipliés de telle sorte qu'ils font partie, pendant l'hiver, des plaisirs du dimanche. L'Opéra-Comique ne pouvait manquer de suivre ce mouvement provoqué par le fameux Ballande; c'est ainsi que les matinées, au nombre de cinq en 1879, et encore intermittentes, s'élevèrent à vingt-quatre en 1880, et devinrent même presque régulières à partir du mois d'octobre. Il y avait là comme une mine nouvelle à exploiter.

C'était de plus un moyen d'augmenter le « rendement » du répertoire, et cette considération ne pouvait déplaire à un directeur qui s'est presque toujours moins appliqué à multiplier les nouvelles pièces qu'à remonter les anciennes avec tout le soin désirable. Il faut reconnaître que l'année 1879 n'était pas pour accentuer son peu de goût de l'inconnu; des cinq nouveautés, le Pain bis devait aller à 23 représentations, Embrassons-nous, Folleville, à 21;4es trois autres étaient restées en route, arrêtées, Dianora au chiffre 5, la Zingarella et la Courte Échelle au chiffre 4 I Ce résultat ne pouvait servir la cause des « jeunes »; aussi vit-on, vers ce temps, le silence définitif se faire autour de certaines œuvres dont on avait annoncé la réception et qui ne virent jamais le jour: Djemina, deux actes de M. Pierre Barbier, musique d'Hector Salomon; l'Urne, dont il était déjà question, nous l'avons dit, en 1862, un acte de Feuillet et de J. Barbier, musique d'Ortolan; la Noce juive, un acte de M. Armand Silvestre, musique de M. Serpette, et leVizir dans l'embarras, de M. Émile Bourgeois. Nicolo, Adam, Auber et Grétry bénéficièrent de cet éloignement, et

quelquesuns de leurs ouvrages reparurent alors avec des changements d'interprétation et des renouvellements de décors qui prouvaient l'intérêt de ces reprises.

D'abord, le 6 janvier, Zes Rendez-vous bourgeois avec un nouveau venu dans le rôle de Dugravier, Gourdon, qui n'avait joué jusqu'alors que sur des scènes secondaires, et qui pendant cinq années allait tenir à la salle Favart l'emploi des « laruettes. » Si depuis quatre années l'Opéra-Comique avait négligé les Rendez-vous bourgeois, M. Koning les avait recueillis du moins à son théâtre de la Renaissance, et l'on ne lira pas sans curiosité, vu la notoriété de certains noms, la distribution de la même pièce, à un an d'intervalle, sur deux scènes de caractère bien différent:

Ensuite, le 25 janvier, le Chalet, qui ne quittait jamais longtemps le répertoire, et qu'on revit cette fois avec M" Dupuis (Betly), MM. Chènevière (Daniel) et Taskin (Max). Ce dernier, d'ailleurs, ne tarda pas à céder son rôle à Carroul, puis à Paravey.

Moins de quinze jours après, le 6 février, le Maçon, qui avait disparu de l'affiche depuis dix ans, mais allait s'y maintenir presque sans interruption jusqu'au jour de l'incendie du théâtre. On avait bien parlé de revenir, en 1872, à ce premier grand succès d'Auber, et les interprètes désignés s'appelaient Ponchard, Thierry, Verdellet, Bernard, Julien, M Reine, Révilly et Gillot. Ce projet abandonné, huit années s'étaient encore écoulées, et l'on choisit, cette fois, Nicot (Roger), Herbert (Léon), Gourdon (Baptiste), M Fauvelle (Irma), Chevalier (M Bertrand), Thuillier (Henriette), Labat (Ricca). De la précédente distribution, Bernard restait seul sous les traits du farouche Usbeck, et renouait en quelque sorte ainsi la chaîne de la tradition.

Pour le Domino noir, la reprise du 21 mai eut quelque importance, en ce sens que la direction s'était mise en frais de costumes et de décors; on avait même profité de la circonstance pour rétablir certains morceaux qu'il était d'usage de couper, commela romance du ténor au second acte, et celle

d'Angèle. Depuis longtemps, ce dernier rôle n'avait pas été tenu par une virtuose aussi accomplie que M Isaac; on ne pouvait que louer l'élégance de ses vocalises et la sûreté de son chant. Pour Herbert (Horace), le charme de sa voix n'empêcha pas la presse de remarquer qu' « il s'habillait mal et manquait de distinction », défauts dont on reconnaissait exempt son camarade Barré (Juliano). Belhomme et M Vidal se montrèrent bons comiques en Gil Perez et dame Jacinthe; Bernard (lord Elfort), et M Dupuis (Brigitte), complétaient un ensemble satisfaisant.

Cet « ensemble satisfaisant » est la qualification qui convenait aussi à la dernière reprise de l'année, celle de Richard Cœur de Lion, le 20 décembre. Carroul y continuait, en Blondel, ses honorables débuts, et se faisait applaudir, non seulement comme chanteur, mais encore comme instrumentiste, en exécutant lui-même en scène la partie de violon dont se charge d'ordinaire un artiste de l'orchestre pour le compte du fidèle écuyer. Le roi était personnifié par Fûrst, et Laurette par M C. Mézeray, remplacée quelques jours après par M" Chevalier. Parmi les nombreux petits rôles de cette pièce qui, sauf en 1885, n'allait plus quitter le répertoire jusqu'à la disparition de la salle Favart, on peut signaler, sous les traits de Marguerite, une débutante qui, d'ailleurs, se retira dès l'année suivante: sœur d'une actrice bien connue, M Angèle Legault était élève de Léon Duprez, et avait appartenu à l'Opéra populaire, en 1879, sous la direction Martinet.

L'excellent accueil fait à ces diverses reprises ne produisit pas sur les nouveautés de fâcheux contrecoup. Des cinq pièces nouvelles jouées en 1880, trois en un acte, la Fée, le Bois et Monsieur de Floridor, n'eurent qu'une brève destinée; mais les deux autres, en trois actes, Jean de Nivelle et l'Amour médecin, conquirent du premier coup la faveur publique, la gardèrent, et finirent par atteindre ce chiffre cent que depuis longtemps, depuis le Premier Jour de bonheur, on n'avait plus revu à l'Opéra-Comique.

On sait ce que l'histoire nous enseigne, ou à peu près, sur le célèbre Jean de Nivelle. Jean de Montmorency avait donné une belle-mère à ses fils. Mécontents, ceux-ci se retirèrent à la cour du comte de Flandre. Jean les rappela, ils ne revinrent point, et le père traita de « chien » sa progéniture. La sommation avait été faite à l'aîné, Jean de Nivelle, de là, le dicton:, « Il ressemble à ce chien de Jean de Nivelle qui s'enfuit quand on l'appelle ». On a dit « au chien » au lieu de « à ce chien », et le dicton s'applique aujourd'hui aux bêtes comme aux gens. Voici maintenant ce que dans leur pièce, représentée avec succès le 8 mars, MM. Gondinet et Philippe Gille nous racontaient.

Selon eux, Jean a fui la cour de France parce que le roi Louis XI veut lui faire épouser la fille laide et contrefaite de son ambassadeur: il s'est réfugié sur les terres du duc de Bourgogne, et là, caché sous les habits d'un simple berger, cède aux charmes d'Ariette, la jolie villageoise. Celle-ci a pour protectrice M de Beautreillis, qui l'emmène un jour au château du comte de Charolais. Jean l'y suit, se figure qu'elle est éprise d'un seigneur, nommé Saladin, et tue en duel son rival supposé. Forcé de révéler sa naissance pour échapper au châtiment, Jean accepte de suivre à l'armée le comte de Charolais dans sa lutte contre le roi; il lui sauve la vie devant Montlhéry, et, après cet exploit, à la vue de la bannière de France qui lui rappelle son passé et trouble sa conscience de patriote et de soldat, il renonce aux grandeurs, et préfère retourner inconnu dans le bois d'Armançon, où l'on devine qu'avec Ariette il filera le parfait amour. Joignez à ces personnages, deux ganaches, l'ambassadeur français, sire de Malicorne, et l'ambassadeur bourguignon, sire de Beautreillis, dont l'éducation diplomatique s'est évidemment faite à la cour du roi Pétaud, plus une sorte de sorcière qui exploite la mandragore et s'interpose sans succès dans les amours de sa nièce Ariette et du comte, et vous aurez à peu près tous les éléments de ce drame compliqué dont l'amusant mot de la fin laissa toutefois le public sous une impression assez gaie: « Maintenant, disait avec résolution M" de Beau-

treillis, voyant l'amour de Jean lui échapper, maintenant, mon père, j'épouserai qui vous voudrez; je n'aimerai personne, M Et le père de lui répondre avec transport: « Ce fut le cri de ta mère en m'épousant, mon enfant! »

Cette pièce était destinée d'abord à fournir la matière d'un drame de cape et d'épée. Peu après elle avait dévié de sa route, s'était transformée en opéracomique, et de la Porte-Saint-Martin s'était dirigée vers le Théâtre-Lyrique, où M. Vizentini l'avait reçue. M. Carvalho la recueillit et fit bien. Léo Delibes avait en effet sauvé l'obscurité du livret avec la clarté de sa musique. Comme toujours, il avait trouvé de gracieuses cantilènes, élégamment écrites et finement orchestrées, où le charme à coup sûr manquait moins que l'émotion réelle; cette fois, d'ailleurs, il avait visiblement haussé le ton desalyre, et plusieurs récits montraient un juste sentiment de la grande et noble déclamation. De cet effort vers le mieux résultait peut-être la préférence secrète que Léo Delibes gardait pour cet ouvrage, et rien n'était plus sensible à son cœur d'artiste que le souvenir évoqué de *Jean de Nivelle.*

Encadrée dans de charmants décors, avec un grand luxe de mise en scène et de costumes, au milieu duquel faisait tache pourtant l'étalage de fourrures portées par la cour de Bourgogne en pleine fête des vendanges, ce qui autorisait les indiscrets à demander comment pouvaient bien s'habiller en hiver ces frileux personnages, l'œuvre était interprétée par des artistes de premier ordre: Talazac, remarquable dans le rôle principal; Taskin, un comte de Charolais de belle allure; Ml" Bilbaut-Vauchelet, une délicieuse Ariette; M Engally, une Simone étrange et originale; Grivot et Gourdon, deux amusants diplomates. Le rôle de Diane de Beautreillis était confié à une débutante, M Mirane, qui, venue au théâtre pour passer une audition, s'était vue immédiatement chargée d'un telle création. Le poids sans doute était trop lourd, puisqu'elle dut résilier quelques mois après, et céder sa place le le» septembre à Ml" Dupuis, de même qu'une autre débutante, camarade l'année pré-

cédente de M" Angèle Legault à l'Opéra populaire, M"e Sbolgi, suppléait le 2 juin M" Engally, et disparaissait, elle aussi, dans le courant de la même année.

Parmi ces oiseaux de passage, il faut encore signaler un artiste que sa parenté avec des chanteurs bien connus avait désigné à l'attention du directeur. Chef d'attaque dans les chœurs de l'Opéra, M. Hermann Devriès débuta comme basse-taille à l'Opéra-Comique, le 22 octobre, dans *Mignon* (rôle de Lothario); l'émotion ne lui permit de donner qu'une faible idée de ses moyens; il prit peur sans doute et se retira dès l'année suivante. D'autres ne firent que traverser la salle Favart pour suivre l'exemple donné cette année même par leur camarade Morlet, et s'orienter plus ou moins vite vers l'opérette. Telle, M Stella Delamarre ou de la Mar, qui passa le 1" juin dans *les Amoureux de Catherine* et accepta peu après un engagement aux Folies-Parisiennes; tel M. Piccaluga, lauréat du Conservatoire en 1879, où il avait obtenu un second prix de chant (classe Masset) et un prix d'opéra-comique (classe Mocker); il parut en octobre dans *Monsieur de Floridor,* et après un séjour assez court à la salle Favart, se fit une place justement enviée parmi les barytons de nos petits théâtres. Telle enfin M Marguerite Ugalde, qui, après avoir dû débuter dans une reprise de *la Part du Diable,* chanta et joua pour la première fois, le 19 avril, *la Fille du régiment* avec une charmante crânerie, aux applaudissements non seulement de sa mère, bon juge en l'espèce, mais encore du public, lequel, malgré sa faveur, ne put la retenir plus d'une année.

Deux acquisitions plus sérieuses pour l'histoire de l'Opéra-Comique demeurent à l'actif de l'année 1880, M"" Molé et M" Van Zandt. La première était sortie du Conservatoire en 1880 avec un second accessit de chant (classe Boulanger) et un premier prix d'opéracomique (classe Ponchai d); fine et distinguée, elle semblait encore inexpérimentée quand elle débuta, le 10 septembre, dans *le Domino noir* (rôle de Brigitte); mais elle a progressé peu à peu, et, devenue M MoléTruffier par son mariage avec le sociétaire de la Co-médie-Française, elle compte aujourd'hui parmi les meilleurs sujets de la « petite troupe » de l'OpéraComique. La seconde s'était révélée « étoile » dès le premier soir, le 18 mars, et cela sans le secours de la réclame, car à peine si l'on avait annoncé d'avance ses débuts. Agée de dix-sept ans, la nouvelle Mignon, que patronnaient auprès de M. Carvalho M Nilsson et Patti, comptait déjà de grands succès à Londres. De toute sa personne se dégageait un charme étrange qui attirait vers elle; la physionomie était séduisante, avec un singulier mélange de naïveté et d'espièglerie; la voix de soprano était claire et pur.e, conduite avec beaucoup d'art; il n'en fallait pas tant pour devenir l'enfant gâtée du public, et elle le fut pendant plus de quatre années.

A côté de ces débutants artistes se produisaient des débutants auteurs; c'est ainsi que le 14 juin (quinze jours avant la clôture annuelle!) M. Hémery fut admis à l'honneur de présenter au public un opéracomique en un acte intitulé la Fée.

Ancien élève de l'école Niedermeyer, le compositeur était organiste à Saint-Lô, ce qui ne semblait pas le prédestiner à se faire jouer à Paris; mais il était, de plus, très lié avec un autre habitant fort influent de Saint-Lô, Octave Feuillet, ce qui pouvait lui ouvrir les portes d'un théâtre. L'élégant académicien avait permis à M. Louis Gallet de transformer en opéra-comique sa petite comédie, représentée jadis au Vaudeville, où l'on voyait une jeune bretonne romanesque ramener au bien et conquérir une sorte de Don Juan qui, par désœuvrement, allait se tuer; il lui suffisait, pour l'attirer, de se faire passer pour une vieille fée et de lui donner rendez-vous dans une forêt; lorsque, malgré ses cheveux blancs, elle était parvenue à tourner la tête de sa victime, elle reprenait sa forme première et comptait sur le bénéfice du contraste pour assurer le bonheur de son ménage. Si l'on peut, à force d'esprit, prêter un semblant de vie à des personnages improbables, il faut reconnaître que la musique en pareil cas complique au lieu d'expliquer. M. Hémery

avait écrit une partition plus correcte qu'originale; malgré ses qualités de facture, à peine fut-elle remarquée. On observa que Nicot (Henri de Comminges) jouait avec intelligence, que M" Thuillier (Aurore de Kerdic) était charmante, que Morlet faisait du rôle de François sa dernière création, puisqu'il venait d'accepter un engagement aux Bouffes-Parisiens. Mais la pauvre Fée n'avait pas reçu le privilège de l'immortalité: sa baguette ne lui avait pas donné le pouvoir de vivre au delà de sept soirées.

Comme la Fée, le Bois avait pour auteur un débutant, M. Albert Cahen; comme elle, il était tiré d'une pièce déjà représentée ailleurs; comme elle enfin, il se passait, son titre l'indique, en pleine forêt. Mais les personnages de Glatigny ne ressemblaient guère à ceux de Feuillet; la noblesse avait fait place à la mythologie. La nymphe Doris, lasse des admirateurs qui se pressent sur ses pas, rencontre le faune Mnazile qui semble la dédaigner; elle se pique au jeu, fait la coquette, et finit par se brûler elle-même au feu qu'elle voulait allumer. Cette églogue avait, avant de paraître à l'Odéon en 1871, été donnée à Bade, où, parmi les spectateurs, une dame se faisait remarquer par la chaleur de ses bravos, qui entraînèrent ceux de toute la salle; Glatigny, reconnaissant, lui dédia son opuscule. C'était Me Ugalde, et le hasard voulut que, dix ans plus tard, sa fille inter prêtât en France, de concert avec M"" Thuillier, l'ouvrage que sa mère avait ainsi applaudi en Allemagne. Transformé en opéra-comique, et cela, quoi qu'on en ait dit, conformément au réel désir du poète, le Bois avait été exécuté, une seule fois il est vrai, l'année précédente, à la salle Herz. Une société d'auditions lyriques s'était fondée par les soins et aux frais d'un notaire dilettante de Caen, M. Muller, lequel avait profité de l'occasion pour donner le jour à une opérette de sa composition; en même temps, figurait au programme Attendez-moi sous l'orme de M. Vincent d'Indy. De fait, le brave notaire avait tiré les marrons du feu Le Bois et Attendez-moi sous l'orme passèrent successivement à l'Opéra-Comique; son opérette ne fut recueillie par

personne. M. Albert Cahen avait écrit pour ce petit acte à deux personnes une partition non dénuée d'intérêt, dont la destinée à Paris fut malheureusement arrêtée au chiffre de neuf représentations.

Le même soir que le Bois, (11 octobre), avait lieu la première représentation de Monsieur de Floridor, un acte en deux tableaux, paroles de MM. Nuitter et Tréfeu, musique de M. Th. de Lajarte. Il est difficile de résumer l'action en moins de mots que ne l'a fait jadis M. Henri Lavoix; aussi lui empruntons-nous son récit: « Mathurio. veut donner sa nièce germaine à Lucas, un bon compagnon, ami comme lui de la dive bouteille; Germaine, de son côté, veut épouser M. de Floridor, qui conduit en province des troupes de comédiens. Avec la complicité de sa tante, Germaine et Floridor organisent une représentation funèbre, frappent de terreur Mathurin et Lucas, si bien que l'un renonce à Germaine et que l'autre promet de renoncer à la bouteille. » Un tel sujet n'était pas nouveau, si l'on se rappelle que La Fontaine l'avait traité dans sa fable de l'Ivrogne et sa femme. Anseaume s'en était emparé depuis, et son opéra-comique, mis en musique par Laruette, fut représenté en 1759 à la foire Saint-Laurent, sous le titre de l'Ivrogne corrigé ou le Mariage du Diable. Les librettistes n'avaient eu, comme on le voit, qu'à puiser dans le passé pour disposer leur lever de rideau, qu'ils avaient tour à tour appelé Serments d'ivrogne, Germaine, F loridor et finalement Monsieur deFloridor. Seize représentations payèrent le bibliothécaire de l'Opéra de la verve aimable qu'il avait dépensée en faveur de cet opuscule, où l'on applaudit la voix solide de Belhomme (Mathurin), la gaieté de Grivot (Floridor), la belle humeur de M Ducasse (Thérèse) et la grâce de M Dalbret, mariée peu de temps auparavant à un jeune comédien du Palais-Royal et des Nouveautés, M. Numa.

La dernière nouveauté de l'année, VAmour médecin, représentée le 20 décembre, ne fut ni la moins intéressante ni la moins bien accueillie.

Dans un prologue en vers, qui interrompt l'ouverture, Monselet s'excusait de la liberté grande qu'il avait prise de toucher à Molière; il était pardonné d'avance: d'abord parce que Molière jugeait lui-même la musique indispensable à ces sortes d'ouvrages, et, dans son *Avis au lecteur,* écrivait que « les airs et les symphonies de l'incomparable M. de Lully, mêlés à la beauté des voix et à l'adresse des danseurs, leur donnent sans doute des grâces dont ils ont toutes les peines du monde à se passer »; ensuite, parce qu'un lettré comme lui ne pouvait en user que délicatement avec le texte classique. On applaudit, à la fin du premier acte, la scène où les apothicaires, leur arme à la main, dansent un pas de caractère avant d'entrer chez la malade, et, parleur mimique expressive, font aussitôt comprendre leurs intentions. On goûta fort, au second acte, le spirituel quatuor où les médecins figurés par Grivot, Gourdon, Maris et Barnolt se content leurs petites histoires au lieu de penser à l'objet de leur visite, et l'on redemanda au troisième une jolie romance, improvisée au dernier moment par le compositeur, F. Poise, pour Nicot. Bref, agréé par tous, *l'Amour médecin* devait dépasser cent représentations et demeurer le plus grand succès de son auteur.

La mort avait, au cours des trois années que comprend ce chapitre, frappé plus d'un serviteur et ami de POpéra-Comique: des artistes, comme en 1878 Strozzi, de son vrai nom Stroheker, et M Ganetti, de son vrai nom M" Ganet, devenue par le mariage M Messier; en 1879, Roger, Jourdan, Potel; en 1880, Grignon, Victor Avocat, acteur et régisseur, Mi' Juliette Clerc, enlevée par une maladie de poitrine quelques mois après ses débuts; des compositeurs, comme en 1878 Bazin et Henri Potier, en 1880 Reber et Offenbach; enfin un auteur dramatique, Hippolyte Lucas, l'un des librettistes de *Lalla-Roukh,* et un ancien chef d'orchestre, Tilmant, tous, deux décédés en 1878.

Si importants que fussent ces vides, le temps se chargeait de les combler, et les hommes nouveaux prenaient peu à peu la place des anciens. Maintenant on applaudissait parmi les auteurs dra-

matiques, Gondinet, H. Meilhac, A. Silvestre, Louis Gallet, Philippe Gille, Edouard Blau; parmi les musiciens, J. Massenet, Saint-Saëns, Léo Delibes, Guiraud, Paladilhe; enfin, la troupe contenait un certain nombre de sujets qui lui assuraient un éclat inaccoutumé: Talazac, Nicot, Taskin, Fugère, Barré, MTM' Carvalho, Bilbaut-Vauchelet, Isaac, Van Zandt, Engally.

Avec de tels artistes, le directeur pouvait maintenir ouvert son théâtre toute l'année, sans craindre de voir pendant l'été la baisse des recettes. Mais peu à peu l'usage des vacances s'était implanté: en 1880, comme en 1879, la salle Favart.avait fermé ses portes du 1 juillet au 1" septembre, sans les ouvrir même pour la fête nationale du 14 juillet. Vainement, la presse protestait contre cette fermeture de deux mois dont rien ne justifiait la cause ni dans le passé, car le fait ne se produisait jamais autrefois, ni dans le présent, puisque d'autres théâtres subventionnés, l'Opéra et la Comédie-Française, ne donnaient pas cet exemple. Pour régulariser sa situation, M. Carvalho s'était mis d'accord avec l'administration des BeauxArts qui, pour prix de cette autorisation, exigea du directeur une organisation régulière de représentations populaires à prix réduits, et le règlement suivant intervint entre les deux parties: «Le théâtre de l'Opéra-Comique donnera, un des lundis de chaque mois, une représentation populaire à prix réduits. Ces représentations, composées des œuvres les plus remarquables du répertoire, ancien ou nouveau, seront toujours organisées avec le plus grand soin et réuniront les principaux artistes du théâtre. Le prix des places sera fixé suivant un tarif réduit. Afin d'éviter le trafic et les spéculations, les mesures suivantes devront être prises Il n'y aura pas de places retenues d'avance; les billets ne seront délivrés qu'aux deux guichets qui précèdent le contrôle; toutes communications seront interdites entre le public formant la queue et les personnes qui voudraient acheter le tour des premiers occupants; les contremarques ne seront délivrées que vers le milieu de la représentation; on empêchera ainsi la vente qui pourrait

en être faite au dehors. » Ajoutons que, pour la circonstance, les places étaient cotées 3 francs, 2 fr. 50, 2 francs, 1 fr. 50, 1 franc et 50 centimes. Avec ce tarif, chaque représentation ne pouvait guère dépasser une recette de 2,000 francs: les frais journaliers étant de 4,500, c'était, pour les dix représentations imposées, un déficit minimum de 25,000 francs, que la direction avait à subir pour les plaisirs du « pauvre peuple ».

L'ensemble de ces dispositions, dont la rigueur devait par la suite être de plus en plus négligée, prouvait surabondamment le souci qu'on prétendait avoir des « petites bourses ». En effet, le 31 mai, avec *Jean de Nivelle,* puis le 13 septembre, avec *le Domino noir* et *le Chalet,* on inaugura ces spectacles d'un caractère particulier; mais on put constater que le public de ces jours-là ne différait guère du public des autres jours. On refusait du monde à l'entrée, la salle était pleine; seulement, dans maintes loges on remarquait des élégances de toilettes qui s'accordaient assez mal avec ces « prix réduits ».

En revanche, la Société des Auteurs, elle, n'avait pas réduit ses prétentions et prétendait percevoir les droits d'auteur non pas sur la recette *réelle* encaissée, mais sur la recette *maxima* que peut réaliser le théâtre avec le tarif ordinaire; son traité contenant une clause formelle à cet égard, M. Carvalho, sans contester le droit, de la Société, fit valoir que, le cas était tout spécial et que si l'on avait pu le prévoir lors de la rédaction du traité, on y aurait certainement pourvu par une stipulation additionnelle. Après discussion on se résigna de part et d'autre à des concessions, et l'on aboutit à cette convention pour le moins bizarre, que les droits seraient perçus,, pour chaque représentation à prix réduits, sur la moyenne des recettes des mois précédents (?). M. Carvalho se consolait de ces exigences en consultant le livre des recettes, qui s'étaient élevées à 1.406. 581 fr. 39 cent, pour l'année 1880. C'était 270,583 fr. 14 cent, de plus que l'année précédente.

CHAPITRE VIII
LES GRANDES PREMIÈRES *Les Contes d'Hoffmann, Lakmé, Manon.*

(1881-1884)

La période 1881-1884, dont l'histoire forme l'objet du présent chapitre, n'est pas seulement la plus brillante de la direction Carvalho; elle compte parmi les plus fructueuses de la seconde salle Favart. Alors, en effet, la troupe, sans cesse améliorée et complétée, présente des cadres solides où l'éclat le dispute au nombre; désormais le personnel administratif est définitivement constitué, en ce sens qu'il ne subira plus de changements notables jusqu'à l'année de l'incendie. Ainsi, en 1881, la mort de M. Auguste Post laisse vacante la place de secrétaire du théâtre, qu'on confie presque aussitôt à M. Edouard Noël avec les fonctions et le titre de secrétaire-général. Entré au mois d'avril, le nouveau venu ne devait se retirer que le 31 décembre 1887, après avoir rendu des services de nature à justifier plus tard sa candidature à la direction, et donné, par sa position même, une autorité spéciale, en ce qui concerne l'Opéra-Comique, aux «Annales» qu'il rédige avec M. Stoullig depuis 1875.

A la valeur de la troupe et de l'administration, dans son ensemble, s'ajoute celle du répertoire. Les reprises se succèdent avec une fortune constante; on réalise des bénéfices considérables avec le Pardon de Ploërmel, les Noces de Figaro et Carmen, qui rentre au répertoire pour n'en plus sortir; on atteint l'apogée des recettes.

A cette époque enfin se produisent des ouvrages dont le succès paraît durable et qui laissent le souvenir de « premières à sensation ». Sans doute avec Zes Amoureux de Catherine d'abord, puis avec Jean de Nivelle et l'Amour médecin, l'Opéra-Comique semblait avoir conjuré le mauvais sort jeté par la guerre de 1870, et renoué la chaîne des pièces centenaires; mais les Amoureux de Catherine et l'Amour médecin ne formaient qu'un appoint sur l'affiche, et Jean de Nivelle, s'il avait atteint la centaine, ne l'avait guère dépassée. Beaucoup plus retentissante est la réussite des Contes d'Hoffmann, suprême effort d'un compositeur finissant par se hausser au niveau d'un genre qui lui avait jusqu'alors valu plus d'un amer

déboire; de Lahmé, le chant du cygne, ou du moins la dernière œuvre qu'ait donnée, de son vivant, l'un des plus. francs héritiers d'Auber et d'Adam; de Manon enfin, l'ouvrage peut-être le plus accompli de son auteur, celui où les qualités et les défauts de sa nature se reflètent le mieux et se confonden t, non pour se nuire, mais pour se faire valoir.

Un des précédents chapitres est intitulé, comme pourrait l'être celui-ci, Trois Pièces centenaires; la similitude de titre répondrait aussi à une similitude de faits. Si l'on comparait les deux époques, on observerait que la durée du succès a presque toujours été en raison inverse de son éclat initial. Mignon a reçu d'abord un moins brillant accueil que le Voyage en Chine et le Premier Jour de bonheur; elle a résisté plus longtemps qu'eux. Manon, de même, a rencontré plus de résistance queZes Contes d'HoffmannelLakmé; nous pourrions citer certains critiques qui ne parlaient plus à la fin de 1884 comme au commencement, et qui, craignant de s'être montrés trop élogieux, revenaient sur leur première appréciation, sans se douter qu'ils donnaient une médiocre idée de la sûreté de leur jugement et qu'ils s'exposaient précisément aux démentis de l'avenir. Dans cet ordre d'idées, Manon prendrait place à côté de Mignon, Lakmè à côté du Premier Jour de bonheur, les Contes d'Hoffmann à côté du Voyage en Chine. Le hasard n'est pas si aveugle qui rapprocherait ainsi Offenbach et Bazin, comme Massenet et Thomas, le professeur et l'élève, comme Delibes et Auber, le disciple et le maître!

De ces pièces fameuses, une au moins n'a pas trouvé du premier coup sa forme définitive. Dès 1848, la Revue et Gazette musicale annonçait les Contes fantast iques d'Hoffmann avec musique de M Juliette Godillon. Le 31 mars 1851, l'Odéon, dirigé alors par Altaroche, donnait, sous ce même titre, un drame en cinq actes de MM. Jules Barbier et Michel Carré. Les auteurs, jeunes alors, avaient eu l'idée d'identifier leur héros avec les personnages sortis de son imagination, et de souder ainsi entre elles les trois de ses histoires les plus con-

nues: l'Homme au sable, le Reflet perdu et le Violon de Crémone.

Tout d'abord, Hoffmann raconte aux étudiants attablés dans un cabaret les passions qui ont troublé sa vie. Le récit prend un corps et chacune des femmes adorées devient le titre et le prétexte d'un tableau. Voici l'automate Olympia, qu'a fabriquée Coppélius, et dont une main vengeresse brise le mécanisme, brisant du même coup le cœur du poète amoureux. Voici la poitrinaire Antonia, qui ne doit pas chanter sous peine de mourir, et qui succombe dans les bras de son compositeur aimé, pour avoir enfreint cet ordre. Voici enfin la courtisane Giulietta qui, pour prix de ses baisers menteurs, a acheté le reflet de son amant et meurt en buvant par mégarde le breuvage empoisonné qu'elle lui destinait. Le dernier acte ramène à la réalité. Hoffmann voit venir à lui une nouvelle femme qui voudrait l'entraîner, Stella, la cantatrice à la mode; il la repousse durement et la laisse s'éloigner au bras du conseiller Lindorff, représentant le diable, auquel, pour morale, la courtisane est censée se donner. De plus, comme dans toute féerie, deux génies traversent la pièce et en tiennent pour ainsi dire les fils: l'un, le bon génie, Friedrich; l'autre, le mauvais, s'incarnant successivement dans la personne de Coppélius, qui brise sa poupée, du docteur Miracle, qui force Antonia à chanter, du capitaine Dapertutto, qui apporte la coupe de poison.

Le véritable Hoffmann, celui qui a écrit les Frères de Sérapion, les Contes nocturnes et les Fantaisies à la manière de Callot, mais dans les œuvres allemandes duquel on chercherait vainement les Contes fantastiques, car ce titre fut imaginé par l'éditeur qui en publia vers 1830 la première traduction française, Hoffmann est un personnage bizarre dont les aventures pouvaient peut-être être transportées à la scèneTour à tour ou tout ensemble chef d'orchestre, journaliste, traducteur, directeur de théâtre, juge, peintre, chantre d'église, compositeur, romancier, poète, il représente par certains côtés le type de « bohème » auquel s'est arrêté Walter Scott, oubliant d'ailleurs que Finscription gravée sur sa tombe aurait pu mentionner, à côté de tous ses titres et qualités, ceux de père affectueux et de tendre mari. Mais, au milieu de toutes ses idées étranges, Hoffmann n'aurait jamais eu celle de prendre quelquesunes de ses histoires, de les juxtaposer et d'en faire, à l'usage du public, une sorte de faisceau retenu par le lien d'une intrigue assez mince. MM. Jules Barbier et Michel Carré pouvaient, il est vrai, invoquer pour leur défense, non seulement le droit concédé de tout temps aux poètes d'en user librement avec l'histoire, mais encore les légendes accréditées dans la patrie de leur héros, s'il est vrai qu'Hoffmann se plaisait dans la conception du surnaturel et mêlait communément le diable à toutes choses, se figurant volontiers qu'il jouait son rôle dans chacun des actes de notre vie. Pendant les nuits qu'il consacrait parfois à l'étude, il faisait veiller sa femme et la forçait, diton, avenir s'asseoir près de lui, pour le protéger, par sa présence, contre les fantômes que son imagination évoquait sans cesse. Et même Hoffmann n'avait-il pas, au fond de sa conscience, le sentiment de son désordre mental, quand il écrivait dans son journal: « Pourquoi durant mon sommeil, comme pendant mes rêves, mes pensées se portent-elles si souvent, malgré moi, sur le triste sujet de la démence? lime semble, en donnant carrière aux idées désordonnées qui s'élèvent dans mon esprit, qu'elles s'échappent comme si le sang coulait d'une de mes veines qui viendrait à se rompre. »

Quelle que fût la différence du modèle et de la copie, le type, il faut croire, ne déplut pas trop aux spectateurs de 1851. L'ouvrage était d'ailleurs bien joué par Tisserant, Pierron, M Marie Laurent, et l'emploi, rare alors, de la lumière électrique ajoutait encore à l'attraction du spectacle. Cependant les années s'écoulèrent, et le silence sembla se faire autour de cette pièce dont le dialogue, passant de la prose à la poésie quand la situation devenait pathétique, laissait deviner dès l'origine la possibilité d'une adaptation musicale. Dans un feuilleton théâtral de l'époque nous avons même retrouvé cette phrase prophétique: « Ce drame donne simplement pour résultat un opéra-comique. »

Un compositeur s'occupa en effet d'en écrire la musique; c'était Hector Salomon, et un important fragment de son opéra romantique, avec les paroles de MM. Barbier et Michel Carré, fut exécuté au Trocadéro pendant l'Exposition universelle de 187S. Or, vers le même temps, rencontre singulière, Offenbach s'éprenait du sujet; il le mettait sur le chantier, et devançait son jeune confrère, en ce sens qu'il faisait recevoir la pièce au Théâtre-Lyrique. Mais avec M. Vizentini le Théâtre-Lyrique disparut; Offenbach traita alors avec M. Jauner, directeur de l'Opéra impérial de Vienne; toutefois, avant de laisser sa partition partir en exil, il voulut la présenter à ses amis de France, et, invitant dans ses salons le Tout-Paris d'alors, il en donna au piano une audition fragmentaire avec le concours d'un chœur d'amateurs et du quatuor vocal de MM. Auguez et Taskin, M" Franck-Duvernoy et Lhéritier.

Cette audition obtint un succès retentissant, dont le premier résultat fut de mettre obstacle à la prise de pos session de l'ouvrage par l'Allemagne. M. Carvalho se trouvait parmi les auditeurs; il avait applaudi, et il retint l'œuvre au passage. La série des aventures ne touche pas encore à son terme. Le 5 octobre 1880, Offenbach meurt, âgé de soixante et un ans, et laisse sa partition achevée, si l'on veut, à quelques raccords près, mais non orchestrée. Ernest Guiraud accepte alors de compléter ce travail, et d'ailleurs s'en acquitte avec un savoir et une délicatesse extrêmes. Pour la seconde fois avant la représentation dans la salle Favart, un fragment est exécuté le 18 novembre, dans l'après-midi. Il s'agissait d'une matinée organisée aux Variétés par le Figaro en l'honneur d'Offenbach et pour l'inauguration de son buste; au programme figurait une barcarolle à deux voix, chantée par M Isaac et Marguerite Ugalde, non seulement applaudie, mais bissée avec transport.

Dès cette époque les rôles sont distribués, et l'on cite MM. Talazac (Hoffmann), Taskin (Lindorf, Coppélius, le docteur Miracle, Grivot (Andrès, Cochenille, Frantz), Belhomme (Crespel), Gourdon (Spallanzini), Troy (maître Luther), Teste (Hermann), Collin (Wilhem) et M" Isaac (Stella, Olympia, Antonia). Davoust et Fontenay étaient désignés pour des rôles qui passèrent définitivement à Piccaluga (Wolfram) et à Ghenevière (Nathaniel), de même que M Ducasse fit place à M" Marguerite Ugalde pour le travesti de Nicklauss. Bernard devait figurer le personnage de Schlemyl, qui disparut aux répétitions; la muse fut personnifiée par M" Molé, et M Vidal, chargée d'« une voix » dans la coulisse, fut remplacée par M" Dupuis, laquelle fut à son tour remplacée par M Perrouze (encore élève du Conservatoire), jusqu'au jour où ce bout de rôle revint à sa première titulaire, M Vidal.

Les répétitions suivent leur cours, lorsque, le 1" février 1881, au lieu de donner le Chalet et Fra Diavolo, annoncés sur l'affiche, on fait relâche pour répéter généralement les Contes d'Hoffmann devant la famille du compositeur et quelques amis de la presse, prévenus à la dernière heure. On écoute avec intérêt ces cinq actes; mais l'ouvrage semble long et, le rideau baissé, un conciliabule est tenu où M. Joncières, entre autres, voyant juste et découvrant le point faible, décide la direction à couper le quatrième acte; le décor seul est resté — comme image — sur le frontispice du quadrille publié par l'éditeur de la partition. En quelques jours, on taille, on rogne, on supprime certain quatuor avec chœur, applaudi jadis chez Offenbach, « On est grand par l'amour et plus grand par les pleurs »; quelques épaves de l'acte disparu sont recueillies ailleurs; la fameuse barcarolle à deux voix est intercalée au troisième acte, tandis qu'une romance pour ténor et un duo prennent place au dernier.

Enfin, tout est prêt, et le 10 février a lieu la première représentation devant une salle comble et, faut-il ajouter, des plus sympathiques. On l'a dit: « Les auteurs morts ont ce triste privilège de n'avoir pas d'ennemis à leurs premières », et encore mentionnerait-on quelques exceptions à cette règle, comme l'acharnement d'Azevedo contre *l'Africaine,* où il ne trouvait à louer qu'une phrase enlevée, prétendait-il, au *Barbier* de Paisiello. Cette fois, du moins, tout le monde applaudit au vigoureux effort tenté par le compositeur pour donner à son inspiration l'ampleur, la couleur et l'accent nécessaires afin de se mouvoir sans contrainte dans ce monde inconnu de la passion et du rêve. Sans doute, le vieil homme reparaissait par instants, et c'est à lui que le diable, dont il est tant parlé dans la pièce, soufflait quelques « flonflons » dignes de l'opérette; mais on pouvait applaudir de gracieuses et pénétrantes mélodies, « Elle a fui la tourterelle », ou « C'est une chanson d'amour », etmêmeun morceau vraiment dramatique, le trio d'hommes du troisième acte, où semblait avoir été donnée une forme seénique et musicale à cette obsession étrange et douloureuse que cause le cauchemar. La mise en scène et l'interprétation ajoutaient encore à l'impression produite: rien de plus amusant et de plus émouvant tour à tour que 1 Isaac figurant la poupée articulée et la malheureuse Antonia; rien de plus effrayant et de plus fantastique que Taskin sous les traits du docteur Miracle.

On raconte que peu de temps avant sa mort, caressant un grand lévrier auquel il avait donné le nom d'un des personnages dont la légende figurait parmi les morceaux de sa partition, Offenbach murmurait tristement; « Pauvre Kleinsach! je donnerais tout ce que j'ai pour être à la première! » Il pressentait la victoire, et cette soirée, si brillante en effet, fut suivie de bien d'autres, puisqu'on joua l'ouvrage 101 fois en 1881, 12 fois en 1882, et toujours avec les mêmes interprètes, sauf Grivot et Gourdon, suppléés quelquefois par Barnolt et Davoust, ainsi que Mᵐᵉ Ugalde, retirée de l'Opéra-Comique à la réouverture de septembre et définitivement remplacée par Mᵐᵉ Cnevalier. Le 24 décembre 1885 on reprit *les Contes d'Hoflmann,* et la distribution, cette fois encore, subit à peine quelques changements: Lubert au lieu de Talazac (Hoffmann), Mauguière et Sujol au lieu de Chenevière et Piccaluga (Nathaniel et Wolfram); enfin Mᵐᵉ Blanche Deschamps, par la minuscule

partie d' « une voix », préludait modestement aux grands emplois qu'elle devait remplir plus tard. Si l'on joint les 3 représentations de 1884 et les 15 de 1886 aux 113 obtenues précédemment, on arrive au chiffre de 131 qui résume la carrière des *Contes d'Hoffmann* à la salle Favart.

Tel était sur le public, au début, l'attrait de cette pièce étrange que tout pâlit, en quelque sorte, devant elle, car, en 1880, de février à décembre, on ne trouve à signaler qu'une reprise de *la Flûte enchantée,* le 27 avril, et une du *Pardon de Ploermel,* le 23 mai. Encore, de ces deux reprises, l'une n'était que la suite de représentations avec quelques changements d'interprètes, car, depuis 1879, l'ouvrage de Mozart n'avait pas quitté le répertoire.

Dans *la Flûte enchantée,* Fûrst reprenait le rôle de Tamino, qu'il avait joué accidentellement déjà pour suppléer Talazac; tout juste pourrait-on citer, parmi les nouveaux titulaires, Mᵉ Angèle Legault et Roux pour deux des génies, Mᵐᵉ Cécile Mézeray, qui remplaça bientôt, comme Reine de la nuit, Mᵐᵉ BilbautVauchelet, tombée malade, MM. Devriès et Piccaluga (Manès et un prêtre), et enfin un débutant, M. Luckx, qui ne fit pas précisément applaudir ses qualités de style et de diction, mais dont la voix de basse profonde convenait au rôle de Sarastro et descendait juste et forte jusqu'au *mi* grave.

Dans *le Pardon de Ploermel,* on avait mis plus d'un an à distribuer les rôles; celui d'Hoël, par exemple, avait été confié particulièrement à M Engally en vue de laquelle on projetait cette reprise pour 1880. Après avoir renoncé à cet essai de travesti renouvelé d'une tentative ancienne et peu satisfaisante de Mᵐᵉ Wertheimber, on avait songé un instant à Lauwers, et finalement on avait eu recours à Dufriche, jadis pensionnaire de la salle Favart, auquel ce rôle servit d'honorable rentrée; Dertiu jouait Corentin; Ml Dupuis (un pâtre), Belhomme (un chasseur), Chenevière (un faucheur), Davoust et Teste (deux paysans), se partageaient les petits emplois. Mais l'intérêt de la soirée se portait avant tout sur deux personnages, l'un

principal, l'autre accessoire mais important par le choix de son interprète, Mlᵉ Van Zandt et M Engally; ce qui faisait dire à un plaisant que la Bretagne de Meyerbeer était « un pays où les braconniers jouent du cor de chasse, où les pâtres ont un accent russe, où les folles ont un accent anglais. » On avait répété le 6 mai; on devait passer le 9, lorsqu'une indisposition de Mˡˡᵉ Van Zandt occasionna un retard qu'on mit à profit pour ajouter à la reprise l'attrait dela rentrée de M EDgally, qui revenait de Russie. Au lieu du grand rôle d'Hoël, elle accepta le rôle du pâtre Janic (repris en octobre par Mˡˡᵉ Lina Bell),, et l'on rétablit en son honneur l'air avec chœurs écrit jadis par Meyerbeer sur des paroles italiennes pour les représentations de Londres. Les critiques pointilleux relevèrent quelques mesures, «La raison s'envole », qui, disaientils,ressemblaient à la chanson de *la Fille de Mˡˡᵉ Angot:* « Ce n'est pas lapeine assurément... »; le public, moins clairvoyant, se contenta d'applaudir l'interprète et de bisser la mélodie. Quant à Mˡˡᵉ Van Zandt, elle obtint l'un de ses plus brillants succès à la salle Favart.

A côté de ces artistes plus ou moins anciens, quelques nouveaux viennent alors prendre place, et, pour l'histoire même de l'Opéra-Comique, il n'est pas inutile ici de citer en partie le palmarès du Conservatoire relatif aux concours de 1881: *Chant. —* Premiers Prix: M. Vernouillet (Classe Barbot); M Rose-Delaunay (Cl. Bax); Mˡˡᵉ Jacob (Cl. Bassine). Deuxièmes Prix: M. Bolly (Cl. Archainbaud); M11ᵉ Rémy (Cl. Bax). Premiers Accessits: M. Labis (CL Bax); M Pierron (Cl. Barbot).
Opéra-Comique. — Premier Prix: Mˡˡᵉ Jacob (Cl. Mocker). Deuxièmes Prix: M. Bolly (Cl. Ponchard); MRémy et M Delaunay (Cl. Poncbard); Mˡˡᵉ Merguillier (Cl. Mocker). Premier Accessit: M Durié (Cl. Mocker). Deuxième Accessit: MTM Pièrron (Cl. Ponchard).
Or, *tous* ces lauréats, cette année ou la suivante, rirent partie de la troupe et débutèrent successivement. Deux d'abord parurent en octobre 1881, Mˡˡᵉ Jacobdans *le Pré aux Clercs* (rôle de la reine), et

M. Vernouillet dans *la Dame blanche* (rôle de Gaveston). Deux vinrent ensuite qui ne sortaient pas de notre Ecole de musique, M. Cobalet, le 23 octobre, dans *le Chalet* (rôle de Max), et M Claire Cordier, le 4 décembre, dans *les Dragons de Villars* (rôle de Rose Friquet). Le premier, doué d'une belle voix de basse, avait commencé ses études de chant, en même temps que Talazac, chez un petit professeur de Toulouse, et sortait du régiment, où il avait dû, avant de se consacrer au théâtre, faire ses cinq ans de service militaire; la seconde avait obtenu en province, comme contralto, des succès qui ne se renouvelèrent pas aussi brillants à Paris, puisque l'année suivante elle résilia. La série des lauréats du Conservatoire reprit le 28 décembre avec Mᵐᵉ Merguillier, qui fit d'abord applaudir l'élégance et la légèreté de ses vocalises dans *le Toréador,* qu'on remontait, après l'avoir négligé depuis 1869. Il avait été joué alors cent soixante-six fois. Les vingt-deux représentations de 1881 à 1883 lui valurent un total de cent quatre-vingt-huit, à la seconde salle Favart.

Le même soir que *le Toréador* on donnait *l'Aumônier du régiment* et *les Pantins.*

Ouvrage en un acte de Leuven et de SaintGeorges, mis en musique par Hector Salomon, *l'Aumônier du régiment* n'était nouveau qu'à l'OpéraComique; il avait été joué en 1877 au Théâtre-Lyrique, sous-la direction Vizentini, et notamment avec le même Grivot dans le rôle de Carlo. C'était, il faut le dire, une fiche de consolation pour le compositeur, qui, avec une bonne grâce sans pareille, avait, sur la demande d'Offenbach, renoncé au livret des *Contes d'Hoffmann,* à lui confié par les auteurs, et qui avait attendu vainement la représentation d'une certaine *Djémina,* reçue à la salle Favart en 1878 et distribuée, au moins pour le rôle principal, à Mᵐᵉ Chevrier. Or, les seize représentations de *l'Aumônier du régiment* l'indemnisèrent faiblement.

Véritable nouveauté, *les Pantins* constituaient le troisième produit couronné du concours Cressent; et il faut reconnaître qu'avec les dix représentations

obtenues par son ouvrage en deux actes, le musicien, M. Georges Hue, ne fut guère plus heureux comme résultat que ses devanciers, MM. William Chaumet «t Samuel Rousseau; comme eux d'ailleurs il pouvait invoquer pour sa défense la faiblesse du livret primé par le jury, sans doute faute de mieux. Il s'agit d'un songe (coïncidence fâcheuse au lendemain des *.Contes d'Hoffmann,* et d'un songe envoyé par Trilby, l'esprit du foyer, pour combattre les projets d'Heilman, fabricant de jouets de Nuremberg, qui prétend marier au vieux brasseur Coster sa fille Marie, laquelle aime, au contraire, le jeune étudiant Ulric. Ce songe transforme les quatre personnages en pantins de la Comédie-Italienne, Coster en polichinelle, Heilman en Cassandre, Ulric en Léandre, Marie en Colombine, et, comme le sort de Cassandre est d'être trompé, celui de Polichinelle d'être battu, les intéressés comprennent les funestes conséquences des unions mal assorties, et les amoureux finissent par s'épouser. Le librettiste s'appelait M. Montagne; aussi les « soiristes » et autres chroniqueurs dramatiques ne manquèrent-ils pas de constater que « là, Montagne venait d'accoucher d'une souris ». La vérité, c'est que pour donner un semblant de vie à ce livret mort-né, il eût fallu l'autorité d'un maître. Or, M. Georges Hue n'avait que le talent, talent fort distingué d'ailleurs, d'un jeune homme à qui le prix de Rome avait été décerné en 1879 et qui s'essayait pour la première fois au théâtre. Mouliérat, qui avait reparu le 18 septembre précédent dans *le Maçon,* après avoir quitté, pour cause de maladie, la scène où il venait de débuter, Vernouillet, Piccaluga, Mᵐᵉ Dupuis, et une nouvelle venue, Mᵐᵉ Zélo Duran, firent de leur mieux pour dérider le public, sans d'ailleurs y parvenir. Une inadvertance des auteurs obtint enfin ce résultat, pour le dénouement. Les personnages se réunissaient pour s'expliquer et, avec une insistance singulière, qu'on peut constater d'ailleurs à la page 126 de la partition, ils répétaient: « Nous avons fait ce rêve *tous les trois* ». Or, ils étaient manifestement *quatre* en scène! Ce n'était peut-être

très drôle, mais on avait tant besoin de rire un peu! Pour livrer ainsi un petit combat le 28 décembre et le faire suivre d'une grande bataille trois jours aprè?, il fallait que M. Carvalho eût besoin de se mettre ou d'avoir l'air de se mettre en règle avec la direction des Beaux-Arts, en produisant le nombre d'actes exigé par son cahier des charges; car il n'est point avantageux pour un ouvrage de venir au monde le 31 décembre: tel fut pourtant le sort de *la Taverne des Trabans,* qui aurait pu s'appeler *la Taverne du jambon de Mayence,* si l'on avait maintenu le titre de la nouvelle d'Erckmann-Chatrian qui figure dans les « Contes d'un joueur de clarinette », et qui avait fourni à M. Jules Barbier la matière de son adaptation lyrique.

Un peu plus long, mais moins mélodramatique, ce titre aurait donné comme une vague idée de la pièce où la victuaille tenait une grande place. Ses trois actes, en effet, tournaient autour d'un repas pantagruélique organisé par l'hôtelier Sébaldus, pour fêter son retour à la santé. Celui-ci a, ou du moins avait pour ami l'ermite Johannès, qui l'a roué de coups un jour parce qu'il célébrait trop haut la gloire du dieu soleil, patron de la vigne; une brouille s'en est suivie, et pourtant l'invitation a été lancée. Se réconciliera-ton? L'ermite viendra-t-il dîner chez l'hôtelier? Grave question qui est tout le drame, car le neveu de Johannès et la fille de Sébaldus s'aiment et ne peuvent s'épouser tant que dure l'hostilité des parents. Les choses s'arrangent au gré des amoureux. C'était, si l'on veut, la donnée de *Brouillés depuis Wagram,* et même le point de départ des *Kantzau,* avec la valeur dramatique en moins. Quant à la musique, elle avait subi, au cours des études préparatoires, bien des remaniements qui ne s'étaient pas toujours faits avec l'agrément du compositeur. On applaudit d'ailleurs, on bissa même un excellent chœur de buveurs au premier acte et une valse amusante jouée pendant le dernier acte par un petit orchestre forain plein de couleur locale; on applaudit la charmante Fridoline personnifiée par M Bilbaut-Vauchelet, devenue, depuis le 4 juillet précédent, M Nicot, et reprenant, pendant les répétitions, ce rôle confié d'abord à M Thuillier, et d'ailleurs bientôt repassé par elle à M" Molé-Truffier; on s'égaya même de voir les jeunes époux roucouler leurs duos d'amour tandis qu'un bon tambourinaire de village ponctuait toutes les phrases d'un *rra* ou d'un *fia* qui amenait finalement sur les lèvres de Nicot cette exclamation: « On devrait bien supprimer les tambours! » Or, c'était précisément le temps où le général Farre venait d'opérer cette suppression qui a rendu son nom fameux. Mais l'ouvrage n'en disparut pas moins au bout de six représentations: le musicien en fut réduit, pour se consoler, à partager avec Poise, auteur de *l'Amour médecin,* les 3,000 francs du prixMonbinne, décerné quelques mois après par l'Institut.

L'année 1881 avait fini sans éclat; l'année 1882, au contraire, fut marquée dès son premier mois par une soirée des plus brillantes, destinée à fêter le centième anniversaire de la naissance d'Auber. Le 29 janvier, l'Opéra avait, pour la circonstance, repris *la Muette de Portici,* qu'accompagnait une cantate, formée avec des fragments de diverses œuvres du compositeur et disposée poétiquement par M. Philippe Gille, musicalement par Léo Delibes. Le lendemain l'OpéraComique rendait un hommage analogue à la mémoire du maître. On avait songé un instant à remonter *le Concert à la Cour,* afin d'« encadrer, disait un journal, à la place du concert que le prince organise pour donner une audition publique à une jeune cantatrice française, un programme magistral embrassant l'œuvre entière du compositeur ». Le temps ayant manqué pour les répétitions, on se contenta du « programme » sans la pièce. Dans ce concert, qu'ouvrait le premier acte du *Maçon,* la muse d'Auber revivait pour un soir dans un défilé de morceaux empruntés à ses partitions les plus célèbres et résumant en quelque sorte sa carrière artistique, *Zanetta, Fra Diavolo, Marco Spada, les Diamants de la Couronne, le Domino noir, la Sirène, Actéon, la Part du Diable, le Cheval de Bronze, Lestocq, Manon Lescaut, le Premier Jour de bonheur.* Les élèves du Conservatoi-

re, «hantant le chœur Fo-li-foo, s'étaient joints aux artistes de l'Opéra-Comique, et rappeler le nom de ceux qui prêtèrent à cette solennité le concours de leur talent, c'est en vérité passer la revue de la troupe tout entière: MM. Talazac, Fûrst, Nicot, Mouliérat, Herbert, Taskin, Fugère, Barré, Carroul, Belhomme, Gourdon, Bernard, Troy, M" MiolanCarvalho, Bibaut-Vauchelet, Mézeray, Dupuis, Thuillier, Chevalier, Claire Cordier.

Les applaudissements allèrent surtout à la mélodie *A'Actéon,* chantée par M Carvalho, à l'air de *la Sirène,* chanté par M. Talazac, et au deuxième tableau du troisième acte de *Manon Lescaut,* remis en scène pourMl" Isaac et M. Fûrst. L'effet de cet épisode émouvant fut même assez grand pour qu'on en donnât une seconde audition le surlendemain 1" février et sa valeur musicale est peut-être même pour quelque chose dans la modification que subit pour son dénouement le roman de l'abbé Prévost, lorsqu'il fut de nouveau transporté à la scène pour M. Massenet. On a dit qu'en faisant mourir son héroïne sur la route du Havre, le compositeur s'était préoccupé d'éviter le changement subit de couleur qu'aurait amené forcément le brusque passage de l'hôtel de Transylvanie au désert de la Louisiane. On pourrait ajouter qu'il n'y avait surtout pas lieu de refaire une scène faite et bien faite. A l'issue de cette curieuse audition M. Delaunay récita des vers où M. Jules Barbier avait chanté la gloire d'Auber en termes qui prêtèrent le flanc à certaines critiques. Il semblait en effet que le poète blâmât la jeune école et fît le procès du wagnérisme quand il disait en parlant de l'auteur de *la Muette.*

Qu'il ne poursuivait pas de calculs assidus,

Dans l'algèbre des sons, des problèmes ardus

Qu'il daignait, dans son cadre enfermant sa pensée,

Conduire jusqu'au bout la phrase commencée;

Que des instincts de race il subissait les lois,

D'un cœur français doublé d'un cerveau de Gaulois;

Que d'aucun sanctuaire il ne fut le grand prêtre,

Et qu'il était savant sans le vouloir paraître.

M. Jules Barbier, qui sait pertinemment ce qu'il a fallu de temps au public français pour apprécier *Faust,* aurait pu peut-être se montrer moins sévère pour la musique

Dont le dur noviciat porte sa récompense.

Justement, c'était l'un des plus fervents parmi les adeptes de la cause wagnérienne qui allait fournir la première nouveauté de la saison. *Attendez-moi sous l'orme* avait pour auteur M. Vincent d'Indy, un jeune musicien que sa fortune n'avait pas empêché de faire de très sérieuses études, et qui n'avait pas craint de tenir un instant dans les concerts du Châtelet, par simple coquetterie artistique, l'emploi qu'avaient tenu jadis au théâtre par nécessité les Massenet et les Guiraud, celui de timbalier. Il préludait ainsi aux grands ouvrages symphoniques qui ont établi saréputation et légitimé les espérances qu'alors déjà la jeune école française fondait sur lui. On rendit hommage à un savoirfaire, à une ingéniosité dans le maniement du pastiche qui révélait la valeur du musicien. MM. Jules Prével et Robert de Bannières avaient convenablement adapté pour la musique l'agréable comédie de Regnard, qu'on oubliait au ThéâtreFrançais, où elle n'était plus jouée depuis 1863, et qu'ils contribuèrent peut-être à rappeler à son souvenir, car on l'y a reprise depuis. Coïncidence piquante cette œuvre, venue de la Comédie-Française, avait pour interprètes féminins deux artistes qui devaient tenir à ce théâtre par le même lien indirect: M Molé (Agathe) et Thuillier (Lisette). La première venait d'épouser M. Truffier, la seconde allait épouser M. Leloir, tous deux pensionnaires alors de la Comédie-Française. Barré remplacé quelques jours après par Collin (Dorante), Piccaluga (Pasquin), Barnolt (Colin) complétaient un ensemble satisfaisant, et contribuèrent pour leur part au succès honorable qu'obtint l'ouvrage avec ses dixneuf représentations.

Un tel chiffre ne fut pas même atteint

par la grande nouveauté qui suivit cette petite, l'ouvrage important sur lequel on pouvait à bon droit compter, vu le talent dont les auteurs avaient déjà fait preuve et la sympathie générale qui s'attachait à leur nom.

Le compositeur en particulier, Ernest Guiraud, avait droit à une compensation, depuis le jour où, pour *Jean de Nivelle,* il avait cédé le pas à Léo Delites. En échange, il attendait patiemment une reprise de *Piccolino,* promise pour 1878 avec M Galli-Marié, Potel et Barnolt dans leurs anciens rôles, et une distribution nouvelle comprenant Bertin, Morlet, Giraudet, Collin, M" Irma-Marié, Decroix et Duquesne. L'année s'était écoulée sans que la promesse fût tenue. On l'avait bien depuis chargé d'instrumenter la partition des *Contes d'Hoffmann;* mais la part de droits qu'il avait touchée alors sur les représentations ne le consolait pas; il espérait mieux et son heure vint enfin le 23 mars avec les trois actes de *Galante Aventure,* dont le livret, maintes fois remanié au cours des répétitions, avait été écrit par MM. Davyl et A. Silvestre.

Il s'agit, comme dans tant d'autres pièces, d'une méprise par suite de laquelle un jeune homme accuse injustement sa maîtresse, qui dédaigne de se défendre et dont l'innocence n'est reconnue qu'après un certain nombre de péripéties plus ou moins dramatiques. Seulement, ce qui distingue cette pièce entre beaucoup d'autres analogues, c'est que l'amoureux jaloux est à la fois le héros et la victime de cette « galante aventure », et que, s'il se croit trompé, il a du moins la consolation de penser qu'il ne l'a été que par lui-même. Le quiproquo résultant de l'enlèvement d'une comtesse à laquelle se substitue une bourgeoise que remplace en dernier lieu une soubrette, formait le point de départ d'une action qui évoquait le souvenir de « la servante justifiée » de La Fontaine et avait été, dès le premier jour, jugée scabreuse. Mais, comme l'observait un critique, « si l'on avait cherché aux répétitions à en atténuer les côtés délicats, la pièce, par suite de ce travail de la dernière heure, s'était embrouillée en raison inverse des efforts

tentés pour la rendre plus présentable. Il en résultait qu'elle était sans intérêt pour ceux qui la trouvaient incompréhensible, et trop intéressante pour ceux qui la comprenaient bien. » Tantôt on y glissait sur la pente de l'opérette, tantôt on y embouchait la trompette tragique, sans plus rencontrer la franche gaieté que l'émotion vraie. Seule, la musique se maintenait dans le genre tempéré. On bissa au premier acte l'agréable sérénade de Vigile, qu'enlevait brillamment Taskin, le sonore finale du second acte et l'élégant entr'acte du troisième; on remarqua la voix généreuse de Talazac (Bois-Baudry), la grâce de M Bilbaut-Vauchelet (Armande de Mariay), Chevalier (Gilberte), Dupuis (Isabeau), le bon goût des costumes et des décors; mais le public ne parvint pas à prendre son parti du désaccord qui régnait entre le livret et la musique, et la carrière de l'ouvrage dut s'interrompre avec la quinzième représentation.

Lorsque les nouveautés échouent, force est bien de venir en aide, par des reprises, à la fortune du théâtre. Déjà le 11 février, en même temps qu'*Attendez-moi sous l'orme,* on avait vu revenir *Philémon et Baucis* avec d'excellents artistes, M" Merguillier pour la continuation de ses débuts, Nicot (Philémon), Belhomme (Vulcain), et Taskin qui, presque au dernier moment, avait accepté de remplacer comme Jupiter, Dufriche, lequel allait peu après quitter l'Opéra-Comique pour embrasser la carrière italienne. Sans parler de *Mignon,* qui avait atteint, le 21 mars, sa six-centième représentation, on reprenait *Haydée* avec Fûrst (Lorédan), M" Isaac, bientôt suppléée par M" Mézeray, et, parmi les nouveaux interprètes, Mouliérat (Andréa), Cobalet (Malipieri), Maris (Domenico) et M" Dupuis (Rafaëla). C'était la dernière remise à la scène *d'Haydée,* qui ne quittera plus l'affiche jusqu'à l'époque de l'incendie, et qui d'ailleurs a cessé d'y figurer cinq années seulement depuis l'origine, 1851, 1852, 1873, 1880 et 1881, réalisant un total de trois cent quatre-vingt-trois représentations à la salle Favart. Deux autres ouvrages allaient, en reparaissant, occuper l'activité de la troupe, provo-

quer l'empressement du public, et contribuer surtout aux beaux résultats financiers de l'année: *les Noces de Figaro,* le 9 mai, et *Joseph,* le 5 juin.

M. Carvalho a toujours gardé pour *les Noces de Figaro* un culte bien légitime, si l'on songe aux succès qu'une telle œuvre a valus et à sa femme et à son théâtre. Peut-être même est-ce à ce culte qu'il devait de respecter ainsi la tradition du ThéâtreLyrique jusque dans ses lacunes ou ses erreurs, et de maintenir, par exemple, la version rimée de MM. Jules Barbier et Michel Carré. Jadis, au boulevard du Temple, la liberté des théâtres n'avait pas encore été proclamée, et la Comédie-Française ne permettait pas qu'on s'appropriât un texte qu'elle jugeait sien sans partage; afin de tourner la difficulté, les librettistes s'étaient imposé le supplice de découper ledit texte en vers. L'occasion eût donc été bonne de revenir à la prose de Beaumarchais, presque aussi classique que la musique de Mozart, et la presse ne manqua pas d'en faire la judicieuse observation. A ce détail près, on ne put que louer le directeur pour le soin qu'il avait apporté à cette reprise, où tous les rôles étaient tenus par des sujets d'élite, celui de la comtesse par M" Miolan-Carvalho, dont on put admirer une dernière fois, avant sa retraite définitive, le style large et pur, celui de Suzanne par M Isaac, qui fit apprécier la sûreté de sa méthode, et celui de Chérubin par l'originale et gracieuse M Van Zandt. Taskin (le comte), Fugère (Figaro), Maris (Bartholo), Barnolt (Basile), Troy (Antonio), Ml" Ducasse (Marceline) et M"" Molé-Truffier (Barberine) composaient un ensemble dont la force d'attraction sur le public se traduisit immédiatement par l'éclat des résultats financiers. Le 20 mai, par exemple, la recette attei-' gnait le chiffre inconnu jusque-là de 9.555 fr. 69 c, et plus d'un mois après, le 30 juin, jour de la clôture, on encaissait encore 9.154 fr. 75 c.

Les soirées de *Joseph* parurent peut-être un peu moins brillantes, mais il en est un peu de cette pièce comme du *Freischûtz;* il semble qu'on goûte plus ces deux ouvrages à l'étranger que chez nous. Méhul y est plus considéré, lui qui n'a pas seulement eu l'art de produire de grands effets par des moyens simples, mais qui, écartant de son œuvre, avec une clairvoyance remarquable, la plupart des formules où se complaisaient ses contemporains, l'a assurée contre l'avenir. Avec son ordonnance si pure et si sobre, avec ses mélodies tour à tour si douces et si fortes, *Joseph* conserve, en dépit du temps et des critiques, une physionomie propre, un caractère spécial, et cela est si vrai qu'on n'a jamais été bien d'accord sur la dénomination qui lui convient. Dans son livret, Alexandre Duval se sert du mot « *drame en trois actes, mêlé de chant* »; mais, une autre fois, il dit tout simplement « *comédie* ». Méhul écrit sur sa partition « *opéra biblique* ». C'était la version adoptée le soir de cette reprise sur l'affiche, qui jusque-là portait « *drame lyrique* ». Nul ne s'est avisé de l'appeler « *opéra-comique* », hors M. Clément dans son *Dictionnaire lyrique*.

Chaque reprise de *Joseph* a toujours apporté son contingent de coupures dans le dialogue, et l'on pourrait juger, par la nature de celles qu'on a faites, des tournures d'esprit ou des habitudes de langage du temps où elles se firent. La prose de Duval est de celles qui exigent de continuels rajeunissements. Cette fois encore, on modifia le texte trop poncif; on modifia également les costumes des Egyptiens et des Hébreux, qui, par une singulière tradition jusqu'alors respectée, s'habillaient en Grecs et en Romains; on modifia même la musique, en ce sens qu'on rétablit l'introduction du troisième acte qui, depuis de longues années, sinon depuis toujours, était supprimée pour cause d'extrême difficulté. Le fait est qu'elle est assez mal écrite pour les instruments à vent, pour les clarinettes surtout. Mais cet obstacle ne pouvait arrêter un orchestre comme celui de l'Opéra-Comique, lequel offrait notamment un quatuor d'instruments à vent que l'Opéra lui-même aurait pu envier, et M. Danbé saisit avec empressement une occasion qui lui permettait de mettre en lumière la virtuosité de ses artistes: MM. Gillet (hautbois), Grisez (clarinette), Lefebvre (flûte) et Espaignet (basson). Le morceau fut joué, très

bien joué, et demeura mauvais, mais il restait assez d'autres pages pour faire applaudir un orchestre qui, en vue des reprises des *Noces de Figaro* et de *Joseph*, venait de recevoir une notable augmentation.

La distribution de *Joseph* offrait alors une remarquable cohésion. Talazac chantait le premier de ses deux grands airs avec un charme extrême, le second avec une réelle puissance; M Bilbaut-Vauchelet représentait un charmant Benjamin; Carroul et Cobalet personnifiaient heureusement Siméon et Jacob. Aucun des petits rôles n'était sacrifié, puisque, à côté de Collin (Utobal) et de Bernard (un officier), on trouvait, pour les fils de Jacob, MM. Chenevière, Mouliérat, Piccaluga, Vernouillet, Teste, Luckx, Pascal Bouhy, Troy, Schilt, et pour le chœur des jeunes filles, M Molé-Truffier, Jacob, Durié, Petit et Laurent. Plusieurs de ces noms étaient nouveaux: M. Pascal Bouhy, frère cadet de l'ancien pensionnaire de la salle Favart et de l'Opéra, avait débuté au commencement de l'année dans *le Pré aux Clercs* (rôle de Girot), et quitta le théâtre avant la fin de cette même année; Schilt et M Durié se retirèrent au bout de quelque temps, comme aussi M'' Ghirza, qui ne fit que passer et qu'on n'a plus revue, après un début malheureux, le 22 février, dans *la Fille du régiment*. La reprise du 8 décembre devait amener encore quelques modifications dans les petits rôles de *Joseph*: MM. Bouhy, Piccaluga, Schilt, Mes Jacob, Durié et Molé, ayant tous, sauf ces deux dernières, quitté le théâtre, étaient remplacés par MM. Labis, Tuai, Lescoutras, M Lardinois, Dupont et Dupuis, tous débutants, sauf les deux dernières. Cette énumération de noms dit assez de quelles ressources multiples disposait alors l'Opéra-Comique. On fit même une remarque assez curieuse, c'est que des *trente et un* rôles que comprennent *Joseph* et *les Noces de Figaro*, deux seulement, celui d'un des fils de Jacob et celui d'Antonio, étaient remplis par le même artiste, et tous bien tenus. Quel théâtre lyrique de France, et peut-être même d'Europe, aurait pu mettre en ligne une pareille troupe? Devant les ré-

sultats d'une aussi brillante gestion, on comprend que le ministre de l'Instruction publique et des Beaux-Arts, par arrêté du 11 novembre, se fit un devoir de renouveler le privilège directorial de M. Carvalho pour sept années, à compter du 1" juillet 1883: c'était la conséquence naturelle de l'hommage public que lui avait rendu à la Chambre des députés le rapport de la commission du budget, quelques jours avant la clôture annuelle des mois de juillet et août.

En 1881 les portes ne s'étaient pas rouvertes, même pour la fête nationale, par suite d'un complément de travaux décoratifs qui rendaient impossible l'usage de la salle. En 1882 il n'en fut pas de même; Talazac vint, le 14 juillet, chanter en habit de ville, entre *les Noces de Jeannette* et *le Pré aux Clercs*, l'officielle *Marseillaise*, et l'on eut ensuite tout le temps d'exécuter les quelques travaux de précaution exigés par la préfecture de police. Le terrible incendie du RingTheater, à Vienne, avait une fois de plus attiré l'attention du public sur le peu de sécurité de nos théâtres, et commandé aux directeurs un redoublement de vigilance. Le 3 février précédent, pendant le troisième acte des *Contes d'Hoffmann*, la chaleur d'un calorifère avait enflammé un escalier du sous-sol; un nuage de fumée s'était élevé au-dessus de la rampe, et il n'avait fallu rien moins que le sang-froid de Talazac, alors en scène, pour s'informer discrètement de la cause et rassurer aussitôt les spectateurs. Un mois après, le 10 mars, le compteur à gaz placé au coin de la rue Marivaux éclatait, et déterminait en plein jour un commencement d'incendie qui fut promptement éteint. Il n'était donc pas « exagéré », comme quelques-uns le croyaient, de prendre des mesures préventives afin d'obvier le plus possible aux chances de danger, et les vacances y furent employées, insuffisamment même, ainsi que l'événement devait le démontrer plus tard.

A la rentrée, plusieurs artistes, outre ceux déjà nommés, avaient cessé d'appartenir à la troupe, notamment Fûrst et Fontenay, qui allaient accepter les offres de la province et de l'étranger, M's Cordier, Luigini, Zélo-Duran, et aussi M"" Ducasse, qui renonçait au théâtre pour se consacrer au professorat. Ces départs justifiaient l'arrivée de nouvelles recrues, engagées parmi les lauréats que le Conservatoire avait couronnés l'année précédente et cette année. Dès le 31 mai, avait débuté dans *le Pré aux Clercs* (rôle d'Isabelle) M Rose Delaunay, belle-fille de l'éminent sociétaire du Théâtre-Français. En voyant son visage placide, sa physionomie douce et son allure modeste, on ne se serait point douté qu'elle avait, lors de ses concours, excité les rumeurs et déchaîné finalement une vraie tempête dans un verre d'eau, parce qu'elle avait été nommée avec, et, pour tout dire, avant M Jacob. Or, il arriva que le public sembla ratifier le verdict du jury, puisque M' Jacob ne fit à l'Opéra-Comique qu'un séjour d'une année, tandis que *M"* Delaunay y resta jusqu'à l'incendie, c'est-à-dire près de cinq ans. Le 16 septembre, M Pierron parut pour la première fois dans le petit rôle de Stefano, qu'elle avait appris au dernier moment pour ne pas faire retarder la reprise de *Roméo et Juliette;* quelque temps après, le 5 décembre, elle acceptait bravement celui de Marceline dans *les Noces de Figaro,* échangeant ainsi presque sans transition les cheveux blonds du jeune page contre les cheveux blancs de la vieille gouvernante de Bartholo, donnant l'exemple d'une bonne volonté et d'une souplesse de talent qui ont fait d'elle un des plus précieux sujets de l'Opéra-Comique en sa double station de la salle Favart et à la place du Châtelet. Le 15 octobre, *les Dragons de Villars* servirent aux débuts, peu remarqués, de M. Labis (Bélamy) et de M Frandin (Rose Friquei). Le premier était, nous l'avons dit, lauréat de l'année 1882; la seconde avait obtenu en 1879 un premier accessit de chant, et en 1880 le premier prix d'opéra à l'unanimité; cette récompense ne l'avait pas empêchée d'entrer immédiatement aux FoliesDramatiques; l'Opéra-Comique la prit sans la garder; elle a depuis lors obtenu de notables succès à l'étranger. Le 22 décembre, une autre débutante, M" Rémy, joua dans *le Pos-*

tillon de Lonjumeau le rôle de Madeleine; elle eut un succès de jolie femme, et ne quitta la salle Favart qu'en 1886, sans avoir tenu d'autres emplois que ceux d'utilité; ce même soir, M. Labis continuait ses débuts par le rôle de Béju, qui lui réussit mieux que celui de Bélamy, et quelques jours après un ténor, M. Lescoutras, qu'on avait vu figurer dans *Joseph,* parmi les fils de Jacob, témoignait de son inexpérience dans *Richard Cœur de Lion,* où il chantait la partie du roi.

Après les nouveaux venus acteurs, ou, pour mieux dire, en même temps qu'eux, on faisait place aux nouveaux venus compositeurs, et le 13 novembre on jouait pour la première fois deux pièces en un acte, l'une de M. Lacome, l'autre de M, Dutacq, *la Nuit de Saint-Jean* et *Battez Philidor!*

La première pourrait fournir un chapitre de plus, moitié triste et moitié gai, à l'histoire éternelle du calvaire des musiciens. C'était en 1870; M. Lacome fréquentait l'Opéra, où il avait présenté un ouvrage, *la Danse macabre,* dont les paroles émanaient de son beau-frère; deux auditions même en avaient eu lieu, auxquelles le directeur Emile Perrin avait paru s'intéresser. Sur ces entrefaites, la guerre éclate; on désire pour notre première scène un à-propos où serait intercalée *la Marseillaise,* que l'on chanterait en costume. M. Gevaert en parle à M. Lacome, qui accepte et se met en rapport avec Victor Wilder. On va trouver MM. Erckmann Chartrian et l'on songe à encadrer ledit « à-propos » dans un acte inspiré de *Madame Thérèse* et intitulé *les Volontaires de 92.* On devine que les premières défaites mirent fin à tous ces beaux projets. Mais des relations amicales s'étaient établies entre les romanciers et le compositeur; celuici s'enhardit alors jusqu'à leur demander de mettre en musique *l'Ami Fritz* qui, depuis, a passé aux mains d'un Italien. « Non, répondit Chatrian, nous devons en tirer une pièce pour la Comédie-Française, mais voulez-vous *les Fiancés de Orindelwaldl »* M. Lacome prit le volume intitulé *les Contes fantastiques,* où se trouve la nouvelle qu'on lui offrait; MM. Alfred Delacour et de Lau-Lusig-

nan la transformèrent en opéra-comique et *les Fiancés de Orindelwald* devinrent *la Nuit de Saint-Jean.* La partition, rapidement écrite, fut achetée par l'éditeur Hartmann, qui la revendit plus tard à la maison Enoch et Costallat; puis M. du Locle, alors directeur de l'OpéraComique, fut informé qu'un nouvel acte lui était né d'hier.

Cette nouvelle le laissa d'ailleurs dans la plus complète indifférence, et les années commencèrent à passer. M. Lacome avait pris l'habitude d'aller faire tous les jours une station dans l'antichambre du directeur, lequel, bien entendu, ne le recevait jamais; mais, comme à la patience il joint beaucoup d'esprit, il eut, à la veille d'une fête, l'idée de lui envoyer la lettre suivante : « Monsieur, forcé de m'absenter pendant trois jours, j'ai l'honneur de vous prévenir que j'interromprai mes visites à partir de samedi, pour les reprendre mardi prochain. *S igné* : Lacome. » Le mardi, M. Lacome était reçu, sa pièce aussi, mais elle ne fut pas jouée pour cela; du Locle disparut et l'attente recommença. Pour le faire patienter encore, M. Carvalho.lui confia, en 1876, un livret d'opéracomique en trois actes de MM. Armand Silvestre et Hennequin, qui attend toujours sa représentation. En 1882, *la Nuit de Saint-Jean* parut enfin: elle n'avait fait un stage que d'une dizaine d'années.

Une ancienne coutume veut, dit-on, qu'en Suisse, la nuit de la Saint-Jean, les amoureux déposent des fleurs et chantent une sérénade sous la fenêtre de leur bien-aimée. Un jeune garde forestier, Frantz, se conforme à l'usage: il aime, il est aimé. Mais un vieux juge du canton, Zacharias Seiler, s'est promis, après boire, d'épouser, lui aussi, l'aimable Charlotte Fœrster. Delà.'lutte, tiraillements, hésitations cruelles du bonhomme, qui comprend enfin ce que sa passion a de. ridicule, et, accomplissant un sacrifice renouvelé des *Papillotes de M. Benoist* et de maintes autres pièces du genre sentimental, il demande lui-même, à son ami Yeri Fœrster, la main de la jeune fille pour son rival. Musicien distingué, M. Lacome avait été réduit jusqu'alors à écrire des opérettes et avait du reste rencontré les succès de *la Dot mal placée* et de *Jeanne, Jeannette et Jeanneton*. Sa nouvelle œuvre était ornée de jolis détails que faisait particulièrement valoir la bonhomie spirituelle de Grivot (Zacharias Seiler), et la fortune lui sourit, fortune assez durable et particulièrement singulière. Après n'avoir obtenu que 26 représentations à la salle Favart, *la Nuit de Saint-Jean* s'évanouit en 1884, deux ans après sa venue. On pouvait croire l'ouvrage à jamais disparu, quand on le reprit à la place du Châtelet le 17 janvier 1889, et, à la date du 31 décembre 1892, il avait déjà fourni 48 autres soirées, soit un total de 74 représentations.

Battez Philidor! n'eut point ce succès, et pourtant le livret de M. Abraham Dreyfus ne manquait ni d'ingéniosité, ni d'esprit. Un jeune artiste, nommé Richard, aime Doris, fille de Boudignot, directeur du café de la Régence, en l'an de grâce 1777. Mais Boudignot se soucie médiocrement de donner sa fille à un musicien, car il ne comprend, en fait d'art, que celui de jouer aux échecs. « Battez Philidor! » dit-il en soupirant, « et vous deviendrez mon gendre ». Le pauvre garçon ne voit d'autre ressource que de supplier Philidor de se laisser battre; le grand joueur et compositeur y consent, d'autant plus qu'à l'orchestre de la Comédie-Italienne il a remarqué Richard comme un musicien «qui ne dort pas ». La partie s'engage; mais Doris a la malencontreuse idée de chanter, dans une pièce voisine, un air du nouvel opéra de Philidor. Tout entier au plaisir d'entendre sa musique, Philidor oublie sa promesse, joue machinalement et gagne... par distraction. Point n'est besoin d'ajouter que, grâce à son intervention, les amoureux se marient tout de même. Certains traits étaient piquants, et l'on rit, par exemple, de cette boutade de Philidor contre son collaborateur Poinsinet: « Ah! pourquoi ne peut-on se passer de poème! Pourquoi faut-il s'atteler à ces stupides auteurs!... Enfin! celui-là est mort!... que Dieu ait son âme!... Moi, j'ai son livret!... ». Bien qu'au concours de Rome en 1876, M. Amédée Dutacq n'eût obtenu qu'un second prix, il possédait, autant que ses

camarades et rivaux plus favorisés, la science musicale; il avait tenu même à la montrer, comme il arrive souvent aux «jeunes» dans leur ouvrage de début, et il en résultait une sorte de disparité entre le ton sérieux de la musique et le tour aimable du livret. Pour comble d'infortune, les interprètes, à part Barré, excellent dans le rôle de Philidor, se trouvaient médiocrement servir les intérêts du compositeur. M. Nicot, atteint d'une aphonie subite, avait mis ainsi le public dans l'impossibilité d'entendre la partie chantée de l'amoureux Richard, et M Thuillier-Leloir, indisposée, elle aussi, disait moins que brillamment sa pastorale d'*Emelinde*. A défaut de bonne humeur et de naïveté, la partition méritait mieux que son chiffre total de dix représentations.

Ces deux levers de rideau marquent le dernier épisode artistique de l'année 1882, où les recettes avaient encore suivi une notable augmentation, passant de 1.731.688 fr. 61 c. à 1.839.523 fr. 69 c. Ce total marque pour la prospérité financière du théâtre le point suprême, ou, si l'on veut, le sommet; car, à la salle Favart, il n'avait pas encore été atteint et ne l'a plus été depuis.

A cette source ordinaire de profits, l'administration avait tenté d'en ajouter une, que l'on peut qualifier d'extraordinaire, par la prise de possession (et revenu y afférent) d'une loge dont la caisse du théâtre n'avait jusqu'alors jamais bénéficié. On sait que, par acte notarié du 28 août 1781, le duc de Choiseul s'était obligé envers les comédiens du Roi à faire construire sur son terrain la salle de spectacle dite alors Comédie-Italienne, et depuis Opéra-Comique, moyennant la propriété d'une loge de huit places « à côté de celle du Roi », propriété transmissible au plus proche parent mâle, jusqu'à extinction, auquel cas la réunion de l'usufruit de cette loge à la propriété devait se faire en faveurs desdits comédiens. Or, devenu propriétaire, nous l'avons dit, par suite d'une convention passée avec la société emphytéotique qui avait reconstruit la salle depuis le premier incendie, l'Etat prétendit que le droit sur la loge était non un droit de *propriété,* mais un

droit *d'usufruit,* lequel devait s'éteindre au bout de quatre-vingt-dix-neuf ans. En conséquence, le 1" janvier 1880, l'administration des Domaines refusa l'entrée de la loge à M la duchesse de Fitz-James et à M. le duc de Marmier, héritiers et représentants de la famille de Choiseul. Un procès s'en suivit, que l'État perdit d'abord en 1882 devant le tribunal de première instance, et en 1883 devant la Cour d'appel de Paris. Le second incendie de la salle Favart a failli soulever depuis de nouveaux débats; et rien ne peut assurer que, dans cette question juridique, le dernier mot ait été dit; mais, provisoirement, l'État dut s'incliner devant l'arrêt et renoncer à ses prétentions au cours de cette année 1883, qu'allait marquer d'une pierre blanche le grand et légitime succès de *Lakmé.*

Deux reprises en avaient occupé les premiers mois, celle de *Giralda,* le 24 janvier, et celle de *Zambie* 28 janvier. Cette dernière avait surtout pour intérêt la rentrée, d'ailleurs assez éphémère, de M. Stéphanne dans le principal rôle. Moulièrat (Alphonse), Barnolt (Dandolo), Grivot (Daniel), Troy (un corsaire) Ml" C. Mézeray (Camille) et Chevalier (Rita) lui donnaient convenablement la réplique; mais il est curieux de rappeler qu'un incident purement fortuit fit de lui le héros de cette reprise; Zampa devait avoir, en effet, pour interprète Lhérie, lorsqu'on s'aperçut que de ténor il était devenu baryton. C'est du moins la raison que l'on donna alors; on la pouvait trouver suspecte, car ce rôle avait déjà été tenu non seulement à l'étranger, mais encore à Paris par des barytons, et le fut justement quelques années plus tard par le même Lhérie, qui n'était pas redevenu ténor.

La reprise de *Giralda* était plus intéressante, en ce sens, qu'elle ramenait à son théâtre d'origine une œuvre négligée depuis 1862, mais recueillie dans l'intervalle par M. Vizentini au théâtre de la Gaîté. Il avait d'abord été question, et dès 1870, de remonter un autre ouvrage d'Adolphe Adam, *le Brasseur de Prexton,* avec Berlin, Barnolt et M Ducasse; puis, on avait changé d'avis. A la Gaîté, Grivot tenait dans *Giralda* le rôle de Ginès avec un entrain qui n'avait pas peu contribué à le faire engager à l'Opéra-Comique, et c'était le joyeux Christian qui, vu le hasard des circonstances, abordait la carrière lyrique avec le personnage de don Japhet. A la salle Favart, l'excellent Grivot retrouva seul son succès d'antan, à côté de Taskin (le prince), Bertin (Manoël), Gourdon (don Japhet), Teste (don Luis), M Chevalier (la Reine) et Merguillier (Giralda). C'était, après *le Toréador, Philémon et Baucis, les Diamants de la Couronne,* le quatrième rôle confié à M¹¹ Merguillier, qui, désormais, comptait parmi les artistes les plus occupées de la troupe. Cette fois les curieux se plurent à observer combien le poème de Scribe offrait d'analogies avec une série d'opérettes données vers cette époque, *la Petite Mariée, le Jour et la Nuit, le Cœur et la Main,* voire même *Gillette de Narbonne.*

Au surplus, l'intérêt du livret, joint à l'agrément de la musique, est pour quelque chose dans le succès de cette pièce qui n'a jamais quitté le répertoire de la province et de l'étranger. Il nous souvient de l'avoir vue à Amsterdam en 1874, montée et jouée (Dieu sait comme!) dans un petit théâtre appelé Tivoli; il faut ajouter que l'entrée ne coûtait que soixante centimes! Mais la modicité des prix témoigne justement de la popularité du succès, et *Giralda* est parmi les ouvrages d'Adolphe Adam un de ceux qui ont fourni la plus honorable carrière. A Paris seulement, et sans parler même des représentations de la Gaîté, on l'a jouée quatre-vingt-cinq fois de 1849 à 1852, vingt-quatre fois en 1862, et vingt-neuf fois de 1883 à 1884; c'est donc un total de cent trente-huit soirées que la salle Favart lui a values.

Ce chiffre devait être encoré dépassé par l'ouvrage nouveau qui allait marquer le point lumineux de l'année 1883. *Lakmé* parut le 14 avril et, dès le premier soir, obtint la presque unanimité des suffrages, grâce au triple intérêt du poème, de la musique et de l'interprétation.

Un officier anglais pénétrant par hasard dans la demeure d'un brahmine dont la fille se présente à lui si délicieu-

se qu'il en oublie aussitôt sa propre fiancée; le père de celle-ci, usant de stratagème pour retrouver celui qui a profané sa maison, se déguisant en mendiant, et faisant de son enfant une chanteuse des rues, avec l'espoir qu'attiré par ses chants, l'impie se trahira; Gérald, tombant dans le piège et frappé d'un coup de poignard, puis guéri par les soins de Lakméau fond d'une forêt où se terminent leurs amours, lui partant par esprit de devoir afin de rejoindre son régiment dont les sonneries l'appellent au combat, elle s'empoisonnant par esprit de sacrifice, afin d'échapper à cet abandon et de mourir au moins dans les bras de celai qu'elle a aimé; telle est en quelques lignes cette idylle hindoue dont MM. Gondinet et Philippe Gille avaient tracé les fins contours et ciselé les vers délicats. Ou disait d'avance qu'ils s'étaient inspirés du *Mariage de Loti,* et le grand retentissement qu'avait eu naguère la publication de ce roman autorisait une telle hypothèse. En réalité, tout au plus restait-il un point de ressemblance: les amours libres dans une forêt vierge d'une sauvagesse et d'un Européen, et encore, par le choix du cadre, par l'association de deux races en présence, ce point de départ est-il plutôt celui du *Premier Jour de bonheur.* On pourrait aussi trouver là quelque analogie avec *l'Africaine.* Il est vrai que l'action se passe de nos jours et que l'amoureux est, non plus un navigateur illustre, mais un simple officier de l'armée anglaise; en revanche, Gérald, comme Vasco, abandonne celle qui lui a sauvé la vie; Lakmé, comme Sélika, se sacrifie par amour et s'empoisonne, substituant simplement au parfum du mancenillier la feuille du *datura stramonium,* et la scène est aux Indes, comme dans la seconde partie de l'œuvre de Meyerbeer, dont l'héroïne, en dépit d'un titre choisi par inadvertance, paraîtra toujours plus Indienne qu'Africaine, à moins toutefois qu'elle ne soit Malgache, ce qu'autoriserait à supposer certaine mention de « la grande île ».

Quoi qu'il en soit de ces rapprochements, Léo Delibes avait rencontré un sujetqui convenait à son tempérament artistique, et comme Gérald s'éprend de

Lakmé, il s'en était épris aussitôt, au point d'abandonner le *Jacques Callot* qu'il avait alors sur le chantier, au point même d'oublier pour un temps ces hésitations, cette incertitude, ce doute de soi-même qui, vers la fin de sa carrière, paralysaient sa volonté et faisaient le tourment de son esprit. Il avait alors retrouvé sa jeunesse et son énergie, et l'on peut dire que toute la partition fut écrite en peu de temps, puisque sur le manuscrit original on lit au bas du premier morceau cette date, juillet 1881, et au bas du dernier cette autre, 5 juin 1882.

Parisien dans l'âme, le compositeur avait tout au plus indiqué la couleur orientale de son sujet par quelques indécisions voulues de mode et de tonalité, auxquelles on pourrait reprocher leur impersonnalité et donner l'étiquette générale de « procédé»; mais ce qui lui appartenait en propre, ce qui constituait son originalité réelle, c'était la distinction, l'élégance, l'ingéniosité des contours mélodiques et des rythmes, la fraîcheur de l'instrumentation, la finesse des accompagnements.

L'excellence de l'interprétation ajoutait encore à l'effet de cet ouvrage. Idole de ce public parisien qui devait, l'année suivante, se fâcher tout rouge et briser sa poupée, Ml Van Zandt faisait du personnage principal nne figure exquise; on l'acclamait, on lui pardonnait toutes ses fantaisies, on s'occupait de ses moindres faits et gestes; elle semblait tenir entre ses petites mains la fortune du théâtre, et dans le courant d'octobre, un fou ayant voulu attenter à sa vie, le Monsieur de l'orchestre s'empressa de raconter avec sa fantaisie habituelle les précautions prises pour sa sécurité, le directeur et les auteurs armés jusqu'aux.dents et suivant en fiacre le coupé « cuirassé » de la diva, l'administrateur Gaudemar partant en avant comme éclaireur à cheval, les rues de Paris traversées au grandissime galop, les défenseurs de M Van Zandt ayant reçu, comme les pompes à vapeur, l'autorisation d'écraser tous ceux qui ne se rangeraient pas sur leur passage, et, à son domicile, le secrétairegénéral, M. Edouard Noël, les deux régisseurs, MM. Ponchard et Legrand « montant la garde sous la porte cochère. » A côté de cette étoile, Talazac brillait lui aussi, bien secondé par MM. Barré (Frédéric), Cobalet (Nilakantha), Chenevière (Nadji), M Frandin (Mallika), Rémy (Ellen), Molé-Trufûer (Rose). Montée avec beaucoup de goût, encadrée dans de jolis décors, la pièce se maintint quatre années de suite au répertoire, obtenant 51 représentations en 1883, 22 en 1884, 13 en 1885, soit un total de 99. L'année de l'incendie imposa nécessairement un arrêt et ce n'est que le 6 mai 1891, dans la salle provisoire du Châtelet, que la centième eut lieu; elle a depuis été largement dépassée d'ailleurs, puisque, en la seule année 1891, *Lakmé* n'a pas compté moins de 45 représentations.

Tel devait finir par être, mais plus prospère encore et plus triomphant, le sort d'une pièce que l'Opéra-Comique peut compter parmi les plus purs joyaux de son écrin, chef-d'œuvre en son genre, qui, par sa valeur musicale et son succès continu est, à notre temps, ce que furent au leur et *la Dame blanche, et le Pré auce Clercs, et Mignon. Carmen* reparut le 21 avril. Accueillie, on se le rappelle, avec quelque réserve, en 1875, elle reposait silencieusement depuis huit années; il semblait qu'on l'oubliât dans sa patrie. Heureusement on se souvenait d'elle à l'étranger; peu à peu elle avait fait le tour de l'Europe et occupé victorieusement toutes les scènes dramatiques du monde. Un exemple suffira pour attester cette popularité: en 1882, c'est-à-dire un an avant sa reprise à la salle Favart, *Carmen* l'avait emporté en Allemagne même sur les deux opéras favoris des scènes allemandes,. *Lohengrin* et *Faust*: l'ouvrage de Wagner avait obtenu 69 représentations, celui de Gounod 30 et celui de Bizet 105! Paris ne pouvait se refuser plus longtemps à ce qui constituait un acte de justice et de réparation; et pourtant, quelques critiques se montraient encore rétifs à l'admiration; plusieurs rééditèrent leurs vieux reproches d'immoralité du livret; d'autres contestaient même l'originalité de la partition; Auguste Vitu, pour n'en citer qu'un, se perdait en comparaisons étrangement inopportunes avec *Robertle Diable.*

L'événementsemblad'abordleurdonner raison, en ce sens que l'effet initial fut un peu compromis par la nature de l'interprétation. Avec la correction de son cbant et, si l'on peut dire, la réserve de son jeu, M" Isaac figurait tout autre chose que l'héroïne ardente et brutale de Mérimée. Stéphanne, suppléé quelquefois par Bertin, jouait avec intelligence et énergie le rôle de don José, mais sa voix fatiguée le trahissait parfois, M Merguillier, remplacée dès la seconde représentation par M Rose Delaunay, chantait sans relief la délicieuse romance de Micaëla et Ta?kin était un Escamillo légèrement empreint de mollesse. Il semblait que la pièce, pour employer l'argot du théâtre, ne fût pas encore « au point». Mais quelle revanche lorsqu'après les vacances de l'été, le 27 octobre, on reprit l'œuvre!

Stéphanne avait quitté l'Opéra-Comique et fait place à un débutant, ténor de haute taille, qui montra dès le premier soir des qualités sérieuses de chanteur et de comédien, M. Mauras, qui bientôt alterna d'ailleurs avec Herbert; M Bilbaut-Vauchelet prêtait le charme de sa grâce à la douce figure de Micaëla; Taskin chantait avec plus de rondeur; et surtout, remplaçant M' Isaac, émigrée à l'Opéra, où elle allait faire un séjour de deux années, M GalliMarié reprenait possession d'un rôle qu'elle avait créé et où personne ne l'a jamais égalée. La vitalité de l'œuvre en reçut un singulier élan, puisque du 3 novembre au 31 décembre, en vingt-six représentations, elle réalisa 201,803 fr. 50 c., soit une moyenne plus que respectable de 8,530 fr. 90 c.

La pièce était si bien lancée qu'elle atteignit, le 23 décembre, la centième représentation, et qu'on profita de la circonstance pour installer au foyer public le buste du compositeur, œuvre de Paul Dubois. Ce soir-là, trois artistes jouaient encore les rôles qu'ils avaient eu l'honneur de créer, huit années auparavant: M" Galli-Marié, Chevalier et M. Barnolt. *M* Galli-Marié avait chanté le sien soixante-treize fois et M" Isaac vingt-sept; M Chevalier n'avait cédé que pour quelques soirées celui de Mercédès à M Lina Bell; mais M. Barnolt

n'avait jamais abandonné celui du Remendado. Depuis l'origine, don José avait compté cinq interprètes: Lhérie, Stéphanne, Bertin, Mauras, Herbert; Escamillo, deux: Bouhy et Taskin; Micaëla, quatre: M"" Chapuy, Ml" Merguillier, MTM Rose Delaunay, M BilbautVauchelet. Si l'on ajoute aux 50 représentations de 1875 les 270 obtenues de 1883 à 1887, on verra qu'à la seconde salle Favart *Carmen* a été jouée 330 fois, et toujours avec des recettes élevées; c'était devenu tout à la fois un succès d'art et d'argent.

Une autre reprise eut lieu le 17 mai, celle de *la Perle du Brésil*, dont l'issue finale avec ses dix-neuf représentations ne fut qu'à demi favorable, et dont le choix d'ailleurs, au lendemain de *Lakmé,* manquait dà-propos. Il faut dire, pour la défense du directeur, qu'on avait songé à remettre à la scène l'ouvrage de Félicien David dès l'année 1877, et qu'on l'avait répété même avec M Mendès (Zora), MM. Fûist (Lorenz) etGiraudet(don Salvador). Diversincideuts, comme le départ de quelques artistes chargés des rôles principaux, avaient retardé, puis définitivement ajourné ces projets; ils devaient aboutir six ans plus tard, par suite de l'engagement d'une jeune cantatrice étrangère que l'on classait d'avance parmi les étoiles, M Nevada.

Fille d'un certain docteur Wixom et née en Amérique, comme l'indique son nom qui n'était qu'un nom de guerre, M Emma Nevada n'avait pour elle ni la régularité des traits, ni la correction de la prononciation; mais sa physionomie était expressive, et la couleur ne manquait pas au timbre de sa voix où la pureté du registre aigu compensait les défaillances du médium; elle avait fait ses études artistiques à Vienne, avec M Marchesi, et avait promené son répertoire italien un peu partout, à Berlin, à Londres, à Trieste, à Florence, à Livourne, à Naples. Comme l'écrivait un chroniqueur: « On n'a pas engagé M Nevada pour reprendre *la Perle du Brésil*, mais repris *la Perle du Brésil* parce qu'on avait engagé M" Nevada et qu'on ne savait trop dans quel ouvrage faire débuter la cantatrice américaine. » L'épreuve ne réussit pas plus à l'une qu'à l'autre. Après un second début le 28 septembre, dans le rôle de Mignon, rôle qui ne convenait guère à la tessiture de sa voix, l'artiste disparut; la pièce fit comme elle, après une série de malchances.

On avait répété généralement le 17 février précédent et annoncé la première pour le 19, lorsqu'une grave indisposition de la future débutante amena un retard de plusieurs mois et fit que cette reprise suivit *Lakmê* au lieu de la précéder. Ces incidents ne sont pas rares dans l'histoire des théâtres, et l'on pourrait citer, parmi les plus curieux de ce genre, le cas du Château-d'Eau, qui s'avisa en ces dernières années de préparer, lors d'une tentative lyrique venant s'ajouter à tant d'autres, une adaptation nouvelle d'un vieil opéra de Verdi, *la Bataille de Legnano,* sous ce titre: *Pour la Patrie.* La répétition générale eut lieu à la rue de Malte, et la première... à Corbeil, assez longtemps après. En outre, un bizarre incident devait troubler cette soirée de *la Perle du Brésil* toujours annoncée et sans cesse reculée. Au premier acte, à peine M. Mouliérat (Lorenz) venait-il d'entrer en scène, qu'un violent coup de sifflet, parti des troisièmes loges, se fait entendre. Le ténor pâlit sous l'insulte; on se précipite sur le siffleur, qui voulait, paraît-il, se venger ainsi d'une offense de nature tout intime; la représentation est suspendue, et l'aventure provoque des commentaires qui ne pouvaient ajouter à l'intérêt de la pièce, et surtout en faciliter la compréhension, car le livret de ces deux auteurs peu connus, MM. J. Gabriel et Sylvain Saint-Etienne, n'avait jamais paru d'une transparence lumineuse, surtout lorsqu'on avait joué tout d'abord au Théâtre-Lyrique cette *Perle du Brésil* avec laquelle l'auteur applaudi du *Désert* abordait la scène. Il est vrai que l'honnête Gabriel, lorsqu'on lui reprochait d'avoir écrit un ouvrage incompréhensible, répondait naïvement: « Incompréhensible! incompréhensible! voilà six semaines que je lis la pièce tous les soirs à ma famille, et on ne m'a pas encore fait ce reproche-là. »

Quoi qu'il en soit, dès la Reprise de 1858 au Théâtre-Lyrique, M. Carvalho s'était empressé de faire remanier le poème. Il recommença la même opération pour la reprise de 1883 à l'Opéra-Comique et en chargea cette fois M. Jules Barbier, qui s'acquitta de sa tâche avec succès, s'il est exact, comme on le raconta, qu'assistant à la répétition générale et comprenant enfin le sujet, M″ Carvalho so. soit écriée: — « Tiens! l'amiral aime donc Zoral « Or, jadis elle avait joué ce rôle plus de cent fois! Ce que le public comprit, lui, c'est qu'il avait affaire â un ouvrage qui, en dépit de charmantes pages, ne donnait qu'une idée incomplète de l'originalité du compositeur. Plusieurs critiques constatèrent alors l'analogie de la donnée première avec celle de *Lakmé*; ils auraient pu joindre à ce nom ceux de *Fernand Cortez* et de *Jaguarita.* Au besoin même on ajouterait que, comme disposition matérielle et succession de décors, *la Perle du Brésil* rappelle un peu *l'Africaine,* dont le point de départ se rapproche, nous l'avons dit, de celui de *Lakmé.* Ainsi, par le fait du hasard, les trois opéras de Félicien David, de Meyerbeer et de Léo Delibes se trouvaient reliés entre eux comme les anneaux d'une même chaîne, anneaux, bien entendu, d'inégale valeur et de poids différent.

Le même soir où la salle Favart essayait d'enchâsser dans son répertoire *la Perle du Brésil,* elle donnait l'hospitalité à un petit lever de rideau, intitulé *Saute, Marquis!* lequel ne fut joué que quatre fois. Le livret pouvait passer pour une agréable variante *(VAttendezmoi sous l'orme,* et ce souvenir classique s'expliquait de lui-même, puisque le librettiste était M. Trulfier, alors pensionnaire de la Comédie-Française; ce titre avait dù venir tout naturellement sous la plume du comédien auquel le rôle du maître à danser, dans *le Bourgeois gentilhomme* avait valu naguère un succès des plus francs. La musique, bien qu'émanant de l'ancien chef des Guides sous l'Empire, n'avait rie» de militaire et gardait une allure archaïque. Moins heureux que son collaborateur, Cressonnois ne put assister à cette soirée qui devait d'avance, au moins par la pensée, flatter son amour-propre, car il quittait ainsi le domaine de l'opérette,

où il s'était essayé jusque-là, pour s'élever jusqu'à l'opéra-çomique: la mort l'avait surpris quelques mois auparavant.

Plus triste encore fut la destinée d'un autre opéracomique en un acte, *Mathias Corvin,* représenté le 18 juin. Seul, le compositeur, M. de Bertha, pourrait raconter la longue série de ses tribulations artistiques depuis le jour où quittant la Hongrie, son pays natal, il était venu demander à Paris la consécration de son talent. Il supposait sans doute que l'Opéra-Comique accueillait toujours avec empressement les étrangers, ainsi qu'autrefois des Belges comme Grisar, Gevaert, Limnander, des Allemands comme Meyerbeer et Flotow, des Italiens comme Donizetti et Coppola. Mais le temps était passé des généreuses hospitalités, et, pour se faire ouvrir les portes, il n'était pas de trop de tous les appuis et de toutes les protections. M. de Bertha avait reçu d'un ancien secrétaire de Sainte-Beuve, M. Jules Levallois, un livret, ou plutôt un projet de livret, ce qu'on appelle en argot de théâtre « un monstre »,. qu'il s'agissait de « dégrossir ». Pour cette besogne, le compositeur s'adjoignit un jeune poète, M. Paul Milliet, que venaient de signaler à l'attention du public le poème de *Y Hérodiade* de Massenet et la traduction du *Mefistofele* de Boito.

La pièce nous montre Mathias Corvin, nouvel Haroun-al-Raschid, parcourant incognito les provinces de son royaume afin de contrôler l'exactitude de ses rapports de police, et arrivant chez un mélomane vénitien, Zacchi, dont la fille, Ilona, est recherchée en mariage par un riche magnat et par un pauvre jeune homme, signalé comme suspect. Le père préfère l'un, la jeune personne l'autre, et le roi arrive à point pour trancher la question. Une chanson fredonnée par Ridolfo avait attiré son attention, et bientôt il reconnaît dans ce chanteur et prétendu conspirateur le fils du libérateur de son père, Jean Hunyade. C'est donc lui qui se charge d'unir les deux jeunes gens, et d'acquitter ainsi la dette du passé. Chose digne de remarque, dans cet opéra hongrois, ce compositeur hongrois n'avait point écrit ou n'avait point suffisamment écrit de musique hongroise. Ce petit drame, d'un caractère légendaire et d'une simplicité voulue, avait inspiré à M. de Bertha une partition qui n'était certes pas l'œuvre du premier venu, mais à laquelle on pouvait précisément reprocher un manque de naturel et de franchise. Bref *Mathias Corvin* n'obtint que ses trois représentations réglementaires.

Le même soir on donnait une autre pièce nouvelle en deux actes, sur laquelle, par avance, on ne comptait guère, et qui, tout au contraire, obtint une pleine réussite, *le Portrait de Cervantes,* devenu depuis *le Portrait,* tout simplement. C'était une vieille pièce de Dieulafoy qu'on avait applaudie jadis sous le titre du *Portrait de Michel Cervantes.* Au surplus, l'intrigue renouée par M. Adenis n'était pas d'une absolue nouveauté.

Ce Pépé contraint de passer pour le cadavre de Cervantes et saisi d'effroi à la pensée qu'on va expérimenter sur lui l'effet d'un coup de lancette au flanc, est proche parent de certain héros malheureux d'une des *Nuits* de Staparole, ainsi que du *Crispin médecin* d'Hauteroche ou de son sosie du *Docteur Mirobolant.* La donnée n'en demeure pas moins amusante, et les complications de l'imbroglio divertirent assez le public pour que l'ouvrage se maintînt au répertoire pendant quatre années consécutives, avec un total de 64 représentations. Il faut ajouter que la partition doit être tenue pour une des plus agréables qu'ait écrites l'ancien sous-bibliothécaire de l'Opéra, Th. de Lajarte. L'interprétation eut d'ailleurs sa part de succès; Fugère (Girellos) et Barnolt (Pépé) ne manquaient point de belle humeur; M Chevalier (Mariana) représentait une piquante soubrette, et les couplets du « petit père » étaient gentiment détaillés par M" Lardinois, pour qui le rôle d'Anita pouvait tenir lieu de véritable début, car elle n'avait paru dans *Joseph,* à la fin de l'année précédente, que parmi les jeunes filles dont la partie vocale ne dépasse guère un emploi de choriste. Entre autres saillies qui, plaisamment, émaillaient *le Portrait de Cervantes,* on remarqua cette exclamation désolée du peintre Girel-

los: « La peinture va mail ah! si j'étais musicien I » Les temps sont, paraît-il, bien changés depuis Cervantes. Aujourd'hui, c'est aux peintres que vont honneurs et récompenses, et le pauvre de Lajarte est mort sans avoir vu à sa boutonnière ce ruban rouge, objet de ses rêves les plus ardents.

La seconde partie de 1883 ne devait être marquée par aucun autre événement musical que la deuxième reprise de *Carmen,* dont nous avons parlé, avec M Galli-Marié pour interprète. Le théâtre, fermé comme d'habitude en juillet et août, n'avait rouvert ses portes que pour la fête nationale, donnant en matinée *les Noces de Jeannette* et *la Dame Blanche.* Après avoir dressé la liste nécrologique de l'année, comprenant les noms de deux compositeurs, le baron Frédéric de Flotow et Jules Cressonnois, un auteur dramatique, Alfred Delacour, de son vrai nom Lartigue, et deux artistes, M' Rouvroy, qui, après avoir quitté la salle Favart, avait chanté en province et s'était finalement adonnée au professorat, et Ml Tuai, qui, de l'Opéra-Comique, était passée au ThéâtreLyrique, il reste encore à signaler la reprise du *Pardon de Ploërmel,* du 19 septembre. Les rôles d'Hoël et de Corentin étaient alors tenus par MM. Carroul et Bertin, ceux de Dinorah et Loïc par M Merguillier et M Engally qui, le 26 septembre, chanta encore le petit rôle de Mallika daus *Lakmê,* et se retira définitivement.

D'autres artistes étaient partis comme elle en cette même année: M Isaac, nous l'avons dit, qui devait rentrer en 1885, M Thuillier-Leloir, M'" Vidal, Durié et Frandin, MM. Vernouillet, Stéphanne et Luckx. Les débutants avaient paru en nombre à peu près égal. Outre Mauras et M" Nevada, déjà cités, une M Rolandt s'était pour la première fois produite dans *la Flûte enchantée,* le 13 mars. Autrichienne de naissance, mais formée à l'école de M Viardot, elle escaladait avec une confiance, justifiée d'ailleurs, et une réelle virtuosité, les hauts sommets où Mozart a placé les traits spéciaux qui caractérisent le rôle de la Reine de la Nuit. Elle chantait même l'air célèbre un demi-ton plus haut

que la créatrice, Aloysia Weber, puisque, depuis un siècle, le diapason s'est élevé dans cette proportion. Mais la voix manquait de charme; en un mot, par l'étrangeté de son chant et de son jeu, la débutante causa plus de surprise que de plaisir. M Rolandt, comme M" Nevada, quitta le théâtre avant une année de séjour. Mais la journée du 13 décembre mérite une mention à part: les trois pièces qui composaient le spectacle, *Richard Cœur.de Lion, les Noces de Jeannette* et *la Fille du Régiment,* servirent à produire *cinq* débutants, dont quatre lauréats tout récemment sortis du Conservatoire. M. Bolly (Tonio) avait obtenu, en 1881, un deuxième prix de chant (classe Archainbaud); M. Dulin (Sulpice), en 1883, un deuxième accessit de chant (classe Bussine) et un second prix d'opéra-comique (classe Ponchard); M" Vial (Marie), en 1882, un deuxième prix de chant (classe Bonnehée), et, en 1883, un premier prix d'opéra-comique (classe Ponchard); M" Bérengier (Jeannette), en 1883, un premier prix d'opéra-comique (classe Mocker). Quant à M. Cossira (Richard), son accent méridional laissait aisément reconnaître de quelles régions il arrivait, et l'on conclut gaiement qu'avant de revenir de Terre-Sainte, le roi d'Angleterre avait fait escale à Bordeaux. Doué d'ailleurs d'une jolie voix, il a réussi depuis en province, dans un autre répertoire que celui de l'OpéraComique, et l'on sait qu'il a eu finalement l'honneur de créer à Paris le rôle d'Ascanio dans l'opéra de ce nom. Des quatre autres, M" Bérengier, jeune et agréable personne, chantait mieux qu'elle ne jouait; Ml" Vial, petite brune aux mouvements alertes, jouait mieux qu'elle ne chantait; M. Bolly était doué d'une voix blanche et sans effet; le meilleur sujet du lot semblait M. Dulin, qui resta du moins à la salle Favart jusqu'en 1886, tandis que ses camarades se retiraient peu à peu pendant le cours de l'année 1884, au seuil de laquelle nous rencontrons cette pièce remarquable qui s'appelle *Manon* et qui forme, avec *les Contes d'Hoffmann* et *Lakmé,* le trio des grands succès du théâtre en cette période de son histoire.

A ce propos, il n'est pas inutile de rappeler que *Werther* avait failli être représenté alors et prendre le pas sur *Manon.* Ce *Werther,* de M. Massenet, ne devait venir au monde qu'à Vienne, en 1892, et cependant, dès 1880, les projets de la pièce étaient assez avancés pour que la presse en annonçât la réception à l'Opéra-Comique, et en désignât même comme principaux interprètes M Bilbaut-Vauchelet, MM. Capoul et Taskin. Quant à *Manon,* les rôles avaient été distribués d'une façon plus que satisfaisante alors: Talazac, un Desgrieux plein de tendresse émue et de passion fiévreuse; Taskin, dessinant d'un trait original, mais non caricatural, la curieuse physionomie de Lescaut; Cobalet, donnant du relief au personnage effacé du comte; Grivot, amusant comme toujours, sous les traits du financier libertin Guillot-Morfontaine; Collin, un élégant Brétigny; M MoléTruffier, Chevalier, Rémy, tenant avec entrain les petits rôles de Poussette, Javotte et Rosette; enfin, par-dessus tout et tous, M" Heilbron, reparaissant à la salle Favart après une longue absence, et personnifiant l'héroïne principale avec une souplesse vocale, une énergie dramatique, une intensité d'expression, on ne sait quel charme troublant, un ensemble de mérites, enfin, qui touchait à la perfection.

Les reporters racontaient qu'à l'hôtel Suffren aux Champs-Elysées, où elle demeurait pendant les études préparatoires et où M. Massenet la venait faire travailler, un mélomane avait loué tout exprès l'appartement contigu à celui de la diva pour connaître plus tôtlesbeautés de *Manon.* D'autres, en revanche, prétendaient qu'un habitant de Philadelphie avait quitté l'hôtel au bout de quelques jours, parce que les cris qu'on y poussait lui étaient insupportables, et que, disait-il en donnant congé: « cela m'empêche de fumer! » Quand les artistes ont du talent, et c'était le cas ici, leur voisinage n'a pourtant rien que d'agréable. L'un de nous habitait, en sa première jeunesse, un appartement situé au-dessous de celui de M" Miolan-Carvalho, et toujours il a gardé le souvenir délicieux de ces concerts pour lesquels il n'avait point à retenir sa place au bu-

reau de location. Tandis que M Heilbron causait aux étrangers, sans le vouloir, plaisir ou peine, Talazac, toujours à l'affût des bonnes plaisanteries, s'amusait à causer au compositeur une de ces émotions dont le récit, emprunté à une chronique du temps, est assez amusant pour trouver place ici. Pendant qu'on répétait *Lakmé,* un ami de Massenet avait chanté au ténor la phrase principale et typique du rôle de Desgrieux. Talazac rencontre l'auteur de *Manon,* qui lui parle de l'ouvrage à l'étude:

— Eh bien! *Lakmé,* cela marche-t-il?

— Oh! admirablement, il y a de bien jolies choses.

Et, improvisant des paroles quelconques — « Oh! ma belle Lakmé, oh 1 ma douce Lakmé I » — il les fredonne sur la phrase de *Manon,* la seule qu'il connaissait.

— Mais que chantez-vous là? s'écrie Massenet tout inquiet.

— C'est dans *Lakmé..*

— Pas possible... j'ai la même chose dans *Manon.*

Talazac se mit à rire, et, expliquant sa supercherie, se hâta de rendre au compositeur sa tranquillité d'esprit, un moment troublée.

Il n'y a pas lieu de renouveler ici les observations d'ordre historique, littéraire et théâtral, que suggéra, une fois de plus, le choix d'un pareil sujet. L'héroïne originale apporte sans doute dans l'accomplissement des actes les plus blâmables une ingénuité, une inconscience même qui désarment; elle n'en est pas moins grandement coupable, grandement immorale, et une telle figure est toujours sinon impossible, du moins dangereuse à la scène. L'habileté des adaptateurs consiste donc à louvoyer entre deux écueils; la fadeur et la crudité. C'est ce qu'ont fait avec une réelle adresse MM. Meilhac et Philippe Gille, mêlant à propos dans les cinq actes de leur livret la note rêveuse et sombre aux touches légères de l'insouciante gaieté, dramatisant à point les aventures de leurs héros, sauvegardant la morale bourgeoise, comme l'avait imaginé déjà Scribe, en faisant de Lescaut le cousin au lieu du frère de l'héroïne, supprimant avec prudence le

personnage de Tiberge comme pour se conformer à l'avis de Musset, lorsqu'il écrivait à propos de Manon,

Tu m'amuses autant que Tiberge m'ennuie, enfin se préoccupant surtout de mettre en relief les qualités distinctives de leur collaborateur.

Cet effort n'a pas été vain, car on doit reconnaître que jamais peut-être M. Massenet ne fut mieux inspiré. Il a pu, en d'autres ouvrages, frapper plus fort et se montrer plus grand; nulle part il n'a déployé plus d'élégance, de variété pittoresque et dramatique, d'enjouement gracieux et d'émotion vraie. Toute question de métier à part, il avait trouvé des accents personnels, il avait eu le rare mérite d''être *lui.* La partition dans son ensemble était même conçue d'après un système assez nouveau, puisque la musique ne s'interrompait plus sous le dialogue *parlé,* puisque la parole se mêlait ainsi au chant et que le rappel de certains motifs donnait plus de solidité à la trame symphonique. Et cette œuvre avait été jouée exactement comme elle avait été écrite, disons plus, comme elle avait été gravée, car, pour éviter les demandes de changements auxquelles les auteurs ne sont que trop exposés pendant les répétitions, M. Massenet avait fait éditer d'avance, non seulement la partition, mais encore les parties d'orchestre. C'était une digue opposée aux réclamations inopportunes, un *ne varietur* qui ne manquait point de hardiesse, car il dénotait chez le musicien une sûreté de plume dont les annales de l'Opéra-Comique n'avaient point eu encore à enregistrer l'équivalent. Cependant une modification se produisit, mais plus tard, vers la fin de l'année, lorsque M Marie Roze, chantant l'ouvrage à Londres, demanda pour le dernier acte le retour du thème principal de Desgrieux, qui amena la version nouvelle, universellement adoptée aujourd'hui.

La presse, comme le public, accueillit l'ouvrage avec faveur, et les journaux publièrent en général des articles très élogieux. La pièce disparut de l'affiche la deuxième année, après 88 représentations; mais le départ de M Heilbron en fut la principale cause, et sa mort vint encore retarder les projets de reprise. On ne savait par qui remplacer une artiste aussi personnelle; un instant on eut des pourparlers avec Ml Jeanne Granier, à laquelle on avait même songé dès l'origine, pour l'établissement du principal rôle. Puis on renonça à cette idée originale. Les années passèrent et il a fallu un incendie, un déplacement de théâtre, un changement de direction, la découverte d'une étoile, le succès à l'étranger, pour rappeler *Manon* à la vie et la faire briller d'un nouvel éclat.

CHAPITRE IX

L'appoint Du Répertoire *Le Barbier de Séville* et *la Traviata*.

, (1884-1887)

Au début de ce chapitre, qui embrasse trois années, les trois dernières de la seconde salle Favart et par conséquent de notre histoire, une remarque s'impose: durant cette période, nul ouvrage nouveau n'obtient un succès décisif et durable; il se découvre d'excellents artistes, mais non, à proprement parler, d'étoile; et pourtant les bénéfices ne subissent pas de diminution trop sensible; la situation financière du théâtre se maintient toujours favorable, au moins jusqu'en 1836.

De 912,774 fr. 85 c. en 1876 et 931,302 fr. 87 c. en 1877, les recettes s'étaient élevées subitement à 1,589,134 fr. 58 c. l'année de l'Exposition universelle; en 1879, il est vrai, elles étaient redescendues à 1,135,998 fr. 25 c., mais pour remonter en 1880 à 1,406,581 fr. 39 c. et en 1881 à 1,731,688 fr. 61 c. Les deux années suivantes avaient donné des recettes inconnues jusqu'alors: 1,839,525 fr. 69 c. pour 1882, et 1,818,080 francs pour 1883. Si donc l'on prend la moyenne de ces six dernières années excessivement heureuses on obtient le chiffre de 1,586,834 fr. 42 c. Or, les trois années qui nous restent à parcourir n'en diffèrent guère, puisque nous trouvons, en 1884, 1,734,137 fr. 50 c.; en 1885, 1,720,685 francs; en 1886, 1,589,065 fr. 50 c.; soit une moyenne, supérieure même, de 1,681,296 fr. L'année 1887 reste forcément en dehors de ce calcul, attendu que l'incendie se produisit même avant les six premiers mois

d'exploitation.

Pendant ce temps la troupe, sans parler des petits rôles, perd en 1884, M Bilbaut-Vauchelet et Nicot son mari; en 1885, M" Carvalho, Galli-Marié, Van Zandt, MM. Mauras et Barré (décédé le 5 mai); en 1889, M Heilbron et M. Belhomme; on ne comble qu'en partie ces vides en engageant MM. Degenne, Herbert, Lubert, Fournets, Bouvet, M Salla et Simonnet. Quant aux œuvres, *Joli Gilles* seul obtient plus de 50 représentations; *la Nuit de Cléopâtre* en compte seulement 31; *le Chevalier Jean* 21, et *le Roi malgré lui* 20, y compris l'apport de la reprise de la place du Châtelet. Les autres ouvrages sombrent dans les conditions les plus lamentables, comme le prouve l'énumération suivante: *Egmont* et *Juge et Partie*, 12 représentations; *Proserpine*, 10; *Plutus*, 8;: *Maître Ambros*, 6; *Diana*, 4; *le Mari d'un jour* et *le Signal*, 3. Même les succès récents semblent s'épuiser peu à peu; sauf *Carmen* qui, désormais, ne subit aucune défaveur, *Lakmé, Manon, les Contes dHoffmann* disparaissent momentanément ou tout à fait.

D'où vient donc la prospérité du théâtre, et quelle en est la cause? le répertoire, le simple et vieux répertoire, souvent décrié mais toujours utile, ce répertoire qui n'a jamais manqué de soutenir le théâtre dans les moments de crise, et qui, entre les mains de directeurs vraiment épris des choses d'art, tels que MM. Perrin et Carvalho, non seulement fournit un appoint, mais encore amène la fortune. En effet, presque toutes les grandes reprises ont alors une issue favorable: en 1884, *le Barbier de Séville*, transplanté à la salle Favart, et, en dépit de l'incident qui marqua la première soirée, atteignant jusqu'à l'incendie le chiffre de 101 représentations; en 1885, *l'Étoile du Nord*, reparaissant 35 soirées après une éclipse de cinq ans; en 1886, cinq ouvrages, *Zampa, le Nouveau Seigneur du village, Richard Cœur de Lion, le Songe d'une nuit a"été, la Traviala*, le premier avec 47 représentations en seize mois, le second avec 65, le troisième avec 52, le quatrième avec 29 en une année, le cinquième avec 41 en onze mois.

On pourrait citer encore d'autres noms: *le Déserteur*, l'une des pièces les plus anciennes de la salle Favart, qui voit en 1885 ses deux dernières représentations; *les Noces de Figaro, la Flûte enchantée, les Rendez-vous bourgeois, Giralda, Galathée,* toutes œuvres qu'on ne cesse dejouer qu'en 1886, *et le Sourd* qui est repris en 1885 et joué dix-neuf fois en deux ans. A part ces quelques pièces, que M. Carvalho n'avait pas évidemment la pensée d'écarter pour toujours, nous retrouvons encore en 1887, c'est-à-dire à la veille et au lendemain du sinistre final, un répertoire des plus variés et des plus riches. La liste suivante en fait foi:

Adam: *le Chalet, le Postillon de Lonjumeau.*

Auber: *les Diamants de la Couronne, le Domino noir, Fra Diavolo, Haydée, le Maçon, la Sirène.*

Bizet: *Carmen.*

Boieldieu: *la Dame blanche, le Nouveau Seigneur du village.* Donizetti: *la Fille du régiment.*

Gounod: *le Médecin malgré lui, Philémon et*

Baucis, Roméo et Juliette.

Grétry: *Richard Cœur de Lion.*

Hérold: *le Pré aux Clercs, Zampa.*

Massé: *Galathée, les Noces de Jeannette.*

Méhdl: *Joseph.*

Meyerbeer: *l'Etoile du Nord, le Pardon de Ploè'rmel.*

Paer: *le Maître de chapelle.*

Poise: *l'Amour médecin.*

Rossini: *le Barbier de Séville.*

Thomas: *le Caïd, Mignon.*

Verdi: *la Traviata.*

Si sèche que paraisse cette énumération, elle a son importance et forme, au moment où la seconde salle Favart va disparaître, le pendant naturel de celle que nous avions faite au moment où cette seconde salle Favart venait de s'ouvrir, c'est-à-dire à la fin de 1840. Certes, depuis cette époque, bien des œuvres plus ou moins remarquables, plus ou moins heureuses, ont vu le feu de la rampe. Mais si elles ont accru la fortune de la maison, si elles sont elles-mêmes devenues partie intégrante de son capital artistique, elles n'ont pas nui d'une façon sérieuse au prestige du répertoire ancien, ou, si l'on veut, des œuvres antérieures, nées dans la première partie du siècle et à la fin du siècle dernier. De celles-là, on peut le dire maintenant, les auteurs sont restés l'honneur de la scène, les maîtres glorieux et à quelques égards indispensables au théâtre, qu'ils s'appellent Monsigny, Grétry, Mozart ou Méhul, Rossini, Boieldieu, Hérold ou Donizetti.

Ces considérations d'ordre général n'étaient pas inutiles à formuler, non seulement pour expliquer et justifier le titre du présent chapitre, mais encore pour préciser le caractère artistique de la période qu'il nous reste à passer en revue, et notamment de cette année 1884, après le succès de *Manon* qui en avait marqué le premier mois. Comme pièces occupant alors l'affiche avec quelque régularité, nous trouvons: *L'Amour médecin* qui, le i février, dans une représentation populaire à prix réduits, atteignait le chiffre de cent; *La Flûte enchantée,* où, le 8 février, les rôles de la Reine de la Nuit et de Tamino furent chantés par M Merguillier et M. Mouliérat; *Mignon,* où Ml e Van Zandt fit sa rentrée après un congé de quelques semaines; *Lalla-Roukh* qui, ie 20 avril, permit d'applaudir MM. Mouliérat et Belhomme, Ml" Mézeray et Chevalier: ces deux dernières, interprètes nouvelles de Lalla-Roukh et de Myrza;

Le *Pardon de Ploërmel,* où, le 2 mai, Ml Merguillier remplaçait au pied levé Ml Van Zandt, subitement indisposée. *Carmen,* où, le 5 mai, M Galli-Marié, de retour à Paris après quatre mois de succès à l'étranger, reprit avec éclat le rôle qu'elle avait créé jadis et qui, depuis le 5 janvier dernier, était confié à une nouvelle recrue, M" Castagné. *Lakmé* enfin, qui, le 10 mai, servit au début d'un jeune ténor, M. Degenne. Elégant cavalier, le nouveau Gérald qui, pour le charme de la voix, ne pouvait cependant faire oublier Talazac, était un élève de Duprez, et appartenait à la troupe de Genève, lorsqu'il eut l'occasion de chanter ce rôle à côté de M" Van Zandt, de passage alors dans cette ville. Léo Delibes l'entendit et le fit aussitôt engager à l'Opéra-Comique dont il ne se sé-

para qu'en l'année 1886, après avoir eu, à défaut d'une création, l'honneur d'être le premier Almaviva de la salie Favart. Toutes ces représentations avaient mené le théâtre presque jusqu'à la clôture annuelle du 30 j uin, lorsque, le 23, l'affiche annonça la première représentation de *trois* pièces en un acte: *le Baiser,* paroles de M. Gillet, musique de M. Deslandres, *l'Enclume,* paroles de M. Pierre Barbier, musique de M. Georges Pfeiffer, et *Partie carrée,* paroles de M. deLassus, musique de M. Lavello. Le choix d'une époque aussi tardive était fait pour surprendre; la presse ne pouvait manquer de constater qu'on avait l'air de vouloir d'avance enterrer les pièces, et certain chroniqueur fantaisiste allait jusqu'à les signaler en grosses lettres comme « soldes d'été » en ajoutant que de telles représentations « rappellent forcément ces liquidations périodiques dans lesquelles les magasins de nouveautés écoulent les coupons (bouts de pièces) restés pour compte. ». A l'ironie des journalistes vint se joindre la gaieté des spectateurs, car il y avait dans ces trois pièces de singulières analogies de situations, analogies constatées sans doute par les auteurs avec autant de surprise, mais avec moins de satisfaction que par le public; celui-ci, en effet, mit un soin jaloux à n'en pas laisser passer une seule sans manifester son étonnement.

Ainsi le titre de *Partie carrée* convenait aussi bien, mieux peut-être, à la première pièce jouée qu'à la troisième; dans la seconde, comme dans la première, il n'était question que de gens qui dorment et qu'on réveille, et c'est un baiser malencontreusement donné qui était le point de départ de toute l'intrigue; dans la troisième enfin, comme dans la seconde, l'amoureux était un homme qu'on dédaignait, dont on ajournait tout au moins le mariage, à cause de sa profession. Il convient d'ajouter que les trois livrets paraissaient également dénués d'intérêt. *Partie carrée* n'était qu'une bouffonnerie espagnole sans verve, où le librettiste M. Augé de Lassus avait essayé vainement de rajeunir, en les compliquant, des situations archiconnues; la partitionnette, d'allure fran-

chement italienne, révélait à la fois l'inexpérience et la facilité un peu banale de son auteur, M. Lavello, un pianiste dont le nom jusqu'alors n'était connu que par la publication de quelques compositions sans importance. Ce même soir, certain M. Caseneuve, compositeur lui aussi d'une *Partie carrée,* avait, par commandement d'huissier, fait défense au directeur d'user de ce titre qu'il prétendait sien; on passa outre, et le public n'eut pas la peine de se prononcer entre ces deux *Parties carrées;i* est probable que les deux faisaient la paire. Le meilleur numéro du lot était sans contredit *l'Enclume;* tandis que les autres se contentèrent des trois représentations réglementaires, ce lever de rideau eut plus tard, en 1888, l'honneur d'une.reprise à la place du Châtelet et atteignit le chiffre fatidique de 13. La partition de M. Georges Pfeiffer contenait quelques agréables morceaux, notamment une chanson bien enlevée par Belhomme et un piquant duo d'amour, où le bruit du marteau se mêlait ingénieusement à celui d'un joyeux carillon; mais le livret un peu simple de M. Pierre Barbier avait le défaut de montrer une fois de plus le type assez usé d'un amoureux éconduit, aidant au succès d'un brillant rival.

Quant au *Baiser,* il faillit rester en route. Le musicien, M. Adolphe Deslandres, avait donné en 1872, à l'Athénée, une petite paysannerie en un acte d'un heureux tour mélodique et d'une excellente facture, *Dimanche et Lundi,* que d'ailleurs l'Opéra-Comique a repris depuis son exil à la place du Châtelet; mais cette fois il avait cru devoir changer de ton, et, en forçant sa voix, il était tombé dans la banalité. On supporta malaisément cet interminable marivadauge Louis XV, où l'on se passait à tour de rôle certaine fiole de Cagliostro dont le public ne mit pas en doute un instant les vertus soporifiques. Aussi, le lendemain, tout le monde approuva-t-il le « Monsieur de l'orchestre » lorsque, dans sa soirée du *Figaro,* il présenta au lecteur un « En-cas pour casino, article de bains de mer, entièrement cousu de fil blanc: *le Baiser,* facile à monter, même en voyage, pouvant se nettoyer, orné de musique facile, partition (pour enfants de 5 à 8 ans), par M. Adolphe Deslandres, organiste de Sainte-Marie des Batignolles. (Priez pour lui!). Passe pour excellent musicien, quoique second prix de Rome. Son collaborateur s'appelle Henri Gillet (vestes, vestons d'appartement; coin-defeu, robes de chambre, etc.). »

Ce compte-rendu fantaisiste est précisément le dernier que signa ce chroniqueur à l'esprit inventif et gai, cet « humoriste » dont la verve ne tarissait jamais et qui a rendu célèbre le pseudonyme du « Monsieur de l'orchestre », Arnold Mortier. Comme l'écrivait Albert Wolff, « il inventa en 1870, dans le journalisme parisien, une rubrique jusqu'alors inconnue et dont le succès s'établit rapidement; il créa, à côté de la critique dramatique, une chronique vivante des théâtres parisiens » et l'on peut ajouter que les onze volumes publiés de ses *Soirées parisiennes* sont une mine précieuse pour la bibliographie des spectacles de ce temps. Il savait voir les choses et les traduire sous leur aspect original; il avait la plume alerte et fine, le trait juste et incisif; il est mort, jeune encore, le 2 janvier 1885, et l'on doit reconnaître que, parmi de nombreux imitateurs, nul encore n'a comblé le vide laissé par sa disparition.

Cependant, après la clôture annuelle, interrompue seulement par l'unique représentation de *la Fille du régiment* et du *Postillon de Lonjumeau* à l'occasion de la Fête nationale, le théâtre avait repris son activité dès le 1" septembre; le 3 octobre, on revoyait M"" Galli-Marié dans *les Dragons de Villars,* où elle n'avait pas paru depuis cinq ans, et l'on préparait activement la pièce nouvelle, *Joli Gilles.* Au cours des études il arriva même un accident qui en retarda de six semaines la représentation. Fugère, chargé du rôle principal, où il excellait d'ailleurs, rit un faux pas en courant et vint heurter la rampe en feu; soit instinct, soit présence d'esprit, il rebondit en quelque sorte sur l'orchestre, franchissant l'obstacle et tombant dans les timbales dont une des clefs lui fit malheureusement une entaille au front. La chose se passait dans l'après-midi du 20

septembre, et l'on comprend que *Joli Gilles* dut attendre ainsi jusqu'au 10 octobre pour voir le jour.

De ces deux actes les auteurs étaient Monselet, qui avait arrangé le livret d'après d'Allainval, et Poise, qui, de son fin crayon, avait tracé ce petit pastel musical. On y retrouvait la vieille fable du Savetier et du Financier, travestie et accommodée selon les procédés de la comédie italienne. Gilles est heureux dans sa pauvreté; il travaille, il aime Violette, et il chante. Mais le jour où ses voisins, M. et M Pantalon, lui ont remis une cassette pleine d'or pour prix de son silence, il devient triste, il paresse et courtise la coquette Sylvia. A ce point de départ s'ajoutent les amours du seigneur Léandre pour cette même Sylvia et les intrigues d'un vieil avare, nommé Pasquello, qui reluque Gilles pour gendre lorsqu'il le sait riche. Notre héros finit par reconnaître la vérité de cet axiome, « L'argent ne fait pas le bonheur », et, rendant la cassette, il retourne à Violette et à ses chansons. Une pimpante mise en scène, une agréable interprétation, une gracieuse musique, dont plusieurs numéros furent bissés, amenèrent le succès dès le premier soir; on applaudit fort l'ouverture et l'entr'acte, l'air de Gilles « Voici le matin », le pas des Pierrots et Pierrettes, le duo final et la chanson de Violette; mais ce succès fut le dernier remporté à l'Opéra-Comique par le pauvre Poise. Il est mort en 1892, sans avoir eu la joie de voir représenter une *Carmosine* en trois actes, gravée d'ailleurs, souvent annoncée et sans cesse ajournée. On réservait ce dédain suprême au musicien qui, dans un espace de trente années, avait compté parmi les fournisseurs les plus heureux de la maison et donné notamment *Bonsoir voisin* (1853), *les Charmeurs* (1855), joués tout d'abord au Théâtre-Lyrique, *le Roi Bon Pèdre* (1857), *les Absents* (1864), *la Surprisede Y amour* (1877), *Y Amour médecin* (1880), et *Joli Gilles* (1884).

Gomme on le voit, quelques-uns de ces ouvrages étaient en deux actes et avaient péussi, en dépit du mauvais renom que garde cette coupe dramatique. Les exceptions ne manquent pour-

tant point à cette prétendue règle d'insuccès, et l'on pourrait citer à l'appui l'exemple de la pièce qui, le soir de la première, accompagnait/o'Ges sur l'affiche, *Galathée?* qu'on reprenait une fois de plus avec Taskin (Pygmalion), Bertin (Ganyniède), Grivot (Midas), M" Merguillier (Galathée), et qui allait vivre ses treize der nières représentations à la seconde salle Favart.

Il n'est pas besoin d'insister sur le regettable incident qui se produisit un mois après, le 8 novembre, le soir où *le Barbier de Séville* fit, pour la première l'ois, son entrée à l'Opéra-Comique. « Une indisposition subite de M Van Zandt » pour employer lestermes dont se servit Fugère en faisant son annonce au public, indisposition visible dont la singularité frappa les spectateurs les mieux intentionnés, allait amener l'interruption de la représentation, lorsque M"" Mézeray, présente au spectacle, offrit de continuer le rôle qu'elle savait depuis longtemps, car il avait servi autrefois à ses débuts au Théâtre-Lyrique de la Gaîté. La Rosine improvisée se trouva jouer ainsi au pied levé, dans son costume de ville; on devine de quelles ovations elle fut l'objet pour la crânerie avec laquelle elle s'était dévouée, et les autres artistes bénéficièrent également des bonnes dispositions du public, irrité d'abord, et s'allumant ensuite jusqu'àl'enthousiasme. On applaudit Degenne (Almaviva), dont la voix manquait peut-être un peu de timbre et d'homogénéité, mais qui avait dans ses manières l'aisance d'un acteur intelligent et expérimenté; on applaudit aussi Fugère et Belhomme, un excellent Bartholo et un non moins bon Bazile; on applaudit enfin un débutant qui, sous les traits de Figaro, conquit de prime abord l'auditoire par sa voix chaude et agréable, son jeu habile et sa gaîté de bon ton. Tandis que M. Morlet avait quitté l'OpéraComique pour l'opérette, M. Bouvet, lui, faisait le 1884 contraire, et venait des Folies-Dramatiques, où *François les Bas-Bleus* l'avait mis en lumière; on sait quelle place il a conquise dans la troupe dont il est devenu l'un des sujets les plus estimés.

Cette représentation du *Barbier* avait

été l'avantdernier événement intéressant de l'année; la reprise de *Roméo et Juliette,* le 5 décembre, fut le dernier, et elle devait son importance à la distribution des rôles, dont plusieurs étaient tenus par des débutants. M Heilbron, qui avait, il est vrai, déjà personnifié l'héroïne de Shakespeare, mais dans un *Roméo* de moindre envergure, celui du marquis d'Ivry, se voyait pour la première fois appelée à devenir titulaire d'un rôle chanté jusqu'alors à Paris seulement par M"" Carvalho, Zina-Dalti,et Isaac. Son succès fut très vif, surtout dans le gracieux fragment ajouté au premier acte, dans l'air de la coupe qui, bien que gravé, n'avait jamais été exécuté, et dans l'acte final du tombeau. Il sembla même que l'artiste dramatique avait pris le pas sur la virtuose, résultat prévu du reste, car on avait un moment songé à couper pour elle la valse à roulades du premier acte qui, primitivement écrite, dit-on, pour *Mireille,* a toujours eu l'inconvénient d'être peu en rapport avec la couleur du sujet. Talazac (Roméo), Cobalet (Capulet), Mouliérat (Tybalt), Troy (Grégorio), Collin (Mercutio), remplaçant au dernier moment Barré, composaient un groupe d'interprètes émérites. Les nouveaux venus s'appelaient Fournets (Frère Laurent), Cambot (le duc), Mauguière (Paris), M"" Degrandi (Stéphano). Les trois premiers étaient sortis du Conservatoire au dernier concours; M. Fournets, doué d'une solide voix de basse, avait remporté un premier prix de chant (classe Boulanger) et un premier prix d'opéra (classe Obin); M. Cambot (classe Boulanger) avait concouru sans succès, ne pouvant dépasser le deuxième accessit de chant qu'il s'était vu attribuer en 1883, et resta d'ailleurs confiné dans les petits rôles pendant son année de séjour à la salle Favart; M. Mauguière s'était contenté d'un second prix d'opéra-comique (classe Mocker) et se retira en 1886, se consacrant depuis lors plus volontiers au concert qu'au théâtre; Ml Degrandi avait été trois ans auparavant découverte par Cantin dans une sorte de. Conservatoire libre à Marseille, et par lui produite aux Bouffes en 1881, dans une opérette de M. Varney, intitulée *Coquelicot,* où sa beauté fit sensation. Sous le pourpoint du page de Roméo, elle était fort intimidée, et le petit volume de sa voix ne lui permettait guère de briller au premier rang; du moins son nom doit-il être rappelé comme celui d'une des plus jolies femmes qui aient appartenu à l'Opéra-Comique.

Un autre début, dont on avait fait grand bruit d'avance, s'était produit dans *Mignon,* le 20 octobre précédent. De nationalité russe, M' Marie d'Adler avait travailléle rôle sous la direction du compositeur et passait pour avoir une nature vraiment artistique, une intelligence musicale de premier ordre. Au dire de certains journaux, «les quelques rares privilégiés qui l'avaient entendue dans l'intimité étaient unanimes pour attester la beauté et la solidité de sa voix, qui était un soprano dramatique d'une merveilleuse expression, d'une surprenante étendue, pour lui reconnaître un physique tout à fait théâtral.» On racontait que « voulant essayer la sonorité de la salle, elle avait, avec l'accompagnement d'un simple piano, lancé quelques notes, et qu'aussitôt tout le personnel du théâtre était accouru, attiré par son chant, la for çant de continuer et l'acclamant avec enthousiasme.» Le vrai public se montra plus réservé. Tout en reconnaissant quelque prix aux qualités vocales de la débutante, il ne lui fit point au théâtre la place sur laquelle elle comptait, et la vit partir avec indifférence.

Si l'on avait trop prôné à l'avance les débuts de M d'Adler, on n'annonça même pas le retour à l'Opéra-Comique du *Sourd* qui reparut le 15 février 1885 en matinée, et figura sur l'affiche, *sans la moindre annonce ou indication de reprise.* Il y avait pourtant plus d'un quart de siècle que l'amusant opéra-comique d'Adam n'avait été donné, et il allait compter en 1885 et 1886 dix-neuf représentations qui, jointes aux quarante-huit qu'il avait obtenues en 1853 et en 1851, formèrent un total de 67. Mais *le Sourd* ne s'était pas contenté d'un théâtre; il avait aimé les déplacements. Représenté d'origine à l'Opéra-Comique le 2 février 1853, il avait émigré à l'ancien Théâtre-Lyrique du boulevard du Temple, le 18 février 1856; puis, il avait fait en 1859 une station aux Fantaisies-Parisiennes du boulevard des Italiens; alors, reprenant sa course, il était parti pour la Gaîté, le 24 mai 1876, lors de la direction Vizentini, et, comme le gibier poursuivi, il revenait en 1885 à son ancien gîte, c'està-dire à la salle Favart. Les quatre principaux rôles de Doliban, Danières, le chevalier, Pétronille, étaient joués cette fois par Gourdon, Grivot, Legrand et M Chevalier, une charmante et fine servante. A titre de curiosité, nous avons recherché les distributions antérieures; les voici: Opéra-Comique, MM. Ricquier, Sainte-Foy, Delauuay-Ricquier, M"" Lemercier; boulevard du Temple, MM. Prilleux, Girardot, Legrand, M Girard; Fantaisies-Parisiennes, MM. Davoust, Barnolt, Bonnet, M Flachat; Gaîté, MM. Christian, Grivot, Habay, M Berthe Perret. Comme on le voit, Grivot et Legrand avaient déjà tenu le rôle, le premier il y avait neuf ans, le second, il y en avait vingt-neufl On ne pouvait donc s'étonner que la voix du brave artiste, devenu alors régisseur de l'Opéra-Comique, eût subi quelque altération dans l'intervalle! Mais les interprètes, comme la pièce elle-même, étaient gais, et l'on se divertit, ce qui n'eut point lieu, quelques jours après, le 23 février, avec la nouveauté de la saison, *Diana.*

MM. J. Normand et Regnier, les librettistes, avaient imaginé une histoire de complot contre Jacques 1 qui eût peut-être plu au public vers 1845, à l'époque où les conspirations étaient fort à la mode à l'OpéraComique, mais qui constituait un livret assez touffu que la musique du compositeur ne réussit pas à éclaircir. Il y avait pourtant quelques jolies pages dans cette partition, telles que le duo du second acte, chanté par Talazac (Ramsay) et M Mézeray (Diana), l'arioso du troisième, dit par Taskin (Melvil) et quelques chœurs ou ensembles d'une belle sonorité; mais l'action, en ses lignes générales, laissa le public indifférent. Il faut le supposer du moins, si l'on songe que le nom d'un compositeur aussi estimé que M. Paladilhe ne put assurer à *Diana* plus de quatre représentations.

Dans "cette pièce malheureuse, le petit rôle de Baxter était confié à un nouveau venu qui, l'année précédente, aux concours du Conservatoire, avait obtenu un deuxième prix de chant (classe Bax) et un premier prix d'opéra-conmique (classe Ponchard). Celui qui débutait ainsi modestement, M. Isnardon devait faire son chemin, non à la salle Favart, qu'il traversa seulement, mais en province et à l'étranger. A ses qualités vocales il joignait une réelle intelligence de la scène et une culture d'esprit peu commune, car, pendant son séjour à Bruxelles, il a publié une histoire du théâtre dela Monnaie qui, par l'abondance des documents mis en œuvre, est un livre d'un réel intérêt. D'autres noms seraient encore à citer entre les nouveaux venus qui créèrent un rôle dans *Diana,* comme Morellet (un soldat), M Esposito (Betzy),.qui le 15 février avait déjà paru dans *le Sourd* (Isisore); mais ceux-là sont demeurés confinés dans les petits emplois et ne méritent par conséquent qu'une simple mention. Il convient de mettre à part M. Reynal (Job), en qui un petit nombre seulement d'amateurs reconnurent le créateur du rôle de Valentin de *Faust.*

Vers le même temps, deux artistes avaient été engagés qui devaient débuter, le 11 mars, dans *le Chevalier Jean,* et dont l'histoire se trouve un peu liée à celle de cet opéra: M" Emma Calvé et M. Lubert. Tous deux appartenaient à la troupe du Théâtre-Italien qu'avait formée M. Victor Maurel lorsqu'il tenta de faire renaître en 1883, à l'ex-Théâtre-Lyrique, les splendeurs de feu Ventadour. L'entreprise avait abouti à une catastrophe financière, malgré la valeur de quelques ouvrages comme *Aben-Hamel,* de M. Théodore Dubois, qui méritait de survivre au naufrage, malgré la notoriété de certains chanteurs et chanteuses, tels que M Sembrich, Fidès Devriès, Zina Dalti, MM. Gayarre, Stagno, les frères de Rcszké, et le directeur lui-même. Parmi eux figuraient, bien inconnus alors, car ils commençaient leur carrière théâtrale: d'une part, un jeune ténor bordelais, M. Lubert qui, dans *la Traviata,* avait fait applaudir une voix jeune et généreuse, un style et un jeu

corrects; de l'autre, une belle personne, M Emma Calvé, dont les études avaient été commencées avec M Marchesi et terminées avec M"" Laborde, et qui, dans *Aben-Hamet,* n'avait point passé inaperçue; elle avait montré déjà ces qualités d'intelligence et d'observation qui, jointes à ses dons naturels, ont fait d'elle, quelques années plus tard, une des cantatrices et comédiennes les plus originales de ce temps. Appartenant à une excellente famille, M Emma Galvé, dont le nom était un nom de guerre, avait été élevée au Sacré-Cœur d'une grande ville du Midi où l'on ignore encore qu'elle est montée sur les planches. Ténor et soprano avaient déjà répété aux Italiens un drame lyrique en quatre actes de MM. Louis Gallet et Edouard Blau, dont M. Victorin «Foncières avait écrit la musique, *le Chevalier Jean.* Après la déconfiture du directeur Maurel, le compositeur, craignant que sa pièce ne demeurât pour compte, eut l'idée lumineuse d'engager personnellement M. Lubert au prix de 4,000 francs par mois. M. Carvalho, qui avait déjà signé avec M Calvé, désirait lui adjoindre son camarade; mais M. Victorin Joncières se trouvait le maître de la situation, et le directeur de l'Opéra-Comique dut en passer par ses volontés. Pour prendre le ténor, il fallait prendre la pièce, et c'est ainsi que *le Chevalier Jean* vint du Châtelet à la salle Favart.

L'œuvre au surplus méritait d'être reçue pour elle-même, car elle marque peut-être, comme puissance dramatique, le plus haut point où se soit élevé le compositeur. Le sujet rappelle celui de *la Fausse Adultère,* qu'on a déjà plusieurs fois transporté à la scène. Mais, en outre, les librettistes s'étaient inspirés des *Histoires tragiques* de Bandello, cet évêque d'Agen qui fut l'un des inspirateurs de Shakespeare, au moins pour son *Roméo et Juliette.* On pourrait même ajouter qu'une des nouvelles d'un recueil assez leste de ce même écrivain, *la Présomption confondue,* avait fourni à un contemporain de Shakespeare, Massinger, le scénario de son très curieux drame, *le Portrait,* et à Alfred de Musset celui de sa jolie comédie, *Barberine,* qui, malgré son insuccèsà la scè-

ne, demeure un pur joyau littéraire. La donnée du *Chevalier Jean* est très simple et repose sur une double erreur.

Erreur de l'héroïne, Hélène, qui, croyant son fiancé, Jean de Lorraine, mort en Palestine, et désirant échapper aux obsessions du prince Rudolf, qu'elle déteste, épouse le vieux comte Arnold.

Erreur du héros, Jean de Lorraine, qui, sur le bruit calomnieusement répandu par Rudolf qu'Hélène a été convaincue d'adultère, se fait moine, au lieu de profiter de la mort du comte Arnold pour défendre et épouser sa veuve: dénouement qui se produit d'ailleurs, lorsque le moine a jeté le froc et repris l'épée pour défendre en champ clos l'innocence attaquée et tuer l'infâme accusateur. Cette scène finale était amenée par une péripétie en vue de laquelle semblait avoir été disposé tout l'ouvrage: Hélène attend en prison l'expiration du délai après lequel, si elle n'a été réclamée par aucun chevalier, elle sera mise à mort; l'heure est venue et le moine lui est amené, qui doit entendre sa dernière confession. Ce moine, c'est le chevalier Jean qui, reconnaissant la comtesse, abaisse son capuchon pour n'être pas reconnu lui-même, et la confession commence, confession par le moyen de laquelle le malheureux chevalier apprend, juste au moment où il vient de se lier à Dieu par des vœux éternels, que celle qu'il a crue coupable est innocente et n'a même jamais cessé de l'aimer. Cette situation était très émouvante, et le compositeur l'avait traduite avec une justesse d'accent réellement remarquable.

Quelques mois plus tard, l'ouvrage quittait l'affiche, et M" Calvé FOpéra-Comique. Néanmoins, le compositeur comptait sur une reprise, qui faillit avoir lieu en 1887, car il avait à cette occasion fait engager une cantatrice polonaise, M Lola Beeth, que depuis on a applaudie à l'Opéra dans *Lohengrin,* et qui savait le rôle d'Hélène pour l'avoir déjà chanté à Berlin. Par une singulière fatalité, la répétition générale avec orchestre eut lieu dans la journée même de l'incendie qui fit disparaître la salle Favart, et les décors qu'on avait apportés pour cette répétition furent brûlés. La fortune réservait au moins aux auteurs une compensation. Dédaigné à Paris, *le Chevalier Jean* a été représenté dans plusieurs villes de France; bien plus, il a pénétré en Allemagne sous le nom de *Jean de Lorraine,* et en 1892 il avait déjà reçu l'hospitalité sur *vingt-six* scènes allemandes.

Le Chevalier Jean est du 11 mars, et *une Nuit de Cléopâtre* du 25 avril. Entre ces deux dates se placent des représentations dont le théâtre, à aucune époque de son histoire, n'avait fourni l'équivalent. Après sa trop fameuse soirée du *Barbier de Séville,* M" Van Zandt était partie pour la Russie, où elle avait obtenu un très franc succès; mais il lui fallait une revanche devant le public parisien, et le 18 mars elle avait reparu dans *Lakmé,* son rôle de prédilection: un singulier accueil l'attendait. Tandis qu'à l'intérieur de la salle une troupe d'admirateurs enthousiastes applaudissait avec quelque exagération, au dehors une armée d'adversaires sifflait outrageusement. Où et comment s'étaient recrutés les éléments de ces deux manifestations en sens inverse? On ne le saura probablement jamais. Le fait est qu'à chaque représentation le tumulte allait grandissant; les abords du théâtre étaient gardés militairement, et la place Boieldieu regorgeait de' curieux dont l'hostilité bruyante revêtait le caractère d'une véritable émeute. Bientôt la lutte s'établit entre les spectateurs; bref, le 26, après quatre soirées ainsi troublées, le directeur dut s'entendre avec l'artiste, et l'engagement de M Van Zandt fut résilié à l'amiable.

Le calme allait renaître avec les représentations *d'une Nuit de Cléopâtre,* dont le nombre ne fut malheureusement en rapport ni avec les espérances que l'on avait conçues de l'ouvrage, ni avec les regrets que mettait au cœur de tous la disparition récente du compositeur. Victor Massé était mort, en effet, le 6 juillet 1884, terrassé bien avant l'âge par une maladie cruelle. De même que Léo Delibes se préoccupait, plus tard, vers la fin de sa carrière, de modifier son style et d'élargir sa manière, de même il avait, avec *Paul et Virginie,* fait un

grand pas dans une voie pour lui nouvelle: il voulait affirmer plus encore ses tendances dans l'ouvrage qui, représenté après sa mort, devait être ainsi son chant du cygne, *une Nuit de Cléopâtre.*

Le sujet de ce « drame lyrique » en trois actes et quatre tableaux est celui d'une nouvelle bien connue où Théophile Gautier a raconté, avec la magie de son style étincelant, l'histoire, qui commence comme une idylle et finit comme un drame, de l'homme du peuple amoureux d'une reine, du simple fellah qui ose lever les yeux sur la radieuse Cléopâtre. L'audacieux s'avise de lancer contre la fenêtre du pavillon où elle repose une flèche autour de laquelle est enroulé un papyrus portant ces simples mots: « Je vous aime ». Ce message anonyme pique sa curiosité; elle fait rechercher le coupable qui, amené devant elle, ne craint pas de répéter sa déclaration téméraire: « Soit, répond la reine, que ton vœu se réalise. Tu seras roi, mais tu mourras demain. » C'est le songe d'une nuit d'amour; le retour de Marc-Antoine marque, avec le lever de l'aurore, la fia du rêve et l'heure de l'expiation. L'esclave prend la coupe de poison; il n'a plus rien à attendre de la vie et il boit résolument la mort.

Grouper selon les exigences de la scène les principaux épisodes de cette nouvelle; rendre Charmion, la suivante de la reine, amoureuse de Manassès, le fellah; introduire, pour animer l'action, quelques personnages épisodiques, Namounah, la mère de Manassès, Bocchoris, le chef des gardes, et un muletier dont la mélopée, soit dit entre parenthèses, est peutêtre le morceau de la partition qui trahit le mieux une certaine recherche de la couleur locale; adoucir enfin le caractère de Cléopâtre pour l'empêcher de trop ressembler à l'héroïne de *la Tour de Nesle,* voilà les légères variantes que le librettiste, M. Jules Barbier, avait prudemment apportées au récit original. Ajoutons, pour l'histoire de l'œuvre, qu'aux dernières répétitions le troisième acte avait perdu le premier de ses deux tableaux. Dans un air longuement développé, Charmion, sacrifiée, dédaignée, exhalait sa plainte, et s'indignait des chants de fête

résonnant au loin et appelant au festin l'insensé qu'elle aimait; vainement elle essayait de séduire à prix d'or Bocchoris et d'obtenir par lui l'évasion de Manassès. Celui-ci passait devant elle, sans la regarder, répétant comme dans une sorte d'extase: « La Reine m'attend. »

Y avait-il, dans le court récit de Théophile Gautier, où l'accessoire prime le prioxipal, la matière d'une longue pièce? M de Girardin ne l'avait pas pensé, puisque le Manassès de sa *Cléopâtre* meurt dès la fin du premier acte, pour ressusciter plus tard, il est vrai, et devenir entre les mains des ennemis de la reine un instrument de vengeance. Plus hardi, M. Jules Barbier ne s'était-il pas illusionné sur l'intérêt que présenterait à la scène ce « caprice » d'une reine éprise d'un nouveau Ruy Blas, mais beau coup plus proche parente de Marguerite de Bourgogne que de Marie de Neubourg? D'autre part, le chantre ému des amours de *Paul et Virginie,* Victor Massé, dont les qualités distinctives ont toujours été la grâce, la délicatesse, la sensibilité, avait-il assez de relief dans les idées, assez de puissance dans l'inspiration pour traduire, dans une langue suffisamment énergique, cette passion étrange et sans frein? Disposait-il d'une palette assez riche pour donner, comme Verdi dans *Aida,* la vision d'un monde disparu? A ces questions, qui s'imposaient d'elles-mêmes'la veille de la représentation, le verdict du public répondit par un succès d'estime où l'interprétation eut sa large part. M Heilbron et Talazac tenaient les deux rôles principaux, l'une avec une séduction, l'autre avec une énergie audessus de tout éloge, et l'union de leurs deux voix assurait au duo final un irrésistible effet. Le petit rôle de Charmion était confié à une débutante, M"" Reggiani qui, chantant avec goût, mais d'une voix un peu sourde, devait quitter bientôt le théâtre et céder sa partie le 16 octobre à une autre débutante douée d'ailleurs de tout autres moyens, M" Deschamps. Celle-ci venait de Belgique, et c'est par ce modeste emploi qu'elle se trouva préluder aux grands succès qui l'attendaient un jour à l'Opéra-Comique, où elle a chanté deux cents fois

Carmen et créé *le Roi d'Ys,* à l'Opéra, où elle a établi le rôle de Dalila dans l'ouvrage de M. Saint-Saëns.

Pendant les sept derniers mois de l'année 1885, plusieurs autres débuts peuvent être signalés et coïncident en outre avec des reprises ou de simples simples remises à la scène avec distribution nouvelle. Ainsi, le 3 juin, on avait revu *le Roi l'a dit,* encore remanié par le compositeur Léo Delibes, confié à des interprètes suffisants et pourtant ne parvenant point à piquer la curiosité, à fixer l'attention, à s'établir, en un mot, d'une façon définitive au répertoire. Après les vacances de juillet et d'août, interrompues seulement par l'unique matinée des *Dragons de Villars* à l'occasion de la fête nationale, on avait donné, dès les premiers jours de septembre, *le Maître de chapelle,* avec une nouvelle recrue, Ma Duponchel, dans le rôle de Gertrude; puis, le 9, *Carmen* pour le début de M Patoret (Micaela), qui, en 1884, aux concours du Conservatoire, avait obtenu un second prix de chant (classe Boulanger). Le 10 septembre *Lakmé* réunit deux débutants, M Simonnet dans le rôle principal et M. de Grave dans celui de Nilakantha; leur mérite différait autant qu'a différé leur fortune. M. de Grave arrivait de province, où il avait remporté des succès qui ne se renouvelèrent point à Paris; quelques jours plus tard il se voyait obligé de résilier et de céder la place à son camarade Carroul, absent de la salle Favart depuis une année qu'il avait passée au théâtre de Genève. Sortie du Conservatoire en 1884 avec les deux premiers prix de chant (classe Bax) et d'opéra-comique (classe Ponchard), M" Simonnet, par la souplesse de sa voix et de son talent, par la grâce de sa personne et l'assiduité de ses progrès, s'est élevée peu à peu au premier rang; la timide Lakmé de ses débuts est devenue l'un des fermes soutiens du théâtre surtout depuis le transfert à la place du Châtelet. Un autre artiste de sérieuse valeur parut quelques jours après, le 20 septembre, dans une matinée où il tint allègrement le rôle de Bélamy des *Dragons de Villars,* c'était M. Soulacroix; le 23 il jouait Figaro du *Barbier de Séville,* et dès les premiers

jours on comprit les services que pouvait rendre cet acteur expérimenté, venu de Bruxelles comme M Deschamps, doué d'une voix de baryton élevé, sonore et franche, bon chanteur et adroit comédien.

Par le nombre des représentations, la reprise la plus importante de l'année 1885 fut celle de *l'Étoile du Nord;* elle valut en outre au théâtre l'acquisition d'un nouveau baryton que précédait une grande et juste renommée, M. Victor Maurel. Il pouvait avoir succombé comme directeur dans son essai de résurrection du Théâtre-Italien, il n'en demeurait pas moins un chanteur de bonne école; si la délicatesse de son organe a parfois diminué la puissance de ses effets, il a racheté ces défaillances par un art de bien dire, par une connaissance de la déclamation et du théâtre qui font de lui un maître aux précieux conseils et qui lui ont valu, outre l'amitié de Verdi, l'honneur de créer en Italie même le principal rôle de ses deux derniers ouvrages. Indisposé le premier soir, G octobre, le nouveau Peters fut remplacé à la seconde représentation par Taskin; mais dès latroisième il reprenait son rôle, qu'il avait composé avec un grand soin et où s'affirma sa très réelle personnalité. Le reste de l'interprétation réunissait les noms de M Isaac, qui faisait sa rentrée sous les traits de Catherine, de M Simonnet (Prascovia), de Ml" Chevalier et Degrandi, deux charmantes cantinières quelquefois suppléées par M Castagné et MoléTruffier; de MM. Degenne et Mouliérat, un Danilowitz et un Georges doublés par MM. Herbert et Pujol; enfin de MM. Fournets (Gritzenko), Mauguière (Ismaïloff), Dulin (Reynold), Cambot (Yermoloff), Sujol (un ouvrier) et Balanqué (Tcheremeteff), ces deux derniers nouveaux venus et bientôt partis.

Haydée (28 octobre) avec MM. Lubert (Lorédan), Ta&kin, puisCarroul (Malipieri), Mauguière (Andréa), Grivot(Domenico), M Merguillier (Haydée), Patoret (Rafaela), et *les Contes d'Hoffmann* (24 décembre) avec M. Lubert (Hoffmann), M Chevalier (Nicklauss), et M Isaac (dans les trois rôles de femme) marquent les deux dernières

étapes de l'année 1885 qui, sans parler du 14 juillet, n'avait pas compté moins de 342 représentations, se décomposant en 45 matinées et 297 soirées. La politique avait imposé à la direction des représentations populaires à prix réduits, cette fois au nombre de dix; après avoir ainsi travaillé pour les pauvres, la direction s'était tournée vers les riches, et elle avait inauguré, pour le mois de décembre, le système des soirées d'abonnement qui florissait déjà depuis quelque temps à la rue Richelieu; désormais les mardis de la Comédie-Française avaient comme pendant les samedis de l'OpéraComique.

Outre les trois relâches traditionnels de la semaine sainte et deux autres nécessités par les répétitions générales, le 21 février, de *Diana* et, le 23 avril, *d'une Nuit de Cléopâtre,* le théâtre avait fermé ses portes le I juin à l'occasion des obsèques de Victor Hugo. Huit jours après ce tribut payé à un poète au génie duquel il ne devait rien d'ailleurs, l'OpéraComique ouvrait une dernière fois ses portes à l'incomparable chanteuse dont les services avaient si longtemps contribué à son éclat: M Carvalho donna le 9 juin sa représentation d'adieu définitive, et cette soirée, par le double concours des artistes sur la scène et du public dans la salle, prit le caractère d'un triomphe. L'ouverture du *Pardon de Ploërmel* exécutée par l'orchestre, des poésies dites par MM. Got, Febvre, Delaunay, Ml" Reichenberg et Bartet, entre autres une pièce de circonstance, *les Muses,* due à la plume de M. Paul Ferrier, des morceaux de piano exécutés par M. Planté, des mélodies chantées par Faure, et la première représentation du *Voyageur,* un acte d'Octave Feuillet, interprété par la ComédieFrançaise, composaient déjà les éléments d'un programme attrayant; mais l'intérêt s'accrut encore avec l'acte du jardin de *Faust* et d'importants fragments de *Mireille,* où M Carvalho eut pour partenaires MM. Faure (Méphistophélès), Talazac (Faust, Vincent), M Galli-Marié (Taven), Heilbron (Clémence), Mézeray (Isaure), Vidal (dame Marthe), Marguerite Ugalde (Siébel), Il y avait alors trente-six ans que pour la première fois M Carvalho, alors MMiolan, était montée sur les planches d'un théâtre, débutant devant le public parisien à l'Opéra, aux côtés de Duprez, son maître, qui donnait alors une des deux représentations Auxquelles il avait droit, d'après les stipulations de son engagement. Quel chemin parcouru depuis lors, et quelle glorieuse carrière l Comme tant d'autres et plus que tant d'autres, car elle possédait une rare virtuosité, elle pouvait courir aux quatre coins du monde, remplir les journaux des bruits de ses exploits, amasser roubles et dollars: mais Française elle était, et Française elle est toujours restée; Française de cœur et de talent, ne bornant pas son répertoire aux vieilleries surannées, se lançant avec courage dans la mêlée artistique, combattant pour Victor Massé et Gounod, jeunes alors, avec le même dévouement que pour les maîtres consacrés, Mozart et Weber. La statuette en bronze d'Aizelin, « Marguerite au sortir de l'église », que lui offrait le personnel des artistes et l'administration de l'Opéra-Comique, les fleurs que lui remettait M. Danbé au nom de l'orchestre, étaient le juste hommage rendu à la cantatrice qui n'avait jamais connu que la probité du succès. En réunissant une dernière fois sur l'affiche son nom et celui de Faure, on pouvait dire que le théâtre saluait d'un solennel adieu deux de ses gloires, deux artistes en qui s'était personnifié le chant français avec toute la noblesse de son style et la pureté de son goût.

C'est vers le temps de cette représentation que commencèrent à circuler dans la presse et dans le public les bruits d'un projet tout d'abord assez critiqué. On prêtait à M. Carvalho l'intention de monter *Lohengrin,* de Richard Wagner, dont on exécutait depuis longtemps des fragments dans les concerts, mais qu'on n'avait point encore admis dans un théâtre parisien. Pour désarmer l'opposition, le directeur avait décidé de ne donner l'ouvrage qu'en matinée, et, dans les premiers jours d'octobre, il était parti pour Vienne afin de mieux juger le spectacle et d'en rapporter *de visu* les traditions. Alors on pouvait lire dans *le Figaro,* par exemple, parmi les articles

consacrés à la saison théâtrale 1885-86, la note suivante: « M. Carvalho estime avec raison qu'étant données les charges de l'Opéra-Comique, charges qu'il remplit de tous points, il a bien le droit de faire, en dehors des représentations courantes, une grande tentative artistique. — A l'heure actuelle, *Lohengrin* se joue partout sauf à Paris. — D'ailleurs en donnant seulement en matinées le chef-d'œuvre de Wagner, M. Carvalho sauvegarde tous les interêts: le service de l'Opéra-Comique n'aura point à en souffrir; la matinée de jeudi ne fera même pas perdre une heure pour les études, grâce aux vastes foyers que possède l'Opéra-Comique, et où l'on peut répéter même durant une représentation. On voit que M. Carvalho a longuement mûri son projet, et que, lorsqu'il montera *Lohengrin,* ce sera avec une entière sécurité pour les interêts de toutes sortes du théâtre qu'il dirige si magistralement. »

A dire vrai, l'heure n'était peut-être pas très heureusement choisie alors pour risquer cette tentative, et M. Lamoureux en fit plus tard, à l'Eden, la belle mais coûteuse expérience. Il a fallu le temps et l'énergie que dépensa la police en 1891 pour acclimater la musique wagnérienne sur le plus grand de nos théâtres subventionnés. Du reste, en 1885, la musique française occupait assez l'activité de M. Carvalho pour ne point lui laisser le loisir de se lancer dans des aventures; il devait préparer sa saison prochaine, et l'année 18S6 compte, en effet, parmi les plus chargées de sa direction, puisqu'on y enregistre un total de dix-sept actes nouveaux: il y avait longtemps qu'à la salle Favart un tel chiffre n'avait été atteint.

Mais d'abord, rappelons à l'actif du mois de janvier deux reprises, assez importantes au moins par le nombre de représentations: le 19, *Zampa,* et le 30, *le Nouveau Seigneur du village.*

La première de ces reprises valut à l'œuvre d'Hérold un regain de succès dont une certaine part revenait aux interprètes: Maurel (Zampa), Mouliérat (Alphonse), Barnolt (Dandolo), Grivot (Daniel), Troy (un corsaire); M" Calvé et Chevalier (Camille et Rita). Joué qua-

rante et une fois en 1886 et six en 1887. *Zampa* devait atteindre, lorsqu'éclata l'incendie de la seconde salle Favart, le chiffre de cinq cent quatre-vingt trois représentations.

La reprise de 1886 ne fut pas moins favorable au *Nouveau Seigneur du village,* ainsi distribué: Soulacroix (Frontin), Collin (le marquis), Barnolt (Biaise), Grivot (le bailli), Sujol (Colin), et M Chevalier (Babet); on le joua en effet alors 47 fois, et 18 l'année suivante. D'autres ouvrages, les uns anciens, les autres modernes, reparaissent vers le même temps et sont accueillis avec une faveur presque égale.

Tel, le 17 avril, *le Songe d'une Nuit d'été,* qu'il avait été question de remonter au commencement de 1877 pour les débuts de M Dereims, avec Stéphanne, Fûrst, Giraudet et Ml" Ploux, et qui le fut cette fois avec Maurel (Shakespeare), Taskin (Falstaff), Mouliérat (Latimer), Dulin (Jérémy), M Isaac (Elisabeth), Castagné (Olivia), Esposito(Nelly). La version actuelle n'était plus celle de 1850, en ce sens que le compositeur en avait retouché certaines parties. Ainsi se trouvait justifié le tirage d'une édition nouvelle, où l'on pouvait constater l'addition au premier acte de deux récits, et au dernier, d'un trio entre Palstaff, Olivia et la Reine, trio dont le style élevé, la forme recherchée, presque raffinée, formaient un contraste assez curieux avec la facture de certains morceaux écrits en un temps où régnaient l'influence et la faveur des Rossini, des Hérold et des Halévy. Le talent de M Isaac et surtout celui de M. Maurel, chanteur habile et comédien absolument remarquable, contribuèrent à donner à l'ouvrage d'Ambroise Thomas un supplément de vingt-neuf soirées.

Tel, le 15 mai, *le Médecin malgré lui,* avec Fugère (Sganarelle), Mouliérat (Léandre), Barnolt (Lucas), Troy (Valère), Dulin (Géronte), Teste (Robert), M Chevalier (Martine), M Molé-Truffier (Lucinde) et M" Deschamps (Jacqueline), qu'un grand critique d'alors se contentait de louer en la qualifiant prosaïquement à" « appétissante nourrice », ce qui était vraiment peu pour une cantatrice de son mérite.

Telles encore, le 29 mai, *les Noces de Figaro* avec M Isaac, Calvé et Simonnet dans les trois rôles de Suzanne, de la comtesse et de Chérubin.

Tel surtout, le 6 février, *Richard Cœur de Lion,* où la voix de Talazac donnait au personnage principal une grâce et une ampleur nouvelles; on peut même noter en passant que l'artiste avait rétabli dans le ton original de la partition *(mi* bémol et *ut* naturel) les deux airs que ses prédécesseurs s'accoutumaient à baisser d'un demiton et parfois même d'un ton. Une suite de représentations longue et fructueuse répondit à ce généreux effort et le-succès de cette dernière reprise fournit l'occasion de résumer ici en quelques chiffres l'histoire du chef-d'œuvre de Grétry à la seconde salle Favart.

De 1841 à 1847...

En 1855

De 1873 à 1876...

De 1880 à 1884....

En 1886 et 1887...

216 représentations.

35 — 83 — 111 — 47 — 492 représentations.

Ces chiffres élevés ne devaient plus être atteints désormais par aucune des pièces nouvelles qui allaient naître à la seconde salle Favart, avant l'heure de sa disparition. C'est *le Mari d'un jour,* qui, le 4 février, ouvre la série néfaste. L'alliance de trois âges représentés, pour le livret par un vieillard, M. d'Ennery, et un homme mûr, M. Armand Silvestre, pour la musique par un jeune, M. Arthur Coquard, n'aboutit qu'à un malentendu, un mauvais ménage, dont l'insuccès marqua la rupture. Le sujet d'ailleurs ne manquait pas d'invraisemblance si l'on songe que, revenu d'Amérique avec des dettes au lieu de l'héritage qu'il pensait recueillir, Raoul, marquis de laRoche-Ferté, se voit proposer par son ami Hector, comte de la Gardette, un marché pour le moins singulier. « Ne pouvant, déclare celui-ci, de par la volonté de mon père, épouser une jeune fille que j'adore, parce qu'elle n'est point noble, vous l'épouserez, elle deviendra marquise et je payerai vos dettes, sauvant ainsi votre honneur. Aussitôt après la célébration

de ce mariage d'un jour, vous disparaîtrez et j'épouserai votre veuve. » La jeune fille, objet de ce pacte qu'elle ignore, se laisse marier, parce qu'elle a reconnu en son mari un protecteur inconnu qui jadis l'avait tirée d'un guet-apens. Mais au lieu de se noyer, comme il était convenu, en passant sur un vieux pont vermoulu dont la rupture devait le précipiter dans le 403 lac et faire croire à une mort accidentelle, Raoul traverse sain et sauf ce pont qu'on avait réparé par mégarde. « C'est à recommencer, s'écrie ce faux noyé. » — «Non», répond le faux époux, et, présentan son ami à la jeune femme: « C'est vous qu'elle aime, dit Hector, et je vous relève de votre serment ».

Un tel imbroglio pouvait fournir la matière d'une opérette, à condition d'incliner vers la charge, mais il n'avait aucune chance d'être goûté à la salle Favart, surtout à un moment où, par suite de la disparition du Théâtre-Lyrique, l'opéra de demi-caractère tendait à y élire définitivement domicile. Les librettistes s'étaient trompés de cadre, et ils avaient entraîné dans leur erreur M. Arthur Coquard, dont l'embarras, au cours de la composition, avait dû être extrême. Devait-il en effet considérer l'ouvrage comme sérieux ou comme bouffe, le traiter en opérette ou en opéra? Il n'avait pas osé prendre un parti, et de cette incertitude résultait un dangereux désaccord entre la pièce et la musique. Cependant, l'inspiration ne manquait ni de grâce, ni d'élégance, et l'on pourrait citer, particulièrement dans le genre expressif et doux, plus d'une page où le jeune compositeur, connu seulement alors par un ouvrage représenté à Angers, *l'Épée du roi,* affirmait sa distinction harmonique, son souci du style, et préludait ainsi aux succès que lui réservaient plus tard les concerts Colonne et Lamoureux.

Si M. Arthur Coquard n'avait pas eu avec les trois actes du *Mari d'un jour* le livret qui convenait à la nature de son talent, M. Charles Lecocq pouvait se dire logé à la même enseigne, avec les trois actes de *Plutus,* représenté le 31 mars suivant. Comme autrefois Offenbach, l'auteur de *la Fille de madame*

Angot aspirait depuis longtemps à quitter le sentier de l'opérette pour s'élancer dans la voie plus large de l'opéracomique. Mais la foule, en somme, aime les étiquettes de convention, et lorsqu'un auteur est classé dans un genre, il lui déplaît d'être obligée de le reclasser dans un autre: les Protées inspirent toujours quelque défiance. Il y avait, sans nul doute, un peu de ce sentiment dans l'accueil singulièrement réservé que l'on fit à un ouvrage où le talent ne manquait pas; car, à la différence de tant de ses confrères en musiquette, M. Charles Lecocq est un musicien qui a fait des études sérieuses et qui, sans parler de ses dons d'invention mélodique, connaît à fond son métier. Il lui aurait fallu, pour ses débuts à la salle Favart, un livret moins littéraire peut-être, mais à l'allure pimpante, mais à la verve communicative, quelque chose comme une *Giralda* ou un *Domino noir,* mis au ton du jour. Malheureusement les Scribe, les de Saint-Georges, les de Leuven paraissent avoir emporté avec eux le secret de leur art, et il semble aujourd'hui qu'on ne sache plus guère écrire un véritable livret d'opéra-comique.

C'était la première fois qu'on s'avisait de mettre en musique la comédie ou plutôt l'allégorie satirique d'Aristophane, mais non la première fois qu'on essayait de l'adapter en scène à notre goût moderne. En 1848, une élégante et très fine traduction de *Plutus,* par M. Eugène Fallex, avait été admise à la lecture et reçue à correction au Théâtre-Français; or, malgré les dispositions favorables des sociétaires, les tristes événements de la rue avaient coupé court à toute velléité de tourner en ridicule les problèmes sociaux, et la pièce n'était pas sortie des limbes. En 1873, MM. Albert MiUaud et Jollivet transportèrent au Vaudeville l'histoire de l'honnête Chrémyle indigné de voir la fortune injustement distribuée aux hommes, recueillant, d'après l'avis d'un oracle, certain pauvre aveugle auquel la vue est rendue par l'intervention d'Esculape et qui se trouve être Plutus en personne. La seconde partie de la pièce montrait les effets de cette cure merveilleuse, obtenue malgré les conseils de la Pauvreté; seulement, pour combler la lacune dramatique laissée par Aristophane, les auteurs avaient suivi l'exemple de George Sand, dont *le Dieu Plutus,* publié dans le « Théâtre de Nohant » se terminait par cette réponse de la Pauvreté à Chrémyle, assez vite dégoûté de ses richesses: « Je te l'avais bien dit que tu me rappellerais! » Le dénouement imaginé par eux donnait à leur *Plutus* un certain air de parenté avec le *Joli Gilles* de Poise, et en faisait une sorte de paraphrase dialoguée du *Savetier et le Financier.* Quant au fils prêté par eux à Chrémyle, il épousait la belle Myrrha, qu'il aimait, après avoir triomphé du riche et vieux Xénon. Des vers spirituels, une musique agréable, une interprétation particulièrement réussie, grâce à Fugère, Soulacroix, et M Pierron, qui avait accepté le rôle ingrat d'une vieille courtisane grecque, une mise en scène très soignée et de jolis décors, aucun de ces atouts ne put sauver la pièce. M. Carvalho n'avait rien négligé pour retenir chez lui Plutus le plus longtemps possible: comme Chrémyle, il en fut réduit à abréger, sans profit, son hospitalité.

Le même sort attendait *Maître Ambros,* drame lyrique en quatre actes, paroles de MM. Goppée et Dorchain, musique de M. Ch.-M. Widor.

S'il est des pièces qui inspirent des tableaux, il est aussi des tableaux qui inspirent des pièces, et *Maître Ambros* pourrait, semble-t-il, en fournir un exemple. Tous les voyageurs qui ont visité Amsterdam avant l'installation de la nouvelle galerie de peinture, se rappellent avec émotion leur première visite à la salle principale de l'ancien musée, salle basse, noirâtre, mal éclairée, où se trouvaient exposés, face à face, *la Ronde de nuit* (qui d'ailleurs est une ronde de jour) de Rembrandt, et *le Banquet des gardes civiques* de Van der Helst. La pensée de mettre plus ou moins exactement en scène ces deux toiles célèbres avait dû déterminer les librettistes, non pas dans le choix de leur sujet, mais dans le choix du cadre où l'action pouvait se passer. C'est le temps où Guillaume II d'Orange, aspirant au pouvoir suprême, et mécontent d'une réduction opérée par les Etats-Généraux dans l'effectif de l'armée hollandaise, essaye de s'emparer d'Amsterdam; on sait qu'il dut se retirer devant la résistance morale et matérielle de la population, laquelle, tenant à maintenir intactes les franchises municipales, n'avait pas hésité à rompre une digue protectrice afin de noyer tout ou partie des assiégeants.

Une jeune orpheline, Nella, a deux amoureux, Ambros, ancien corsaire, qui l'a recueillie jadis et élevée, et un officier de la garde civique, le capitaine Hendrick. De ces deux prétendants, le second a rendu service au premieren-payant un jour sesdettes de jeu. Par un sacrifice que lui dicte la reconnaissance, Ambros s'efface devant son rival, et pour que Nella renonce d'elle-même à lui, il se remet à boire comme autrefois. Celle-ci, voyant l'ivresse de son protecteur, se retourne vers Hendrick et jure d'épouser celui qui délivrera la ville. Mais à quelque chose le vin est bon. Grâce à cette ivresse simulée, Ambros a découvert un complot qui menaçait de livrer les assiégés au stathouder; il donne à temps le signal de la rupture des digues; Amsterdam est sauvée, et la jeune fille épouse, ainsi qu'il convient, le patriote libérateur. On le voit, il y avait bien un peu de *Patrie* dans *Maître Ambros,* qui s'était d'ailleurs répété sous ce titre, *les Patriotes.* Il y avait, et plus encore, *RHaydée,* car l'histoire de ce joueurqui, dans une nuit d'orgie, a failli succomber au déshonneur, n'était pas sans analogie avec celle, plus ancienne, de Lorédan.

Le compositeur était M. Widor, le maître organiste de Saint-Sulpice, l'auteur du joli ballet de *la Korrigane* et de diverses compositions instrumentales fréquemment applaudies dans nos concerts. Que la couleur générale de sa partition fût un peu grise, que l'inspiration mélodique fût mieux soutenue dans les scènes en demi-teinte que dans les passages de force, il n'en restait pas moins nombre de morceaux dignes d'êlre signalés au cours de ces cinq tableaux, notamment l'air exquis: « J'ai deux amoureux ». On ne pouvait, d'autre part, faire retomber sur les épau-les des interprètes le poids del'échec de l'œuvre. A côté de Lubert (Hendrick) et de Bouvet (Ambros), excellents tous deux, une nouvelle recrue, M" Salla, avait créé de remarquable façon le personnage de Nella et fait ainsi, le 6 mai, ses premiers pas à l'Opéra-Comique, après avoir en 1882 traversé l'Opéra, où M. Ambroise Thomas lui avait confié le principal rôle de *Françoise de Rimini.* Femme intelligente, douée de qualités physiques et vocales peu communes, MSallasemblaitappelée à rendre au théâtre de signalés services; mais elle devait bientôt quitter la scène, à la suite de son mariage, avant qu'elle eut donné même avec *Maître Ambros,* et ensuite avec *Proserpine,* la vraie mesure de son talent.

Il faut cependant signaler à son actif *la Traviata* que, lassé sans doute par une série d'insuccès, M. Carvalho s'était avisé de monter, afin d'enrichir ainsi son répertoire avec un dernier emprunt fait à l'ancien Théâtre-Lyrique. Le 10 juin, il en avait offert la répétition générale à ses abonnés du samedi, et le 12 avait eu lieu la première représentation à la salle Favart de cette œuvre populaire où, malgré certaines inégalités de style, se rencontrent quelquesunes des inspirations les plus suaves et les plus touchantes, quelques-uns des accents les plus dramatiques et les plus poignants de Verdi. On sait que, donnée d'abord à Venise le 6 mars 1853,1a même année qu'il *Trovatore, la Traviata* subit un échec complet. Ce qu'on sait moins, et ce que rapporte M. Arthur Pougin dans son intéressant ouvrage sur le maître italien, c'est que, le lendemain de cette première soirée, Verdi écrivit à son élève, Emmanuele Muzio, le billet suivant: « *La Traviata* a fait fiasco hier; est-ce ma faute? est-ce celle des interprètes? Le temps jugera. »

C'était évidemment la faute des interprètes: l'un, le ténor Graziani, en proie à un enrouement qui le mettait presque dans l'impossibilité de chanter; l'autre, le baryton Varesi, furieux d'être chargé d'un rôle secondaire, dont il ne saisissait pas l'importance; la cantatrice enfin, la Donatelli, affligée d'un embonpoint qui ôtait au dénouement toute vraisemblance. Un an après, à Venise même, mais dans un autre théâtre, *la Traviata* rencontrait un accueil bien différent: puis elle commençait son tour d'Italie et d'Europe. Elle parut à Paris aux Italiens le 6 décembre 1856, ensuite au Théâtre-Lyrique le 27 octobre 1864, et on se souvient encore de l'éclat avec lequel le personnage de Violetta fut représenté par la Patti et M Nilsson, pour ne citer que deux de ses plus célèbres interprètes. A la salle Favart, ce furent, outre Ml" Salla, Talazac (Rodolphe) et Bouvet (d'Orbel) à qui l'on confia tout d'abord la destinée de l'ouvrage italien, francisé parla traduction d'Edouard Duprez, et l'épreuve réussit.brillamment. *La Traviata* se vit admise, comme l'avaient été précédemment tant d'autres épaves du Théâtre-Lyrique, comme *Roméo et Juliette,* comme *Mireille,* comme *les Noces de Figaro,* comme *la Flûte enchantée,* comme *le Barbier de Séville;* elle était devenue, pour nous servir du mot qui figure au début de ce chapitre, un appoint du répertoire.

Après cette victoire, le théâtre pouvait honorablement fermer ses portes et prendre ses deux mois de vacances, interrompus seulement par la matinée du 14 juillet dont *la Dame blanche* fit les frais. La réouverture eut lieu, comme d'habitude, le 1 septembre, et vit se succéder quelques débutants.

Le 15 septembre dans *Mignon* (rôle de Wilhelm) M. Delaquerrière qui, pour parler plus justement, rentrait à l'Opéra-Comique, après y avoir fait, en 1881, une première et d'ailleurs brève apparition dans *le Chalet.* Il revenait de Bruxelles, où il s'était fait remarquer notammentdans *les Maîtres chanteurs.*

Le 25 octobre, dans *la Fille du régiment* (rôle de Marie), M Salambiani, sortie du Conservatoire, où elle avait remporté en 1880 un deuxième accessit de chant (Classe Bax), en 1884 un premier accessit d'opéra-comique (Classe Mocker), et enfin, en 1885, un premier prix de chant.

Le 3 novembre, dans *le Barbier de Séville* (rôle de Rosine), Ml" Warnots, fille d'un professeur de chant belge, lequel avait lui-même appartenu à l'OpéraComique. Cette cantatrice, qui avait tenu longtemps l'emploi de chanteuse légère à la Monnaie de Bruxelles et à la Pergola de Florence, perdit son aplomb sans doute devant le public parisien, et dut renoncer à conquérir sur une scène française la place à laquelle ses succès de l'étranger semblaient lui donner le droit de prétendre.

La saison des débuts est aussi la saison des reprises. Cet automne-là pourtant on n'en put enregistrer qu'une, à la date du 28 septembre: *le Pardon de Ploërmel* avec quelques changements d'interprètes, comme Bouvet (Hoël) et M"" Merguillier (Dinorah). C'était la dernière fois que l'ouvrage de Meyerbeer reparaissait à la seconde salle Favart, et si nous avons résumé précédemment l'histoire de sa carrière, il n'est pas inutile de mentionner ici un épisode de sa genèse que nous a conté M. Ch. Réty. Un jour, Meyerbeer avait dit à MM. Jules Barbier et Michel Carré: « Je voudrais écrire un petit acte, une paysannerie, dans le genre du *Chalet!* » Les féconds librettistes lui apportèrent l'acte demandé: « Parfait, dit le maître; mais pourquoi ne pas décrire au théâtre l'épisode dela chute dans le torrent? Il y aurait là un bel effet de scène. » Du coup, l'acte se trouvait doublé. Alors on reconnut la nécessité d'un troisième acte comme conclusion. Mais comment mettre quelque chose, là précisément où il ne peut plus se produire rien d'intéressant? Les auteurs s'en tirèrent avec des hors-d'œuvre destinés à combler le vide du tableau final, et ces hors-d'œuvre inspirèrent au musicien quelques-unes de ses plus belles pages.

Ceci rappelé, n'évoquons point le souvenir glorieux de ces deux pièces centenaires pour en écraser, par voie de comparaison, les pièces nouvelles que l'année 1886 avait encore à inscrire à son passif. *Le Signal* et *Juge et Partie* parurent ensemble, le 17 novembre. Le hasard rapprochait ainsi sur l'affiche deux œuvres qui, par la date de leur composition, ne semblaient guère devoir s'unir pourvoir le feu de la rampe. L'une, *le Signal,* remontait presque à dix ans, et tour à tour répétée puis abandonnée, figurait alors, par une singulière ironie, dans le Dictionnaire Lyrique de Félix Clément, comme *déjà jouée.* L'autre, *Juge et Partie,* venait d'obtenir le prix Cressent. L'une avait donc attendu bien des années, l'autre, à peine quelques mois. La fortune des deux compositeurs se montrait ainsi différente: leur talent ne l'était pas moins.

M. Edmond Missa sortait à peine du Conservatoire, où, prenant part à plusieurs concours, il n'avait pu obtenir le prix de Rome et s'était vu réduit à l'octroi d'une mention. Le prix Cressent venait à point lui tenir lieu d'indemnité. Aussi bien, le livret donné aux concurrents semblait-il convenir tout particulièrement à son talent aimable et facile: c'était presque une opérette. La vieille pièce de Montfleury, *la Femme juge et partie,* reste en effet, malgré son âge, jeune,'alerte et gaie. On en connaît le sujet. Le seigneur Bernadille veut se débarrasser de sa femme et la croit morte après l'avoir abandonnée dans une île déserte. Passait par là le fils du roi, qui la ramène saine et sauve. Alors, pour se venger, la jeune délaissée se déguise en juge et instruit le procès de son époux; elle le convainc d'imposture, et tout finit par une réconciliation des plus morales. Cette histoire, que Montfleury avait racontée jadis en cinq actes, et qu'un certain Onésyme Leroy avait réduite, le siècle suivant, en trois actes, à l'usage de la Comédie-Française, avait encore perdu un acte pour l'Opéra-Comique, avec la moitié de son titre pardessus le marché, car elle s'appelait simplement *Juge et Partie.* M. Jules Adenis l'avait découpée non sans adresse en deux actes, ou, pour mieux dire, deux tableaux, et M. Missa y avait semé quelques mélodies, disposées avec une certaine habileté et un juste sentiment de la scène. On avait applaudi notamment un quintette, un entr'acte qu'on avait même bissé, la scène dujugement, et surtout les principaux interprètes, M. Fugère (Bernadille) et Ml" Chevalier (Julia), tous deux fins comédiens, pleins d'esprit et de verve.

M. Paul Puget avait obtenu, lui, le prix de Rome eu 1873 avec une cantate, intitulée *Mazeppa.* Musicien sérieux, un peu trop raffiné peut-être, il est de ceux qui ne travaillent point pour la foule et se plaisent à charmer les délicats. Il est aussi de ceux auxquels la malchance s'attache volontiers. L'histoire du *Signal* en fournit un nouvel exemple.

Tout d'abord, reconnaissons que le scénario de MM. E. Dubreuil et Busnach avait une médiocre valeur. Au seizième siècle, à Venise, une jeune fille dont le père allait tomber entre les mains de créanciers féroces, a rencontré un aimable peintre qui a fait son portrait, le lui a donné, et l'a sauvée ainsi de la ruine, car, disaient les auteurs, « ses moindres esquisses se vendent au poids de l'or. » En souvenir de ce bienfait, le modèle envoie chaque année un bouquet à l'artiste, qui, peu curieux, ne cherche même pas à savoir d'où lui vient ce cadeau anonyme. Le jour où il s'en avise, c'est-à-dire au bout de six ans, il découvre sans trop de peine la coupable, et, comme bien on pense, ne manque pas de l'épouser, au grand déplaisir d'une noble dame, très éprise du peintre, et qui attendait, pour se présenter, un *signal* qu'on ne lui fera pas.

C'est M. Vizentini, alors directeur du Théâtre-Lyrique de la Gaîté, qui avait confié cet acte à M. Paul Puget, et les journaux parisiens donnaient la nouvelle dès le mois de septembre 1876. Du ThéâtreLyrique, *le Signal* avait émigré à la salle Favart.où, après une halte de quatre années, il était entré en répétitions avec MM. Nicot, Herbert et M Mézeray. Alors une nouvelle halte de six années se produisit, et le malheureux compositeur fut obligé de recourir à l'intermédiaire de la Société des auteurs pour obtenir enfin d'être représenté, avec une mise en scène absolument rudimentaire. C'est à peine si le public distrait remarqua au passage la délicate sérénade pour mandoline du début, l'invocation à la Nuit chantée par M. Soulacroix (Pamphilio) et les couplets de M. Herbert (Zadig); l'œuvre était condamnée d'avance, et ne pouvait échapper à son triste sort.

Avec *Juge et Partie* et *le Signal* se termine la série des petites pièces nouvelles données dans la seconde salle Favart. La liste en est longue; beaucoup y sont venues, et peu y sont demeurées.

Aussi, en parcourant des yeux ce vrai martyrologe, ne peut-on s'empêcher de s'associer aux réflexions de Th. Gautier, lorsque jadis il écrivait: « Un compositeur à qui l'on confie un opéra-comique en un acte est vraiment bien malheureux. Les pièces en un acte servent, en général, de lever de rideau, c'est-à-dire, en argot de théâtre, donnent le temps d'arriver pour la grande pièce. Si l'on ne jouait rien du tout, les rares spectateurs déjà placés pourraient prendre de l'humeur et faire du tapage; mais ils n'ont rien à dire, la toile est levée, et il se marmotte quelque chose sur la scène. Le vrai accompagnement des mélodies d'un opéra en un acte, ce sont les bancs qui retombent, les portes qui s'ouvrent et les gens quise mouchent. »

Bien qu'il eût quatre actes, *Egmont* fut traité suivant cette formule de Th. Gautier, comme s'il n'en avait qu'un, c'est-à-dire avec un parfait dédain, et pour une fois le vieil adage, *Audaces fortuna juvat,* reçut un complet démenti. Il fallait en effet une certaine audace pour s'attaquer à un pareil sujet, pour oser remanier après Schiller la tragédie de Goethe déjà mise en musique par Beethoven, pour associer enfin son nom à celui du plus grand maître lyrique de l'Allemagne. Et qui se montrait si hardi? Deux vaudevillistes, Albert Millaud et Albert Wolff, à qui leur genre d'esprit semblait devoir interdire même le désir de transporter sur une scène française cette morne et sombre histoire. Ils ne l'avaient fait d'ailleurs qu'au prix de singuliers travestissements et mutilations. Pour n'en citer qu'un exemple, Brackembourg, l'amoureux platonique de la Clœrchen originale, est devenu un père farouche sur le point d'honneur, et, lorsqu'il a surpris en tête-à-tête sa fille et Egmont, il hésite entre la soif de la vengeance et le désir de conserver un défenseur à sa patrie, ressemblant ainsi tout à la fois à l'Eléazar *delà Juive* et au Rysoor de *Patrie*. Danscette adaptation pénible dont les péripéties s'expliquaient assez mal, on se heurtait presque à chaque pas à des scènes connues, ce qui faisait dire à un courriériste, et non sans raison, que la pièce, « par la similitude des costumes et des situa-

tions, aussi bien que par le nombre des duos d'amour, méritait le sous-titre de Roméo et Marguerite! »

Prix de Rome en 1871, M. Gaston Salvayre n'a pas connu, comme tant d'autres, lesangoisses de l'attente. A peine de retour à Paris il débutait par un grand ouvrage en quatre actes à la Gaîté, *le Bravo,* presque immédiatement suivi d'un ballet à l'Opéra, *le Fandango.* Bientôt il était décoré, à un âge où ses collègues de la Ville Éternelle attendent encore un tour de représentation. Avec *Richard III* à Pétersbourg, avec *Egmont* à l'Opéra-Comique, avec *la Dame de Monsoreau* à l'Opéra, il est entré partout... et n'est resté nulle part. Quoique défendu par de vaillants interprètes comme Talazac (Egmont), Taskin (Brackembourg), Fournets (le duc d'Albe), Soulacroix (Ferdinand), M Isaac (Claire), Deschamps (Marguerite), son ouvrage sombra sans retour. Détail curieux et pénible à la fois: de cette partition volumineuse et sans doute longuement travaillée bien que peu originale, un seul numéro obtint les honneurs du *bis*: c'était une petite pavane pour orchestre en sourdine, improvisée au lendemain de la répétition générale et ajoutée comme un bouche-trou pour la première représentation (6 décembre)!

L'année 1886 finissait mal; l'année 1887 devait finir plus mal encore, ou même ne pas finir du tout, pour la seconde salle Favart, puisque l'incendie allait, au mois de mai, donner une conclusion lugubre à sa glorieuse histoire. Une reprise et deux nouveautés forment les seuls incidents de ces derniers jours d'existence.

La reprise est celle de *la Sirène,* interprétée le 26 janvier par Lubert (Scopetto), Mouliérat (Scipion), Fugère (Bolbaya), Grivot (Popoli), M" Merguillier (Zerlina), Pierron (Mathéa). Tout a été dit par nous sur cet ouvrage d'Auber, à l'époque de sa première représentation, et il ne nous reste plus qu'à en établir ici le bilan au moyen de quelques chiffres, soit, de 1844 à 1850, 131 représentations; en 1852, *une* seule représentation, par suite de certaine particularité que nous avons signalée en son temps; de 1861 à 1862, 17 représentations; en

1887, 11 représentations: total 160 représentations, sans parler, bien entendu, d'une station, assez courte d'ailleurs, au Théâtre-Lyrique, en 1855.

Le 24 février on donnait *Carmen* pour la *troiscentième fois,* et le 25 février *le Barbier de Séville* pour la centième fois: ce soir-là, le rôle de Basile était tenu par un débutant, M. Bussac, qui depuis a quitté la carrière de chanteur pour celle de directeur en province.

A dire vrai, de tels débuts étaient un peu « nominatifs », car le même M. Bussac avait déjà tenu l'année précédente des rôles secondaires, comme celui du capitaine Mendez dans *Egmont.* Le même fait se produisit d'ailleurs pour d'autres artistes, considérés alors comme de second plan et n'obtenant pas les honneurs du début « officiel ». Tels en 1886, dans *le Mari d'un jour* (4 février), M Balanqué (rôle du mousse); dans *Juge et partie* (17 novembre), M" E. Mary (rôle d'Inès); dans *Egmont* (6 décembre), un ténor, M. Michard (rôle de Jetter) et M Nardi (un page), la seule qui parmi toutes ces « utilités » soit sortie du rang et ait conquis par la suite une situation. Douée d'une voix de mezzosoprano expressive et chaude, M"" Nardi, de son vrai nom Durand, appartenait à une famille bourgeoise et n'avait passé par aucune école; elle ne devait débuter véritablement que le 10 décembre de l'année suivante, dans *le Maître de Chapelle,* c'est-à-dire après la translation de l'Opéra-Comique à la place du Châtelet. Tels en 1887, dans *le Médecin malgré lui* (rôle de Géronte) M. Bernaërt qui, l'année précédente, avait obtenu au Conservatoire un premier accessit de chant et le second prix d'opéra-comique; dans *Proserpine* (rôles de pensionnaires) et dans *le Roi malgré lui* (rôles de jeunes filles serves) M Barria et M Auguez, qui, toute jeune et charmante, appartenait encore au Conservatoire, où elle allait remporter au mois de juillet un second accessit de chant (classe Warot) et un second prix d'opéra-comique (classe Ponchard).

Les deux pièces dont nous venons de citer les titres, *Proserpine* et *le Roi malgré lui,* ne se ressemblaient guère, sauf peut-être sur un point, l'ancienneté du livret tiré le premier d'un conte dialogué d'Auguste Vacquerie, le second d'une vieille comédie d'Ancelot. Les compositeurs ne différaient pas moins: l'un, Saint-Saëns, ayant abordé tous les genres et conquis de bonne heure la renommée; l'autre, Emmanuel Chabrier, entré tard dans la carrière musicale par la petite porte d'une opérette, *l'Etoile,* jouée aux Bouffes en 1877, et devenu populaire presque du jour au lendemain grâce au succès de son étincelante *Espana;* l'un méritant donc la qualification d'« ancien », l'autre celle de « jeune », en dépit de leur âge assez rapproché; tous deux d'ailleurs gais d'allures, savants sans pédanterie, nourris de la moelle symphonique, connaissant leur Wagner sur le bout du doigt, n'en prenant que ce qu'ils jugent convenir au tempérament français, et maniant l'orchestre avec une indéniable dextérité.

Proserpine, drame lyrique en quatre actes de M. Louis Gallet, d'après M. Vacquerie, passa la première, le 15 mars, et peut être considérée comme une variation quelque peu étrange du thème si connu de *la Courtisane amoureuse,* en même temps qu'une confirmation nouvelle de la justesse de ces deux proverbes, « On ne badine pas avec l'amour » et « Il ne faut pas jouer avec le feu ». Le feu, c'est, dans ce tableau rétrospectif de l'Italie, Proserpine, une courtisane que ses familiers appellent volontiers « l'universelle ». Pourtant le jeune Sabatino lui résiste; il aime et veut épouser la pure Angiola, sœur de son ami Renzo; mais pour satisfaire au caprice de ce futur beau-frère, il essaye de boire, suivant l'expression de M. Vacquerie, « à la gamelle où boivent les passants », c'est-à-dire de rendre hommage à Proserpine, afin que « après avoir vu le démon face à face » il ne soit plus tenté de succomber. Seulement, cette déclaration exigée, il la fait avec une ironie telle que la courtisane, blessée dans son cœur et dans sa vanité, jure de se venger. Avec l'aide d'un sbire à son service, elle fait tomher dans un guet-apens le frère et la sœur, au moment où celle-ci quittait le couvent pour rejoindre son fiancé, et brutalement vient s'offrir à Sabatino qui la repousse. Alors ne reculant pas devant le crime, elle poignarde Angiola; Sabatino lui arrache l'arme des mains et l'en frappe à sou tour. Angiola n'est que blessée; Proserpine meurt, mais devant tous elle s'écrie: « C'est moi qui l'ai frappée et... qui me suis tuée! » L'éclatant succès de l'adaptation à la scène de *Carmen* avait sans doute inspiré l'idée de transformer en opéra l'œuvre de M. Vacquerie plus hardie encore que celle de Mérimée. Entre les deux livrets subsiste néanmoins une différence capitale: la conduite et le plan de l'un sont réguliers et logiques; l'autre, même après les adroites retouches et les atténuations de M. Gallet, relève de la fantaisie pure, ce qui n'implique pas qu'il ne s'y rencontre des scènes théâtrales et même un dénouement très dramatique, lequel, soit dit entre parenthèses, ressemblait à celui *d'André Cornélis,* roman alors fort en vogue. Il arriva précisément que le côté trop sombre de l'action nuisit à l'intérêt et que le succès des deux derniers actes s'en ressentit; ils ont du reste été remaniés depuis, comme on peut le constater dans la seconde édition de la partition, et c'est sous cette nouvelle forme que l'ouvrage reparaîtra, si Ton se décide à le remettre à la scène.

Certes, il s'y rencontre des pages de valeur, et l'on ne saurait négliger de rappeler ici notamment le délicieux finale du second acte, qui, le premier soir, fut bissé avec enthousiasme. *Proserpine,* au surplus, garde en son ensemble le caractère d'une œuvre de transition, on pourrait presque dire de conciliation. Si Français, et bon Français, qu'il soit, M. SaintSaëns a, bon gré mal gré, payé comme tant d'autres son tribut au génie de Wagner. Ainsi, à côté de morceaux nettement dessinés, véritables « airs » comme la gracieuse sicilienne à deux voix du premier acte, dite par Orlando (Herbert) et Ercole (Collin), comme l'énergique invocation de Proserpine, un rôle difficile qu'interprétait remarquablement M" Salla, comme la chanson d'ivrogne confiée au talent de Taskin (Squarocca), comme le trio final d'allure italienne et chanté par M" Salla (Proserpine), M' Simonnet (Angiola) et Lubert (Sabatino), on pourrait citer, comme preuve de l'influence wagnérienne, l'enchevêtrement des scènes entre elles, l'emploi fréquent du récitatif mesuré, le rôle prédominant de l'orchestre, et surtout l'usage du *leitmotiv,* usage non pas accidentel, mais régulier, méthodique, bien conforme aux procédés de la nouvelle école.

Cette opinion, d'ailleurs, est celle de l'auteur luimême, et l'occasion paraît favorable de citer à cette place ce que M. Saint-Saëns écrivait quelques jours après la première représentation de *Proserpine*. On ne peut mieux préciser tout à la fois le caractère spécial de l'ouvrage et l'esthétique générale du compositeur: « Ma théorie en matière théâtrale est celle-ci: je crois que le drame musical s'achemine vers une synthèse des différents styles, le chant, la déclamation, la symphonie, réunis dans un équilibre permettant au créateur l'emploi de toutes les ressources de l'art, à l'auditeur la satisfaction de tous ses légitimes appétits. C'est cet équilibre que je cherche et que d'autres trouveront certainement. Ma nature et ma raison me poussent également à cette recherche, et je ne saurais m'y soustraire. C'est pour cela que je suis renié, tantôt par les waguéristes, qui méprisent le style mélodique et l'art du chant, tantôt par les réactionnaires, qui s'y cramponnent au contraire en considérant la déclamation et la symphonie comme accessoires. »

Tout ou partie de ce programme pourrait s'appliquer au *Roi malgré lui,* qui vit le jour deux mois après, le 18 mai. Comme genre, en effet, c'est de l'ancien opéra-comique qu'il relève: la division des morceaux en airs, duos, trios, ensembles, parfaitement indépendants les uns des autres, en fait foi. Le livret le voulait ainsi, et l'on conviendra que l'usage des motifs conducteurs eût été assez déplacé dans une pièce où le dialogue parlé en faisait l'office et rompait à chaque instant la trame musicale. Mais, d'autre part, le compositeur, M. Emmanuel Chabrier. n'en était pas moins de son temps, et, comme on dit volontiers, dans le mouvement. Il le prouvait en évitant les expédients stéréotypés, les formules convenues et su-

rannées; en s'attachant soigneusement à la justesse de l'expression; en se plaisant aux sonorités imprévues, aux progressions ingénieuses; en utilisant enfin toutes les ressources de l'art moderne.

Le livret du *Roi malgré lui* est tiré d'un vaudeville en deux actes d'Ancelot, représenté au Palais-Royal le 19 septembre 1836, et les joyeux interprètes d'alors, Germain, Levassor, Sainville, Leménil, Lhéritier, M"" Dupuis et Pernon ne se doutaient guère que, cinquante ans plus tard, ils auraient pour successeurs dans leurs rôles de vrais chanteurs et de sérieux comédiens comme Bouvet (Henri de Valois), Delaquerrière (Nangis), Fugère (Fritelli), M" Isaac (Minka), Cécile Mézeray (Alexina). On peut admettre que la brochure primitive ne fut pas tirée à de nombreux exemplaires, car, pour notre part, nous ne l'avons trouvée qu'à la Bibliothèque nationale. D'un autre côté, il ne suffirait pas de lire les journaux de l'époque pour apprendre à la connaître; en effet, on faisait alors une étonnante consommation de vaudevilles, et les critiques n'apportaient qu'un médiocre empressement à en rendre compte. Avec le temps, cette pièce d'Ancelot était tombée entre les mains de M. Victorin Joncières, qui, ne l'utilisant pas pour lui-même et ayant le droit d'en disposer, la céda gracieusement à son confrère M. Chabrier. MM. de Najac et Burani l'accommodèrent au goût du jour avec addition d'un acte, et M. Jean Richepin, dont le nom, par suite d'une convention passée entre les auteurs, ne figura ni sur l'affiche, ni sur le livret imprimé, ni sur la partition, vint en outre apporter à la rédaction définitive le précieux concours de son talent de poète.

Quelques lignes suffiront à rappeler la donnée de l'ouvrage. Roi de Pologne par la volonté de sa mère et de son père, Henri de Valois s'ennuie à Cracovie, et, sous le nom de son ami le comte de Nangis, il imagine de conspirer contre lui-même afin d'échapper à la couronne et de se faire reconduire à la frontière. Mais la chose est prise au sérieux par Laski, un féroce palatin, qui prétend le tuer, afin de mieux l'empêcher de revenir. Le danger est conjuré grâce à

l'appui de deux charmantes femmes: l'une, Minka, petite serve qui croit travailler pour son amoureux, Nangis; l'autre, Alexina, nièce de Laski, épouse du grotesque duc de Fritelli, et qui a retrouvé dans le roi un soupirant jadis entrevu à Venise. Le complot donc échoue, et provisoirement (l'histoire nous apprend que ce provisoire fut de courte durée), Henri de Valois est forcé de rester roi, malgré lui. Adroitement mis en scène, cet opéra-comique avait d'excellents interprètes, dont un seul, M. Bouvet, pouvait encourir le petit reproche de n'être pas allé au Louvre dans la salle Cousin, pour y apprendre *de visu* que Henri III était brun et non point roux. Le mouvement, une verve peu commune, une grande variété de rythmes, l'abondance et la franchise des idées mélodiques, l'éclat du coloris, telles étaient les qualités principales d'une partition qui méritait de vivre et qui aurait vécu sans l'effroyable sinistre où allait disparaître la seconde salle Favart.

La dernière semaine du théâtre fut en partie consacrée aux préparatifs d'une matinée extraordinaire, organisée par la comtesse de Greffulhe, le prince de Sagan et M. Maurice Ephrussi. La représentation eut lieu le 23 mai, précédée, le 21, d'une sorte de répétition à laquelle assistaient des membres de la presse, des amis de la direction, des artistes et des auteurs. Au programme figuraient: un intermède musical avec le concours de Talazac, de M Merguillier, Deschamps, Simonnet, Lola Beeth, Judic, Bianchi et du jeune J. Hofmann, un fragment du deuxième acte de *Carmen,* et une revue inédite en un acte avec prologue, intitulée *le Cœur de Paris,* composée par le marquis de Massa et jouée par des artistes de tout théâtre et de tout rang tels que Coquelin cadet, Baron, Lassouche, Balbiani, M Reichenberg, Réjane, Simonnet, Granier, Desclauzas, Mily Meyer, Cerny, Magnier, Degrandi, Boulanger, Laus. Cette petite fête toute mondaine eut l'avantage de faire tomber cinquante mille francs dans la caisse de la société philanthropique, au profit de laquelle on la donnait; à défaut d'une œuvre bonne, on avait du moins fait une bonne œuvre.

CHAPITRE FINAL

L'incendie

Le 12 mai 1887, à la Chambre des députés, une interpellation se produisait qui passa d'abord presque inaperçue, comme il est d'usage pour les questions de ce genre, mais à laquelle les événements allaient donner, rétrospectivement, une exceptionnelle gravité. M. Steenackers interrogeait le ministre de l'Instruction publique et des Beaux-Arts sur les dangers que présentait l'Opéra-Comique en cas d'incendie; la demande du député de la Haute-Marne et la réponse de M. Berthelot intéressent assez l'histoire du théâtre pour que nous jugions opportun de citer ici quelques fragments de ces discours, empruntés au texte même du *Journal officiel.*

M. Steenackkrs — Il est bon de dire et de rappeler à

M. le ministre qu'après l'incendie de 1838, la salle fut reconstruite sur le même emplacement, sans qu'on tînt le moindre compte des dégagements nécessaires aux locaux de service. L'architecte oublia complètement que la scène et ses dépendances, déjà trop restreintes en 1783 pour un personnel de 60 artistes ou employés, étaient devenues tout à fait insuffisantes en 1838, alors que le théâtre employait 250 personnes.

Depuis cette époque, le public est devenu fort exigeant; il ne se contente plus des mises en scène qui suffisaient aux opéras-comiques de Grétry, d'Auber et d'Adam; avec la satisfaction de l'oreille, il demande le plaisir des yeux, et les œuvres de Meyerbeer, de Gounod, d'Ambroise Thomas, telles que *l'Étoile du Nord, Roméo* ou *Mignon,* nécessitent des exigences de personnel et un matériel qui sont bien loin des besoins de la première époque.

Aujourd'hui, le théâtre de l'Opéra-Comique compte un personnel de 450 artistes ou employés, lequel travaille, se meut, et s'agite dans un espace de 266 mètres carrés, le même qu'en 1783, espace dont il faut encore retrancher la place nécessaire aux châssis, aux décors, aux praticables, de telle sorte que les couloirs de dégagement sur la scène sont tellement encombrés que, la plu-

part dù temps, ils n'ont guère plus de 50 à 60 centimètres de largeur.

C'est dans cet espace restreint que se fait le service. En cas de sinistre, — c'est là que je veux en venir, — le danger se présenterait sous deux faces aussi terribles à envisager l'une que l'autre.

Dans le premier cas, le feu peut se déclarer pendant que tout le monde est en scène; or, si le personnel voulait fuir, il ne trouverait comme issue qu'une porte donnant sur un escalier tortueux aboutissant à un couloir, à une sorte de boyau, par lequel se précipiteraient de leur côté les musiciens de l'orchestre avant de déboucher sur la rue,

Dans le second cas, c'est-à-dire si le feu se manifestait pendant un entr'acte, alors que les artistes, les choristes, les danseuses, les figurants, les habilleuses sont dans les loges, le désastre serait effroyable et voici pourquoi.

Le bâtiment de la scène comporte sept étages, entre lesquels est réparti non seulement le personnel artiste, mais encore les employés de la direction, de l'administration, des magasins de costumes, d'accessoires, de copie et de couture; et plus on monte, plus on s'élève, plus ce personnel est entassé dans des soupentes absolument inhabitables. Eh bien, ces sept étages — M. le ministre le sait comme moi, car il a visité les lieux, — ne sont reliés entre eux, au-dessus des cintres, que par deux ponts de bois suspendus, larges de 60 centimètres. Si le feu prenait sur la scène, je n'ai pas besoin de dire que ces ponts de bois seraient les premiers la proie des flammes et ne serviraient absolument à rien. De plus les bâtiments sont desservis, de chaque côté du théâtre, par un escalier de 170 marches, qui n'a pas toujours 1 mètre de large, et dont la pente au 6 et au 7 étage est vertigineuse.

Ces escaliers, dont l'un est en bois, feraient, en cas d'incendie, l'office de cheminée d'appel, et comme, dans les théâtres, le feu se propage avec une rapidité effrayante, il est facile de se rendre compte du sort réservé à des malheureux affolés par la panique, qui chercheraient à fuir par ces escaliers, s'y entasseraient, s'y écraseraient, et serai-

ent à coup sûr asphyxiés par la fumée avant d'être carbonisés par les flammes. Beaucoup des employés du personnel chercheraient le salut en se précipitant par les fenêtres et viendraient se broyer sur le pavé des rues: on aurait une seconde édition du désastre occasionné, à Rouen, en 1876, par l'incendie du théâtre des Arts.

Mais je tiens à faire remarquer à M. le ministre que, si un pareil malheur arrivait, il ne faudrait accuser d'incurie ni la préfecture de police, ni la préfecture de la Seine. C'est par centaines que ces administrations ont adressé des rapports dans lesquels il est dit qu'il faut absolument y remédier, si l'on ne veut pas assumer la plus grave des responsabilités.

Après avoir signalé le mal, le clairvoyant député indiquait le remède: acheter l'immeuble qui fait face au boulevard des Italiens, et l'aménager pour les besoins du service, ce qui entraînerait une dépense de trois millions, d'où il fallait déduire, en premier lieu, le prix de l'immeuble situé place Louvois, qui sert de magasin de décors et qui a une valeur de 800,000 francs; en second lieu, les loyers des boutiques de l'immeuble à acquérir, qui rapportent 60,000 francs, ce qui représente un capital de 1,200,000 francs. La dépense pouvait donc alors ne dépasser guère un million, et M. Steenackers terminait justement son discours en disant: « C'est au gouvernement d'aviser, et, selon moi, *d'aviser au plus vite.* »

La réponse du ministre ne fit que justifier les sinistres prévisions de son interpellateur.

M. Berthelot. —... Je me suis préoccupé de cette question: elle m'a déjà été soumise cet hiver. J'ai visité les locaux; j'ai constaté en effet que, s'il est facile d'ouvrir des dégagements aux spectateurs en cas d'accident ou d'incendie, la difficulté est incomparablement plus grande au point de vue du personnel. .. En effet, le dégagement de plus de la moitié de ce personnel ne peut s'effectuer que par une planche de 60 à 80 centimètres de large, et qui est située audessus du cintre. C'est un véritable pont de Mahomet. Je crois que l'honorable M. Steenackers a dû y passer. *Hilarité.)*

M. Steenackers. — Oui, mais le feu n'était pas dans les cintres.

M. Berthelot. —... Je répète que cette situation est tout à fait dangereuse, et il est positif que si le feu se déclarait dans l'Opéra-Gomique — *et cette éventualité est malheureusement-presque certaine dans un temps donné... (Exclamations en sens divers.)*

Permettez, il n'est aucun théâtre qui n'ait brûlé, et même plusieurs fois, dans l'espace d'un siècle. C'est un fait de statistique; par conséquent, *nous pouvons considérer comme probable que l'Opéra-Comique brûlera... (On rit.)* J'espère toutefois que ce sera le plus tard possible.

Dans la situation actuelle, si l'incendie se produisait pendant une représentation, ce serait une catastrophe.

Il est certain, comme on le faisait observer tout à l'heure, qu'on *serait exposé à voir périr plusieurs centaines de personnes.* C'est là une responsabilité très grave, une éventualité qui mérite au plus haut degré l'attention du gouvernement et du Parlement.

Le ministre, ainsi que le député, voyait la solution du problème dans l'acquisition de la maison n 11 du boulevard des Italiens; mais les dépenses probables inquiétèrent la Chambre, dont le sentiment se manifesta par des exclamations variées, et l'on accueillit *gaiment (!)* la fin du discours de M. Berthelot, parlant d'apporter à la Chambre un projet de loi: ... Ce projet de loi avait été préparé en 1883 par le conseil des bâtiments civils... Depuis 1883 il est reslé dans les cartons, attendu qu'on a reculé devant la dépense. La seule chose que je puisse faire, c'est de soumettre la question à mon collègue des finances. *(On rit.)*

L'hilarité mit fin à l'incident. On avait pris joyeusement cette série de révélations, et, l'ordre du jour appelant la suite de la discussion d'un projet de loi sur le régime des sucres, M. Léon Renard, premier orateur inscrit, put, sans provoquer l'étonnement de l'assemblée, commencer ainsi son discours: Messieurs, je vais vous ramener d'une discussion *plaisante* à une discussion bien sé-

vère... »

Treize jours après cette interpellation, on ne songeait plus à rire: l'incendie et la mort accomplissaient leur œuvre de destruction en se conformant, pour ainsi dire-, de point en point au lugubre programme tracé par M. Steenackers. C'était le 25 mai; on avait joué *le Chalet,* et commencé le premier acte de *Mignon.* Pendant l'ensemble qui suit l'entrée de Wilhelm, tandis que M" Simonnet, chargée du rôle principal, chantait sa prière « O Vierge, mon seul espoir », quelques flammèches tombèrent sur la scène, aussitôt éteintes avec le pied par les artistes en scène, sans que le public s'en aperçût d'abord. Comme elles tombaient plus nombreuses et plus Vqlumineuses, M. Taskin crut devoir prendre la parole pour rassurer le public, et M. Bernard, régisseur, qui se trouvait parmi les choristes, se joignit à lui pour recommander le calme devant un péril qui semblait alors devoir être aisément conjuré. Quelques spectateurs, déjà levés, se rassirent; d'autres sortirent, mais avec si peu de précipitation qu'ils reprirent leurs effets au vestiaire, et se firent même délivrer des contremarques au contrôle. Quatre ou cinq minutes s'étaient écoulées entre les premières étincelles et l'apparition des flammes; c'était peu, mais c'était assez pour évacuer sinon le théâtre, au moins la salle. On doit donc admettre qu'à l'orchestre, aux baignoires et aux premières loges, tout le monde eut le temps de descendre par l'escalier principal.

Malheureusement, nul n'avait songé à baisser le rideau de fer; très vite, par conséquent, la cheminée du lustre et l'ouverture presque simultanée de toutes les portes des loges formèrent autant d'appels d'air; la flamme, sollicitée ainsi de tous côtés, léchait rapidement les murs et gagnait en un clin d'œil le plafond. Sur le théâtre, acteurs, choristes, figurants, employés, tous s'étaient précipités vers les issues quileur étaient familières, et tous aussi, sauf quelques imprudents ayant voulu remonter dans leurs loges, s'échappèrent sans trop d'encombre. De même, les musiciens d'orchestre avaient pu s'engouffrer rapidement dans l'étroit couloir qui des-

servait leurs places; mais il était temps, nous racontait l'un d'eux, le dernier, qui, en sortant, eut la sage précaution de refermer la porte derrière lui: « Il me semblait, disait-il, que la flamme me poursuivait et allait me happer par les basques de mon habit. »

Pour comble d'infortune, l'obscurité se fit brusquement. Le chef gazier, craignant une formidable explosion si la flamme gagnait le « jeu d'orgue » qui distribuait le gaz dans les diverses parties du théâtre, éteignit d'un seul tour de clef toutes les lumières: dès lors le sinistre aboutit à la catastrophe. Dans les couloirs de la salle, la foule, aveuglée par la fumée, cherchait à l'aventure des issues vers lesquelles personne ne la guidait, et se débattait follement au milieu de ténèbres qu'éclairaient seulement les reflets sombres de l'incendie, gagnant à chaque minute un terrain nouveau. Les spectateurs des deuxièmes galeries, troisièmes et quatrièmes loges et de l'amphithéâtre des quatrièmes devaient avoir à leur disposition *quatre* escaliers, savoir: *du côté droit,* deux escaliers, dont l'un, dit escalier de secours, aboutissait à la rue Favart, dont l'autre, dit escalier de fer ou escalier Marmier (parce qu'il desservait la loge appartenant aux héritiers de Choiseul), était situé vers l'avant-scène et aboutissait à la même rue; *du côté gauche,* deux escaliers placés symétriquement aux deux précédents, dont l'un, dénommé aussi escalier de secours, aboutissait à la rue Marivaux, et en outre, dans une galerie qui se terminait par une sortie au coin de la place Boïeldieu, dont l'autre, dit escalier de pierre, aboutissait dans le couloir de l'orchestre et des baignoires. Mais presque aucun de ces dégagements ne fut appelé à rendre les services qu'on en attendait. On ne connaissait guère, ou même on ignorait tout à fait l'escalier Marmier, dont rien n'indiquait en temps ordinaire l'utilisation possible. Victimes de leur affolement, les uns s'entassaient par erreur dans une buvette du second étage, où l'on découvrit le lendemain 27 cadavres amoncelés; les autres réussissaient à utiliser l'escalier de la rue

Marivaux; mais ils trouvaient en bas

la porte fermée, et succombaient, soit qu'ils eussent voulu y rester, soit qu'ils fussent remontés pour se heurter à un nouvel et impitoyable ennemi, l'asphyxie.

En effet, il ne paraît pas y avoir eu, dans le grand escalier du moins, de ces' cohues terribles où l'on s'étouffe pour avancer. Les paliers inférieurs étaient même absolument libres et l'on put croire tout d'abord que personne ne restait plus dans les couloirs de la salle. Mais bien des malheureux avaient péri sans pouvoir atteindre le premier étage, les uns empoisonnés par l'oxyde de carbone que dégage la combustion des décors, les autres frappés par ce que les médecins légistes appellent le « coup de chaleur », conséquence fatale d'une température qui, suivant leur dire, atteignait au foyer central 1,500 ou 2,000 degrés, lorsque 60 en pareil cas peuvent être funestes.

Le feu avait éclaté à neuf heures cinq minutes, et les pompiers, prévenus aussitôt, de l'intérieur même du théâtre, étaient accourus: ceux de la rue Drouot, de la Bibliothèque nationale et de la rue Blanche, vingt minutes environ après le signal donné. Un quart d'heure plus tard arrivaient ceux de la rue Saint-Honoré, de l'Etat-Major, de la rue de Rome, et finalement ceux du chemin de fer de l'Ouest, de la Villette, des rues Jean-Jacques-Rousseau, du Château-d'Eau et de Château-Landon. Quatre pompes à vapeur, rue Pavart, et six, place Boïeldieu, étaient mises en batterie sous les ordres du colonel Couston et du lieutenant-colonel Vassal. A onze heures, l'incendie sévissait dans toute sa violence; la toiture s'effondrait avec un bruit terrible, laissant passer comme une gerbe de flammes colorées, analogue à celles que produit l'éclat d'une pièce d'artifice, et, peu après, l'intensité du foyer commençait à diminuer. A onze heures et quart, tout danger était écarté pour les habitations voisines; à minuit, on se trouvait presque maître du feu et l'eau des pompes ne servait plus qu'à noyer les décombres.

Dès le début, on avait mesuré l'étendue du désastre: on avait compris qu'on ne pouvait sauver les bâtiments

et qu'il fallait, faisant la part du feu, se contenter de sauver les gens. Là se porta le principal effort des pompiers, qui réussirent, avec leurs hautes échelles, à secourir bon nombre de spectateurs, réfugiés soit sur le balcon de pierre qui bordait sur trois côtés le bâtiment à la hauteur du troisième étage, soit sur l'entablement, muni d'un garde-fou dans une certaine partie de sa longueur, qui courait autour du théâtre à la hauteur du sixième étage. Quelques personnes, toutefois, gagnées par le vertige, s'abîmèrent sur le sol; d'autres furent précipitées par le fait même de l'encombrement de ces étroits espaces. Pour le personnel, les dangers étaient d'autant plus grands que les lieux occupés par lui se trouvaient à une hauteur plus grande. Les choristes avaient leurs loges au cinquième étage, les figurants au sixième, et les ateliers de costumes s'étendaient sous les combles, à la hauteur d'un septième étage. Parmi les choristes, Vallière et Augé n'échappèrent à la mort qu'après avoir passé trois quarts d'heure cramponnés à l'appui de leur fenêtre. Les figurants réussirent à s'échapper tous par l'entablement, et les costumières, guidées par leur maîtresse, M""" Thomas, se réfugièrent d'abord sur le chéneau qui couronnait l'édifice, puis, avec un courage peu commun, se laissèrent glisser de là jusqu'à l'entablement, où l'on put les délivrer. Quant aux danseuses, dont trois étaient asphyxiées dans leur loge, deux s'élancèrent dans l'escalier en flammes, mais une seule fut sauvée, M Assailly, au prix de cruelles blessures.

On peut donner ici la liste des morts appartenant au personnel du théâtre: *Choristes* : Tierce, qui s'enferma dans sa loge pour attendre du secours et périt asphyxié; Maquaire, dit Charbonnet, qui se brisa la colonne vertébrale en se jetant par la fenêtre; *Costumière*: M" Fouasse, qui tomba du haut de l'entablement et mourut des suites de ses blessures;

Danseuses: M Tourtois, Ferri et Gillet, asphyxiées dans leur loge; M"""" Varnout, disparue dans les flammes; *Habilleuse* : M Lesceurre, asphyxiée dans la loge des trois danseuses; *Habilleurs*

: Bertault et Janin, asphyxiés; Monin, tombé de l'entablement sur le trottoir de la rue Marivaux;

Ouureuses: M Lestrade et Barbe, asphyxiées, la première dans la buvette des deuxièmes galeries, la seconde dans son vestiaire, dont la porte, refermée sur elle, ne put se rouvrir; M Vieilliot, retrouvée dans l'escalier de fer et reconnue seulement à ses bas, qu'elle avait eu la coquetterie de montrer à ses compagnes en arrivant au théâtre; M" Blondel enfin, et M" Couturier, qui, passant d'une petite fenêtre des quatrièmes loges sur le chemin de pierre qui faisait le tour de l'édifice, vint se briser sur le pavé de la rue Marivaux.

Cinq hommes et onze femmes: en tout, seize victimes. Quant au nombre total des disparus, on ne pourra jamais le fixer d'une façon précise et certaine, n 25

Dans les décombres, on retrouva soixante-seize corps, qui furent reconnus ou non; mais la fournaise avait pu consumer bien d'autres qadavres dont il ne restait que la cendre, des os calcinés, des débris informes, échappant à toute funèbre statistique: tel est d'ailleurs l'avis de plusieurs témoins, appartenant au personnel, qui ont toujours estimé à plus de cent le nombre des victimes. Puis, au chiffre officiel de 76 suivant le procureur de la République, de 84 suivant le Préfet de police, il faut ajouter le chiffre ignoré des blessés qui succombèrent par la suite, sans que leur famille en prévînt l'administration pour lui permettre de faire un complet recensement. D'autre part, il convient de rappeler qu'il y avait bien dans la salle, vu la recette encaissée, 1,600 spectateurs; avec les artistes et les employés ordinaires ou extraordinaires, c'était donc un total de près de deux mille personnes qui se trouvaient au théâtre le soir de l'incendie.

Quand de pareils désastres surviennent, on s'occupe d'abord d'en rechercher les causes. Celte fois, l'enquête, longue et minutieuse, aboutit à des résultats non douteux. Le feu, communiqué par la herse n 1 à une portion de décor appelée bande d'air, prit à la hauteur du premier cintre, côté jardin, c'est-à-dire à la gauche du spectateur, du côté de la rue Marivaux. La herse se trouvait trop rapprochée du décor, et, au dire du chef machiniste Varnout, le filet recouvrant ce décor pour produire un effet de perspective, pouvait avoir quelque maille déchirée et flotter au moindre souffle d'air. D'ordinaire, ces commencements d'incendie s'éteignent sans que le public s'en doute. Ainsi, en 1881, pendant *les Contes d'Hoffmann,* un accident de ce genre n'avait eu; grâce aux prompts secours du pompier de service, aucune fâcheuse conséquence. A l'Opéra-Comique, le service des pompiers était fait en grand'garde de 24 heures par un caporal et quatre sapeurs. On leur adjoignait, pour le temps de la représentation, un sergent qui prenait le commandement du poste, un deuxième caporal et un cinquième sapeur: ce qui faisait un personnel de huit soldats. L'escouade avait à sa disposition, pour combattre le feu, 38 établissements, dont 8 sur la scène même, savoir: 4 au premier cintre, 2 au deuxième et 3 au troisième. On sait qu'un établissement se compose d'un tuyau de cuir, avec garniture de bronze, vissé sur une conduite d'eau et enroulé autour d'un crochet. Quelques secondes suffisent à le mettre en état de fonctionner.

Lorsque brillèrent les premières étincelles après une carbonisation de quelques instants, le pompier André qui se trouvait à portée du foyer initial n'avait qu'à utiliser le seau et l'éponge à main, conformément à la consigne générale du 29 décembre 1881, mais il suivait des yeux le spectacle; il fallut, pour le tirer de sa contemplation, que l'émoi des artistes et du public vînt l'avertir du danger. « A ce moment, son manque de vigilance pouvait encore être racheté par un peu de présence d'esprit. Il suffisait qu'André développât son établissement et dirigeât un jet d'eau sur le décor qui commençait à flamber pour que le péril s'évanouît. » Il se contenta d'ouvrir le robinet de son établissement et de dérouler quelques mètres de tuyau; puis, affolé, il battit en retraite. Le sergent Cumine, chef de poste, occupait la petite loge de service siluée sur la scène entre le rideau d'avantscène et le man-

teau d'Arlequin, côté cour, c'est-àdire à droite du spectateur; dès qu'il vit se passer quelque chose d'anormal, il sortit pour s'en rendre compte, ainsi que le voulait la lettre du règlement. Malheureusement, au lieu de faire attaquer le feu par ses hommes et de leur donner l'exemple en se servant de l'appareil qui était à sa portée, le sergent, dans son formalisme exagéré, ne songe d'abord qu'à faire ce qu'il appelle une reconnaissance. Il monte trois étages pour arriver au cintre. Là, constatant la gravité de la situation, il développe l'établissement à sa portée et ouvre le robinet. Puis, avant même d'avoir soulevé sa lance, il change d'idée, redescend, traverse les dessous et court au poste faire jouer l'avertisseur reliant le théâtre à la caserne de la rue Blanche, précaution déjà prise par un autre pompier, le caporal Charton. Toutes ces allées et venues perdaient, on le devine, des minutes précieuses. Un fragment de décor enflammé avait, en tombant sur la scène, déterminé la retraite définitive de tous les artistes; d'autres décors avaient pris feu, et les machinistes, à défaut de pompiers, s'efforçaient vainement de les abattre; ces toiles, serrées les unes contre les autres, étaient tenues par des « fils » qu'on ne parvenait pas à démêler, et cet écheveau d'un nouveau genre s'embrasait par voie de contact avec une foudroyante rapidité. Tout le hautétait encombré de décors, ressemblant, suivant la pittoresque expression d'un témoin, aux feuillets fermés d'un livre suspendu qu'on apercevrait par sa tranche inférieure. Il y avait là, sur une profondeur d'environ 14 mètres, 30 rideaux de fond, 60 frises, 11 fermes de plafond, et cette accumulation, qui d'ailleurs se retrouve dans tous les théâtres où les spectacles sont fréquemment renouvelés, était rendue nécessaire à la salle Favart par la nature même de son répertoire.

Une telle obligation constitue une gêne pour le service et un danger pour l'édifice; on comprend, en effet, avec quelle facilité s'enflammèrent tous ces matériaux desséchés par la vétusté et par la chaleur intense à laquelle ils étaient soumis chaque soir. Livrés à eux-

mêmes, effarés, les pompiers avaient perdu tout sang-froid; ils ouvraient, comme Gential, des robinets d'eau sans développer la garniture, ou, comme Charton, développaient des garnitures dont ils n'ouvraient pas le robinet. Sur un commandement du chef de l'escouade, les huit établissements de la scène pouvaient être mis en batterie, et, d'après les experts, cinq d'entre eux pouvaient en quelques secondes faire converger leur jet sur la toile qui commençait à flamber. Il n'en fut rien, et ce désarroi des premiers instants explique sans l'excuser ce fait douloureusement vrai, malgré son invraisemblance: on se trouvait en mesure de combattre l'incendie, et l'on renonça pourtant à la lutte, sans avoir lancé sur le foyer initial ume seule goutte d'eau.

A peine est-il besoin de rappeler l'émotion protonde causée par un tel désastre. Elle se traduisit dans la presse par des récits fantaisistes où l'on a quelque peine à démêler la vérité que les reporters, sciemment on non, travestissaient afin de mieux frapper l'imagination du lecteur; le roman était présenté comme de l'histoire, en attendant qu'il devînt de la légende. Un exemple suffira: certain grand journal illustré publiait un charmant dessin de Lanos représentant une actrice en costume, vue de dos, arrêtée devant une porte qu'elle essayait vainement d'ouvrir avec ses doigts crispés sur les battants, et voici par quel texte pathétique ledit journal commentait cette vignette: « M Merguillier qui s'est i attardée en passant au foyer des artistes, arrive trop tard pour trouver libre la sortie de la rue Favart; la malheureuse jeune femme, seule, perdue dans ce théâtre en feu, a la présence d'esprit de gagner un couloir de la rue Marivaux aboutissant à une porte réservée au personnel du théâtre. La porte est fermée! elle frappe; on ne l'entend pas. Elle sent derrière elle le brasier qui envahit, le feu qui gagne de seconde en seconde. C'est la mort, la mort affreuse, alors qu'une simple planche la sépare de la rue. Elle se précipite sur cette porte, déchirant ses fines mains de femme contre le bois qui résiste: c'est un effroyable instant. La jeune femme tombe anéantie, elle a tenté son dernier effort!... Soudain, une voix résonne de l'autre côté... On vient... Ce n'est point un rêve, une hallucination... On lui parle, elle est sauvée!... » Or, dans sa déposition devant le tribunal, la même M""" Merguillier s'exprimait tout simplement ainsi: « Nous en étions au premier ensemble de *Mignon,* quand Soulacroix m'a crié: « Le théâtre est en feu, sauvez-vous I » J'ai pris les couloirs; je me suis trouvée à l'endroit où le public sort par le couloir des baignoires. Un grand nombre de personnes sortaient par la porte ordinaire sans trop se presser; à ce moment, on voyait encore clair dans les couloirs que j'ai traversés, et j'ai pu quitter le théâtre sans accident. »

On voit par ces quelques lignes si la relation imprimée différait de la réalité, quand, d'une façon générale, cette réalité était assez terrible par ellemême pour qu'il devînt superflu d'en charger les couleurs. Le procédé avait du moins l'avantage d'exciter davantage la pitié publique; il contribuait ainsi à développer le grand élan de charité qui se manifesta dès la première heure, à Paris, en France, et même à l'étranger. De tou côtés, en effet, les dons affluèrent. Représentations et concerts s'organisèrent un peu partout. De ces derniers, le plus im'portant fut sans contredit celui qui eut lieu le 8 juin au Trocadéro. Les ouvrages dont les fragments figuraient au programme comptaient parmi les grands succès de l'Opéra-Comique, et résumaient en quelque sorte son répertoire ancien et moderne. Les interprètes étaient les artistes de la troupe actuelle auxquels avaient tenu à se joindre quelques camarades du temps passé, et la recette atteignit près de 50.000 francs. La Chambre avait spontanément voté un subside de 200,000 francs, le Conseil municipal de Paris, un secours de 10,000 francs, le Conseil municipal de Vienne avait envoyé 10,000 francs et le théâtre An der Wien 1,000 francs. Le total des souscriptions s'élevait à 6 ou 700,000 francs. Avec ces sommes on pouvait parer aux premiers besoins, secourir les misères urgentes et attendre, non seulement la réouverture du théâtre dans un autre local, mais encore la

solution des difficultés auxquelles allait donner lieu la recherche des responsabilités.

Aussitôt après la catastrophe, l'opinion s'était violemment déchaînée contre le directeur de l'OpéraComique, dont les moins farouches demandaient la démission. M. Carvalho fit front à ces attaques en écrivant au ministre des Beaux-Arts la lettre suivante:

« Monsieur le ministre, au lendemain de l'incendie de l'Opéra-Comique, vous avez bien voulu ne pas faire usage de l'article de mon cahier des charges qui vous donnait le pouvoir de me retirer mon privilège. Vous estimiez qu'il convenait d'attendre les décisions de la justice. C'est dans la même pensée d'équité que, dernièrement encore, vous me confirmiez dans mes fonctions de directeur, en me chargeant d'installer provisoirement l'Opéra-Comique dans l'ancienne salle du Théâtre-Lyrique. Le sentiment qui vous a dicté cette mesure n'a pas été compris. Pour sauvegarder tous les intérêts, peut-être convient-il en ce moment que je me tienne à l'écart. C'est un sacrifice auquel je me résigne, et je vous demande avec instance, monsieur le ministre, de vouloir bien confier la conduite des affaires de théâtre à un administrateur provisoire, et cela jusqu'au jour où la justice aura prononcé. Veuillez agréer... »

L'administrateur provisoire fut nommé en la personne de M. Jules Barbier, et l'enquête judiciaire aboutit au renvoi devant le tribunal correctionnel de sept personnes, savoir: M. Carvalho, directeur de l'Opéra-Comique; M. Archambault, architecte des Beaux-Arts; M. Lecointe, contrôleur en chef; M. Varnout, chef machiniste; M. Balland, concierge du théâtre; M. Cumine, sergent de pompiers; M. André, pompier.

A cette affaire, la 9" chambre, présidée par M..Grehen, consacra dix séances (16, 17, 18, 22, 23, 24, 30 novembre, 3, 7 et 15 décembre). M, Sauvajol, juge suppléant, faisant fonction de substitut, soutint la prévention, et le Tribunal, renvoyant des fins de la poursuite le sergent Cumine, MM. Archambault, Varnout, Balland et Lecointe, condamna M. Carvalho à trois mois de prison,

200 francs d'amende, et le pompier André à un mois de la même peine. Ces deux derniers furent en outre condamés à payer solidairement aux diverses parties civiles une somme totale de 50,000 francs. De ce jugement sévère, appel fut interjeté, et, après les audiences des 22 février, 7 et 14 mars 1888, la Cour, présidée par M. Bressolle, rendit un arrêt qui infirmait la décision des premiers magistrats et aboutissait à un acquittement complet sur tous les chefs d'accusation.

Cependant, depuis le 1 octobre, toute trace de la salle Favart avait disparu; les ruines, adjugées à un entrepreneur, avait été vite enlevées, et l'emplacement du théâtre se confondait désormais avec la place Boieldieu. Pendant ce temps, après d'assez longues hésitations sur le choix de l'immeuble où il "convenait de transporter provisoirement l'Opéra-Comique, on avait fini par traiter avec la Ville de Paris pour l'ancien Théâtre-Lyrique de la place du Châtelet. La Chambre, avant de se séparer au mois de juillet, vota un crédit extraordinaire de 500,000 francs afin d'aider à la reconstitution du matériel des décors et des costumes. La réouverture eut lieu le 15 octobre, sous la direction intérimaire de M. Jules Barbier, et, le 1 janvier 1888, lui succéda, à titre définitif, M. Paravey, ancien chanteur, et alors directeur à Nantes.

Il convient, pour la conclusion de notre récit, de résumer pour ainsi dire, en quelques noms et quelques chiffres, le bilan dramatique et musical des quarante-sept années dont nous avons raconté l'histoire.

Le nombre des pièces données pour la première fois à la seconde salle Favart s'élève à deux cent soixante-quatorze; savoir: 3 en cinq actes; 11 en quatre; 105 en trois; 31 en deux, et 124 en un.

Mais parmi ces pièces, *vingt-cinq* avaient été jouées déjà plus ou moins sur d'autres scènes, soit au Théâtre-Lyrique, soit aux Italiens, soit à l'étranger, soit dans des réunions particulières. Vu leur quantité relativement petite, nous les citons ici, en les rangeant d'après la date de leur entrée à l'Opéra-Comique, et en marquant entre parenthèses le nombre d'actes qu'elles comportent: 1855, *Jacqueline* (1); 1856, *le Sylphe* (1); 1860, *Ma tante dort* (1); 1861, *Au travers du mur* (1); 1862, *les Charmeurs* (1); 1863, *les Amours du Diable* (4); 1866, *la Colombe* (2); 1868, *les Dragons de Villars* (3), *le Café du roi* (1); 1869, *Jaguarita* (3); 1872, *les Noces de Figaro* (4), *Bonsoir voisin* (1), *le Médecin malgré lui* (3); 1873, *Maître Wolfram* (1)» *Roméo et Juliette* (5); 1874, *Mireille* (5); 1876, *Philémon et Baucis* (2); 1877, *Mam'zelle Pénélope* (1); 1878, *la Statue* (3) 1879, *la Flûte enchantée)* ; 1880, *le Bois* (1); 1881, *l'Aumônier du régiment* (1); 1883, *la Perle du Brésil* (3); 1884, *le Barbier de Séville* (4); 1888, *la Traviata* (4).

D'autre part, il faut noter ici les œuvres dont la première représentation avait eu lieu avant l'ouverture de la seconde salle Favart, c'est-à-dire constituant le répertoire *ancien* de l'Opéra-Comique, antérieur à 1840. On en comptait 5 en quatre actes, 31 en trois, 10 en deux et 29 en un, soit au total soixante-dix-sept pièces.

Si donc l'on réunit ces chiffres divers, et si l'on excepte de ce bilan rétrospectif certains ouvrages donnés au théâtre, mais n'ayant pas de caractère dramatique, comme les cantates officielles ou de circonstance exécutées sous l'Empire, et des oratorios tels que *Gallia, Marie-Magdeleine, la Messe de Requiem,* on arrive au chiffre de trois cent cinquante et un, qui est exactement /'celui des œuvres jouées à la seconde salle Favart de 1840 à 1887, etréparties ainsi:

Pour ces trois cent cinquante et une œuvres on compte cent trente-trois compositeurs, et peut-être ne lira-t-on pas sans curiosité la liste suivante. Elle comprendles noms de tous ces compositeurs, répartis ou classés suivant le nombre d'oeuvres qu'ils ont fait représenter,-c'est-à-dire indirectement suivant le degré de faveur auprès du public. C'est

Auber qui tient la tête, et de beaucoup. 25 ouvrages: Auber. 16 '— Adam (Adolphe). 15 — Thomas (Ambroise). 10 — Grisar, Massé (Victor), Poise. 9 — Clapisson, Halévy. 8. — Bazin. 7 — Boieldieu, Boulanger (Ernest), Dalayrac, Grétry. 6-— Gounod, Montfort. 5 — Deffès, Duprato, Gautier (Eugène), Offenbach. 4 — Gevaert, Guiraud (Ernest), Hérold, Maillart, Nicolo, Paladilhe, Potier (Henri), Reber. 3 — Bordèse, Cadaux, Cohen (Jules), David (Félicien), Delibes (Léo), de Flotow, de Lajarte, Limnander, Massenet, Méhul, Monpou, Thys. 2 ouvrages: Balfe, Bizet, Boieldieu (Adrien), Cressonnois, Doche, Donizetti, Duni, Girard, Maréchal (Henri), Meyerbeer, Monsigny, Moskowa (prince de la), Mozart, Pessard (Emile), Reyer (Ernest), SaintSaëns. 1 — Alary. 1 — de Beauplan, de Bertha, Berton, Besanzoni, Boilly, Boisselot, Bourges, Bousquet. 1 — Cahen (Albert), Carafa, Caspers, Catel, Chabrier, Chaumet, Cherubini, Colet (Hippolyte), Conte, Coquart (Arthur), Costé, Creste. t — David (Samuel), Delahaye, Deslandres, Dubois (Théodore), Duprez, Dutacq. 1. — D'Estribaud. 1 — Fauconnier, Fétis. 1 — Gabrielli,Gastinel,Gaveaux, Génin, M de Grandval. 1 — Héquet (Gustave), Hémery, Hue (Georges). 1 — d'Indy (Vincent). 1 — Joncières (Victorin), Josse. 1 — Kastner (Georges), Kreutzer. 1 — Labarre (Théodore), Lagarde, Leborne, Lecocq (Charles), Lefébure-Wély, Lenepveu, Leprévost, Lavello. i — de Massa, Mazas, Membrée, Missa. 1 — Nibelle. 1 — O'Kelly. 1 ouvrages: Paër, Pascal, Pergolèse, Pfeiffer (Georges), Poisot (Charles), Poniatowski, Prévost (Eugène), Puget (Paul). 1 — Ritter (Théodore), Rossini, Rousseau (Samuel). 1 — de Saint-Julien, Salomon, Salvayre, Semet. 1 — Valenti, Varlet, Varney, Vaucor beil, Verdi. 1 — Widor. Tous ces compositeurs ne sont pas des hommes célè-

bres; tous leurs ouvrages ne sont pas des chefsd'œuvre; mais leur réunion forme un groupe qui représente au moins une somme importante de talents et d'efforts artistiques. Ils ont, pendant près d'un demi-siècle, alimenté la vie d'une scène qui a connu tour à tour les heures tristes et les heures joyeuses, quelquefois l'infortune et le plus souvent la prospérité. Comme nous l'avons dit dans notre Introduction, la seconde salle Favart est le champ où s'est vraiment épanouie cette forme d'art qui, partie du vaudeville et de la comédie italienne, est arrivée presque aux confins du drame musical. Ses murs en ont vu les transformations continues, la diminution progressive du dialogue parlé, l'accroissement notable de la partie instrumentale, la mise en œuvre de moins en moins fréquente des sujets exclusivement gais, enfin le discrédit de certains procédés, couplets, répétition de paroles, entrées ou sorties de chœurs inutiles à l'action. Peut-être cette souplesse, cette aptitude à se plier aux exigences nouvelles a-t-elle contribué à assurer la vitalité d'un genre où, quelle que soit l'importance de ces modifications successives, se re trouve, en définitive, l'ensemble des qualités qui sont l'essence propre de notre race, le charme et la finesse, l'esprit et la clarté.

On pouvait donc et l'on devait écrire l'histoire d'un théâtre où, depuis *les Diamants de la Couronne, les Mousquetaires de la Reine* et *Giralda,* jusqu'à *Mignon, Carmen* et *Manon,* tant de victoires ont été remportées. Ces victoires ont même un caractère national qui en double le prix, car notre opéra-comique diffère autant de l'opéra-bouffe italien que de l'opérette allemande, et rappeler les souvenirs glorieux de la seconde salle Favart, c'est rendre hommage à ce qui fut, à ce qui est encore une part du génie français.

FIN

Lightning Source UK Ltd.
Milton Keynes UK
UKOW06f2256011014

239523UK00010B/491/P